广东改革开放40年研究丛书

广东经济体制改革40年

Guangdong Jingji Tizhi Gaige 40 Nian

周林生 陈斯毅 等 著

·广州·

版权所有　翻印必究

图书在版编目（CIP）数据

广东经济体制改革 40 年/周林生，陈斯毅等著 .—广州：中山大学出版社，2018.12

（广东改革开放 40 年研究丛书）

ISBN 978 - 7 - 306 - 06501 - 8

Ⅰ．①广…　Ⅱ．①周…②陈…　Ⅲ．①区域经济—经济体制改革—研究—广东　Ⅳ．①F127.65

中国版本图书馆 CIP 数据核字（2018）第 277611 号

出 版 人：	王天琪
责任编辑：	粟　丹
封面设计：	林绵华
版式设计：	林绵华
责任校对：	王　睿
责任技编：	何雅涛
出版发行：	中山大学出版社
电　　话：	编辑部 020 - 84110283，84111997，84110779，84113349
	发行部 020 - 84111998，84111981，84111160
地　　址：	广州市新港西路 135 号
邮　　编：	510275　　传　真：020 - 84036565
网　　址：	http://www.zsup.com.cn　　E-mail：zdcbs@ mail.sysu.edu.cn
印 刷 者：	广州家联印刷有限公司
规　　格：	787mm×1092mm　1/16　22 印张　360 千字
版次印次：	2018 年 12 月第 1 版　2018 年 12 月第 1 次印刷
定　　价：	96.00 元

如发现本书因印装质量影响阅读，请与出版社发行部联系调换

广东改革开放 40 年研究丛书

主　任　傅　华

副主任　蒋　斌　宋珊萍

委　员　（按姓氏笔画排序）

丁晋清　王天琪　王　珺　石佑启

卢晓中　刘小敏　李宗桂　张小欣

陈天祥　陈金龙　周林生　陶一桃

隋广军　彭壁玉　曾云敏　曾祥效

创造让世界刮目相看的新的更大奇迹

——"广东改革开放40年研究丛书"总序

中国的改革开放走过了40年的伟大历程。在改革开放40周年的关键时刻，习近平总书记亲临广东视察并发表重要讲话，这是广东改革发展史上具有里程碑意义的大事、喜事。总书记充分肯定广东改革开放40年来所取得的巨大成就，并提出了深化改革开放、推动高质量发展、提高发展平衡性和协调性、加强党的领导和党的建设等方面的工作要求，为广东新时代改革开放再出发进一步指明了前进方向，提供了根本遵循。深入学习宣传贯彻习近平总书记视察广东重要讲话精神，系统总结、科学概括广东改革开放40年的成就、经验和启示，对于激励全省人民高举新时代改革开放旗帜，弘扬敢闯敢试、敢为人先的改革精神，以更坚定的信心、更有力的举措把改革开放不断推向深入，创造让世界刮目相看的新的更大奇迹，具有重要意义。

第一，研究广东改革开放，要系统总结广东改革开放40年的伟大成就，增强改革不停顿、开放不止步的信心和决心。

广东是中国改革开放的排头兵、先行地、实验区，在改革开放和现代化建设中始终走在全国前列，取得了举世瞩目的辉煌成就，展现了改革开放的磅礴伟力。

实现了从一个经济比较落后的农业省份向全国第一经济大省的历史性跨越。改革开放40年，是广东经济发展最具活力的40年，是广东经济总量连上新台阶、实现历史性跨越的40年。40年来，广东坚持以经济建设为中心，锐意推进改革，全力扩大开放，适应、把握、引领经济发展新常态，坚定不移地推进经济结构战略性调整、经济持续快速健康发展。1978—2017年，广东GDP从185.85亿元增加到89 879.23亿元，增长约482.6倍，占全国的10.9%。1989年以来，广东GDP总量连续29年稳居全国首位，成为中国第一经济大省。经济总量先后超越新加坡、中国香港和台湾地区，

2017年超过全球第13大经济体澳大利亚，进一步逼近"亚洲四小龙"中经济总量最大的韩国，处于世界中上等收入国家水平。

实现了从计划经济体制向社会主义市场经济体制的历史性变革。改革开放40年，是广东始终坚持社会主义市场经济改革方向、深入推进经济体制改革的40年，是广东社会主义市场经济体制逐步建立和完善的40年。40年来，广东从率先创办经济特区，率先引进"三来一补"、创办"三资"企业，率先进行价格改革，率先进行金融体制改革，率先实行产权制度改革，到率先探索行政审批制度改革，率先实施政府部门权责清单、市场准入负面清单和企业投资项目清单管理，率先推进供给侧结构性改革，等等，在建立和完善社会主义市场经济体制方面走在全国前列，极大地解放和发展了社会生产力，同时在经济、政治、文化、社会和生态文明建设领域的改革也取得了重大进展。

实现了从封闭半封闭到全方位开放的历史性转折。改革开放40年，是广东积极把握全球化机遇、纵深推进对外开放的40年，是广东充分利用国际国内两个市场、两种资源加快发展的40年。开放已经成为广东的鲜明标识。40年来，广东始终坚持对内、对外开放，以开放促改革、促发展。从创办经济特区、开放沿海港口城市、实施外引内联策略、推进与港澳地区和内地省市区的区域经济合作，到大力实施"走出去"战略、深度参与"一带一路"建设、以欧美发达国家为重点提升利用外资水平、举全省之力建设粤港澳大湾区，广东开放的大门越开越大，逐步形成了全方位、多层次、宽领域、高水平的对外开放新格局。

实现了由要素驱动向创新驱动的历史性变化。改革开放40年，是广东发展动力由依靠资源和低成本劳动力等要素投入转向创新驱动的40年，是广东经济发展向更高级阶段迈进的40年。改革开放以来，广东人民以坚强的志气与骨气不断增强自主创新能力和实力，把创新发展主动权牢牢掌握在自己手中。从改革开放初期，广东以科技成果交流会、技术交易会等方式培育技术市场，成立中国第一个国家级高科技产业集聚的工业园区——深圳科技工业园，到实施科教兴粤战略、建设科技强省、构建创新型广东和珠江三角洲国家自主创新示范区，广东不断聚集创新驱动"软实力"，区域创新综合能力排名跃居全国第一。2017年，全省研发经费支出超过2 300亿元，居全国第一，占地区生产总值比重达2.65%；国家级高新技术企业3万家，跃居全国第一；高新技术产品产值达6.7万亿元。有效发明专利量及专利综合实力连续多年居全国首位。

实现了从温饱向全面小康迈进的历史性飞跃。改革开放40年，是全省居民共享改革发展成果、生活水平显著提高的40年，是全省人民生活从温饱不足向全面小康迈进的40年。1978—2017年，全省城镇居民、农村居民人均可支配收入分别增长了98倍和81倍，从根本上改变了改革开放前物资短缺的经济状况，民众的衣食住行得到极大改善，居民收入水平和消费能力快速提升。此外，推进基本公共服务均等化，惠及全民的公共服务体系进一步建立；加大底线民生保障资金投入力度，社会保障事业持续推进；加快脱贫攻坚步伐，努力把贫困地区短板变成"潜力板"，不断提高人民生活水平，满足人民对美好生活的新期盼。

实现了生态环境由问题不少向逐步改善的历史性转变。改革开放40年，是广东对生态环境认识发生深刻变化的40年，是广东生态环境治理力度不断加大的40年，是广东环境质量由问题不少转向逐步改善的40年。广东牢固树立"绿水青山就是金山银山"的理念，坚决守住生态环境保护底线，全力打好污染防治攻坚战，生态环境持续改善。全省空气质量近3年连续稳定达标，大江大河水质明显改善，土壤污染防治扎实推进。新一轮绿化广东大行动不断深入，绿道、古驿道、美丽海湾建设等重点生态工程顺利推进，森林公园达1 373个、湿地公园达203个、国家森林城市达7个，全省森林覆盖率提高到59.08%。

40年来，广东充分利用毗邻港澳的地理优势，大力推进粤港澳合作，率先基本实现粤港澳服务贸易自由化，全面启动粤港澳大湾区建设，对香港、澳门顺利回归祖国并保持长期繁荣稳定、更好地融入国家发展大局发挥了重要作用，为彰显"一国两制"伟大构想的成功实践做出了积极贡献。作为中国先发展起来的区域之一，广东十分注重推动国家区域协调发展战略的实施，加大力度支持革命老区、民族地区、边疆地区、贫困地区加快发展，对口支援新疆、西藏、四川等地取得显著成效，为促进全国各地区共同发展、共享改革成果做出了积极贡献。

第二，研究广东改革开放，要深入总结广东改革开放40年的经验和启示，厚植改革再出发的底气和锐气。

改革开放40年来，广东在坚持和发展中国特色社会主义事业中积极探索、大胆实践，不仅取得了辉煌成就，而且积累了宝贵经验。总结好改革开放的经验和启示，不仅是对40年艰辛探索和实践的最好庆祝，而且能为新时代推进中国特色社会主义伟大事业提供强大动力。40年来，广东经济社会发展之所以能取得历史性成就、发生历史性变革，最根本的原因就在于党中央的正确领导和对广东工作的高度重视、亲切关怀。改革开放以来，党中央始终鼓励广东大胆探索、大胆实践。特别是进入新时代以来，每到重要节点和关键时期，习近平总书记都及时为广东把舵定向，为广东发展注入强大动力。2012年12月，总书记在党的十八大后首次离京视察就到了广东，做出"三个定位、两个率先"的重要指示。2014年3月，总书记参加第十二届全国人大第二次会议广东代表团审议，要求广东在全面深化改革中走在前列，努力交出物质文明和精神文明两份好答卷。2017年4月，总书记对广东工作做出重要批示，对广东提出了"四个坚持、三个支撑、两个走在前列"要求。2018年3月7日，总书记参加第十三届全国人大第一次会议广东代表团审议并发表重要讲话，嘱咐广东要做到"四个走在全国前列"、当好"两个重要窗口"。2018年10月，在改革开放40周年之际，习近平总书记再次亲临广东视察指导并发表重要讲话，要求广东高举新时代改革开放旗帜，以更坚定的信心、更有力的措施把改革开放不断推向深入，提出了深化改革开放、推动高质量发展、提高发展平衡性和协调性、加强党的领导和党的建设四项重要要求，为新时代广东改革发展指明了前进方向，提供了根本遵循。广东时刻牢记习近平总书记和党中央的嘱托，结合广东实际创造性地贯彻落实党的路线、方针、政策，自觉做习近平新时代中国特色社会主义思想的坚定信仰者、忠实践行者，努力为全国的改革开放探索道路、积累经验、做出贡献。

坚持中国特色社会主义方向，使改革开放始终沿着正确方向前进。我们的改革开放是有方向、有立场、有原则的，不论怎么改革、怎么开放，都始终要坚持中国特色社会主义方向不动摇。在改革开放实践中，广东始终保持"不畏浮云遮望眼"的清醒和"任凭风浪起，稳坐钓鱼船"的定力，牢牢把握改革正确方向，在涉及道路、理论、制度等根本性问题上，在大是大非面前，立场坚定、旗帜鲜明，确保广东改革开放既不走封闭僵化的老路，也不走改旗易帜的邪路，在根本性问题上不犯颠覆性错误，使改革开放始终沿着正确方向前进。

坚持解放思想、实事求是，以思想大解放引领改革大突破。解放思想是正确行动的先导。改革开放的过程就是思想解放的过程，没有思想大解放，就不会有改革大突破。广东坚持一切从实际出发，求真务实，求新思变，不断破除思想观念上的障碍，积极将解放思想形成的共识转化为政策、措施、制度和法规。坚持解放思想和实事求是的有机统一，一切从国情省情出发、从实际出发，既总结国内成功做法又借鉴国外有益经验，既大胆探索又脚踏

实地,敢闯敢干,大胆实践,多出可复制、可推广的新鲜经验,为全国改革提供有益借鉴。

坚持聚焦以推动高质量发展为重点的体制机制创新,不断解放和发展社会生产力。改革开放就是要破除制约生产力发展的制度藩篱,建立充满生机和活力的体制机制。改革每到一个新的历史关头,必须在破除体制机制弊端、调整深层次利益格局上不断啃下"硬骨头"。近年来,广东坚决贯彻新发展理念,着眼于推动经济高质量发展,不断推进体制机制创新。例如,坚持以深化科技创新改革为重点,加快构建推动经济高质量发展的体制机制;坚持以深化营商环境综合改革为重点,加快转变政府职能;坚持以粤港澳大湾区建设合作体制机制创新为重点,加快形成全面开放新格局;坚持以构建"一核一带一区"区域发展格局为重点,完善城乡区域协调发展体制机制;坚持以城乡社区治理体系为重点,加快营造共建共治共享社会治理格局,奋力开创广东深化改革发展新局面。

坚持"两手抓、两手都要硬",更好地满足人民精神文化生活新期待。只有物质文明建设和精神文明建设都搞好、国家物质力量和精神力量都增强、人民物质生活和精神生活都改善、综合国力和国民素质都提高,中国特色社会主义事业才能顺利推向前进。广东高度重视精神文明建设,坚持"两手抓、两手都要硬",坚定文化自信、增强文化自觉,守护好精神家园、丰富人民精神生活;深入宣传贯彻习近平新时代中国特色社会主义思想,大力培育和践行社会主义核心价值观,深化中国特色社会主义和中国梦宣传教育,教育引导广大干部群众特别是青少年坚定理想信念,培养担当民族复兴大任的时代新人;积极选树模范典型,大力弘扬以爱国主义为核心的民族精神和以改革创新为核心的时代精神;深入开展全域精神文明创建活动,不断提升人民文明素养和社会文明程度;大力补齐文化事业短板,高质量发展文化产业,不断增强文化软实力,更好地满足人民精神文化生活新期待。

坚持以人民为中心的根本立场,把为人民谋幸福作为检验改革成效的根本标准。改革开放是亿万人民自己的事业,人民是推动改革开放的主体力量。没有人民的支持和参与,任何改革都不可能取得成功。广东始终坚持以人民为中心的发展思想,坚持把人民对美好生活的向往作为奋斗目标,坚持人民主体地位,发挥群众首创精神,紧紧依靠人民推动改革开放,依靠人民创造历史伟业;始终坚持发展为了人民、发展依靠人民、发展成果由人民共享,让改革发展成果更好地惠及广大人民群众,让群众切身感受到改革开放的红利;始终坚持从人民群众普遍关注、反映强烈、反复出现的民生问题入手，紧紧盯住群众反映的难点、痛点、堵点，集中发力，着力解决人民群众关心的现实利益问题，不断增强人民群众获得感、幸福感、安全感。

坚持科学的改革方法论，注重改革的系统性、整体性、协同性。只有坚持科学方法论，才能确保改革开放蹄疾步稳、平稳有序地推进。广东坚持以改革开放的眼光看待改革开放，充分认识改革开放的时代性、体系性、全局性问题，注重改革开放的系统性、整体性、协同性。注重整体推进和重点突破相促进相结合，既全面推进经济、政治、文化、社会、生态文明、党的建设等诸多领域改革，确保各项改革举措相互促进、良性互动、协同配合，又突出抓改革的重点领域和关键环节，发挥重点领域"牵一发而动全身"、关键环节"一子落而满盘活"的作用；注重加强顶层设计，和"摸着石头过河"的改革方法相结合，既发挥"摸着石头过河"的基础性和探索性作用，又发挥加强顶层设计的全面性和决定性作用；注重改革与开放的融合推进，使各项举措协同配套、同向前进，推动改革与开放相互融合、相互促进、相得益彰；注重处理好改革发展与稳定之间的关系，自觉把握好改革的力度、发展的速度和社会可承受的程度，把不断改善人民生活作为处理改革发展与稳定关系的重要结合点，在保持社会稳定中推进改革发展，在推进改革发展中促进社会稳定，进而实现推动经济社会持续健康发展。

坚持和加强党的领导，不断提高党把方向、谋大局、定政策、促改革的能力。中国特色社会主义最本质的特征是中国共产党的领导，中国特色社会主义制度的最大优势是中国共产党的领导。坚持党的领导，是改革开放的"定盘星"和"压舱石"。40年来，广东改革开放之所以能够战胜各种风险和挑战，取得举世瞩目的成就，最根本的原因就在于坚持党的领导。什么时候重视党的领导、加强党的建设，什么时候就能战胜困难、夺取胜利；什么时候轻视党的领导、漠视党的领导，什么时候就会经历曲折、遭受挫折。广东坚持用习近平新时代中国特色社会主义思想武装头脑，增强"四个意识"，坚定"四个自信"，做到"两个坚决维护"，始终在思想上、政治上、行动上同以习近平同志为核心的党中央保持高度一致；注重加强党的政治建设，坚持党对一切工作的领导，不断增强党的政治领导力、思想引领力、群众组织力、社会号召力，提高党把方向、谋大局、定政策、促改革的能力和定力，确保党总揽全局、协调各方。

第三，研究广东改革开放，要积极开展战略性、前瞻性研究，为改革开放再出发提供理论支撑和学术支持。

改革开放是广东的根和魂。在改革开放40周年的重要历史节点，习近

平总书记再次来到广东,向世界宣示中国改革不停顿、开放不止步的坚定决心。习近平总书记视察广东重要讲话,是习近平新时代中国特色社会主义思想的理论逻辑和实践逻辑在广东的展开和具体化,是我们高举新时代改革开放旗帜、以新担当新作为把广东改革开放不断推向深入的行动纲领,是我们走好新时代改革开放之路的强大思想武器。学习贯彻落实习近平总书记视察广东重要讲话精神,是当前和今后一个时期全省社会科学理论界的头等大事和首要政治任务。社会科学工作者应发挥优势,充分认识总书记重要讲话精神的重大政治意义、现实意义和深远历史意义,以高度的政治责任感和历史使命感,深入开展研究阐释,引领和推动全省学习宣传贯彻工作往深里走、往实里走、往心里走。

加强对重大理论和现实问题的研究,为改革开放再出发提供理论支撑。要弘扬广东社会科学工作者"务实、前沿、创新"的优良传统,增强脚力、眼力、脑力、笔力,围绕如何坚决贯彻总书记关于深化改革开放的重要指示要求,坚定不移地用好改革开放"关键一招",书写好粤港澳大湾区建设这篇大文章,引领带动改革开放不断实现新突破;如何坚决贯彻总书记关于推动高质量发展的重要指示要求,坚定不移地推动经济发展质量变革、效率变革、动力变革;如何坚决贯彻总书记关于提高发展平衡性和协调性的重要指示要求,坚定不移地推进城乡、区域、物质文明和精神文明协调发展与法治建设;如何坚决贯彻总书记关于加强党的领导和党的建设的重要指示要求,坚定不移地把全省各级党组织锻造得更加坚强有力、推动各级党组织全面进步全面过硬;等等,开展前瞻性、战略性、储备性研究,推出一批高质量研究成果,为省委、省政府推进全面深化改革开放出谋划策,当好思想库、智囊团。

加强改革精神研究,为改革开放再出发提供精神动力。广东改革开放40年波澜壮阔的伟大实践,不仅打下了坚实的物质基础,也留下了弥足珍贵的精神财富,这就是敢闯敢试、敢为人先的改革精神。这种精神是在广东改革开放创造性实践中激发出来的,它是一种解放思想、大胆探索、勇于创造的思想观念,是一种不甘落后、奋勇争先、追求进步的责任感和使命感,是一种坚韧不拔、自强不息、锐意进取的精神状态。当前,改革已经进入攻坚期和深水区,剩下的都是难啃的硬骨头,更需要弘扬改革精神才能攻坚克难,必须把这种精神发扬光大。社会科学工作者要继续研究、宣传、阐释好改革精神,激励全省广大党员干部把改革开放的旗帜举得更高更稳,续写广东改革开放再出发的新篇章。

加强对广东优秀传统文化和革命精神的研究,为改革开放再出发提振精气神。总书记在视察广东重要讲话中引用广东的历史典故激励我们担当作为,讲到虎门销烟等重大历史事件,讲到洪秀全、文天祥等历史名人,讲到广东的光荣革命传统,讲到毛泽东、周恩来等一大批曾在广东工作生活的我们党老一辈领导人,以此鞭策我们学习革命先辈、古圣先贤。广大社会科学工作者要加强对广东优秀传统文化和革命精神的研究,激励全省人民将其传承好弘扬好,并化作新时代敢于担当的勇气、奋发图强的志气、再创新局的锐气,创造无愧于时代、无愧于人民的新业绩。

广东有辉煌的过去、美好的现在,一定有灿烂的未来。这次出版的"广东改革开放40年研究丛书"(14本),对广东改革开放40年巨大成就、实践经验和未来前进方向等问题进行了系统总结和深入研究,内容涵盖总论、经济、政治、文化、社会、生态文明、教育、科技、依法治省、区域协调、对外开放、经济特区、海外华侨华人、从严治党14个方面,为全面深入研究广东改革开放做了大量有益工作,迈出了重要一步。在隆重庆祝改革开放40周年之际,希望全社会高度重视广东改革开放问题的研究,希望有更多的专家学者和实际工作者积极投身到广东改革开放问题的研究中去,自觉承担起"举旗帜、聚民心、育新人、兴文化、展形象"的使命任务,推出更多有思想见筋骨的精品力作,为推动广东实现"四个走在全国前列"、当好"两个重要窗口",推动习近平新时代中国特色社会主义思想在广东大地落地生根、结出丰硕成果提供理论支撑和学术支持。

"广东改革开放40年研究丛书"编委会

2018年11月22日

目录

第一章　绪　论 /1
- 第一节　广东改革开放启动的时代背景 /2
- 第二节　广东改革开放的历史进程 /5
- 第三节　广东改革开放的成就 /10
- 第四节　广东改革开放的基本经验 /16
- 第五节　本书的主要框架内容 /20

第二章　广东农村经济体制改革 /24
- 第一节　家庭联产承包责任制确立了农业发展新起点 /24
- 第二节　乡镇企业异军突起带动农产品流通体制改革 /29
- 第三节　农业产业化发展推动农村经济向市场转轨 /37
- 第四节　推进城乡统筹与建设社会主义新农村 /42
- 第五节　新时期农村经济体制改革持续深化 /49
- 第六节　新时代乡村振兴战略全面落地开花 /61

第三章　广东国有企业改革 /66
- 第一节　广东国有企业改革的历程 /66
- 第二节　广东国有企业改革的基本做法 /73
- 第三节　广东国有企业改革的主要成效 /83
- 第四节　广东国有企业改革存在的问题 /90
- 第五节　广东国有企业改革的经验与启示 /92

第四章　广东流通和价格管理体制改革 /98
- 第一节　广东流通和价格管理体制改革的历程 /99

　　第二节　广东流通和价格管理体制改革的措施与成就 /111
　　第三节　广东流通和价格管理体制改革的经验与启示 /127

第五章　广东科技体制改革 /132
　　第一节　广东科技体制改革的历程 /133
　　第二节　广东科技体制改革的主要成就与突出矛盾 /145
　　第三节　广东科技体制改革的经验与启示 /161

第六章　广东开放型经济体制改革 /170
　　第一节　广东开放型经济体制改革的历程 /171
　　第二节　广东开放型经济格局的演化 /187
　　第三节　广东开放型经济发展的成就 /192
　　第四节　广东开放型经济体制改革的经验总结与改革展望 /199

第七章　广东投融资体制改革 /208
　　第一节　广东投融资体制改革的历程 /208
　　第二节　广东投融资体制改革的措施与成就 /232
　　第三节　广东投融资体制改革的经验与启示 /243

第八章　广东分配制度改革 /249
　　第一节　广东分配制度改革的历程 /249
　　第二节　广东分配制度改革的成就 /262
　　第三节　广东分配制度改革的经验与启示 /266

第九章　广东社会保障制度改革 /270
　　第一节　广东社会保障制度改革概述 /270
　　第二节　广东养老保险制度改革 /278
　　第三节　广东医疗和生育保险制度改革 /290
　　第四节　广东工伤保险制度改革 /305

第五节　广东失业保险制度改革 /312
第六节　广东社会救济与社会福利制度改革 /318
第七节　广东社会保障制度改革发展展望 /322

参考文献 /326

后　记 /335

第一章 绪 论

1978年12月18—22日，中共中央召开了十一届三中全会，恢复了中国共产党实事求是的思想路线，做出了把全党工作重心转移到经济建设上来和实行改革开放的重大战略决策，从而实现了我国社会主义现代化建设的历史性转折，标志着我国开始启动经济体制改革，开创了社会主义建设的新时期。由此至今，已历时40年。40年来的艰辛探索和成就，在中华人民共和国和中国共产党发展历史上具有极其重要的划时代的里程碑意义。

物换星移，岁月如歌。今天，站在历史的新征程上，回顾40年前从深圳蛇口发出"改革开放第一声炮响"，继而展开的广东改革开放大潮，总结广东从计划经济走向市场经济，从贫困走向小康，从短缺走向充裕，从封闭走向开放的改革经验，我们更加深刻地认识到，改革开放是决定当代中国命运的关键抉择，是党和人民事业大踏步赶上时代的重要法宝。改革开放最主要的成果是开创和发展了中国特色社会主义，为社会主义现代化建设提供了强大动力和有力保障。[1] 展望未来，经历了40年改革开放历程的我们"四十而不惑"。我们清醒地看到，今后全面深化改革面临的问题和困难不仅不比改革初期小，甚至难度更大、任务更艰巨。我们坚信，在以习近平同志为核心的党中央领导下，我们的改革定力、历史经验、理论创新、制度建设、实践方略都会更上一层楼。我们将在更高的起点上系统谋划和全面深化改革开放，为全面建成小康社会、实现中华民族伟大复兴的中国梦而不懈奋斗。

---

[1] 参见本书编写组《〈中共中央关于全面深化改革若干重大问题的决定〉辅导读本》，人民出版社2013年版，第2页。

40年的奋斗取得了辉煌成就，正如习近平总书记在党的十九大报告中指出的，"经过长期努力，中国特色社会主义进入了新时代"。广东作为全国改革开放的"试验田"和前沿阵地，一直发挥着先行先试、创新发展的重要作用。今天，我们认真回顾改革开放40年来广东经济体制改革的光辉历程和历史经验，对进一步深化改革、扩大开放，完善社会主义市场经济制度，全面实现"两个一百年"中国梦的宏伟目标具有十分重大的现实意义和深远的历史意义。

第一节　广东改革开放启动的时代背景

广东的改革开放，是在特殊的历史背景下开始启动的。回顾当时广东启动改革开放的历史原因和时代背景，有助于人们洞悉为什么要推进改革开放，改革开放改了什么、放了什么，怎么推进改革开放，以及改革开放取得的辉煌成就。不了解历史，就无法理解和评价改革开放所取得的巨大成就，就难以明晰我们已经走了多远，处于一个什么样的时代。

一、广东改革开放是在我国国民经济濒临崩溃边缘的背景下启动的

中华人民共和国成立后，由于缺乏社会主义建设理论、实践经验和受一系列极"左"思想的影响，长期实行高度集中统一的计划经济，加上"文化大革命"期间实行"以阶级斗争为纲"的错误指导方针，给全党全国人民以及社会主义事业带来深重灾难，社会主义民主法治遭到严重破坏，社会秩序处于全面混乱状态，国民经济走到濒临崩溃的边缘，人们饱受物资短缺之苦，相当一部分人的温饱问题长期未解决。陈云同志曾在1979年3月一次中央政治局会议上指出，我国"九亿多人口，百分之八十在农村，革命胜利三十年了还有要饭的，需要改善生活。我们是在这种情况下搞四个现代化的"①。据统计，1978年，我国人均国民生产总值只有230美元，而当时发达国家的平均水平是8 100美元。广东也没有例

---

① 中共中央整党工作指导委员会：《十一届三中全会以来重要文献简编》，人民出版社1983年版，第18页。

外，1980年，广东省生产总值只有245.71亿元，人均国民生产总值长期低于全国平均水平。广东毗邻港澳地区，华侨众多，珠江三角洲商品经济比较活跃；但是工农业基础薄弱，能源交通问题十分紧张，市场供应严重短缺，人民群众生活比较困难，人民群众没有感受到社会主义制度的优越性，沿海地区逃往港澳地区的人不少。坚持解放思想、实事求是的思想路线，彻底纠正"十年动乱"的错误，扭转当时混乱的局面，大力发展经济，已经成为人心所向的历史潮流。

二、广东改革开放的出发点是摆脱计划经济体制对生产力的桎梏

从中华人民共和国建立至"文化大革命"结束，在这段将近30年的时间内，我国长期实行高度集中统一的计划经济体制。这种体制排斥商品货币关系，否定市场机制作用，严重束缚生产力的发展。党的十一届三中全会后，时任中共广东省委第一书记的习仲勋同志深感党中央把工作重心转到经济建设上来的重大决策为广东展现了广阔的发展前景，但是广东经济发展有优势，也有短处。"如何按照实事求是的思想路线，从广东的实际出发，把广东的四化建设搞得快一些，如何充分发挥广东的特点和优势，使广东在全国的改革开放中先走一步。"[1] 带着这些问题，习仲勋同志率队深入基层调研，得出一个结论：旧的经济体制把我们的手脚捆得紧紧的，使我们不能发挥自己的长处和优势，同时也无力克服自己的短处和弱点，严重阻碍了社会生产力的发展，根本出路在于改革旧的经济管理体制。1979年4月，习仲勋同志在参加中央会议期间，直接向中央领导做了汇报，希望中央给广东放权，让广东能够充分利用自己的有利条件，冲破旧体制的束缚，"杀出一条血路来"，在四个现代化建设中先走一步。中央领导对广东省委的报告很重视，邓小平同志明确指出，"要发展生产力，靠过去的经济体制不能解决问题"[2]。1979年7月，中央批准了广东省委关于在改革经济管理体制方面先走一步的要求，印发了关于批准广东、福建两省实行特殊政策、灵活措施，试办"出口特区"的文件。

---

[1] 林若等：《改革开放在广东——先走一步的实践与思考》，广东高等教育出版社1992年版，第1页。

[2] 《邓小平文选》（第三卷），人民出版社1993年版，第149页。

1980年3月,受中央委托,时任国务院副总理的谷牧在广州召开了广东、福建两省会议,检查总结中央关于特殊政策、灵活措施和试办特区的具体执行情况。这次会议采纳了广东提出的意见,并报经中央同意,将"出口特区"改为"经济特区"。1980年8月,第五届全国人大常委会第十五次会议审议批准建立深圳、珠海、汕头、厦门四个经济特区,并公布了国务院提请审议的《广东省经济特区条例》,从此标志着中国经济特区正式诞生,拉开了广东改革高度集中统一的计划经济体制的序幕。

三、广东改革开放是在特殊的国际环境和半封闭的状态下起步的

中华人民共和国成立后,西方国家对我国实行政治敌视、军事干涉和经济封锁政策,加上受极"左"思想的影响,我国长期处于闭关锁国的封闭状态,与世界经济联系极少。由于缺乏经济交流,我们不了解发达国家经济运营管理模式,无法掌握国际上先进的生产技术,导致经济发展十分缓慢,与发达国家的差距拉得很大,无法体现出社会主义制度的优越性。从国际环境来看,世界范围内蓬勃兴起的新技术革命推动着世界经济以更快的速度发展,我国的经济实力、科技实力和国防实力与国际先进水平的差距明显拉大。1978年,中国人均国民生产总值低于印度,只有日本的1/20,美国的1/30,科技发展水平落后发达国家40年左右。巨大的国际竞争压力,使党和人民产生了强烈的危机感和紧迫感。1978年9月中央工作会议之前,时任国务院副总理的李先念主持召开经济工作务虚会。在谈到改革开放时,李先念说:"自力更生绝不是闭关自守、不学习外国的先进事物。为了加快我们掌握世界先进技术的速度,必须加快从国外引进先进技术的速度,必须积极从国外引进先进技术设备。"在这种情况下,中央决定充分利用广东毗邻港澳地区的天然优势,撕开一个口子,打开"南风窗",实行对外开放①,吸引外资,引进先进技术和设备,加

---

① 根据中华人民共和国商务部令2018年第6号《外商投资企业设立及变更备案管理暂行办法》第三十三条:"香港特别行政区、澳门特别行政区、台湾地区投资者投资不涉及国家规定实施准入特别管理措施的,参照本办法办理。"香港、澳门、台湾地区投资企业不属于外商投资企业,但参照外商投资企业管理。因此,本书中有关对外开放的阐述例如"外商""外资"等等,涉及香港、澳门、台湾地区投资的内容,是基于参照外商投资企业的角度来进行表述的。

第一章 绪　论

快恢复和发展经济。于是，中央批准广东在深圳、珠海、汕头三地建立三个经济特区，实行扩大对外开放的特殊政策。从此，广东形成了改革与开放双轮驱动局面，推动着广东乃至全国经济的快速发展。

第二节　广东改革开放的历史进程

从广东改革开放的历史进程来看，中央要求广东先走一步，为全国的改革开放探路。广东也做到了在改革开放中先走一步，发挥了引领示范的作用。从总体上来说，广东的改革开放是按照党中央的顶层设计和统一部署逐步推进的。因此，从改革的阶段性来划分，广东与全国情况基本一致，大体上可分为四个阶段。在每个阶段，广东改革开放的侧重点与全国有所不同，从而形成了广东改革的特色。

一、第一阶段（1978—1991年），启动改革开放的探索实践

自1978年12月党的十一届三中全会召开到党的十四大确立我国实行社会主义市场经济体制这一期间，是广东改革开放的启动和探索阶段。从全国来说，安徽、四川等一些地区率先从农村改革开始起步，启动了家庭联产承包责任制、统分结合的双层经营改革试验。这一改革取得了巨大成功，得到人民群众的普遍支持，随后推广到全国。广东的改革则是采取开放、改革双轮驱动的办法。首先实行对外开放，通过开放促改革。1979年春，以习仲勋、杨尚昆同志为首的中共广东省委从广东的实际情况出发，向党中央提出了积极发挥广东省的优越条件，扩大对外经济贸易、改革经济管理体制、加快经济发展步伐的建议，请求党中央在经济体制改革方面让广东先走一步，给广东更多的自主权，并在政策和体制方面提出了建议。当年7月，中共中央、国务院确定对广东、福建两省对外经济活动实行特殊政策和灵活措施，同时决定试办出口特区[①]。中央给广东的特殊政策、灵活措施主要是财政实行大包干，扩大地方对外经济贸易的权限，在金融、物资、劳动工资和物价等方面给地方以适当的机动权，试办出口

---

① 参见林若等《改革开放在广东——先走一步的实践与思考》，广东高等教育出版社1992年版，第8页。

特区。从此，广东在改革开放中奠定了实行特殊政策、灵活措施的新格局。

广东的改革开放是从兴办经济特区、扩大开放、引进外商投资开始起步的。1979年1月，省委召开会议，提出充分利用毗邻港澳地区的有利条件，吸引外资，引进先进技术，兴办"三来一补"企业，发展经济，显示出广东改革开放与其他省份不同的特色。据统计，截至1991年，全省"三资"企业已达16 000多家，加上大量涌现的非公有制企业，加快了广东经济的迅速发展。不久，中央决定开放沿海14个港口城市，开辟了一批经济开放区，广东逐步形成了梯次开放的新格局。

同时，广东按照中央部署，从经济体制最薄弱的环节——农村经济体制入手，积极推进农村改革。重点是推行家庭联产承包责任制改革，冲破高度集中统一的计划经济体制，逐步废除人民公社制度以及废除农副产品的统购统销制度，逐步培育农产品市场，搞活农业经济，使农村乡镇企业异军突起、蓬勃发展了起来。

1984年10月，党的十二届三中全会通过《中共中央关于经济体制改革的决定》，确定社会主义经济是"公有制基础上的有计划的商品经济"。这是改革理论上的一个重大突破。自此，广东改革的重点逐渐从农村转向城市。推动城市经济体制改革，广东主要是从增强企业活力入手，逐步展开以搞活国有企业（简称"国企"）为中心环节的改革，对国有企业实施了承包制、租赁制等改革措施，积极试验厂长负责制，实行工效挂钩、改革企业工资分配制度，试行劳动合同制，推进以企业领导、工资分配、劳动用工等为主要内容的制度改革，千方百计增强企业的内在活力。同时，在宏观方面，主要是对流通、价格、财税、金融、计划体制和市场体系等方面进行配套改革。采取"调、放、管"相结合的方针，大的方面管住管好，小的方面放开搞活，理顺商品和服务的比价关系；逐步减小指令性计划，实行指导性计划；改革银行组织体制；实行各种形式的财政包干制；等等。

二、第二阶段（1992—2001年），积极探索建立社会主义市场经济体制基本框架

广东率先改革计划经济管理体制后，与全国一样，出现了经济发展过热的问题。1989年11月召开的党的十三届五中全会通过的《中共中央关

于进一步治理整顿和深化改革的决定》,针对经济过热问题,决定用3年或更长的时间治理经济环境,整顿经济秩序,深化经济改革。在这个过程中,有人对改革计划经济体制产生怀疑,有人反对市场取向的改革,提出"姓社姓资"问题的争论,使改革有所停顿。1992年春,邓小平"南方谈话"阐述了"计划多一点还是市场多一点,不是社会主义和资本主义的本质区别"的基本观点。党的十四大确立社会主义市场经济体制的改革目标,标志着中国改革开放进入一个新阶段。党的十四届三中全会通过《中共中央关于建立社会主义市场经济体制若干问题的决定》,终结了长达十几年的关于计划经济与市场经济的争论,正式确立了我国社会主义经济体制改革的目标是建立社会主义市场经济体制。该决定还明确提出,到20世纪末初步建立社会主义市场经济体制的基本框架。

按照中央的部署要求,在这一阶段,广东始终坚持把市场经济取向的改革贯穿于改革开放过程中,着力推进以下改革:在宏观管理体制方面,重点是对财税体制、金融体制、外汇管理体制、计划和投融资体制等方面进行系统改革,确立以分税制为核心的新的财政体制框架和以增值税为主的流转税体系,中央银行的调控职能得到加强。在中观方面,重点是培育各类生产要素市场,取消了生产资料价格双轨制,进一步放开了竞争性商品和服务的价格,逐步形成要素市场,使市场体系得到较大发展。在社会保障体系建设方面,重点是实施再就业工程,探索建立下岗职工基本生活保障制度,实施积极的就业政策,促进下岗失业人员再就业;推进企业养老、医疗、工伤、失业和生育保险制度改革,逐步建立起社会统筹和个人账户相结合的养老和医疗保险制度;不断扩大社会保险覆盖面,逐步建立社会救济制度及城镇居民最低生活保障制度,构建多层次的社会保障体系。在微观方面,重点是继续推进国有企业改革,党的十四大、十五大确立了以公有制为主体、多种所有制经济共同发展的基本经济制度。按照建立现代企业制度的方向,广东大力实施"抓大放小",积极推进国有企业改革和国有经济布局的结构调整。一批国有大中型企业改制为国有独资公司、有限责任公司或股份有限公司;通过改组、联合、兼并、租赁、承包经营和股份合作制、出售等形式,对中小型国有企业进行了改革。

三、第三阶段（2002—2011年），进一步深化改革，着力推进社会主义市场经济体制建设

2002年11月，党的十六大报告提出，到2020年要全面建设惠及13亿人口的更高水平的小康社会，建成完善的社会主义市场经济体制的改革目标。2003年10月，党的十六届三中全会对建设完善的社会主义市场经济体制做出全面部署。时任中共中央总书记胡锦涛代表党中央首次提出要树立和落实科学发展观，推进"五个统筹"，构建社会主义和谐社会的重大战略构想，作为深化改革的重要指导思想。在这一阶段，中央对可持续发展做出明确的战略性调整，即大力推进经济增长方式向集约型转变，走新型工业化道路。一是以提高质量效益为中心；二是以科技进步为支撑；三是以节约资源、保护环境为目标，加大实施可持续发展战略的力度。

在这个阶段，广东进入深化改革、建立健全社会主义市场经济体制的新阶段。广东经济领域的改革开放，主要是以中央关于推进"五个统筹"、构建社会主义和谐社会作为深化改革的重要指导思想，以推进经济增长方式转换为主线，清理和修订限制非公有制经济发展的法规、规章和政策性规定，放宽非公有制经济的市场准入，允许非公有资本进入法律法规未禁入的行业和领域，为非公有制经济发展提供制度保障。加快推进国有商业银行股份制改革，实现有管理的浮动汇率制度；改革投资体制，政府投资的范围进一步缩小，企业投资自主权逐步扩大，建立投资的自我约束机制；进一步发展土地、劳动力、技术、产权、资本等要素市场，加快水、电、石油和天然气等重要资源价格的市场化步伐；继续深化国企改革，鼓励企业加快技术进步和产业升级；统筹推进财税体制改革，不断健全公共财政体制，取消农业税、牧业税、特产税等；深化商品流通体制和外贸体制改革，进一步扩大对外开放；继续深化劳动工资和社会保障体制改革，统筹城乡就业，建立城乡劳动者平等就业制度，促进就业机制创新，进一步扩大社会保障覆盖面，推动建立社会保障体系，等等。

四、第四阶段（2012年至今），全面深化改革，力求进一步完善社会主义市场经济体制

2012年，党的十八大胜利召开，选举产生了党的新一届领导集体。

第一章 绪 论

在以习近平同志为核心的党中央坚强领导下,我国不仅有效应对了复杂国际政治经济形势的风云变幻,更在相当不利的条件下取得了经济的中高速平稳增长。2013年11月,党的十八届三中全会做出《中共中央关于全面深化改革若干重大问题的决定》,非常明确地表明,改革不再拘泥于经济体制改革领域,而是涵盖经济、政治、文化、社会以及生态文明建设"五位一体"的全面改革。与此同时,该决定还强调,经济体制改革是全面深化改革的重点。要紧紧围绕使市场在资源配置中起决定性作用和更好发挥政府作用深化经济体制改革。要通过深化经济体制改革,引领其他领域的改革。改革的核心是处理好政府与市场的关系。重点任务是坚持和完善基本经济制度,加快完善现代市场体系,加快转变政府职能,深化财税体制改革,健全城乡一体化体制机制,构建开放型经济新体制,推进社会事业改革创新,加快生态文明制度建设,等等。为落实这些改革内容,原中央全面深化改革领导小组还专门成立了7个专项小组。原中央全面深化改革领导小组第一次会议将十八届三中全会规定的改革任务分解为336项重要举措,逐一确定协调单位、牵头单位和参加单位,为落实十八届三中全会决定奠定了坚实的基础。截至目前,原中央全面深化改革领导小组已召开了37次会议,内容囊括了农村集体土地制度改革、财税体制改革等诸多过去一直难以解决甚至回避的议题,并出台了《关于农村土地征收、集体经营性建设用地入市、宅基地制度改革试点工作的意见》《国务院关于进一步推进户籍制度改革的意见》《深化财税体制改革总体方案》等一系列方案,彰显了新的领导集体直面改革难点的勇气。

广东相应成立了全面深化改革领导小组,由中共广东省委书记担任组长。中共广东省委全面深化改革领导小组按照中央部署,结合广东实际,全面部署了深化经济、政治、文化、社会、生态文明体制改革的各项任务,同时明确经济体制改革是全面深化改革的重点,要求紧紧围绕使市场在资源配置中起决定性作用,通过全面深化经济体制改革,解决许多长期想解决而没有解决的重点难点问题。特别是发展非公有制经济,完善现代市场体系;加快转变政府职能,减少或下放审批权限;深化财税体制改革,体现社会公平;健全城乡一体化体制机制,实施粤东西北地区发展战略,缩小城乡差距;扩大开放,推进自由贸易试验区(简称"自贸区")和粤港澳大湾区建设,构建开放型经济新体制;推进劳动就业、社会保障、教育培训、医疗卫生等社会事业改革创新,解决好民生问题;加快生

态文明制度建设；等等。这些改革措施加快了完善社会主义市场经济体制的步伐。

第三节 广东改革开放的成就

党的十八届三中全会《中共中央关于全面深化改革若干重大问题的决定》指出："党的十一届三中全会召开三十五年来，我们党以巨大的政治勇气，锐意推进经济体制、政治体制、文化体制、社会体制、生态文明体制和党的建设制度改革，不断扩大开放，决心之大、变革之深、影响之广前所未有，成就举世瞩目。改革开放最主要的成果是开创和发展了中国特色社会主义，为社会主义现代化建设提供了强大动力和有力保障。"[1]回顾40年来改革开放的历程，我们认为广东改革开放所取得的重大成就主要体现在以下六个方面。

一、改革开放推动广东先行一步，在开创和发展适合国情的中国特色社会主义道路上为全国探路

革命是解放生产力，改革也是解放生产力。其目的都是为了扫除社会生产力发展的障碍，使国家摆脱贫困落后的局面。但是，40年来我们的改革不是采取一个阶级推翻另一个阶级的斗争哲学与方法，不是否定社会主义道路，而是坚持四项基本原则，坚持党的领导，坚持走社会主义道路，坚持不断完善社会主义制度。广东在改革开放过程中，一方面通过不断的深化改革，始终坚持社会主义方向，率先探索发展和完善适合中国国情的社会主义市场经济制度；另一方面通过不断扩大开放，加强国际经济往来与合作，引进外资和经济技术，率先发展完善社会主义经济体制，不走计划经济的老路，也不走改旗易帜的邪路。广东改革开放的示范作用，使人们不断增强中国特色社会主义道路自信、理论自信、制度自信和文化自信。这是40年来改革开放取得的最大成就。

---

[1] 本书编写组：《〈中共中央关于全面深化改革若干重大问题的决定〉辅导读本》，人民出版社2013年版，第2页。

二、改革开放推动广东率先实现思想观念的历史性转变，确立了解放思想、实事求是的思想路线

"文化大革命"结束后，我国虽然进行了初步的拨乱反正，恢复并稳定了国家生产生活的正常秩序或社会秩序，但"左"的思想观念影响仍然强大。当时，"两个凡是"和"以阶级斗争为纲"仍然占据政治和意识形态的主导地位，国家的发展进步仍然受到很大的禁锢。1978年5月开展的真理标准问题大讨论，从思想理论上否定了"两个凡是"，号召人们彻底打破思想枷锁，把实践作为检验真理的唯一标准。真理标准问题大讨论打破了教条式的理论禁锢，恢复了实事求是的马克思主义思想路线，成为开辟中国特色社会主义道路的奠基石。在"解放思想、实事求是"的思想基础上，1978年12月，党的十一届三中全会抛弃了"以阶级斗争为纲"的指导思想，把党和国家工作重心转移到经济建设上来，过去以阶级斗争为纲的极"左"思想开始转向以经济建设为中心。但是，对于中央的决定，当时社会上还有不少争论。广东坚持不争论、不停步，坚持从实际出发，一心一意搞改革，发展经济，以经济发展的事实，证明了改革开放方针的正确性。1992年，邓小平同志到南方视察，充分肯定了广东改革开放的经验和取得的成就。党的十四届三中全会后，中央确定了改革的目标是建设社会主义市场经济体制，终结了思想上的一些争论，真正实现了指导思想的历史性转变。正是由于坚持实事求是的思想路线，有了这个重大的思想转变，广东彻底放弃了传统的计划经济体制，改变了封闭半封闭的状况，迎来了整个国家和社会经济的发展进步。由此可见，"解放思想、实事求是"是改革开放的思想内核，为我国的发展进步提供了不竭的思想理论活力源泉。

三、改革开放推动广东率先实现从传统计划经济向社会主义市场经济的转变

我国从计划经济向社会主义市场经济的转变是一个艰难的探索过程，其成果来之不易。在改革开放过程中，曾经出现过"设立经济特区""计划与市场""姓社姓资"的激烈争论与反复，这是改革开放初期曾经走过的最艰难的一段历程，也是到目前为止改革开放所取得的最

重要的成果之一。

党的十一届三中全会之前，我国一直实行高度统一的计划经济体制，限制商品交换，导致生产效率低下，社会产品供应短缺，人民生活长期得不到改善。党的十一届三中全会后，广东的改革一方面先从农村和局部地区取得突破，逐步取消"一大二公"的人民公社制度，实行家庭承包经营责任制，冲破了计划经济的藩篱，农村生产力迅速得到解放，农产品日渐丰富；另一方面是率先通过对外开放，突破高度集中统一的计划管理体制，引进外资举办"三资"企业，促进了社会生产力的迅速发展。当时，广东学术界最早提出社会主义经济是有计划的商品经济。时任广东省社会科学院副院长的卓炯同志在其撰写的《把产品经济体制改造成商品经济体制》中提出，体制改革的中心问题是要有利于发展商品生产和商品流通。1984年10月，党的十二届三中全会通过了《中共中央关于经济体制改革的决定》，肯定了广东的做法，明确提出社会主义经济是以公有制为基础的有计划的商品经济。这是经济体制改革理论的重大突破。1992年党的十四大确立了建立社会主义市场经济体制的改革目标。建立社会主义市场经济体制为我国经济发展构建了最为重要的制度基础，使价值规律深入社会经济的每一个微观单元并发挥作用，极大地激发了人们的积极性和创造活力、发展热情。据统计，1978年广东省社会总产值只有350.31亿元，至1991年达到3 890.09亿元，平均每年增长15.4%。1993年，党的十四届三中全会通过了《中共中央关于建立社会主义市场经济体制若干问题的决定》，提出了构成社会主义市场经济体制基本框架的五个主要环节：建立产权清晰、权责明确、政企分开、管理科学的现代企业制度；建立全国统一开放的市场体系；建立以间接手段为主的宏观调控体系；建立以按劳分配为主体的收入分配制度，鼓励一部分地区一部分人先富起来，走共同富裕的道路；建立多层次的社会保障制度；等等。同时，要求围绕这些主要环节，建立相应的法律体系。其后10年的改革开放，广东就是以这五项改革为中心，推动了社会经济的发展。2003年，党的十六届三中全会提出完善社会主义市场经济体制的战略任务，广东按照会议精神，以完善社会主义市场经济体制为目标，坚持以人为本，树立全面、协调、可持续的发展观，促进经济社会和人的全面发展。改革进入新的阶段后，党的十八届三中全会历史性地明确：要使市场在资源配置中起决定性作用。这是对市场经济一般规律的确认，也是使市场经济规律为社会主义经

济建设服务的重要里程碑。从高度集中统一的计划经济转向社会主义市场经济，是我们党的伟大创举。广东的率先探索实践为发展中国特色社会主义市场经济提供了有益的经验。

四、改革开放推动广东省率先实现从封闭状态转向面向世界全方位开放

改革开放之前，我国各项工作中长期存在一种"左"的偏见，盲目自信，唯我独尊，闭关自守，排斥国外好的做法和经验，使我国在经济管理、技术进步、产业发展等很多方面严重落后于发达国家。中央领导多次强调，要切实改变长期以来在"左"的思想指导下的一套老做法，真正从实际情况出发，坚持实行对外开放政策，这是我们坚定不移的方针。开展对外经济技术交流合作，要利用两种资源，开拓两个市场，学会两套本领，加快我国经济建设，走出一条速度比较实在、经济效益比较好、人民可以得到更多实惠的新路子。

党的十一届三中全会开启了广东对外开放的历史新时期。1979年年初，国务院决定设立蛇口工业区。同年7月，中央批准广东、福建两省在对外经济活动中实行特殊政策和灵活措施。1980年，全国人大常委会批准在深圳、珠海、汕头、厦门设立经济特区，按照市场取向进行改革探索。1984年，国务院决定大连等14个沿海港口城市进一步对外开放。1985年，中央决定在长江三角洲、珠江三角洲和福建厦漳泉三角地区开辟沿海经济开放区，使广东在全国率先形成了梯次开放的新格局。这一阶段的对外开放，引进了大量国外资金、技术和先进管理经验，建立了一大批"三资"企业，使国内商品生产和商品流通很快发展起来，面向国际市场的商品贸易明显增加，据统计，1978年广东省外贸出口总额只有13.88亿美元，至1991年出口总额达136.88亿美元，平均每年增长19.3%。对外开放有力冲击了计划经济的藩篱，使市场因素在整个经济中的比重大幅上升，为我国社会主义市场经济体制的确立做出了重大贡献。

1992年，邓小平同志发表"南方谈话"之后，广东对外开放步伐进一步加快，开放的地域由沿海地区迅速向内陆腹地拓展，越来越多的港澳台地区企业和外国企业及商人前来广东投资。据统计，至1992年8月，全省"三资"企业累计达23 123户，占全国的40%以上，实际利用外资达180多亿元。外商投资企业的发展不仅使广东的产业结构和商品结构调

整获得较大成功，而且为广东的经济发展和外贸出口做出了很大贡献。2001年年底，我国加入世界贸易组织，对外开放进入一个新阶段。党的十六大以后，广东吸收利用外资从弥补"双缺口"为主转向优化资本配置、促进技术进步和推动社会主义市场经济体制完善转变，利用外资实现新发展，规模和质量全面提升。广东经济总量连续20余年位居全国首位。

党的十八大以来，我国对外开放水平进一步提升。特别是随着"一带一路"倡议的提出、亚投行的设立、G20（20国集团峰会）的召开，在全球经济衰退，各国贸易保护主义抬头的情况下，广东的对外开放不仅仅局限于"引进来"，而且重视拓展海外市场，外贸出口总量逐年恢复回升，目前已经逐渐成为全国外贸出口的引领者、推动者。改革推动了开放，开放也在倒逼着改革。为使国内经济制度与国际贸易规则接轨，广东省按照中央的部署要求，着力清理各种法律法规和部门规章，使涉外经济法律法规与加入世贸组织承诺相一致，一些长期难以突破的顽疾在这个过程中被顺利克服，社会主义市场经济因而得到进一步完善，经济社会迸发出更大的活力。

五、改革开放推动广东率先全面走向法治社会

综观我国的历史，中华民族创造了灿烂的政治文化，德治与法治的思想和实践贯穿中国历朝历代。德法合治是中华政治文明发展的瑰宝，德治和法治相结合并运用得当时，社会就能够出现较好的治理和发展局面。中华人民共和国成立后，特别是从1957年反右斗争开始，"左"倾思想和法律虚无主义日渐抬头，国家法治建设出现大滑坡、大倒退，人治逐步占据上风，"文化大革命"期间，我国实际上奉行的是人治思想路线，基本上放弃了法治，导致出现了"十年动乱"的局面。党的十一届三中全会开启改革开放时，邓小平同志在总结历史教训时指出："为了保障人民民主，必须加强法制。必须使民主制度化、法律化，使这种制度和法律不因领导人的改变而改变，不因领导人的看法和注意力的改变而改变。"[①] 在党的十四大明确建立社会主义市场经济体制改革目标后，依法治国的要求更加迫切，因为市场经济必须是法治经济。正是顺应这一历史发展潮流，

---

① 中共中央整党工作指导委员会：《十一届三中全会以来重要文献简编》，人民出版社1983年版，第8页。

党的十五大把依法治国、建设社会主义法治国家作为党领导人民治理国家的基本方略郑重地提了出来，并把过去"建设社会主义法制国家"的提法改为"建设社会主义法治国家"，极其鲜明地突出了法治的理念。广东坚定走依法治省的道路，在改革开放过程中，采取有力措施，陆续制定了一系列法律法规，推进社会主义法治国家建设，取得了巨大成绩。1999年3月，全国人大对宪法进行了修改，明确规定："中华人民共和国实行依法治国，建设社会主义法治国家。" 2012年党的十八大进一步强调，依法治国是党领导人民治理国家的基本方略，法治是治国理政的基本方式，要更加注重发挥法治在国家治理和社会管理中的作用，全面推进依法治国，加快建设社会主义法治国家。十八届三中全会提出，"建设法治中国必须坚持依法治国、依法执政、依法行政共同推进，坚持法治国家、法治政府、法治社会一体建设。"法治是现代市场经济有机体的重要组成部分。市场主体的微观交易行为，比如商业谈判、签订契约、解决纠纷等，无不需要法治的规范。市场交易遵循成熟的法律制度，纠纷能在良善的司法体系中获得合理解决，市场主体就会产生稳定的预期，市场经济的活力就会进一步释放。

改革开放推动广东逐步全面走向法治社会，进一步增强了经济发展的活力，维护了社会稳定。2014年12月，习近平总书记在江苏省调研时，首次提出"协调推进全面建成小康社会、全面深化改革、全面推进依法治国、全面从严治党"。在"四个全面"战略布局中，习近平总书记首次把依法治国作为党领导人民治理国家的基本方略提到重要位置，纳入"四个全面"战略布局协调推进。党的十八届四中全会通过了《中共中央关于全面推进依法治国若干重大问题的决定》，对全面推进依法治国做出重大部署，强调把法治作为治国理政的基本方式，这体现了党和国家对法治前所未有的重视和推动，标志着我国国家和社会治理实现了从人治走向法治的历史性转变。广东全面深入贯彻习近平总书记的重要指示，推动广东经济社会全面走进依法治理的新时代。

六、改革开放推动广东率先实现经济大发展，人民生活从贫困走向小康

改革开放改变了生产关系和生产力不相适应的状况，社会生产力得到极大解放，社会财富迅速增长，人民生活水平得到明显提高。改革开放

40年来，广东省城乡居民收入水平呈现出大幅度增长态势。从1978年到2016年，农村居民家庭人均纯收入由134元提高到12 363元。居民消费结构从温饱型向小康型转变，城乡居民家庭的恩格尔系数分别从1978年的57.5%和67.7%下降到2016年的29.3%和32.2%，人民生活从满足于吃饱穿暖转变到更加注重个性和享受的多层次消费。居民预期寿命从1981年的67.8岁提高到2014年的75岁。

奥地利《趋势》杂志网站2017年12月21日刊登题为《中国：龙的世纪》的文章称，1978年改革开放后，中国所迎来的是一场史无前例的经济崛起。中国在全球经济产出中所占的比例从1978年的2%上升至2015年的15%。有3亿～7亿中国人得以摆脱贫困，被带向中产阶层——当然还有真正的富裕。今天中国的人均国内生产总值按购买力评价法计算已经是40年前的近10倍。

2016年，中共中央、国务院印发的《"健康中国2030"规划纲要》指出，到2030年，"人民身体素质明显增强，2030年人均预期寿命达到79.0岁，人均健康预期寿命显著提高"。文盲率从1982年的22.8%下降到目前的4.1%，每年有数百万高等院校毕业生成为社会主义现代化建设事业的接班人。改革开放给人民生活带来巨大改善，全面建成小康社会的奋斗目标将一步步变为现实，极大地调动了人民群众投身中国特色社会主义建设的积极性、创造性，为我国的发展进步带来了无穷的活力。

第四节　广东改革开放的基本经验

习近平总书记曾经指出："改革开放是当代中国发展进步的活力之源，是我们党和人民大踏步赶上时代前进步伐的重要法宝，是坚持和发展中国特色社会主义的必由之路。"在坚持社会主义基本制度的前提下，立足基本国情，遵循市场经济的一般规律，借鉴有益经验，不断对经济基础和上层建筑进行调整和完善，不断探索社会主义和市场经济相结合的有效途径和方式，我们走出了一条有中国特色的改革道路。实践充分证明，社会主义和市场经济是可以结合的，改革开放是社会主义制度的自我完善和发展，社会主义市场经济体制是"市场对资源配置的决定性作用"与"正确发挥政府作用"的有机结合。在40年的改革开放进程中，我们积

第一章 绪 论

累了不少宝贵的经验。主要的经验如下。

一、坚持加强和改善党对改革开放的领导，坚定不移走中国特色社会主义道路

回顾40年来广东不断深化改革开放的历程，我们深刻体会到，改革开放之所以能够顺利推进并取得历史性成就，根本原因在于我们在改革开放过程中，始终坚持不断加强和改善党的领导。尽管在改革开放过程中，我们遇到来自"左"的或右的思想干扰，也有来自国外的压力，我们始终按照党中央的部署，在思想理论战线上坚持拨乱反正，正本清源，把党的工作重心转到经济建设上来。坚持正确的改革方向和改革立场，既不走封闭僵化、闭关自守的老路，也不走改旗易帜的邪路，而是排除各种干扰，坚持四项基本原则，牢牢把握市场化改革的方向，坚持走中国特色社会主义道路，不断建立完善社会主义市场经济体制。

二、坚持解放思想、实事求是的思想路线，不断推进改革理论和实践创新

改革开放的进程就是一个思想不断解放的过程，也是理论和实践不断创新发展的过程。改革开放以来，广东在改革开放过程中，十分注意坚持解放思想，实事求是，与时俱进；坚持从实际出发，将实践作为检验真理的唯一标准，不断推进改革开放理论创新、思想创新和体制创新，探索并创造性地提出了社会主义与市场经济结合的理论，制定了一系列适应改革开放的政策体系。例如，从党的十一届三中全会提出改革开放，到党的十四大和十四届三中全会确立社会主义市场经济体制的改革目标这段时间，集中讨论了计划经济与市场经济的关系，社会主义经济的本质是计划经济还是市场经济；等等。广东坚持实事求是的思想路线，不争论，坚持市场导向的改革，制定具体的改革政策，不断推动改革开放的深入发展，为全国做出了表率。党的十八大以来，尤其是党的十八届三中全会，进一步明确了使市场在资源配置中起决定性作用，并做出了全面深化改革的决定。广东在一系列重大问题上，都能够根据中央部署，结合本省的实践经验，提出全面深化改革、扩大对外开放、发展市场经济等一些有益的建议，做出一些创造性的理论贡献，从而不断把改革开放的理论推进到新的高度。

三、坚持处理好政府与市场的关系，坚持市场导向的改革不动摇

改革开放40年的历程是市场作为资源配置手段的地位不断提升的历程。从"一大二公"和"割资本主义尾巴"到"计划为主、市场为辅"的社会主义有计划的商品经济的提出，再到指令性计划向指导性计划的转变，进一步到社会主义市场经济的提出，最终到使市场在资源配置中发挥决定性作用。上述提法的变化，不仅反映了我们对市场经济的认识不断深化，而且反映了政府管理经济职能的转变。回顾40年改革的历程，广东总结出改革开放的基本经验，其中最重要的一条，就是在改革开放过程中，始终坚持市场化的改革方向，坚持处理好政府与市场的关系。党的十八届三中全会指出，经济体制改革的核心问题是处理好政府和市场的关系，使市场在资源配置中起决定性作用和更好地发挥政府作用。在40年来的改革开放过程中，广东积极稳妥推进市场化改革，率先取消指令性计划，逐步减少政府对资源配置的直接干预，同时不断推进政府职能转变，深化"放管服"改革，要求政府和市场各就各位，各负其责。政府既做好简政放权的"减法"，又做加强监管的"加法"和优化服务的"乘法"，以处理好政府和市场的关系为目标，转变政府职能，加强市场监管，维护市场秩序，保证公平竞争，推动可持续发展。在这样的改革过程中，逐步建立起适合国情的社会主义市场经济体制。我们只有弄清楚计划经济与市场经济的区别，才能头脑清醒地坚持社会主义市场经济。计划经济与市场经济两者的本质区别在于是由行政权力来配置资源还是在价值规律的支配下由市场主体的自主选择判断来配置资源。我们在改革开放过程中逐步把这种配置的权力放给市场，实践证明是正确的。

四、坚持顶层设计与基层先行先试相结合，统筹兼顾，突出重点，协调推进

广东省改革开放的典型特征是采取了中央顶层设计，基层先行试点，然后总结推广的方式，立足于把解决实际问题与攻克面上共性难题有机结合起来。首先选择一定地区或领域开展试点，在对试点进行总结的基础上，对成功经验和做法再行推广。这种由中央设计部署，基层试点突破，

先易后难的改革推进方式，既控制了风险，又通过有效的推广机制使成功经验能够迅速普及，成为我国渐进式改革战略的重要经验，也是新时期推进改革开放、探索新的发展模式和体制模式的重要途径。广东的改革开放是在中央顶层设计和统一部署下逐步推进和不断扩大深化的。1979 年 1 月，中央批准广东省和原交通部联合在蛇口创办出口工业区，走出广东对外开放的第一步，随后，中央批准广东、福建建立四个经济特区。1984 年，改革开放的总设计师邓小平第一次南方视察，充分肯定了创办经济特区的实践。他为深圳经济特区题词"深圳的发展和经验证明，我们建立经济特区的政策是正确的"。根据经济特区建设经验，中央决定进一步开发天津等 14 个沿海港口城市，并在这些城市实行经济特区的某些特殊政策。沿海城市的对外开放发挥了对内对外全方位开放的辐射作用，形成了全方位对外开放的新格局。这就是典型的顶层设计和基层试验相结合的改革模式。

开放与改革相互促进。广东在改革过程中，坚持整体推进和重点突破相结合，在统筹规划的基础上注重协调配合，不失时机地推进关键领域的改革，力求在一些重点问题上先取得突破，然后铺开。例如城市改革，率先改革价格制度、企业管理体制，改革高度集中统一的计划经济体制，取消指令性劳动工资计划，实行劳动合同制，从而逐步消除深层次的体制机制障碍，培育发展市场体系，逐步建立起适应生产力发展需要的新的市场经济体制机制。在完善社会主义市场经济体制的新阶段，我们面临的主要是一些触及深层利益关系、配套性强、风险比较大的改革，而且经济体制改革与政治体制、文化体制、社会体制方面的改革日益紧密地联系在一起，这使得改革的统筹协调和整体推进的要求更加凸显，十八届三中全会后设立的原全面深化改革领导小组，专门就经济体制、民主法治、文化体制、社会体制等设立了专门的改革小组。广东也相应建立了全面深化改革领导小组，为统筹协调推进各项改革创造了条件。

五、坚持从大局出发，正确处理改革、发展、稳定的关系，在保持稳定的前提下推进改革开放

改革开放是经济社会发展的强大动力，发展是目的，稳定是前提。中国要实现中华民族伟大复兴的中国梦，离不开发展；而改革开放和发展都需要一个稳定的政治和社会环境，否则，一切无从谈起。改革开放 40 年

来，我们积累的基本经验就是，要正确处理好改革与发展、稳定的三者关系，坚持三者的统一，适时有序推进改革开放，把改革的力度、经济发展的速度和社会的承受程度有机统一起来，保持改革、发展、稳定在动态中相互协调和相互促进，把不断改善人民生活、维护人民群众利益作为正确处理改革、发展、稳定三者关系的重要结合点和根本出发点，在保持稳定的前提下推进改革和发展，通过改革开放和实现可持续发展促进社会稳定。

从总体上来看，40年来，广东省的改革开放取得了举世瞩目的成就，全省人民在党中央的领导下，锐意推进各项改革，不断扩大对外开放，经济社会变革之深，影响之大，前所未有。改革开放最主要的成果，正如党的十八届三中全会指出的"开创和发展了中国特色社会主义"。展望未来，我们对全面建成小康社会充满信心。广东将按照党中央的总体部署，继续以经济体制改革为重点，紧紧围绕使市场在资源配置中起决定性作用，全面深化改革，全面推进"五位一体"建设。改革的重点任务是坚持完善社会主义市场经济体制和基本经济制度，加快完善现代市场体系、宏观调控体系和开放型经济体系，加快转变政府职能，正确处理好政府和市场关系这个经济体制改革的核心问题；加快转变经济发展方式，加快建设创新型国家，构建开放型经济新体制，推动经济更有效率、更加公平、更可持续地发展。

全面深化经济体制改革，事关国家繁荣富强、人们幸福安康、社会和谐稳定，任务仍然十分艰巨。广东要在以习近平同志为核心的党中央领导下，发扬"敢为人先"的精神，继续谱写改革开放新篇章，为全面建成小康社会，实现中华民族伟大复兴贡献力量。

第五节　本书的主要框架内容

广东40年来在经济领域的改革开放，展开了一幅波澜壮阔的历史画卷。按照经济体制改革的大致顺序和内在逻辑编排，全书的主要内容共分为九章。

第一章是绪论。主要是概括地介绍广东省按照中央关于在改革开放中先走一步的要求，逐步推进经济体制改革的过程、改革的主要内容和出台的改革政策措施，指出广东作为改革开放的先行省份，充分发扬敢为天下先的改革创新精神，发挥先行先试的作用所表现出来的特色以及取得的重要成就与经验，展望了未来全面深化改革的前景，并提出了一些前瞻性的对策建议。

第二章是广东农村经济体制改革。主要介绍了改革开放40年来，广东按照中央的正确决策部署，以1978年农村经济体制改革为开端，顺应广大人民群众对美好生活的热切期盼，发挥资源禀赋和区位优势，发扬广东人民"敢为人先"的开拓创新精神，结合本省实际，逐步冲破农村旧的体制机制障碍，不断推动新农村建设迈向新台阶的改革历程、所采取的政策措施和取得的成就与经验。特别是确立家庭联产承包责任制，废除人民公社体制，推进农村农业体制改革，推动新农村建设，促进农村综合改革向纵深推进和实施乡村振兴战略，解放和发展农村生产力，推动农业全面升级、农村全面进步、农民全面发展。

第三章是广东国有企业改革。主要介绍了广东省国有企业改革的发展历程和经验。自1978年党的十一届三中全会开启我国的改革进程以来，广东省沿着中国特色的社会主义道路不断深化国企改革，经历了从计划经济到商品经济再到市场经济的探索。国有企业改革是我省经济体制改革的核心内容，改革成功与否，关系到整个经济体制改革成败。为了使国有企业更好地适应市场经济发展需要，我们在经营机制、产权关系、管理体制及运行机制等方面进行了一系列的改革。40年来，广东省的国企改革从出台政策到贯彻实施，取得了明显的成效，但也存在一些不足和问题，本章实事求是加以总结，以求为广东省国企改革的健康发展提供一些有益的借鉴与启示。

第四章是广东流通和价格管理体制改革。我国经济体制改革的总目标是逐步建立起社会主义市场经济体制，价格机制是市场经济运行的核心。自中央批准广东实行特殊政策、灵活措施以来，在广东省政府的统一部署与领导下，广东以流通和价格管理体制的改革作为经济体制改革的突破口，坚持先走一步，逐步改革高度集中统一的计划价格模式。经过40年不断探索，逐步找到了"放调结合、以放为主、放中有管"的价格改革路子。本章主要是简要回顾了40年来流通和价格管理体制改革历程以及所采取的政策措施，总结了改革演进过程的经验，为下一步全面深化改革提供有益的借鉴。

第五章是广东科技体制改革。主要介绍改革开放40年来，广东省科技体制改革的过程、采取的措施、取得的成果和经验。其内容分为三节：第一节是广东科技体制改革的历程；第二节着重论述广东科技体制改革取得的主要成就和存在的主要矛盾；第三节是广东科技体制改革的经验与启示。实践证明，只有全面深化科技体制改革，不断健全完善科技体制，实现技术进步与科技创新，引进科技创新人才，优化科技资源配置，才能释放科技创新活力，带动区域建设发展。

第六章是广东开放型经济体制改革。主要记述了改革开放40年来，广东从建立经济特区起步，不断探索建立开放型经济体制走过的历程，总结了广东逐步深化改革，全面建立开放型经济体制的做法、取得的显著成果与经验，为广东及全国进一步全面深化开放型经济体制改革和构建开放型经济新格局提供宝贵的经验借鉴。2017年4月4日，习近平总书记对广东工作做出重要批示，充分肯定党的十八大以来广东的各项工作，希望广东坚持党的领导、坚持中国特色社会主义、坚持新发展理念、坚持改革开放，为全国推进供给侧结构性改革、实施创新驱动发展战略、构建开放型经济新体制提供支撑，努力在全面建成小康社会、加快建设社会主义现代化新征程上继续走在前列。

第七章是广东投融资体制改革。着重介绍了改革开放40年来，广东在投融资体制改革过程中，坚持以市场化为导向，逐步发挥市场的决定性作用，不断培育和壮大市场经济体制。在基础设施建设领域，突破改革早期以政府财政投入与银行贷款相结合的单一化投融资模式，先后引入并使用BOT（建设—运营—移交）、TOT（移交—经营—移交）、ABS（资产支撑证券化）、PPP（政府和社会资本合作）等新兴模式，推动多元化投融资模式的发展，服务社会主义市场经济建设。总结了从以贷款修路为突破口，推进市场经济的培育，到党的十八大以来加大投融资体制改革的力度，坚持市场化、法治化、国际化改革方向的进程和经验。

第八章是广东分配制度改革。主要介绍了广东从改革企业工资分配制度入手，逐步推进机关事业单位工资分配制度改革，破除平均主义和"大锅饭"分配制度的弊端，极大地调动了广大劳动者的生产劳动积极性，推动经济发展的过程与经验。重点介绍了广东探索建立最低工资制度、建立工资正常调整机制，积极推行公务员职务与职级并行的工资制度、深化事业单位绩效工资制度改革等，展现了广东工资分配制度改革的

全过程。

　　第九章是广东社会保障制度改革。主要介绍改革开放 40 年来,广东率先积极推进养老保险、医疗保险、失业保险、工伤保险、生育保险等五项基本保险制度改革的进展情况、重点内容、出台的主要政策以及所取得的成果和经验;同时介绍了广东建立完善社会救济、社会福利制度和补充保险的一些情况,概括了 40 年来广东通过推进各项改革,不断扩大覆盖范围,提高保障水平,增强保障能力,基本建立起比较完善的社会保障制度体系,基本实现了从计划经济体制下的社会保障制度向与市场经济相适应的社会保障制度转变的基本经验和创新之处,提出了今后全面深化改革的目标和应当采取的对策措施。

第二章　广东农村经济体制改革

广东省农业开发历史悠久，农业商品经济萌芽也较早。1949年以来，广东农业不断发展，但是由于各种制度原因，在发展初期实际上并没有冲破传统农业的发展格局。农业基础落后是制约国民经济发展的重要因素，并成为农村经济发展的现实困境，决定了广东省广大农村地区面临的首要问题就是如何将农业生产力潜力从旧体制的束缚中解放出来。具体来说，就是如何调动广大农村劳动力的积极性，整合农村各种要素；如何建立与农业生产相适应的流通体制，增强农业生产活力；如何满足与市场需要相适应的农业产业政策，释放农业生产潜力。这些问题的解决都依赖于生产力的变革，农村落后的现实对更高效率的制度安排产生了强烈的需求。改革是农村发展的根本动力，冲破旧的体制机制障碍，不断释放制度红利，是解放和发展农村生产力的根本出路。广东省农村经济制度的变革以1978年农村经营体制改革为开端，40年来，广东人民"敢为人先"，勇于担当，突破了一个又一个发展障碍，不断推动新农村建设迈向新台阶。

第一节　家庭联产承包责任制确立了农业发展新起点

一、确立家庭联产承包经营，突破人民公社体制

1978年冬，省委决定推广"三定一奖"（定人工、定产量、定成本，超产奖励），把土地、劳力、耕畜、农具固定到作业组的生产责任制。最后，凡是实行的生产队，农业生产都出现了多年所未见的好形势，这引起了干部群众的热烈反响。《人民日报》《南方日报》在1979年年初，相继

报道了广东部分社队实行生产责任制的情况和经验。1979年2月4日，省委批转了省委原农村工作部《关于建立"五定一奖"生产责任制问题的意见》，开始在全省农村普遍推行"五定一奖"的经营管理制度。

这一联系产量的生产责任制，将社员的个人利益同集体利益联系起来，按照劳动的数量和质量合理地计算报酬，体现了按劳分配、多劳多得、不劳动者不得食的社会主义原则，有利于纠正平均主义的歪风，有利于调动农民想办法把生产搞好的积极性、主动性和创造性。1979年3月，国家农委召开七省三县农村工作座谈会，广东省和广东省的博罗县作为典型参加了这次专门讨论责任制问题的会议。同年5月20日，《人民日报》发表了《调动农民积极性的一项有力措施——关于广东农村实行"五定一奖"生产责任制的调查》的长文，指出"联系产量的责任制在实践中显示了很大的优越性"，"实行不实行联系产量责任制，结果大不一样"，肯定这是我国农业体制改革的最初实验。实践证明，在实行联系产量责任制以后，社员都往产量上使劲，农业经营管理上的混乱局面也得到了扭转。恢复和发展过去曾经一度实行的多种形式生产责任制，如"三定一奖""五定一奖"等。这实际上是农村政策的拨乱反正。① 同时，部分地区开始允许部分多余劳动力不参加集体生产，实行家庭生产，增加收益。

例 2 - 1：允许多余劳力养猪

广州市郊区沙河公社冼村大队在保证完成蔬菜生产任务的前提下，让部分多余的劳动力不参加集体生产，在家专心养猪，促进了养猪事业的发展。1980年，全队家庭养猪达7 300多头，平均每户12头，向国家交售大猪4 503头，总肉重167.55吨，纯收入35万元。1981年，全大队家庭养猪又有新的发展，饲养量已经超过7 000头。

（资料来源：周林生《广东改革开放大博览》，广东教育出版社2008年版，第74页。）

二、完善家庭承包经营方式，实现包产包干到户

1980年5月，邓小平指出："农村政策放宽以后，一些适宜搞包产到

---

① 参见张神根《试析九十年代以来农村经济体制改革的主要进展》，载《中共党史研究》2002年第6期，第58～64页。

户的地方搞了包产到户，效果很好，变化很大……有的同志担心，这样搞会不会影响集体经济。我看这种担心是不必要的。"① 邓小平这一席话，改变了人们多年来对包产到户的"左"的偏见，家庭联产承包责任制很快在广大农村形成燎原之势。1980年7月—8月的地、市委书记会议上，中共广东省委第一书记习仲勋指出："对包产到户问题，中央领导同志的指示很清楚：一是在困难、落后的地方可以搞，在边远山区的单家独户也可以搞；二是在那些生产比较正常、集体经济搞得比较好的地方，原则上不搞；三是对已经搞了包产到户的，也要逐步把它引导到搞专业化分工协作的责任制……一些生产队一时找不到克服困难的其他办法，搞了包产到户，我们应当允许，不要因此去指责基层干部和党员，不要去硬扭。"② 这为包产到户在局部地区的发展亮了"绿灯"。1980年9月，中共中央召开各省、市、自治区党委第一书记座谈会，着重讨论加强和完善农业生产责任制问题。随后印发的会议纪要《关于进一步加强和完善农业生产责任制的几个问题》肯定了党的十一届三中全会以来各地建立的各种形式的农业生产责任制；要求在不同的地方、不同的社队，根据实际情况，采取各种不同形式加强和完善农业生产责任制。同年10月，省委发出贯彻执行中央75号文件的通知，要求抓好加强和完善生产责任制这个中心环节，允许多种形式的生产责任制同时存在，由低级到高级逐步完善。此后，各地市普遍召开了县委书记会议，传达学习和贯彻中央和省委的文件。家庭联产承包责任制很快在广大农村形成燎原之势。过去"偷偷摸摸"搞了包产到户、包干到户的生产队，纷纷化暗为明；过去想搞而不敢搞的也很快地搞起来了。据1979年10月中旬不完全统计，全省包产到户的生产队25 972个，占总队数6.8%，户数56万多户，占总户数的6.1%。实际上，包产到户的社队数还远远不只此数，这些星星之火，已经逐步发展成燎原之势。省委贯彻落实党中央的文件精神，对于解决包产到户、包干到户问题上的争论，统一人们的思想，推动农业体制改革，有着重大意义③。

---

① 《邓小平文选》（第二卷），人民出版社1994年版，第275页。
② 中共中央党史研究室：《习仲勋文集》（上卷），中央党史出版社2013年版，第675～676页。
③ 参见黄学平、刘洪盛、汤建东《从贫穷到小康——三十年广东农村经济体制改革之路》，广东科技出版社2008年版，第18页。

第二章　广东农村经济体制改革

广东实行联产承包责任制之后，农村中蕴藏的被长期压抑的巨大生产力迸发出来，全省农业在基本上没有新的投入的情况下，迅速得到恢复和发展，总产值从1979年的73.69亿元增加到1983年的130.20亿元，增长将近1倍。到1983年，广东全省山区县农业总产值5年间增长40.3%，粮食总产值增长23.6%，人均收入增长2.9倍。粮食生产在减少约66.67万公顷播种面积的情况下，1984年总产量达1 820万吨，创历史最高水平。

三、重视农村集体经济组织，变革行政管理体制

由于长期实行过分集中统一的"一大二公""政社合一""三级所有，队为基础"的人民公社体制，存在着"集体大排工、出勤大呼隆、分配一拉平"的弊端。农村集体经济组织"政社不分"，集体资产的控制权完全掌握在乡村政府手里。农村生产力和生产关系不相适应，阻碍了广东农村经济的发展和人民生活水平的提高。1957—1978年，农业合作化后的21年间，全省农村生产队人均收入年增加仅1.6元，到1978年，才达到77.4元，其中人均年收入在50元以下的"三靠队"（吃饭靠返销、生产靠贷款、生活靠救济），占全省生产队总数的1/3[1]。广大农民从切身利益出发，迫切要求冲破旧体制的羁绊，解决温饱问题，进而发家致富。

1983年6月，广东对人民公社"政社合一"的行政体制进行了改革。在组织机构上，实行政权与经济组织分开，建立以家庭承包经营为基础、统分结合双层经营的基本制度。1986年5月，省委、省政府发出《关于撤区建乡（镇）完善农村基层政权建设通知》，把区公所改为乡（镇）政府，把原乡政府改为村民委员会，把原村民委员会改为村民小组。同时经济组织单独设置，相应地把三级经济组织的名称改为村经济合作社（自然村）、联社（行政村）和乡（镇）经济合作总社。从而形成了广东以土地公有、联产承包、统分结合为特征，家庭经营为基础的双层经营体制新格局。从而结束了在农村实行多年的"政社合一"、高度集中统一的集体经营体制，赋予农户相对独立的自主经营权利，使农户成为一个相对独立的财产主体，从根本上再造了农业的微观组织结构。但在实践中，由于认识不全面和缺乏经验，不少地方只注重"分"而忽视"统"，把原来集体

---

[1] 参见黄勋拔《当代广东简史》，当代中国出版社2005年版，第296页。

积累的生产资料和财产分到各家各户，而集体应经营和管理的事情却没有认真抓起来，使一些地方出现了"空壳村"的现象，特别是经过一段时间的发展，家庭联产承包制的局限性逐渐显露出来，亟须集体进行各项管理和服务。据此，省委、省政府先后召开多次会议研究，决定把设置和完善社区合作经济组织作为进一步改革和完善"统分结合双层经营"体制的一项基本功去抓，并明确提出社区合作经济组织的任务主要是加强经营、管理和协调、服务。① 通过开发当地资源，兴办集体企业，提高了集体为家庭服务的能力，使集体经济的优越性与家庭自主经营的积极性紧密结合，克服了家庭经营的局限性，增强了农业后劲，促进了生产发展。经上下一齐努力，到1990年，全省已形成以家庭承包经营为基础的统分结合双层经营的新格局，既调动了农户家庭经营的积极性，又发挥了集体统一经营的优越性，开始了乡村治理改革之道，向有效治理迈进。

例2-2：农村集体企业收入超亿元的"明星县"

根据有关部门不完全统计，广东省农村集体企业1983年总收入突破70亿元大关，比1982年度增加11%。

全省共涌现出21个全年农村集体企业总收入超亿元的"明星县"。这些县和市郊区是：顺德、南海、中山、东莞、广州市郊区、番禺、新会、潮阳、台山、潮安、花县、揭阳、佛山市郊区、开平、高要、吴川、阳江、恩平、电白、增城、澄海。其中，吴川、阳江、恩平、电白、增城、澄海6县首次跨入亿元县。1982年总收入最高的是顺德、南海县，1983年总收入分别达到6.4亿元和5亿元，都比1982年度增长了一成多，再度成为全省的冠军和亚军。

（资料来源：周林生《广东改革开放大博览》，广东教育出版社2008年版，第135页。）

家庭联产承包责任制是中国经济改革的起点，也是中国农村经济体制改革的起点。实行以家庭联产承包经营为基础、统分结合的双层经营体制，彻底废除了"一大二公"的人民公社制度，突破了计划经济模式，尊重农民群众的首创精神，适应生产力的发展水平，实现了国家、集体、个人三者利益的有机统一，初步确立了农民的市场经济主体地位，保障了农民的自主经营权，实现了生产经营过程中责、权、利的统一，极大地调

---

① 参见彭力、吴霞《广东农村集体经济制度的变革与深化改革的设想》，载《南方农村》2008年第5期，第8～11页。

第二章 广东农村经济体制改革

动了农民的劳动生产积极性，最大限度地发挥了农民的创造潜力，农业实现高速增长，农村生活发生了巨大而又深刻的变化，人民生活水平日益提高。

第二节 乡镇企业异军突起带动农产品流通体制改革

一、农村乡镇企业异军突起，发挥农村各地优势

1984年中央一号文件（《关于一九八四年农村工作的通知》）号召农民向第二、第三产业进军，允许家庭办工业，允许供销社办工业，允许国营与社区联办工业。该文件指出：发展乡镇企业是多种经营的重要组成部分，是农业生产的重要支柱，是国营企业的重要补充。调整农业与第二、第三产业的关系，带来了一个意想不到的收获——乡镇企业异军突起。1984—1988年，广东乡镇企业迅速发展成为农村经济的重要支柱。广东乡镇企业始终坚持从实际出发，多层次、多形式发展的方向。在20世纪80年代中期，省委、省政府提出了乡镇企业发展"三个一起上""四个轮子一起转"的方针，即第一、第二、第三产业一起上，大、中、小企业一起上，集体、个体、联户一起上，镇、村、家庭、联户一起转。根据这一方针，沿海发达地区着重发展集体骨干企业和外向型企业；山区、次发达地区重点发展小企业和家庭、联户企业。通过扩大开放，外引内联，重点发展石材、水、农林产品三大类资源，取得了丰硕的成绩，涌现出不少先进典型。比如云浮模式，主要是利用本地丰富的云石资源，以石材加工业为突破口，撤销了县政府过去做出的"保国营、限集体、卡个体"的决定，实行"有计划有领导地放开资源，放开经营，放开流通"的政策，号召国营、集体、个体企业一起发展石材业，云浮很快把过去"满山石头不如草"的穷山区变成了"满山石头满山宝"的富饶山村，成为闻名全国的花岗岩加工、集散地。云浮模式对广大山区发展乡镇企业起了很好的示范作用，其他山区的乡镇企业也取得了长足的进步。[1]

---

[1] 参见师春苗《广东山区跃上脱贫致富新台阶（1991—1997）》，载《红广角》2016年第7期，第40～46页。

广东经济体制改革40年

例 2-3：开发农业　发展乡镇企业　推动县级综合体制改革

　　1987 年 5 月 22 日，广东全省县委书记会议着重围绕如何进一步开发农业、发展乡镇企业、推动县级综合体制改革的问题，交流经验，提高认识，部署工作。

　　这次县委书记会议，是紧接全省第二次山区工作会议之后召开的。与会的部分同志已经先后参观了高州、吴川等县开发农业、发展乡镇企业的现场。

　　（资料来源：周林生《广东改革开放大博览》，广东教育出版社 2008 年版，第 226 页。）

　　进入 20 世纪 90 年代，顺德等市（县）顺应市场经济发展的形势，引进股份制，对集体乡镇企业进行产权制度改革，组建股份公司或股份合作企业，理顺产权关系，加强企业资产的管理和监督，搞活了企业的运行，推动乡镇企业继续蓬勃发展。1988 年到 1992 年，广东全省乡镇企业由 8 万个增加到 120 万个，职工由 194 万人增加到 791 万人，总产值由 293 亿元增加到 1 375 亿元，纯利润由 43 亿元增加到 112 亿元，上缴国家税金由 13 亿元增加到 46 亿元。乡镇企业在农村社会总产值的比重由 28% 上升到 63%。1997 年，全省乡镇企业总产值占全省工农业总产值的 59%，已成为广东全省农村经济的主体力量和国民经济的重要支柱。[①]

　　20 世纪 90 年代末至 21 世纪初是乡镇企业发展的鼎盛时期，全省工业增加值中，乡镇工业占半壁江山，乡镇工业职工占工业职工总数的六成以上，乡镇工业产值占工农业总产值的比例突破八成。乡镇企业的异军突起，加快了农村工业化、城乡一体化的步伐。珠江三角洲地区形成了以城市为中心，星罗棋布的小城镇为依托的新型城市群体，是我国城市化水平最高的地区之一。[②] 实践证明，突出发展乡镇企业，走农村工业化、城乡一体化发展道路，是广东实现农业现代化，实现农村繁荣、农民富裕，推动农村两个文明建设进步的重要途径，可以说是乡村振兴必须以产业兴旺为基础的实证。

　　广东各地在兴办乡镇企业的实践中，因地制宜、分类指导，创造出一

[①] 参见中共广东省委政策研究室农村组《广东农村改革与农村经济发展》，载《广东社会科学》1998 年第 6 期，第 9～15 页。

[②] 参见黄声驰《广东农业农村经济巨变的 30 年——为纪念改革开放 30 周年而作》，载《南方农村》2008 年第 5 期，第 12～17 页。

些具有地区特色的模式。主要有以"三个为主"（集体经济为主、镇办骨干企业为主、发展工业为主）为特色的"顺德模式"；以"四个轮子一起转"（镇、村、个体、联户一起上），重视发展民营经济和第三产业为特色的"南海模式"；以发挥地缘人缘优势，大搞"三来一补"和"三资"企业为特色的"东莞模式"；以市属企业带动乡镇企业为特色的"中山模式"；以大力发展家庭、联户企业，促进农村商品经济发展为特色的"吴川模式"；以充分利用本地石材资源，"放开资源、放开经营、放开流通渠道"为特色的"云浮模式"；以合资合作方式横向联营，兴办外资企业为特色的普宁"军埠模式"。这些模式各有千秋，都颇有生命力，发挥了典型示范的作用。其中，包括顺德、南海、东莞、中山在内的珠江三角洲乡镇企业的发展道路，也被称为"珠江模式"。这主要是因为广东乡镇企业的发展以珠江三角洲最为迅速、最为成功，外向型经济特色也最为鲜明、令人瞩目。①

例2-4："亿元村"探秘

《农民日报》1993年10月2日第一版发表了《中国农民的自豪——广东"亿元村"扫描》的长篇通讯，探索这些"亿元村"的奥秘。

传统的乡村模式在广东许多的农村已经寻不到踪迹，新崛起的"亿元村"更是与它有天壤之别。"亿元村"集中分布在珠江三角洲，仅南海市就有18个，顺德市有17个。

踏进东莞的雁田、篁村，顺德的海尾、黄莲，中山的永宁，南海的横江，珠海的界部，江门的白沙，广州的江村、联星、三元里、三华村、杨箕、车陂、沙东等"亿元村"，简直不知道是在乡村还是城市。

"亿元村"的崛起得益于"天时"——党的改革开放政策，"地利"——地处珠江三角洲经济发达地区，"人和"——积极向上的农村社区文化。这种社区文化即是社区内全体人员共同拥有的价值标准、基本信念和行为准则，它成为发展市场经济、脱贫致富的精神动力和内在凝聚力。

"亿元村"社区文化的主要特征在于：

——乐于奉献的群体意识。

——开拓创新的意识。"亿元村"的崛起与他们"敢为天下先"是分不开的。他们不墨守成规，敢于突破传统产品经济模式的束缚，敢于走前人没走过

---

① 参见李军晓《先行一步——广东改革开放初期历史研究》（学位论文），中共中央党校2007年。

的道路。

——平等和互利的意识。在从事经济活动的过程中,"亿元村"的干部和群众都信守"利益均沾"的原则。不少干部谈到发展外向型企业时说:"想引进人家的资金、技术,就不要怕被人赚钱。从眼前看吃点小亏,但从长远看则占大便宜。"

——务实灵活的行为准则。"亿元村"的干部不尚空谈,但求实干。他们认为:"做成一件事,胜过争论一万句。"改革开放后的许多新创造,大多都是在"先干后说""多干少说""只干不说"的情况下产生的。

(资料来源:周林生《广东改革开放大博览》,广东教育出版社 2008 年版,第 429 页。)

总之,乡镇企业异军突起是广东继实行农村家庭联产承包责任制改革取得举世瞩目的成功之后出现的另一场伟大的变革。活力十足的乡镇企业,不仅振兴了农村经济、塑造了新型农民,为改革开放奠定了物质基础、提供了人力保障,而且对打破城乡"二元经济格局"、推进城市经济体制改革提出了新的要求,丰富了建设中国特色社会主义的伟大实践。

二、改革农村商品流通体制,发展农村商品经济

在农产品流通体制改革上,广东省同全国也有着相似的历程,但是由于广东人的商品经济意识和开拓意识较强,以及中央给予广东"灵活政策、先行一步"的优惠政策,广东省在改革上率先突破,废除了农产品的统购统销制度,建立多种经营方式、多种经济成分、多种流通方式的农产品流通体制,通过改革流通体制,发展商品生产,活跃市场,起着示范和带头作用。1980 年 9 月,广东省政府印发《关于疏通商品流通渠道,促进商品生产,搞活市场的几项措施》,缩小了农副产品定购、派购和计划收购范围,同时打破地区封锁,坚决精简商品流通环节,按经济区域组织商品流通,逐步与协作省、区建立固定的供销关系。1981 年 10 月,对农副产品的收购和管理也进行了改革。这些改革使得指令性计划的范围逐步缩小,生产者和经营者都有了压力和动力,商品生产经营的观念得到了普及。1980 年统派统购和计划收购的农产品由 118 种减少到 47 种,1981 年又减少为 25 种,到 1985 年只剩下稻谷、糖蔗、烟叶 3 种,由市场调节农副产品的成交额已占整个社会农副产品成交额的 80% 以上。在开放农副产品价格的同时,也放开了统一购销经营的体制,由过去国营商业部门

和供销社独家经营，改为国营、集体、个体、联合体、私营、多种形式的农民合作的多种经济成分、多条渠道、多种经营方式的农产品流通体制。① 在这项改革中，不仅使农户有生产经营的自主权，也有农产品购销的自主权，大大促进了农业生产和农村商品经济的发展。2000年，全省有1 956个农副产品市场，比1991年的140个增加了1 816个，增长近13倍。其中1 125个农产品市场分布于农村，占全省农产品市场总数的57.5%，831个分布于城市，占42.5%。2000年，广东农产品交易额与1991年相比有了大幅度增加，1991年粮油交易额仅68亿元，2000年增加到148亿元，增长了1.2倍；1991年蔬菜成交额只有23亿元，2000年却高达193亿元，增长了7.2倍。其他农产品交易额也都有较大幅度增长，其中，肉禽蛋增长3.2倍、水产品增长4.3倍、干鲜果增长4.8倍、家畜幼禽增长1.7倍。②

例2-5：改进糖蔗收购政策 推行按质论价

1983年，广东省人民政府发出《关于改进糖蔗收购政策，提高糖蔗经济效益的通知》。国家标准局和轻工部已着手制定糖蔗质量标准，推行按质论价的收购政策。广东省决定在两年内全面推行这项政策。

（资料来源：周林生《广东改革开放大博览》，广东教育出版社2008年版，第120页。）

通过废除农产品统购统销制度，广东省在对旧的流通体制改革实现了"三突破"：①突破单一的流通渠道，逐步建立多条流通渠道并存的流通网络，允许农民进入流通领域；②突破独家经营的格局，建立多种经济成分并存的所有制结构，经济各行业、农业各部门以及乡镇都可以搞流通；③突破封闭固定的流通模式，允许搞异地批发经营、转手销售、长途贩运。同时，改革价格制度，突破原有封闭僵化的流通体制。坚持"调放结合、以放为主、双轨过渡、放中有管、分步推进"，成功实现了从"计划经济体制"向"市场经济体制"的跳跃。通过对流通体制的改革，逐步形成了多种经济成分、多种经营方式、多条流通渠道并存的

---

① 参见彭力、吴霞《广东农村集体经济制度的变革与深化改革的设想》，载《南方农村》2008年第5期，第8～11页。

② 参见李大胜、王广深、张光辉《广东农产品流通的改革与发展》，载《农业经济问题》2002第3期，第56～61页。

开放式流通新格局，形成了"国合服务型""市场服务型""'一条龙'服务型""个体服务型""合作社服务型"五大类型的农产品流通服务组织，使农产品流通体制发生了根本性的变化。改革开放以来，广东省农产品流通发展较快，农产品市场规模不断发展，逐渐形成了高中低档配套、大中小型结合的农产品市场网络，形成多元化、多形式、多层次的农产品流通格局，对促进广东国民经济持续、快速、健康发展起到重要作用。

近年来，我国经济增速放缓，进入新常态。受大环境的影响，广东经济从高速增长转为中高速增长，全省农村经济优化升级面临农业资源约束趋紧、农村青壮劳动力短缺、农业增效和农民增收难等一系列问题，发展农产品物流成为进一步挖掘农村经济增长潜力、推动农村经济可持续发展的重要途径。为此，广东大力推进农产品物流发展，目前基本形成了覆盖全省的农产品物流体系，通过立足于区域资源优势，综合考虑环境影响因素、供应因素、促进因素对农产品物流的影响，完善农产品物流经营环境，平衡供需，发展农业技术，激发农产品物流发展活力，进一步优化了农村商品流通体制，发展了农村商品经济。① 同时，顺应时代潮流，积极推动"互联网+农业"的发展，大力推进农村电商发展。根据广东省第三次全国农业普查数据显示，2016年，广东全省开展旅游接待的村占全部村的比重为3.7%，比2006年提高2.2个百分点；农村电商从无到有，2016年，全省24.8%的村已有电子商务配送站点。

三、推进农村股份合作改革，优化农村经营组织

例2-6：股份制——农改新路

广州市天河区把股份制引入农村集体合作经济，收到了良好效果，为城市郊区深化农村改革走出了一条新路子。省委、省政府的主要负责同志听了该区负责人的汇报后，充分肯定了他们的做法。

天河区实行股份合作经济的主要做法是：在土地不入股、财产不能分解的前提下，将原有的集体财产按现行价格清查核算，折成股份，集体积累股占60%以上，其余部分为社员分配股。集体股是指集体所有的股份，每年按股分红，主要用于集体扩大再生产和发展公益事业；社员分配股分配到各个村民，

---

① 参见劳健、谢如鹤《经济新常态背景下广东农产品物流影响因素研究》，载《商业经济研究》2017年第11期，第95~98页。

第二章 广东农村经济体制改革

作为享受分红的依据。社员股的股权确定和分配方案，要经股东代表大会讨论通过，根据村民劳动力和非劳动力的不同条件分成几个等级，既较好地体现按劳分配的原则，又有利于农民走上共同富裕的道路。此外，还设立现金股，吸纳村民手头上闲散资金以发展集体经济。

（资料来源：周林生《广东改革开放大博览》，广东教育出版社2008年版，第128页。）

广东农村股份合作制产生于20世纪70年代末80年代初，形成于20世纪80年代中期，盛行于20世纪90年代以后。广东省是我国农村股份合作经济的发祥地。珠三角利用中央给予的优惠政策与灵活措施，经过大胆的探索试验，把以明晰产权为核心的股份合作制引入农村集体资产管理，成功地把农村集体经济组织推上了市场经济发展的轨道。党的十一届三中全会以来，广东农村出现了多种形式的股份合作经济，形成了各具特色的发展模式，如"天河模式""南海模式""顺德模式""龙岗模式"等。农村股份合作制是农村改革开放以来的又一经营组织制度创新，改革农村集体产权制度、建立农村股份合作经济组织塑造了农村新的产权主体，标志着广东省农村经济发展史上的新开始。

广东的股份合作经济主要有两种类型。一是在原来经济合作社和经济合作联社引入股份制机制，把原来产权不明晰的集体资产折股量化到社员个人，改建为社区型股份合作经济。例如，广州市杨箕村对行政村一级的生产性固定资产进行清产核资，折股量化到人，做到还股于民，明确集体产权的归属分为集体积累股（占60%）和个人分配股（占40%）。由于实行了股份制，农民从集体经济中得到了利益，这样可以使村民关心集体企业的生产，参与监督，使农民获得知情权、话语权、决策参与权、资产处置权和管理人员选择权，使集体经济具有凝聚力，继续巩固和发展了集体经济。二是企业型股份合作经济，包括新组建的股份合作企业。在原来集体企业引入股份制机制，改建为股份合作企业；在原来个体、私营企业，通过集体投资入股和雇工参股引导其改为股份合作企业。① 到1993年年底，广东全省的股份合作型企业有29 702家，其中，属老企业改造的有13 172家，占总量的44.3%，新办企业有16 530家，占总量的

---

① 参见黄声驰《广东农业农村经济巨变的30年——为纪念改革开放30周年而作》，载《南方农村》2008年第5期，第12～17页。

55.7%；所有股份合作型企业中，第一产业8 987个，占比30.3%，第二产业15 395个，占比51.8%，第三产业5 320个，占比17.9%。①

例2-7：南海率先实行土地股份制

1994年，南海市农民改革试验区领先全国在土地制度改革中引进股份制，通过把集体土地以股份形式量化并折股到个人，明确了个人在集体经济中的地位，为优化产业结构、实现规模经营创造条件。该市最早实行土地股份制的下柏管理区，现在由61人代替了过去的800多劳动力对土地进行规模经营，其余的劳动力转移到第二、第三产业。农业企业职工的平均月收入达350元，与工业企业职工收入大体持平。

（资料来源：周林生《广东改革开放大博览》，广东教育出版社2008年版，第438页。）

农村股份合作经济的产生，不仅改革了原来集体经济产权不明晰的状况，更使农村出现了许多打破所有制、行业和行政区域界限，实行跨区域、跨行业、跨所有制的各种经济联合和股份合作，优化了资源配置，塑造了农村新的产权主体，既深化了农村改革，使传统集体经济注入新的内容，更使农村新的合作经济有了很大的发展。如潮阳市井都镇古煌经联社，在股份合作经济产生前，全村的机渔船不到10艘，是远近闻名的穷村。1985年开始推行股份合作制，到1993年，全村2 476户90%以上投股参与经营，约集资5 495万元，购买了大、小机船351艘，并兴办了一批加工厂和海水养殖项目。仅1992年、1993年调查，全村95%的农户当年收入超万元，1992年经联社集体收入123万元，1993年达150万元，集体资产累计1 000多万元。几年来，全村投资近1 000万元用于学校、医院、道路、照明、饮水等建设，全村面貌焕然一新，让农民走上了"生活富裕"的道路。②又如佛山市股份合作制与分户承包制并存，以股份合作制为主的模式，2016年，全市4 140个经济社中，股份合作经济社3 450个，占84%；未实行股份合作的经济社690个，占16%。这些入股到股份合作经济社的农用地面积约5.833 3万公顷，占全市农用地总面积

---

① 参见黄学平、刘洪盛、汤建东《从贫穷到小康——三十年广东农村经济体制改革之路》，广东科技出版社2008年版，第48页。

② 参见张德扬《再造农村经济新活力——广东农村推行股份合作制的实践》，载《农村合作经济经营管理》1994年第6期，第29～30页、第39页。

的75%。①

第三节 农业产业化发展推动农村经济向市场转轨

一、调整农业产业结构，培育农村生产要素市场

改革开放以来，党中央在政治体制和经济体制方面果敢变革，改革开放的东风有效激活了各类农业生产要素，广东省农业结构不断优化，农业结构调整的特点是对计划经济体制下形成的"以粮为纲"的目标进行修正，调整种植业内部结构，增加经济作物种植面积，积极开展多种经营。这一时期，广东省大搞开发性农业生产，推广名、优、特的水产养殖及水果、反季节蔬菜等"三高"（高产、高质、高效）农业，在各地建立了一批优质农产品生产和加工基地，为广东省农业产业结构发生系列变化打下了基础。从农业产业结构内部构成来看，改革开放以来，广东农业产业结构出现了四次比较明显的改变。②

第一次是20世纪70年代末至80年代初，第一产业占地区生产总值的比重迅速上升，到1982年达到历史最高点34.8%，种植业及种植业中的粮食作物一直居于明显的主导地位，林业和渔业比重变化不大，牧业的比重下降至16.90%；第二次是20世纪80年代中期至90年代初，第一产业总产值占地区生产总值比重迅速下降，"以粮为纲"的目标得到修正，积极开展多种经营，种植业比重下降至54.11%，牧业上升至24.82%，渔业上升至17.12%，林业经过短期的上升后出现回落，同时，以蔬菜类为主的其他作物种植面积比重大幅度提高，经济类作物种植面积比重也有所上升；第三次是20世纪90年代中后期至21世纪初，种植业占农业总产值的比重继续下降，但仍保持50%左右的水平，林业、牧业徘徊不前，渔业占比继续上升至23.37%，以蔬菜类为主的其他作物种植面积比重继

---

① 参见赵鲲、李伟伟《土地股份合作、股权逐步固化：高度城镇化地区完善承包经营制度的有益探索——广东佛山农村土地股份合作调查与分析》，载《农村经营管理》第2016年第9期，第22～25页。

② 参见梁荣、张建武《略论进一步优化广东农业的产业结构》，载《探求》1999年第5期，第21～24页。

续上升，经济作物种植面积略有下降；第四次是21世纪初至今，种植业占农业总产值比重小幅波动，林业比重达到20世纪90年代水平，牧业、渔业比重略有下降，经济作物和其他作物的种植面积小幅上升。① 2017年，广东不断统筹推进农业生产结构的调整优化，主要农产品产量和农林牧渔业产值均实现稳步增长。农业、林业分别实现增加值同比增长4.5%、4.8%；渔业增加值增长2.8%；畜牧业增加值下降0.1%，降幅同比收窄1.0个百分点。农、林和渔业分别拉动第一产业增加值增长2.7个百分点、0.3个百分点和0.5个百分点。第一产业增加值3 792.40亿元，增长3.5%，增幅同比提高0.4个百分点。② 广东省在调整农业生产结构的过程中，紧密配合广东省实行"外向带动、科技兴粤和可持续发展"的三大战略，满足消费者对各种农产品的需求，注重农业生产者对利益的追求；有利于农业部门内部及其与外部的协调发展和相互促进，充分合理地利用了自然资源和社会资源，有利于促进农业的可持续发展，促进了广东农业产业兴旺。

例2-8：广东"第一田"

都斛镇是台山市农业大镇，有"广东第一田"之称的都斛水稻高产示范片，是国家级农业综合开发项目。按照农田基本建设"灌溉硬底化，品种良种化，田园林网化，耕作机械化，管理科学化"的五化标准要求，大力推广良种良法，强化品种布局，并把高产、优品种落实到田，大米畅销全国各地。

［资料来源：江门市人民政府网（http://www.jiangmen.gov.cn/zwgk/sssqzx/tszx/201803/t20180309_1169665.html）。］

二、引导农业产业化，推广现代农业经营理念

开展农业产业化经营是我国农村经济改革的伟大创举和农村经营体制的重大创新。作为改革开放的前沿阵地，广东是我国开展农业产业化经营较早的地区之一。农业产业化经营是在家庭联产承包经营的基础上，以市场为导向，以提高经济效益为中心，通过龙头企业、中介组织、专业市场

---

① 参见刘丽辉《现阶段广东农业产业结构调整方向研究——基于改革开放以来的演变及动因分析》，载《广东农业科学》2014年第5期，第32～37页。

② 参见《2017年广东农业生产稳步增长》，广东统计信息网（http://www.gdstats.gov.cn/tjzl/tjkx/201801/t20180126_379939.html）。

等把分散的农户与国内外市场连接起来,各利益主体按照合同约定、合作、股份合作等形式,利益互补,风险共担,使农产品生产、加工、销售有机结合的一体化组织经营形式。

早在20世纪80年代初,珠三角地区就出现了各种农工商公司,1983年,广州市白云区江高镇江村养鸡场将鸡苗提供给农民,并派出技术人员指导农民养鸡并收购活鸡,这种以养鸡场为龙头,带动周边农户共同发展养鸡业的经济组织被原国家经济体制改革委员会命名为"江高模式"。"江高模式"使"公司+基地+农户"产业化经营模式初具雏形,推动了广东农业生产的专业化和现代化。20世纪90年代以来,广东各地相继建起了一批"三高"农业商品生产基地并培育和发展了一批龙头企业,贸工农一体化的经营形式得到进一步完善和发展。为此,1992年国务院专门在广东召开了"高产、优质、高效"农业现场会,总结推广广东经验。20世纪90年代后期开始,广东农业产业化经营进入了快速发展时期。1996年,省委、省政府做出《关于推进农业产业化若干问题的决定》,拉开了广东加快农业产业化经营步伐的帷幕。

经过多年的创建实践,广东省探索了7种现代化农业产业发展模式:一是以韶关翁源县、湛江徐闻县为代表的政府推动型模式,县委、县政府一把手亲自抓,成立领导机构和管理机构,专门为入园企业提供全方位服务,经过持续发力、久久为功,产业从无到有、由小变大、由弱变强、由散变聚。二是以江门新会区、湛江徐闻县为代表的产业融合型模式,依托新会陈皮村、徐闻菠萝加工园,推动了生产、加工、销售、休闲旅游业融合发展,促进了小农户与现代农业有效衔接,实现"小"陈皮造就"大"产业,小农户共享大收益。三是以韶关翁源、湛江农垦为代表的资源集聚型模式,湛江农垦依托糖蔗传统主产区资源优势,做大做优,成为国家现代农业产业园。四是以珠海台创园为代表的科技支撑型模式,依托科技创新,重点建设园艺作物良种选育科技平台,把花卉、种业做大做强。五是以广州从化区、佛山顺德区为代表的市场带动型模式,充分发挥市场化作用,如顺德全区共有市级以上农业龙头企业31家,国家级的陈村花卉世界核心区内有600多家花卉企业,带动顺德及周边花卉种植业,种植面积超过6 666公顷。六是以梅州梅县区、清远英德市为代表的品牌引领型模式,培育了梅州金柚、英红九号茶叶等区域公用品牌。七是以惠州惠城区为代表的出口外向型模式,园区种植供港蔬菜、养殖鳗鱼出口创汇,充分发挥辐射带动作用，加快形成健康养殖的长效机制，促进渔业转型升级。①

农业产业化的发展突破了传统农业产加销分割的体制，塑造了贸工农一体化经营新机制。这是对广东传统农业进行的一项重大改革，是农村改革由以前的单项突进发展到整体推进的必然趋势，是解决千家万户小生产与千变万化大市场的矛盾、引导农民进入市场的客观要求，更是转移农村剩余劳动力，加速城乡一体化的客观要求。农业产业化既是农业生产经营方式的变革，又是对家庭承包经营的制度完善，对解决我国农业和农村在市场经济发展中遇到的矛盾和难题具有极强的直接和连带效应，广东坚持走中国特色社会主义乡村振兴道路，加快实现农业农村现代化，对推动农业走上市场化、专业化和社会化具有非常重要的意义。

三、改革粮食流通体制，促进农业适应市场经济

粮食是稳民心、安天下的重要战略物资，是人民生活的必需品。国民经济的发展与调整无不与粮食问题密切相关。广东作为全国改革开放的先锋之地，其粮食市场开放的步伐也"敢为天下先"。1984 年广州率先全面放开菜价，价格随即上浮，当时有人写信到中央，震动中南海。经过一段时间放开价格之后，价值规律发挥了杠杆作用，调动了农民的生产积极性，农副产品普遍增多，价格逐步回落并日趋稳定。

1992 年，邓小平同志"南方谈话"和党的十四大提出建立社会主义市场经济体制的总目标，党的十四届三中全会通过《中共中央关于建立社会主义市场经济体制若干问题的决定》，推动粮食流通体制改革加快步伐。1992 年，经国务院批准，广东按照"计划指导、放开价格、加强调控、搞活经营"的原则，率先于全国放开粮食价格和粮食购销经营，取消粮簿，一度引发全国震动。1993 年，国务院决定在国家宏观调控下积极稳妥地放开粮食价格和经营，实行"保量放价"，即保留粮食定购数量，价格随行就市，继续实行和改进粮食定购"三挂钩"政策，取消国家食油收购计划和食油定量供应政策，取消食油指令性调拨计划。同时，建立粮食收购保护价格制度和粮食风险基金制度，保护价的制定以弥补生

---

① 参见黄进《打造乡村产业振兴主力方阵》，南方网（http://epaper.southcn.com/nfdaily/html/2018-03/25/content_7711490.htm）。

产成本并有适当利润,有利于优化品种结构,并以考虑国家财政承受能力为原则。随着国家财力的增强,逐步提高保护价格水平,在条件具备时向支持性价格过渡。保护价的实施范围限于原国家定购和专项储备的粮食。

1994年,省委、省政府决定实行粮食工作责任制考评制度和收购定购粮最低保护价及销售最高限价。1995年,根据国务院规定,实行"两线运行"和"米袋子"各级政府负责制,建立各级粮食风险基金制度,健全完善粮食管理机构。1995年,广东粮食产量在价格的刺激下上升,达到1 750万吨,解决了"米袋子"问题。广东顶住压力,实现了价格一次又一次的重要闯关。

"十五"期间,广东省继续认真落实扶持粮食生产的各项政策,全省粮食播种面积在连续4年下降后于2004年首次出现面积扩大、总产量保持稳定的良好势头。2005年粮食播种面积达278.65万公顷,产量达1 395万吨。在保证粮食生产能力的同时,区域优势强、收益高、见效快、市场需求量较大的南亚热带作物得到长足发展,岭南特色水果在种植面积基本保持稳定的基础上,产量和品种结构日趋优化;蔬菜、糖蔗、花生、茶叶、花卉、南药等南亚热带经济作物得到进一步开发利用。2005年蔬菜产量达2 596万吨、水果产量达832万吨。主要农产品在空间布局上逐渐向适宜区集中,形成了具有区域特色的主导产品和支柱产业。粤西、粤东和珠江三角洲成为我国最大的南亚热带水果、蔬菜和花卉主导产区,粤东成为我国名优单枞茶商品生产基地,粤西成为我国糖蔗最重要的生产基地之一。"十一五"期间,广东省共完成粮食流通基础设施建设投资55.37亿元,建成各类项目383个,新增仓容173.2万吨,新建成食用植物油罐容33.3万吨,维修粮库仓容247.8万吨,新增粮食码头通过能力506万吨,建成铁路专用线4 174米。① 2017年,广东省粮食供应呈现"自产平、调入稳、进口增"的特点,粮油市场需求得到有效保障,粮油市场价格保持平稳。②

广东作为粮食流通体制改革道路的先行者,前行途中有曲折迂回,更

---

① 参见广东省粮食局《率先探索完善机制 确保全国最大粮食主销区粮食安全——广东粮食流通工作"十一五"回顾》,国家粮食和物资储备局网站(http://www.chinagrain.gov.cn/sywzt/syw/gd.html)。

② 参见《2017年全省粮油市场形势回顾及2018年走势预测》,广东省粮食局网站(http://www.gdgrain.gd.gov.cn/zwgk_5741/sjgk/jgjc/201802/t20180205_462690.html)。

有功绩成就。这也使广东省更加深刻地认识到"市场"才是粮食安全的真正依靠,必须以更开放的思维,坚定不移地继续推进市场化改革,以市场为导向,以经济效益为中心,建立并不断完善粮食流通体制,使之与社会主义市场经济要求相适应。

第四节 推进城乡统筹与建设社会主义新农村

一、推进农村城镇化,带动农村经济

城镇化是经济和社会发展走向现代化的一个客观历史进程。改革开放以来,伴随广东省经济和社会深刻发展而来的,是城镇化的高速发展。小城镇是农村政治、经济、文化中心,是统筹城乡发展和消除城乡二元结构的主要着力点。改革开放以来,广东农村小城镇建设迅速发展,小城镇规模不断扩大,经济实力不断增强,对广东省城乡建设和经济社会的发展、城镇化水平的提高有重要作用。①

2000 年,省委、省政府颁发了《关于加快城乡建设,推进城市化进程的若干意见》和《关于推进小城镇健康发展的意见》,极大地促进了农村城镇化的发展。2001 年广东建制镇有 1 529 个,占全国建制镇总数的 5.8%;2005 年有 1 145 个,占全国建制镇总数的 5.9%;2011 年有 1 132 个,占全国建制镇总数的 5.8%,居全国第三;2014 年,在城乡规划管理体制改革方面,广东建制镇总体规划、村庄规划覆盖率分别达 87%、60%;2016 年,全国千强镇名单显示,广东省共有 118 个建制镇入围榜单。从人口数量看,全省建制镇总人口经历了下降再增长的过程,2001 年为 7 021.55 万人,2007 年为 6 806.24 万人,2011 年为 7 268.92 万人。2011 年广东建制镇地区分布如下:珠三角地区为 322 个,占全省总数的 28.5%;粤东、粤西分别为 180 个和 207 个,占 15.9% 和 18.3%;山区 423 个,占 37.4%,珠三角和山区占比相对更高。2011 年,广东省出台了《中共广东省委、广东省人民政府关于提高广东省城市化发展水

---

① 参见陈静、张宏、张翔《广东新型城市化背景下小城镇发展的几点建议》,载《中华民居》2012 年第 7 期,第 395~396 页。

平的意见》，意见指出深入实施提升珠三角带动粤东西北战略，将提高城市化发展水平作为一项重大任务，提出要建设文明、宜居、承载力和可持续发展能力强的理想城市，并且鼓励粤东西北地级市农民就地市民化。经过多年的改革开放和经济发展，广东小城镇综合经济实力显著增强。财政收入大幅度增加，2011年，广东建制镇个数占全国总数的5.8%，财政总收入超千亿元，为1 380.40亿元，比2001年增加1 019.40亿元，比2007年增加762.07亿元。每个建制镇财政收入由2001年的2 250万元增加到2007年的5 372万元，2011年达11 380万元。全省形成了一大批实力雄厚的专业镇，名牌产品、著名驰名商标数量众多，成为带动广东区域经济发展的重要力量。①

从2013年起，广东清远阳山县开始进行"美丽乡村"建设，推进当地的村民"就地城镇化"。2015年4月，《广东省人民政府办公厅关于印发〈广东省新型城镇化"2511"试点方案〉的通知》指出，要以促进大中小城市和小城镇合理分工、功能互补、协同发展为导向，优化城镇体系空间结构，科学引导城镇人口布局。依托县城镇和中心镇建设一批卫星城，引导小城镇专业化、集约化、特色化发展，在条件成熟地区探索建立行政管理创新和行政成本降低的大镇设市模式。2017年8月，《广东省住房和城乡建设厅 广东省发展和改革委员会关于印发〈广东省新型城镇化规划（2016—2020年）〉的通知》提出，要强化中心镇服务功能，建设人居环境良好、服务功能完善的新城镇。启动一批产业特色鲜明、人文气息浓厚、生态环境优美、兼具旅游与社区功能的特色小城镇建设。提升小城镇规划建设和管理服务水平，增强服务城市、带动农村、承接转移人口的功能，开始了"生态宜居、乡风文明"的建设新路。

例2-9：《广东省新型城镇化规划（2016—2020年）》明确广东城镇化发展目标

> 城镇化水平和质量稳步提升。城镇化健康有序发展，到2020年，全省城镇化水平和质量稳步提升，全省常住人口城镇化率达71.7%左右，户籍人口城镇化率达到50%，力争实现不少于600万本省和700万外省农业转移人口及其他常住人口在城镇落户；户籍人口城镇化率与常住人口城镇化率差距明显缩小。

---

① 参见黄春红《广东小城镇发展状况研究》，中商情报网（http://www.askci.com/news/201403/14/1417504436775.shtml）。

绿色生产、绿色消费成为城市经济生活的主流，节约集约用地水平明显提升，节能节水产品、再生利用产品和绿色建筑比例大幅提高。

城镇化布局和形态进一步优化。珠三角地区优化发展，携手港澳建设粤港澳大湾区和世界级城市群。韶关、河源、汕尾、阳江、清远、云浮等环珠三角城市深度融入珠三角，基本形成"广佛肇+清远、云浮、韶关""深莞惠+河源、汕尾""珠中江+阳江"三大新型都市区。大中小城市和小城镇科学合理布局，粤东西北地级市中心城区扩容提质成效明显，中小城市竞争力明显提升，小城镇服务功能增强，多中心、网络化的城镇体系基本成型。

城镇化可持续发展能力显著增强。加强产业对城镇化发展的支撑作用，生态文明建设融入城镇化进程，城镇空间品质和城乡人居环境明显改善；岭南文化得以传承和保护，地域文化特色明显，城镇形象鲜明。生态环境持续保持优良，饮用水安全得到保障。基础设施和市政公用设施建设不断完善，城市管理更加人性化、智能化，城乡一体化和美丽乡村建设取得明显成效。

城镇化体制机制不断完善。关键领域制度改革取得重大进展。户籍管理和社会保障、住房保障、教育、医疗等基本公共服务方面的体制改革取得实质性进展。城乡土地管理制度改革取得突破，行政管理体制、财税体制、城镇建设融资机制更加完善，逐步形成城乡居民有序流动、安居乐业的制度环境。

[资料来源：广东省人民政府网（http://zwgk.ga.gov.cn/006939799/201708/t20170823_719625.html）.]

总之，广东省仍然存在着显著的城乡差异，而且不同地区面临的问题千差万别，必须因地制宜，把多种城市化模式有机结合，才能迎来新时期城市化进程的健康、良性发展。农村城镇化的发展模式要继续从区位特点、自然资源、发展潜力等因素出发，选择适合区域特色的发展模式，推动城镇化水平的健康发展，要让农村更绿更美，城镇建设要体现尊重自然、顺应自然、天人合一的理念，依托现有山水脉络等独特风光，让城市融入大自然，让居民望得见山、看得见水、记得住乡愁。

二、改革农村税费制度，减轻农民负担

2000年发布的《中共中央、国务院关于进行农村税费改革试点工作的通知》揭开了我国农村税费改革的序幕。2000年3月，广东省选择了兴宁、四会和徐闻三个不同类型的地区进行农村税费改革试点。2001年，成立了农村税费改革办公室。2002年，广东省农村税费改革扩大到珠江三角洲地区。在试点过程中，各市均成立了农村税费改革领导小组办公

室,认真实施改革方案。针对改革中暴露出来的计税产量不合理、计税面积与实际不符、税负不公等情况,制定了补充措施,不断地完善政策,创新解决问题的途径和方法,对推动农村税费改革起到了重要的作用。从2003年起,广东省制定了《广东省农村税费改革试点方案》,在全省范围内全面实行农村税费改革,确立了以"五取消、一改革、一种税"的农村税费改革政策,协调推进"并镇、并村、减人"等各项配套政策。2004年,珠江三角洲地区开始进行自费免征农业税改革试点,粤东、粤西以及粤北地区的农业税率从6%降到3%。通过农业税改革,当年广东省减免农业税56 064万元,农民每年人均负担由改革前的106.93元减少为6.77元,减负率达93.67%。[①]

2005年,广东省在全国率先免征农业税,全面深化农村税费改革。《中共广东省委、广东省人民政府关于深化农村税费改革试点工作的通知》决定,从2005年1月1日起,全省全面免征农业税,各地由此减少的农业税收入,由省财政通过转移支付帮助解决。免征农业税减轻了农民税负3.57亿元,减负率达100%。通过农村税费改革,全省农民人均每年减轻负担106.93元,全省农民每年从改革中得到55.5亿元的实惠,至此,全省农民实现了农业税赋零负担。[②]在免征农业税的同时,广东省还推进各项配套改革,以"五步走"实现城乡免费义务教育,巩固农民减负基础。

农村税费改革是中华人民共和国成立以来,继土地改革、家庭联产承包经营制度改革之后的又一重大变革,是农村的一次深刻革命。农村税费改革涉及面广,关联性强,对中国农村经济、社会、文化生活都产生了深刻的影响。农村税费改革,是党中央、国务院在新的历史时期和农业发展的新阶段,为从根本上解决农民负担问题、加强农业基础、保护农民利益、维护农村稳定、促进农村发展等采取的一项重大改革,充分体现了党中央、国务院坚持以人为本、执政为民的宗旨,也有利于促进农民生活富裕。

[①] 参见周勤《制度变迁对广东省农村经济增长影响的实证研究》(学位论文),广东商学院2012年。

[②] 参见杨进、何霞《减税受惠55.5亿 今年全省农民无农业税负担》,搜狐网(http//news.sohu.com/20061206/n246841976.shtml)。

三、加快建设新农村，促进农村发展

2006年，党的十六届五中全会和《中共中央、国务院关于推进社会主义新农村建设的若干意见》明确提出了建设社会主义新农村的重大历史任务。省委、省政府以邓小平理论和"三个代表"重要思想为指导，以科学发展观统领社会主义新农村建设，采取一系列政策措施，加快新农村建设，并按照"生产发展、生活宽裕、乡风文明、村容整洁、管理民主"的要求，扎实稳步地加以推进，成效显著。2008年，所有行政村实现村村通宽带互联网；2009年，完成农村公路改造任务，提前一年实现镇到建制村公路硬底化；2010年，2.1万个村庄编制了规划，完成农村改厕101万户，建成文化广场5 000多个、农家书屋1.2万家，城乡社区文化室1.6万个；2010年，广东农民人均纯收入达7 890元；2012年，城乡收入比缩小为2.87∶1，完成扶贫开发"双到"三年任务，贫困户年人均纯收入达7 028元，公共卫生服务均等化项目全面实施，社会养老保险和医疗保险实现制度全覆盖；2016年，广东省出台促进农村电子商务发展实施方案，加快推进全省农村电子商务发展，进一步助推新农村建设。党的十九大报告明确提出实施乡村振兴战略，2018年，中央一号文件（《中共中央 国务院关于实施乡村振兴战略的意见》）又对实施乡村振兴战略做出系统部署。为落实中央精神，广东很快就有了针对性的新举措——发布《广东省全面推进拆旧复垦促进美丽乡村建设工作方案（试行）》，提出合理引导农民将旧住宅、废弃宅基地、空心村等拆除复垦，腾退出来的建设用地指标以公开交易的方式，流转用于城镇建设，并把收益返还给农村、农民，用于脱贫攻坚和新农村建设。总之，自2006年以来，广东按照"四化同步"要求推进的社会主义新农村建设，使全省广大农村的面貌焕然一新，为有效解决广东"三农"问题迈出了重要的一大步。①

（一）产业化富裕新农村

社会主义新农村建设的核心任务是发展生产，增加农民收入。广东新

---

① 参见骆芳芳、曾祥山、王碧青《广东新农村建设的现状分析与发展对策》，载《热带农业工程》2016年第3期，第55～58页。

农村建设以科技进步和产业体系完善为基础,以农业科技化、产业化辐射带动发展新农村,探索出以"江高模式"和"温氏模式"为代表的农业产业化成功路子。"江高模式"和"温氏模式"以"公司+基地+农户"为核心,实施产供销一体化,公司与养殖户通过签订养殖合同建立合作关系,双方通过资金、劳动力、场地、技术、管理等的优化组合实现优势互补,公司、养殖户的共同发展把农民有序地带进农业产业化运行轨道,切实保障农民收入;同时,以农业龙头企业为依托,实行农业生产科技化,使农业由粗放式转向集约式发展,有力推动了新农村生产力的发展,促进了广东农业农村经济又好又快发展。

(二)信息化提升新农村

进入21世纪,人类已经进入信息化时代,信息作为一种新的生产要素正在发挥越来越重要的作用。农业信息化有利于实现对乡镇和农村日常事务的信息化管理和服务,提高政务公开和民主管理水平;缩小农村与城市间的数字鸿沟、促进农村城镇化,为农民提供平等发展的机会。广东在新农村建设中不断强化信息服务"三农"意识,农业农村信息化网络不断完善,信息服务模式不断创新,成功探索出"湛江模式"和"云浮模式"。

湛江市把农村信息化作为"一把手"工程,各级各部门在农村信息化工作领导小组的统一组织下,各通信运营企业全力投入,增强信息服务现代农业、服务农村、服务农民的能力。建设了"湛江农业信息港"、"农信通"短信息服务平台、"掌上乡情"信息平台、"村务e路通"平台、农村"易读书"平台等"三农"服务平台,通过信息化手段,使千家万户的农民便利地享受农业生产经营、农村管理、文化教育、劳动力就业等各种涉农服务。云浮市在规划上坚持生态环境整治与当地自然禀赋以及乡村历史文化相结合,在发展现代农业的同时注重建设美丽乡村、美丽田园;在整治上抓重点、抓关键,做好"三清理、三拆除"工作(清理村巷道乱堆乱放、卫生死角、沟渠池塘溪河淤泥及垃圾等;拆除危旧房、违章建筑、非法违规商业广告及招牌等),注重生活垃圾和污水处理、生活用水清洁工程、村卫生站建设等农村基础设施建设;在文化上注重"禅宗文化""南江文化""石艺文化"的保护与发掘,形成了特色产业。

（三）现代流通体系助推新农村

建设社会主义新农村必须坚持以解决好农民群众最关心、最直接、最现实的利益问题为着力点。化肥、农药、农膜等农业生产资料的购买占据农业生产的绝大部分生产成本，而生活资料的流通与否决定农民生活水平的质量，与农民生活息息相关。农产品流通的顺畅对农民增收发挥着极其重要的作用，构建农业现代流通网络是建设社会主义新农村的重要内容，发达的物流产业和完善的市场体系是现代农业的重要保障。因此，发展现代农业物流模式，支持城市流通企业经营网络向农村延伸，以企业为主体建设连锁化农家店，完善农村流通基础设施建设，发展现代流通方式和新型农业流通业态，才能切实解决农民身边的问题。

（四）综合社会保障覆盖新农村

实现统筹城乡发展，其根本就是要调整国家利益分配格局，引导资源要素向农业、农民和农村地区合理流动，其关键就是要建立覆盖农村的综合社会保障体系，主要手段就是公共财政向农村的倾斜投入。广东各地的新农村建设将解决农民最迫切的问题作为切入点，尤其是倾注财力切实解决农村最低生活保障、农村合作医疗和农村养老保险问题，大力提升农村综合社会保障水平。在破解农村社会保障难题上，广州市番禺区探索出"政府主导、公司运作、信息化监管运营"的城乡合作医疗新模式；东莞市凭借其雄厚的经济实力，率先建立了城乡一体的农村基本养老保险制度。广州市番禺区创立了保险公司参与农村合作医疗的新模式——管办分离。通过购买保险公司的专业服务实现公共管理功能，政府实现了从"办"到"管"的职能转变。政府拨专款购买服务，中国人寿通过招标被选定为专业管理服务提供商；采用的管理模式是基金型，实现基金基本保障安全运作。①

例2-10：中共广东省委、广东省人民政府出台《关于2277个省定贫困村创建社会主义新农村示范村的实施方案》

该方案明确，要突出生产、生活、生态，全面整治村庄环境脏乱差，补齐

---

① 参见黄红星、马玲玲、李会萍《广东社会主义新农村建设的经验和建议》，载《广东经济》2012年第1期，第55~58页。

第二章　广东农村经济体制改革

基础设施建设短板，提高基本公共服务和乡风文明水平，从整治提升村容村貌、推进村道硬化、推进生活垃圾处理全覆盖、推进生活污水处理全覆盖、推进集中供水全覆盖、提升农民住房水平等八方面入手，把2 277个省定贫困村打造成为党组织领导有力、基础设施配套、基本公共服务完善、生态环境良好、农民持续增收、社会和谐稳定、岭南特色鲜明的社会主义新农村示范村，为实现高水平稳定脱贫奠定坚实基础。

该方案明确，广东省按照示范村整治标准、示范标准进行考评奖补，奖补资金分为普惠性奖补和叠加性奖补，对承担巩固提升、文化古村落保护开发等有叠加任务的村实行叠加奖补。2 277个省定贫困村中，剔除已纳入新农村连片示范村建设的87个贫困村，对于其他2 190个省定贫困村，由省级财政新增安排资金313亿元。

省奖补资金直接拨付到县（市、区），由县（市、区）统筹用于贫困村村道硬化、垃圾处理设施、集中供水、污水处理及雨污分流设施、长效管护、部分教育文化卫生等基本公共服务建设。同时，环境保护、住房城乡建设、交通运输、水利等部门专项资金优先投向贫困村新农村示范村建设。

[资料来源：广东省人民政府网（http://www.gd.gov.cn/gzhd/zcjd/snzcsc/201708/t20170816_256894.htm）。]

第五节　新时期农村经济体制改革持续深化

一、全面推进农村综合改革，转变农业发展方式

（一）保护产权，完善集体产权制度

以土地集体所有为基础的农村集体所有制，是社会主义公有制的重要形式，是实现农民共同富裕的制度保障。1990年开始，广东省各地就按照省政府颁布的《广东农村社区合作经济组织暂行规定》，以土地所有权和集体企业主体归属为依据，大部分地区在原生产队一级成立经济合作社，在原生产队一级成立经济联合社，在原人民公社一级成立经济联合总社。为顺利推进农村集体产权制度改革，2006年，广东省下发《广东省农村集体经济组织管理规定》，明确农村集体经济组织以原人民公社、生产大队、生产队为基础，按照集体土地所有权和集体资产产权归属设置。

通过明确农村集体产权改革的组织载体、确定折股量化的资产范围、界定集体经济组织成员的资格、设置股权、规范股权管理等一系列行为,优化了集体资产的管理和收益分配。2011年,广东省印发了《关于深化珠三角地区农村综合改革的若干意见》,明确改革的核心任务是在城市化程度高的地区厘清和明晰农村各类组织的职能和关系,推动行政事务、自治事务和集体经济组织经营事务三分离。这一举措带动了珠江三角洲地区农村集体资产规模迅速增长,到2012年年底,全省(不含深圳,下同)已有12个地市、27个县(市、区)的11 527个村组集体经济组织进行了产权制度改革,村组两级农村集体资产总额(不含土地、山林等资源性资产)3 618亿元,比上年增加175亿元,净资产2 571亿元,占资产总额的71.1%。珠江三角洲地区的8个地市村组两级集体资产高达3 228亿元,占广东全省资产总额的89.2%。2015年年底,全省所有镇(街)和农村集体经济组织100%开展了农村集体资产清理核实工作,建成县级农村产权流转管理服务平台128个、镇级平台1 397个,县镇两级覆盖率分别为96%、97%,有18个地级以上市实现了县镇两级平台全覆盖。① 2018年,省委、省政府出台了《关于稳步推进农村集体产权制度改革的实施意见》,从切实加强农村集体资产管理、稳步推进农村集体经营性资产产权制度改革、健全完善农村集体经济运行体制机制、强化保障举措等方面就广东省如何稳步推进农村集体产权制度改革提出意见。

广东省通过建立健全符合社会主义市场经济体制要求和社会主义初级阶段实际的农村集体产权制度,保护了农民集体经济组织成员权利,明晰了农村集体产权归属,促进了广东省农村集体资产保值增值,提高了农民财产性收入,理顺了农村基层组织的职能,保障了农村社会和谐稳定。

(二)重视经济,助推农村金融发展

乡村振兴需要开拓投融资渠道。2015年,《广东省人民政府办公厅关于深化农村金融改革建设普惠金融体系的意见》指出,要按照"政府引导、改革创新、信用为本、多方联动"的原则,发挥各级政府的推动作用,加大政策支持,充分调动基层组织的积极性,把建设良好信用环境作

---

① 参见黄延信、余葵、胡顺平《广东农村集体产权制度改革实践与启示》,载《农村经营管理》2013年第9期,第15~19页。

为深化农村金融改革的基础工作,大力培养和提高涉农企业和农户的诚信意识,通过建设信用体系着力解决"三农"融资难问题,扎实推进普惠金融体系建设工作。随着农村金融产品和服务的创新、涉农融资支持力度的加强、农业保险覆盖面的扩大、农村信用体系的建立健全,广东省农村金融持续发展,更好地满足了乡村振兴的多样化金融需求。

以云浮市为例,自 2009 年以来,云浮市在全省率先建成 1 个市级综合性征信中心和 5 个县(市、区)级综合性征信中心;开发建立农户和企业非银信用信息系统,为全市 60.11 万户农户家庭和 9.14 万家企业、个体户建立信用档案,收集信息总量达 374 421 条,有效解决了信息不对称问题和农民贷款难问题。2017 年 10 月,云浮市又在全省搭建了首个多功能全覆盖的市级征信综合服务中心,集企业和个人征信报告查询、非银行信用信息、普惠金融、中小微企业融资对接、"四平台五基金"信贷产品、金融知识宣传和消费维权等多功能于一体,为广大群众提供"一站式"便民化服务,云浮综合征信体系建设再一次走在全省前列。到 2018 年,云浮市已建设信用村共 857 个,实现行政村 100% 全覆盖;完成 40.23 万户农户的信用等级评定。涉农金融机构累计对 3.05 万农户进行授信,发放信用贷款 14.55 亿元。①

(三) 农地确权,因地制宜创新模式

广东按照中央部署,积极开展农村土地确权登记颁证工作试点,积极探索集体经营性建设用地入市、宅基地有偿使用和退出机制、农民住宅财产权抵押担保等。在农村耕地所有权、承包权、经营权"三权分置"的基础上,积极发展多种形式规模经营,全省土地流转面积达到 56.8 万公顷。规范、鼓励和引导工商资本进入现代农业,确保农民生产主体地位,避免农民利益边缘化。

2014 年,广东省启动农村土地承包经营权确权工作,在全省 18 个县和 6 个镇开展确权试点工作。2015 年在试点基础上全面铺开,至 2015 年年底,全省已有 104 个县(市、区)799 个乡镇 10 235 个行政村启动了

---

① 参见梁耀天、周玉琴《深化金融改革创新 助力"三农"经济发展——中国人民银行云浮市中心支行探索农村信用体系建设纪实》,南方网(http://finance.southcn.com/f/2018-03/20/content_181148740.htm)。

土地确权，完成实测面积约 24.733 3 万公顷，颁发承包经营权证书 13.4 万份。2016 年，广东全省被纳入土地确权"整省推进"试点。2017 年是广东省土地确权工作的攻坚之年，全省农村工作暨扶贫开发工作会议上，提出在 2017 年完成 70% 的农村土地确权任务的基础上，2018 年至少再完成 20%。① 2018 年，《关于稳步推进农村集体产权制度改革的实施意见》明确提出广东省到 2018 年年底基本完成农村承包地确权登记颁证，到 2020 年基本完成土地等农村集体资源性资产确权登记颁证，5 000 多亿元农村集体资产将被盘活。

以清远市阳山县为例，2013 年，阳山县被确定为"全国农村综合改革示范试点县"。在确权工作中，阳山县创新思路，坚持政府主导、群众主体、干部主力的原则，切实提高测量工作效率，减少测量经费支出。2013 年，阳山县杜步镇和小江镇的 6 个试点村 89 个村小组 4 634 户共 1 000 公顷土地完成确权登记，整个确权工作，实现了"零上访"，群众认可度达 100%。2017 年 10 月，阳山全县 13 个乡镇 3 004 个经济社已经开展确权工作，全县国土二调面积约 3.837 4 万公顷，实测面积约 3.913 3 万公顷，实测率占国土二调面积的 101.98%，完成颁证户数 78 808 户，发证率占 2013 年土地承包农户数 88.07%。杜步镇石溪村委会石溪塘村小组村民唐海源说，自从拿到了政府颁发的土地承包经营权证，就像吃了一颗"定心丸"，证上清清楚楚地标示着地块名称、面积、编码、地块的四至，土地也有了"身份证"②。而且阳山根据本地实际创造性地采取"先整合后确权"的农地确权模式，得到了原农业部的肯定，并被列为全国农地确权的典型模式之一，作为广东经验向全国推介。

（四）重视基层，创新农村基层治理

"十二五"初期，鉴于珠三角和山区县农村发展阶段的差异，两地农村发展面临的情况与问题的不同，省委、省政府先后发布了《关于深化珠江三角洲地区农村综合改革的若干意见》和《关于推进山区县农村综

---

① 参见胡新科、李杰伦《广东农村综合改革向纵深推进》，载《南方日报》2016 年 5 月 4 日第 A08 版。

② 参见段灿《阳山大力推进土地确权登记》，载《南方日报》2017 年 10 月 13 日第 A04 版。

合改革指导意见的通知》，全省农村基层治理改革分两个层次进行。从近几年的实践来看，农村基层改革取得了初步成效，农村基层治理体制和发展机制初步理顺。广东省在农村基层治理过程中，坚持重心下移和权力下放，赋予特大镇县级管理权限，下放派出派驻机构管理权限至乡镇。全面建立了农村集体资产管理交易机构和资产管理台账，规范了农村集体资产管理和农村财务监管。

首先，在珠三角地区，行政事务、自治事务和集体经济组织经营事务三分离工作稳步推进，初步厘清和明晰了农村各类组织的职能和关系。深化集体资产产权制度改革基本完成，建立了以个人股权为基础的股份固化到户的分配方式。特别是佛山市南海区"政经分离"和"三资"监管经验得到中央肯定，在全国予以推广。其次，在山区县，以主体功能区规划为引领，进一步明确了乡镇发展职能定位，对县域内乡镇进行统筹规划，划分为优化开发镇、重点开发镇和生态发展镇三类具有明确主体功能定位的镇。同时，积极推动乡镇转变政府职能，通过建立科学的政绩考评机制，促使乡镇政府从管理型向服务型转变。先后涌现出"云安模式""阳山模式""梅州模式"等。其中，云安的做法是以解决好"该干什么的地方就干什么，能干什么的人就干什么"，实行分类指导、分级确定职责，强化县域经济建设、镇域社会建设和村级社区建设，推进资源环境城乡区域统筹发展；阳山建立了县、镇、村三级联动的服务平台，网上综合服务大厅连接13个镇、167个村居、3 115个村民小组，大大简化了办事流程，免去了群众的奔波之苦，由于山区路途遥远，阳山县还探索创立了专职代办员制度，为村民提供便利；梅州推进一门式一网式政府服务模式改革，加快转变政府职能、建设服务型政府、顺应信息化趋势、推进政府治理能力现代化，通过"互联网+政务服务"改革，提高政府公共服务的效率和质量，建立公开、透明、高效的政务服务体系。这些政府服务新模式从不同的角度探索相对不发达地区农村治理的体制机制，取得了显著成效。

（五）发展农村，促进城乡一体化

统筹城乡发展，重点在农村，难点也在农村。以工促农、以城带乡的战略部署使农村基础设施建设显著提速，有力地促进了新农村建设，农村面貌得到显著改善。一是坚持规划先行。2015年，全省超过90%的建制镇编制完成城镇总体规划，278个中心镇实现总体规划全覆盖，通过规划统领。2018年，广东共有建制镇1 128个，全国重点镇123个，其中属于国家级历史文化名镇的有15个，省一级的有19个①，中心镇和小城镇辐射带动农村的能力不断提高。二是农村人居环境得到逐步改善。全省于2013年全面解决了农村饮水安全问题，村村通自来水工程在全省全面铺开；初步建立了"户收集、村集中、镇转运、县处理"的生活垃圾处理体系，实现了广播电视"村村通"，城乡社区文化设施覆盖面不断扩大。三是农民居住条件极大改善。随着消费结构升级，农民住房条件迅速改善。2017年，广东省住房和城乡建设厅发布《广东省2017年农村危房改造实施方案》，切实做好农村危房改造工作，省级以上财政资金，重点支持农村低收入困难户危旧房改造，为建成全面小康社会奠定了坚实基础，将人民对美好生活的向往，化作脚踏实地的务实行动。四是城乡防灾减灾能力进一步提高。民生水利工程顺利推进，"千宗治洪治涝保安工程""千里海堤加固达标工程"建设成效显著。2011—2015年，完成1 036宗病险水库除险加固、79宗中小河流治理，开工建设47宗海堤工程；建成乐昌峡、湾头、清远水利枢纽和竹银水源等一批重点工程，高陂水利枢纽工程、珠江三角洲水资源配置工程、韶关南水水库供水工程、引韩济饶供水工程等重点水利工程，重大引调水工程按时间节点如期推进，全省防灾减灾和水资源配置能力进一步增强。五是南粤生态安全屏障进一步筑牢。"十二五"期间，广东省开展了新一轮绿化广东大行动，大力构建生态安全屏障，生态建设不断强化，生态景观林带、森林碳汇、森林进城围城和乡村绿化美化四大重点生态工程全面铺开。②到2016年，全省省级以上生态公益林面积约723.826 7万公顷，森林覆盖率超过50%，下达省级以上森林生态效益补偿资金248 105.85元。2017年，广东省级生态公益林补偿达到每公顷420元，切实推动了全省生态工程建设，使农业农村充满生机活力。

随着各项强农惠农政策的落实，特别是农民转移就业工作的持续推

---

① 参见向欣《打造特色小镇是广东推进新型城市化重要途径》，新浪网（http://finance.sina.com.cn/meeting/2018-01-14/doc-ifyqqieu6439213.shtml）。

② 参见贝燕威《广东省农业农村经济发展"十二五"回顾与"十三五"展望》，载《广东经济》2016年第4期，第44~49页。

进，农民人均可支配收入保持较快增长。一是农民收入增长基本与经济增长同步。2017年，广东居民人均可支配收入33 003.29元，比上年名义增长8.9%，农村常住居民人均可支配收入15 779.74元，名义增长8.7%，实际增长7.8%，真正实现了居民收入与经济增长同步的目标，城乡收入差距进一步缩小。① 二是农民内部收入差距扩大趋势出现收敛。对农民人均可支配收入数据进行五等份分组，分别计算基尼系数，结果显示，农民内部收入差距从不断扩大向收敛趋势转换，逐步走出倒"U"形曲线。三是从收入的内部构成看，工资性收入占农民收入的比例超过50%，仍是农民收入的主要来源；但源于农村第一、第二、第三产业融合发展，农民经营性收入占比不断提升，转移性收入和财产性收入增速虽较快，比重仍相对偏小。四是随着收入提升，农民消费结构不断升级、优化。五是扶贫事业加快发展，全省贫困人口进一步下降。2009年，广东省在扶贫开发工作当中形成了独具特色的"规划到户、责任到人"的精准扶贫模式。2015年，广东省全面完成第一、第二轮扶贫开发"双到"任务，相对贫困户人均可支配收入达到8 500元以上，贫困村集体经济实力显著增强。2017年，广东省《关于2277个省定贫困村创建社会主义新农村示范村的实施方案》出台，让贫困村由"后队"变"前队"，彻底解决贫困问题，进一步推进新农村建设，使这些贫困村一步迈上中等水平。

二、改革农业供给侧结构，加快发展农业现代化水平

（一）完善经营体系，培育新型经营主体

广东省认真贯彻落实2013年《中共中央、国务院关于加快发展现代农业进一步增强农村发展活力的若干意见》及《中共广东省委、广东省人民政府关于创新现代农业经营体制增强农村发展活力的实施意见》精神及中央和省的"三农"决策部署，紧紧围绕"三个定位、两个率先"②的目标，以提高农业组织化进度、产业化水平、市场竞争力为方向，着力

---

① 参见陈燕《2017年广东居民工资性收入增长7.9%，你达标了吗？》，网易新闻网（http://news.163.com/18/0119/21/D8HUU4S7000187VE.html）。

② "三个定位"：广东要努力成为发展中国特色社会主义的排头兵、深化改革开放的先行地、探索科学发展的实验区。"两个率先"：率先全面建成小康社会、率先基本实现社会主义现代化。

构建集约化、专业化、组织化、社会化相结合的新型农业经营体系。2017年，根据中共中央办公厅、国务院办公厅下发的《关于加快构建政策体系培育新型农业经营主体的意见》，围绕"帮助农民、提高农民、富裕农民"这一要求，广东省实行新型城镇化与新农村建设联动推进的战略，为构建新型农业经营体系创造有利的经济社会条件；同时，加快完善农地流转机制和新型农民的培育，建立更加规范的农户承包地的流转机制，促使专业大户、家庭农场成为现代农业的经营主体；进一步重点加强对农民专业合作社的支持和培育，制定和完善优惠政策，鼓励农民专业合作社做大做强，重点支持农民专业合作社增强技术服务能力、农产品加工能力、农产品品牌营销能力和资金互助合作的能力，形成生产合作、供销合作和信用合作三位一体的合作机制，实现小农户和现代农业发展有机衔接。

在创新农业经营体制，发展多种形式适度规模经营的过程中，广东省坚持以农户家庭经营为基础，积极培育农业产业化龙头企业、农民专业合作社、家庭农场等新型农业经营主体，提高农业生产组织化、集约化水平。通过扎实推进各项工作，广东省新型农业经营主体得到快速发展，取得较好成效。农业龙头企业、农民专业合作组织、家庭农场、种粮大户等农业新型经营主体成为广东农业规模化、产业化、组织化、社会化发展的关键力量。通过鼓励引导，2017年，广东省共有农业龙头企业3 805家，农民合作社4.5万家，家庭农场1.53万家。各类农业产业化组织从业人数159.8万人，多种形式带动农户450万户。①

在坚持农业家庭承包经营这一农村基本经营制度长久不变的基础上，广东省加快构建集约化的家庭生产经营与产业化的合作服务经营相结合的新型农业经营体系。在农业市场化、国际化和现代化的新背景下，这有利于解决广东省小农户的家庭经营与大市场的矛盾，既发挥家庭经营的优越性，又使之符合现代农业的发展要求，从而提高农业竞争力，帮助农民致富，确保农产品的质量安全。

（二）继续依靠科技，转变农业发展方式

重农固本，是安民之基。广东省历来高度重视"三农"工作。"十二

---

① 参见骆骁骅《广东拥有逾3800家农业龙头企业》，人民网（http://gd.people.com.cn/n2/2018/0401/c123932-31409788.html）。

五"时期,全省各地、各部门全面贯彻落实中央和省委、省政府关于"三农"工作的决策部署,紧紧围绕"三个定位、两个率先"目标,认真落实强农惠农富农政策,加快发展现代农业,不断深化农村改革,着力促进农民奔康致富,有力推动全省农业农村经济社会持续健康发展。

农业生产能力提升,离不开农业物质技术装备水平的不断强化。广东按照中央"藏粮于地、藏粮于技"的部署,不断完善农业基础设施,推进农技、农艺、农机的有机结合,建设高标准农田。2010 年 8 月,广东省开平市被农业部认定为全国首批国家级现代农业示范区,示范区的各项指标已走在全省前列:高标准农田面积约 1.333 3 万公顷,全市有效灌溉面积达 2.6 万公顷,占耕地面积 88%;建成温室大棚、节水喷滴灌等设施面积 0.466 7 万顷;建成全省最具规模的农机专业市场,示范区农业生产综合机械化水平迅速攀升,处于全省前列。[1] "十二五"期间,广东省共完成高标准基本农田建设约 100.666 7 万公顷、农业综合开发土地整治 22.666 7 万公顷、田间工程建设 2.666 7 万公顷,初步实现了集中连片、旱涝保收、高产稳产、生态友好的目标。在示范区的引领下,广东省现代农业建设遍地开花,农业科技贡献率进一步提升。到 2018 年,广东省农业科技进步贡献率为 67%,多年来一直稳居全国第二。广东农业发展已从依靠增加资源要素投入的外延式发展转向依靠科技进步的新时期,在种业创新、农业装备研发、基层农业技术推广等方面取得了显著成效,农作物良种覆盖率、农作物耕种收综合机械化水平均有大幅提升。[2]

(三)坚持生态文明,推进农业持续发展

农村环境保护问题历来是省委、省政府的工作重点之一。"十一五"以来,在制定和实施《广东省环境保护与生态建设"十一五"规划》《广东省环境保护和生态建设"十二五"规划》的基础上,广东省相继出台了《中共广东省委、广东省人民政府关于加大统筹城乡发展力度夯实农业农村发展基础的实施意见》《中共广东省委办公厅、广东省人民政府办

---

[1] 参见《广东 350 多家农业龙头企业年销售收入均超亿元》,中国网·东海资讯(http://jiangsu.china.com.cn/html/2016/gdnews_0207/3956001.html)。

[2] 参见贝燕威《广东省农业农村经济发展"十二五"回顾与"十三五"展望》,载《广东经济》2016 年第 4 期,第 44~49 页。

公厅关于建设宜居城乡的实施意见》《关于加快推进珠三角地区城乡发展一体化的指导意见》《广东省农村环境保护行动计划（2011—2013）》等多份文件，加强农业面源污染防治，开展农村人居环境整治行动，对广东省农村环境保护工作提出了具体的目标和要求。通过不断加大农村环境保护力度，广东省在农村环境综合整治、生态示范创建、宜居城乡建设、新农村建设以及农业污染防治等多方面的工作均取得了积极的进展。

一是农村生态示范创建工作取得有效进展。广东省以生态示范创建为载体，有力推动农村环境保护，2017年，已有广州、珠海、汕头、佛山、韶关、河源、梅州、汕尾、江门、阳江、湛江、肇庆、潮州、揭阳、云浮15个市开展了市级生态示范村创建。2017—2020年，广东省财政计划安排2 277个省定贫困村创建社会主义新农村示范村奖补资金313亿元，对省定贫困村新农村示范创建工作予以奖补，支持改善贫困村生产、生活、生态条件，促进农民脱贫奔康致富。

二是农村环境综合整治力度不断加大。各地积极探索农村环境综合整治，如佛山市、韶关市、梅州市、湛江市、肇庆市、云浮市等地因地制宜，积极开展农村环境综合整治，其中韶关市乡村"清洁美"工程、云浮市云安县农村生活垃圾处理、云浮市新兴县畜禽养殖废弃物综合利用、揭阳市揭东县和普宁市的农村雨污分流和处理等工作均取得了较好的成效。

三是农村饮用水源保护不断加强。2007年发布实施的《广东省饮用水源水质保护条例》对农村小型集中式取水点周边区域的禁止行为进行了明确限定，为农村饮用水源环境保护提供了基本的法律保障。之后，广东省通过开展"以奖促治"农村环境综合整治、规模化畜禽养殖场（区）清理整顿以及农业污染防治试点示范等，加强了农村饮用水水源地的保护力度，有效保障了农村饮用水水源地环境安全。

四是规模化畜禽养殖污染防治得到有力推进。2009年广东省制定实施了《广东省畜禽养殖业污染物排放标准》，2010年发布了《关于加强规模化畜禽养殖污染防治促进生态健康发展的意见》等文件，仅2010年共关闭2 085家畜禽养殖企业，对1 140家企业实施了停产整治要求，1 308家企业开展了排污申报登记，办理排污许可证的畜禽养殖企业达170家，畜禽养殖污染防治工作从环境管理、环境执法等多个层面均得到了有力推进。按照2017年印发的《广东省人民政府关于印发广东省水污染防治行

动计划实施方案的通知》要求，2017年年底前，依法关闭或搬迁禁养区内的畜禽养殖场和养殖专业户，珠三角区域提前一年完成。现有规模化畜禽养殖场要配套建设粪便污水贮存、处理与利用设施，散养密集区要实行畜禽粪便污水分户收集、集中处理利用。

五是积极开展区域性或地市级别的土壤环境质量调查工作，加大了土壤污染治理修复的投入力度。①

建设生态文明新农村是更科学、更高水平的社会主义新农村建设，是广东农村健康、持续、繁荣发展的必由之路，对全省突破发展瓶颈，推进经济社会走上科学发展轨道具有重大的战略意义，是广东省全面建设小康社会和率先基本实现社会主义现代化的重要环节，是乡村振兴战略的重要目标——"产业兴旺、生态宜居、乡风文明、治理有效、生活富裕"。

三、优化农业生产区域布局，合理规划农业发展

由于广东省各地拥有的资源禀赋差异极大，区域间经济发展极不平衡，因此，在经营模式的选择过程中，切忌"一哄而上"或"一刀切"。广东省各地从本地实际情况出发，考虑到各地自然资源和社会经济发展水平之间的差异以及广东省总体经济运行情况，立足资源禀赋和特色发展条件，按照珠三角都市农业区、潮汕平原精细农业区、粤西热带农业区、北部山地生态农业区、南亚热带农业带、沿海蓝色农业带的"四区两带"区域农业发展格局进行优化布局。

（一）珠三角都市农业区

发展都市精品农业主要发展高效园艺及水产加工、生物育种研发、现代化农产品物流、观光休闲农业，打造全省农业科技创新核心区、高效园艺及水产品生产加工基地、现代化农业物流集散地、都市休闲农业度假区、农村集体产权制度改革先行区。由于珠江三角洲农业发展全面，覆盖了广东大多数主要农产品，生产面积和产量规模在全省名列前茅。种植业方面，珠江三角洲是全省旱粮（主要是鲜食玉米）、蔬菜的第一产地；畜牧业方面，是广东主要畜产品猪肉、禽肉、禽蛋、牛奶的第一产地；渔业

---

① 参见《广东省农村环境保护"十二五"规划》，广东省环境保护厅网站（http://www.gdep.gov.cn/zwxx_1/zfgw/shbtwj/201202/t20120206_122677.html）。

方面，是广东水产品两大产区之一，是广东淡水产品的最大产地，约占全省淡水产品产量的2/3。珠三角地区完善配套服务体系，全面推进了农业产业化经营，争取走高效益农业可持续发展道路。

（二）潮汕平原精细农业区

发展精致高效农业。重点建设一批具有地方特色和市场优势的加工型蔬菜、茶叶、优稀水果、花卉、水稻、畜禽、海水网箱养殖等农产品生产加工，重点推进"一镇一业""一村一品"和休闲食品加工，建设粤台农业合作基地。多年来，粤东农业发展稳定，一些主要农产品产量在全省的地位不断提升。例如，2000—2014年，粤东取代粤北成为广东薯类第一产地，主要畜产品猪肉、禽肉、禽蛋占全省产量的比重不断提升。

（三）粤西热带农业区

发展节水高效农业。重点建设雷州半岛热带亚热带农业现代化示范区，冬季北运菜重要生产基地，热带水果示范区，国家种业二线南繁基地，草食畜牧业基地，剑麻、橡胶、糖蔗等战略资源生产保障基地。其中，茂名市通过推动荔枝网络销售，取得了突出的成绩，全市在各大电商平台销售茂名荔枝的网店，从2013年的36家发展到2017年的3 600多家，销售量由450吨18万件发展到2.2万吨600万件。销售渠道从淘宝网发展到天猫商城、京东、天天果园等全国知名电商平台；电商交易模式由O2O（线上交易到线下消费体验）发展到包括B2B（企业之间的交易）、B2C（商家对个人之间的交易）、C2C（个人对个人之间的交易）、信息服务网站、团购、微商、产地仓、大宗农产品交易等各种模式；物流快运形成了多头竞争局面，变成全国各大物流快运公司大展拳脚、市场竞争的主战场。

（四）北部山地生态农业区

发展绿色生态农业。依托山地及小气候资源优势，重点发展生态绿色农产品、林下经济、药材种植、畜禽生态养殖、养生休闲旅游，开发具有山区特色的名特优新产品。粤北山区拥有气候温和、雨量充沛、山地广阔的自然资源优势，动植物资源丰富，特产多，矿产资源丰富。省内经济发展战略重点转移，加大了粤北山区县（市）的开发力度，粤北山区县

（市）具有形成新的经济增长点的后发优势，为农业产业化经营提供了更为有利的条件和机遇。种植业方面，虽然粤北稻谷的种植面积和产量不断下降，但是保持了全省排名第一的位置；粤北是广东油料作物花生的第一产地，是广东旱粮（鲜食玉米）、水果的第二产地。畜牧业方面，粤北禽肉、牛奶产量在全省四个地区排名第二。①

（五）南亚热带农业带和沿海蓝色农业带

南亚热带农业带主要发展集约高效农业，发挥广东地处南亚热带的地理优势，依靠体制创新和科技创新，重点建设全省现代粮食及畜禽产品供给保障基地，发展岭南水果、淡水养殖、南药等优势产品的生产加工，发展草食畜牧业，加快农业物流平台建设。沿海蓝色农业带主要发展现代海洋渔业，依托得天独厚的滨海及港口资源，打造海水养殖加工基地、名贵海产品交易集散区、滨海休闲旅游区。

第六节　新时代乡村振兴战略全面落地开花

党的十九大报告首次提出实施乡村振兴战略。实施乡村振兴战略完全符合广东实际，完全符合农村发展实际，是农村建设发展取得突破发展的必由之路，也是顺应广大农民群众对美好生活的热切期盼。农业、农村、农民问题是关系国计民生的根本性问题，必须始终把解决好"三农"问题作为全党工作重中之重。围绕实现农业农村现代化这个总目标，按照"产业兴旺、生态宜居、乡风文明、治理有效、生活富裕"总要求，坚持农业农村优先发展和建立健全城乡融合发展体制机制和政策体系两项基本原则，巩固和完善基本经营制度，构建现代农业产业体系、生产体系、经营体系，健全自治、法治、德治相结合的乡村治理体系，培育一支懂农业、爱农村、爱农民的"三农"工作队伍。

中国共产党广东省第十二届委员会第三次全体会议明确指出，以习近平新时代中国特色社会主义思想为指导，按照"三个定位、两个率先"

---

① 参见周建华、张岳恒《广东分区域农业产业化经营模式的选择》，载《华南农业大学学报（社会科学版）》2004 年第 3 期，第 27～32 页。

和"四个坚持、三个支撑、两个走在前列"①的要求，大力实施乡村振兴战略，以农村基层党组织建设为牵引，找准乡村振兴有力抓手，持续加大支持投入，推进农业全面升级、农村全面进步、农民全面发展。中国共产党广东省第十二届委员会第四次全体会议进一步明确指出，要深入学习贯彻落实习近平总书记重要讲话精神，奋力实现"四个走在全国前列"②，要以实施乡村振兴战略为重点，加快改变广东农村落后面貌。全面加强农村基层党组织建设，推动产业、人才、文化、生态和组织振兴，实施"千村示范、万村整治"工程，全面推进生态宜居美丽乡村建设，推动城乡一体化发展。新时代，广东省实施乡村振兴战略的重点如下。

一、补齐农村短板，全面推进新农村建设

（一）加快54个省级新农村示范片建设

对第一批、第二批28个省级示范片按要求进行验收，进入完善和巩固提升阶段；加快第三批14个、第四批12个省级示范片建设。

（二）2 277个省定贫困村完成基础整治期任务

到2018年，基本完成村道硬化、集中供水、雨污分流、垃圾处理等基础设施建设，消除脏乱差现象，健全长效保洁管护机制，实现村庄干净、整洁、有序、宜居。

（三）全面推进社会主义新农村建设

截至2018年年底，粤东西北地区80%以上、珠三角地区全部村庄基本完成"三清理三拆除三整治"环境整治任务。

---

① "四个坚持"：坚持党的领导、坚持中国特色社会主义、坚持新发展理念、坚持改革开放。"三个支撑"：为全国推进供给侧结构性改革、实施创新驱动发展战略、构建开放型经济新体制提供支撑。"两个走在前列"：在全面建成小康社会、加快建设社会主义现代化新征程上走在前列。

② "四个走在全国前列"：在构建推动经济高质量发展的体制机制上走在全国前列；在建设现代化经济体系上走在全国前列；在形成全面开放新格局上走在全国前列；在营造共建共治共享社会治理格局上走在全国前列。

二、深化农村改革，深入推进供给侧结构性改革

要坚持以农业供给侧结构性改革为主线，构建现代农业产业体系、生产体系、经营体系。要坚持将农村改革作为农村建设发展的根本动力，巩固和完善农村基本经营制度，深化农村土地制度和产权制度改革，突出抓好农村土地制度改革试点，细化落实农村土地"三权分置"办法，加快推进农村集体土地承包经营权确权、农村集体产权制度改革、水田改造等，推动第一、第二、第三产业融合发展。

三、坚持大扶贫格局，坚决打赢脱贫攻坚战

要坚持以习近平总书记关于扶贫开发战略的重要论述为引领，按照"三年攻坚、两年巩固，到2020年如期完成脱贫攻坚任务"的总目标，注重用发展的办法，坚持精准扶贫、精准脱贫，坚持中央统筹、省负总责、市县抓落实的工作机制，强化党政一把手负总责的责任制，坚持对症下药、靶向治疗，注重扶贫同扶志、扶智相结合，重点攻克深度贫困地区和分散人口脱贫任务，确保到2020年全体相对贫困人口实现脱真贫、真脱贫。

四、抓重点补短板强弱项，全面推进乡村振兴

2018年4月26日，广东省乡村振兴工作会议在广州召开，中共中央政治局委员、广东省委书记李希，广东省省长马兴瑞出席会议并分别讲话，会议通过了《中共广东省委、省人民政府关于推进乡村振兴战略的实施意见》（简称《意见》）。

《意见》聚力乡村五大振兴，立足基础补短板，全方位落实保障措施，对广东省乡村振兴给出了明确的时间表①：按照"3年取得重大进展、5年见到显著成效、10年实现根本改变"要求，全面实施乡村振兴战略，为到2035年乡村振兴取得决定性进展、到2050年实现全面振兴奠定坚实基础。

到2020年，乡村振兴取得重大进展，政策体系基本形成。城乡融合

---

① 参见胡新科《我省出台推进乡村振兴战略实施意见，明确到2050年全面振兴时间表》，南方网（http://news.southcn.com/gd/content/2018-06/13/content_182214991.htm）。

发展体制机制初步建立；农业综合生产能力稳步提升，现代化乡村产业体系初步建立，党的农村工作领导体制机制全面建立，农村党组织体系进一步健全；所有自然村全面完成农村人居环境整治，农村居民人均可支配收入超过2万元，现行标准下农村相对贫困人口全部实现脱贫。

到2022年，乡村振兴见到显著成效，农村人居环境明显改观。城乡融合发展体制机制基本健全，现代化乡村产业体系、生产体系和经营体系初步形成；党建引领基层治理作用明显，现代乡村治理体系基本建立；乡风文明持续改善；生态宜居美丽乡村建设取得重大成果，垃圾污水处理、无害化卫生户厕等基础设施基本实现自然村全覆盖。

到2027年，乡村振兴取得战略性成果，农村落后面貌实现根本改变。城乡基本公共服务均等化基本实现，城乡融合发展体制机制更加完善；乡村产业现代化水平显著提升，乡风文明达到新高度，乡村治理体系更加完善，党的执政基础全面巩固，珠三角率先基本实现农业农村现代化、基层治理体系和治理能力现代化；农村生态环境根本好转，纳入规划建设的全部行政村建成生态宜居美丽乡村；农村居民人均可支配收入力争超4万元。

到2035年，乡村振兴取得决定性进展，农业农村现代化基本实现。到2050年，乡村全面振兴，农业强、农村美、农民富全面实现。

为此，《意见》指出：要大力发展富民兴村产业，全域推进生态宜居美丽乡村建设，焕发乡风文明新气象，创新基层治理体系，强化乡村振兴人才支撑，推动乡村全面振兴；要坚持绿色发展，打好乡村污染防治攻坚战，系统推进山水林田湖海整治，以点带面、梯次创建、连线成片，建设生态宜居美丽乡村，让良好生态成为乡村振兴的支撑点；要坚持物质文明和精神文明一起抓，传承发展岭南优秀传统文化；要实施基层党组织"头雁"工程，以配强配优农村党支部书记为重点，实施"农村党员人才回乡计划"；要推动乡村人才振兴，积极引导各类人才"上山下乡"，向乡村流动聚集，培育壮大乡村本土人才；要提升城乡基础设施一体化水平，以进自然村入农户到农田为目标，着力补齐农村水利等基础设施短板，全面改善乡村生产生活生态条件；要推进城乡公共服务均等化，增强农民群众的获得感，到2027年基本建成覆盖城乡、功能完善、水平适度的基本公共服务体系；要积极打造覆盖乡村的半小时公共法律服务圈，提升村（社区）法律顾问服务质量；要完善统一的城乡居民基本医疗保险

第二章　广东农村经济体制改革

制度，到 2020 年全面实现省内和跨省异地就医直接结算；要推进乡村振兴与脱贫攻坚有机融合，确保到 2020 年我省相对贫困人口全部稳定脱贫，同时开展"回头看"，巩固提升第一、第二轮扶贫开发"双到"5 978 个贫困村脱贫质量；要开展扶贫领域突出问题专项治理行动，强化对脱贫攻坚各领域各环节监督，严肃查处弄虚作假、搞数字脱贫行为，同时严格控制各地开展增加一线扶贫干部负担的各类检查考评；要建立实施乡村振兴战略领导责任制，成立省委实施乡村振兴战略领导小组，建立省负总责市县抓落实的工作机制，建立和落实党政一把手第一责任人制度，五级书记抓乡村振兴。

回顾 40 年的农村经济体制改革历程，广东省确立了以家庭联产承包责任制为基础的农村基本经营制度，开展了以农产品价格改革为先导的农业市场经济体制改革，进行了以提高经济效益为核心的农村产业结构调整，推动了以构建和谐社会、统筹城乡发展为目标的新农村建设，确保了"四个坚持、三个支撑、两个走在前列"顺利推进，为实现广东"四个走在全国前列"发挥了应有的作用，坚持了农业农村优先发展，按照"产业兴旺、生态宜居、乡风文明、治理有效、生活富裕"的总要求，适应了农村经济发展新常态，形成了"稳增长、促改革、调结构、惠民生、防风险"的农村经济发展形式，是新时代美好生活的践行者，推动了乡村振兴，促进了全省经济社会保持平稳健康发展。

习近平总书记指出，广东是改革开放的排头兵、先行地、实验区，在我国改革开放和社会主义现代化建设大局中具有十分重要的地位和作用。依靠中央的正确领导和支持，依靠省委、省政府的正确决策和努力奋斗，依靠广东的资源禀赋和区位优势，依靠广东人民"敢为人先"的开拓创新精神和智慧，广东农村经济体制改革取得了巨大成就，建立健全了城乡融合发展体制机制和政策体系，逐步形成了具有广东特色的农村经济新体制，农业、农村、农民的生产生活发生了巨大变化。

第三章 广东国有企业改革

自 1978 年党的十一届三中全会开启我国改革进程以来,弹指一挥间,中国国有企业改革已经走过了 40 年的光辉岁月。40 年来,广东沿着中国特色的社会主义道路不断前进,历经从计划经济到商品经济再到市场经济的探索,中国特色的社会主义市场经济体系不断完善,广东的改革取得了不可磨灭的成就。国有企业改革是广东省经济改革的核心内容,是国有企业在新的历史条件下具有划时代意义的战略转变,对全省经济发展影响极大。进入改革开放以来,国有企业从更好地适应经济发展的需要出发的改革,取得了显著成效。但由于国企改革涉及的利益主体纠葛、市场发展规律特别复杂,以致今天仍面临着一系列复杂的问题需要研究和解决。本章对 40 年来广东国企改革的历程、基本做法、取得的成效、存在的不足以及相关经验与启示进行了总结,以求为广东国企改革的进一步推进提供一些有益的借鉴。

第一节 广东国有企业改革的历程

中华人民共和国成立后,经过对资本主义工商业的社会主义改造和合作化运动,广东形成了以全民所有制为主体的企业所有制结构。特别是在"文化大革命"期间,受极"左"思想干扰,非公有制经济受到限制,出现了高度集中统一的企业管理体制。在这种高度集中统一的计划经济体制下,企业成为政府的附属物,几乎没有生产经营自主权,企业的一切经济活动都听命于政府的指令安排。这种情况显然不能适应社会主义市场经济发展需要,迫切需要进行改革。于是,在党的十一届三

第三章 广东国有企业改革

中全会后,广东率先拉开了国有企业改革的帷幕。从 40 年改革进程来看,可分为四个阶段。

一、广东国企改革的探索阶段(1978—1992 年)

这个阶段改革的主要任务是在计划经济体制框架下简政放权,减税让利,千方百计"搞活国有企业"。

1978 年 12 月,党的十一届三中全会提出了经济体制改革的任务,同时明确提出要进行企业管理体制的改革,让地方和企业有更多的经营管理自主权。

1979 年 7 月,国务院发布了《关于扩大国营工业企业经营管理自主权的若干规定》等文件,标志着以让利为重点的国有企业改革在全国范围内正式开始。广东省利用改革先行先试的优势,率先突破僵化的旧体制障碍,给国有企业放权让利,积极探索经济承包责任制,推动企业转换经济机制。

1984 年 5 月,国务院印发《关于进一步扩大国营工业企业自主权的暂行规定》,决定在生产经营计划、产品销售、价格、机构设置、劳动人事管理、物资选购、资金使用、资产处置、工资资金、联合经营十个方面给企业以应有的权力。

1986 年 12 月,国务院做出《关于深化企业改革增强企业活力的若干规定》,提出全民所有制小型企业可积极试行租赁、承包经营。全民所有制大中小企业要实行多种形式的经营责任制。各地可以选择少数有条件的全民所有制大中小企业进行股份制试点。从此拉开了国有企业实行承包经营责任制改革的序幕。

1987 年 10 月,党的十三大指出,实行所有权与经营权分离,把经营权真正交给企业。

二、广东国企改革的突破阶段(1992—2002 年)

这个阶段国企改革的主要特征是着力转换企业经营机制,建立现代企业制度。

1992 年 6 月 30 日,国务院常务会议通过了《全民所有制工业企业转换经营机制条例》,明确了企业拥有 14 项经营自主权和自负盈亏的责任。这一时期,国有企业改革开始探索所有权和经营权相分离,先后推行了利润留成、利改税、承包经营等多种经营责任制形式和政策。国有企业内部经营机制转换是关系到企业能否实现可持续发展的根本性问题。我省国有企业发展的实践证明，企业如不进行管理创新和技术创新，没有内部机制的转换，投入再多的资源，给再多的优惠政策，也难以为继。

1992年10月，党的十四大指出，我国经济体制改革目标是建立社会主义市场经济体制。股份制有利于促进政企分开、转换企业经营体制和积累社会资金，要积极试点，总结经验，抓紧制定和落实有关法规，使之有秩序地健康发展。广东在对国有企业进行公司制改造、力争国企三年脱困、调整国有经济结构和重组国企资产等方面，仍然有所作为，特别是在探索建立新的国有资产监管体系方面，出现了在全国影响深远的"深圳模式"。

广东各地在国企改革中普遍注意到以人为本，尽最大可能保障职工合法权益，企业改制方案必须征询职工大会或职代会意见。各地都高度重视做好职工安置工作，企业的员工分流安置方案都获得职工大会或职代会表决通过。一些市县还专门成立职工安置工作领导小组，出台相关文件明确职工安置的要求和政策，使改制企业的欠薪、欠保、集资款等得到了妥善处理。

20世纪90年代，国企改革进入制度创新阶段，也是广东经济体制转轨的重要时期，改革的突出标志是探索产权制度改革，目标是建立现代企业制度。"可怕的顺德人"率先打响了这场影响深远的重大战役。顺德政府在企业监管中沉痛地发现，政府办企业其"收益是有限的，而责任是无限的"。因此，他们要求公有制企业在1993年之前完成产权改革，实行经营者持股和职工持股，政府退到公共服务的边界之外，让企业成为市场主体和法律主体，直接参与市场竞争。顺德后来名闻天下的美的、格兰仕、科龙、万家乐都是由此出发的。在顺德的影响下，珠三角各地级市在1998年前后陆续完成了产权制度改革。珠三角现在是全国市场化程度最高的地区，在这里，市场资源特别丰富，市场力量特别突出。这一切与顺德人掀起的企业产权改革有着十分密切的关系。后来，全国各地推进的国企产权制度改革也都是直接或间接地在顺德改革的影响之下推进的。而国企产权制度改革正是城市经济体制改革的两大主线之一，也是确立市场经济体制不可缺少的必要前提和条件。与此同时，广东根据党中央所确定的改革目标和部署，在总结20世纪80年代国企改革的基础上，不失时机地

第三章 广东国有企业改革

对国企改革的思路进行了战略调整；在改革的内容上，从减税让利为主的政策调整转变为以转换机制为主的制度创新；在改革立足点上，从立足于搞好单个企业转变为搞活整个国有经济，从整体上统筹国企改革；在改革的力度上，从抓单项改革转变为改革、改组、改造与加强管理相结合的综合治理。在改革的范围上，从企业改革的孤军推进转变为配套改革。

1993年11月，中共十四届三中全会通过《中共中央关于建立社会主义市场经济体制若干问题的决定》，对此前的国企改革进行了概括——"十几年来，采取扩大国有企业经营自主权、改革经营方式等措施，增强了企业活力，为企业进入市场奠定了初步基础"，并要求"继续深化企业改革，必须解决深层次矛盾，着力进行企业制度的创新"。该决定还首次提出，"建立现代企业制度，是发展社会化大生产和市场经济的必然要求，是我国国有企业改革的方向"，要求"进一步转换国有企业经营机制，建立适应市场经济要求，产权清晰、权责明确、政企分开、管理科学的现代企业制度"。1993年12月的全国经济工作会议上，时任国务院总理李鹏提出，"明年要认真组织一百家国有大中型企业建立现代企业制度试点，以便积累经验"。这项工作由时任国务委员、原国家体改委主任李铁映主持展开。1993年12月，第八届人大常委会第五次会议审议通过了《中华人民共和国公司法》（简称《公司法》），公司制股份制改革成为国有企业改革的主要内容。

1994年8月，为进一步贯彻落实中共十四届三中全会精神，探索企业改革新路子，加快建立现代企业制度，广东省政府出台《广东省现代企业制度试点工作方案》，选择250家企业展开建立现代企业制度试点的工作。

《广东省现代企业制度试点工作方案》中提出，要按《公司法》规定，根据决策机构、经营机构、监督机构相互独立、相互制衡的原则，形成由股东会、董事会、监事会和经理层组成的公司法人治理结构，保证权责明确、各司其职，有效地行使决策、监督和执行权。

1995年，广东省深圳市出台了《深圳经济特区国有资产管理条例》，标志着国有资产管理的法规体系日趋完善，国有资产管理有法可依。

1995年9月，中共十四届五中全会明确提出"抓大放小"战略。抓大放小，对中小企业着重"转"和"帮"，把发展大集团的着力点放在完善法人治理结构和提高综合竞争能力上。

69

1996年，国务院在1994年确定的18个试点城市的基础上，又扩大到50个，要求优化资本结构要有实质性进展，破产企业"资产变现、关门走人"，严防"滥破产、假破产、真逃债"。广东全省共有194家国企列入《全国企业兼并破产和职工再就业工作计划》。

1997年，党的十五届一中全会上正式提出国有企业改革与脱困三年目标，其含义是从1998年起，用三年左右的时间，通过改革、改组、改造和加强管理，使大多数国有大中型亏损企业摆脱困境；力争到21世纪末，大多数国有大中型骨干企业初步建立起现代企业制度。广东贯彻中央决策的思路，从三个特困行业脱困、债转股、技改贴息等方面展开国有企业三年脱困工作，促进国有企业优胜劣汰，实现国有企业整体扭亏为盈。

1999年9月，党的十五届四中全会进一步明确了国有经济布局战略性调整的方向。

三、广东国企改革的逐步深化阶段（2003—2011年）

2003年5月13日，国务院第八次常务会议讨论通过《企业国有资产监督管理暂行条例》，国务院国有资产监督管理委员会（以下简称"国务院国资委"）于2003年正式成立。随后，全国各省（区、市）国资委和地级国有资产监管机构也陆续组建。2004年6月26日，广东省人民政府国有资产监督管理委员会（以下简称"广东省国资委"）正式挂牌成立。国资监管机构的成立开启了国有企业改革发展的新篇章，有效推进了国有企业改革的不断深化和国有经济的迅速发展。

2005年，国务院国资委出台了《企业国有资产评估管理暂行办法》，印发了《企业国有产权无偿划转管理暂行办法》。省委、省政府高度重视，出台了《关于深化国有企业改革的决定》，构建了今后3～5年广东省国有企业改革的发展框架。随后，为了充分整合省内现有资源，建立规范统一、有效监管的产权交易市场，为贯彻落实科学发展观，促进各类产权的有序流动，增强市场对资源的配置能力，繁荣广东省资本市场，提升经济增长质量，广东省国资委印发《加快我省产权市场建设意见的通知》。

2006年，国务院国资委通过了《地方国有资产监管工作指导监督暂行办法》。为加快省属国有企业改革步伐，根据《中共广东省委、广东省

人民政府关于深化国有企业改革的决定》和原国家经贸委等八部委《印发〈关于国有大中型企业主辅分离辅业改制分流安置富余人员的实施办法〉的通知》等有关文件精神,广东省国资委制定了《关于进一步推进省属国有大中型企业主辅分离辅业改制工作的实施意见》。2006年年底,国务院国资委印发了《关于加强和改进国有企业监事会工作的若干意见》。

2008年,国务院国资委印发了《国务院国有资产监督管理委员会规范性文件制定暂行办法》。同年,第十一届全国人民代表大会常务委员会通过了《中华人民共和国企业国有资产法》。2008年年底,为进一步规范实施股权激励,国务院国资委印发了《关于规范国有控股上市公司实施股权激励制度有关问题的通知》。

2009年,国家实施了《中华人民共和国企业国有资产法》。同年,广东省国资委对国务院国资委《关于进一步加强地方国有资产监管工作的若干意见》进行了解读,对八个方面的工作提出了具体要求:认识到国家对新形势下加强地方国有资产监管工作的重要意义;进一步加强地方国有资产监管工作的总体要求和基本原则;合理界定企业国有资产监管范围;准确把握国资委作为本级人民政府直属特设机构和出资人代表的机构性质和职能定位;依法规范国资委与国家出资企业之间的关系;加强地方企业国有资产基础管理工作;加强对市(地)级、县级人民政府国有资产监管工作的指导监督;加强国资委自身建设,提高依法履行出资人职责的能力和水平。

2010年,广东省国资委印发了《广东省省属企业支持配合监事会依法开展档期监督当期工作规则(试行)》的通知,要求贯彻执行《国有企业领导人员廉洁从业若干规定》的实施细则,通过《广东省国资委党风廉政建设责任制实施办法》和《广东省国资委监管企业党风廉政建设责任制检查考核实施细则》;同时,对国务院办公厅印发的《关于进一步推进国有企业贯彻落实"三重一大"决策制度的意见》提出针对本省的可行方案。

2011年,国务院国资委为规范委管协会的换届选举工作,加强协会民主建设和民主管理,促进协会规范健康发展,根据《社会团体登记管理条例》《国务院办公厅关于加快推进行业协会商会改革和发展的若干意见》和民政部有关规定,特制定《国务院国有资产监督管理委员会行业协会换届选举暂行办法》。同年，通过了《地方国有资产监管工作指导监督办法》。

四、广东国企改革的全面深化阶段（2012年以来）

在经历了20世纪90年代国企改革的推动阶段之后，国企改革进入了深化阶段，广东省国企改革深化阶段主要是通过不断加强混合所有制改革并深化供给侧结构性改革，改革的目标是推动国有资源和民营企业的强强联合、互惠互利并互相制衡，并实现资源的有效配置。

2014年6月开始，广东省国资委从2 000多家省属二、三级企业中筛选出50家开展体制机制改革创新试点。重点通过改制上市、引入战略投资者和国企改革发展基金、探索员工持股等有效措施，主要通过增资扩股方式，在资产增量上开展混合所有制改革，力争在3~5年内打造一批具有优秀团队、清晰主业、资本价值、核心竞争力和可持续发展能力的省属优势企业。

党的十八届三中全会提出，要大力发展混合所有制经济。中共中央、国务院《关于深化国企改革的指导意见》指出，以促进国有企业转换经营机制，放大国有资本功能，提高国有资本配置和运行效率，实现各种所有制资本取长补短、相互促进、共同发展为目标，稳妥推动国有企业发展混合所有制经济。国务院《关于国有企业发展混合所有制经济的意见》指出，要分类分层推进国有企业混合所有制改革，建立健全混合所有制企业治理机制。中央关于国有企业改革特别是混合所有制改革的精神，成为广东省推动国有企业混合所有制改革的基本遵循原则。省委、省政府于2015年先后出台了《关于全面深化国有企业改革的意见》《关于深化省属企业改革的实施方案》，这两个改革方案的设计既突出着力点又注重系统性，对广东省国有企业混合所有制改革提出了主要任务、主要措施和主要路径。2015年5月，广东省国资委出台了《关于规范省属企业发展混合所有制经济的指导意见》，以成为上市公司为主要途径，以整合产业链为抓手，以增量为侧重，重点在二、三级企业，通过搭建与非国有资本对接平台、引导各类资本支持公共项目建设等多种形式，有序有效推进混合所有制改革。在严格按照国家规定，确保信息公开化、评估规范化、竞价制度化、交易平台化。2014年以来，全省国有混合所有制企业户数和注册资本金投入稳步增长，分别增加了284户和958亿元，增幅为8%

和 19.53%。

发挥国有资本平台功能，推进供给侧结构性改革，是十八届三中全会以来新一轮国企改革的重要精神，也是我省深化国有企业改革实施意见的重要内容。2016年2月28日，广东省人民政府印发了《广东省供给侧结构性改革总体方案（2016—2018年）》《广东省供给侧结构性改革去产能行动计划（2016—2018年）》《广东省供给侧结构性改革去库存行动计划（2016—2018年）》《广东省供给侧结构性改革去杠杆行动计划（2016—2018年）》《广东省供给侧结构性改革降成本行动计划（2016—2018年）》《广东省供给侧结构性改革补短板行动计划（2016—2018年）》。围绕去产能、去库存、去杠杆、降成本、补短板五大任务，广东提出了清晰的三年目标。预计到2018年年底，广东将基本实现"僵尸企业"市场出清，全面完成国家下达的淘汰落后产能任务。

第二节 广东国有企业改革的基本做法

毫无疑问，作为中国经济体制改革中心环节的国有企业改革历来受到党和政府的高度重视，这都清晰地体现在党的方针、政策和历次党中央的决议，以及一系列法律法规中。国有企业改革也因此而取得了举世瞩目的成就，国有企业的社会定位、企业形态、运行机制都发生了深刻的变化，国有经济布局结构不断优化，市场竞争力明显增强，特别是一些大型骨干企业真正成为我国国民经济的支柱，开始担负起增强我国综合国力和国家竞争力的重任，并逐步在国际竞争中崭露头角。三轮国企改革在不同时期对中国经济的增长起到了很大的推动作用。

改革开放初期，广东省充分利用中央赋予的特殊政策、灵活措施，利用改革开放的先发优势，从给国有企业放权让利到转换企业经营机制再到制度创新，均表现出"敢为人先、勇于创新"的精神，涌现了全面综合配套改革的"顺德模式"和创造了人间奇迹的"深圳模式"。这个时期，广东国有企业改革是走在全国前头的。

90年代中后期以来，广东稳步推进国有企业产权改革，对国有企业进行了公司制改造，推进国有企业三年改革脱困、国有经济结构调整重组，培育了一批大企业集团，建立了新的国有资产监管体系，从而使国有经济的结构逐步趋于优化,国有资产的质量逐步提高,国有企业的竞争力有所增强。我省国企改革与发展已取得重大突破和进展,获得了丰硕成果,国有企业、国有经济在发展地方经济、增强我省经济综合实力中发挥了重要的作用。

一、坚持抓大放小,打好国企脱困攻坚战,建立现代企业制度

(一)开展建立现代企业制度试点,推动转换企业经营机制

1994年8月,广东省政府决定在全省范围内,选择250家企业(1996年调整为187家)展开建立现代企业制度试点的工作。整个试点工作分三个阶段实施。①1994年8—12月,为试点的准备和企业改制操作阶段。这一阶段的任务是确定试点企业名单,制定试点的工作方案及配套办法和各试点企业的试点方案,召开试点工作会议;试点企业要积极进行清查财产、界定产权、评估资产等工作,需要改组为公司的企业应抓紧完成改组工作;已改组为公司的试点企业应按《公司法》的要求,调整和完善企业法人治理结构,理顺内部关系,建立和健全各项管理制度,尽快转换经营机制。②1995年1—9月,为试点的全面运作阶段。按照本方案的要求进行规范化的管理和运作;协调会议的成员单位应深入试点企业,帮助试点企业解决在运作中碰到的困难和问题,保证试点工作的顺利开展。③1995年10—12月,为总结完善和推广阶段。召开有关会议,总结试点经验,提出在全省范围内推进现代企业制度的意见。具体试点内容如下。

1. 理顺产权关系,完善企业法人制度

一是核实企业占有的资本金,确立企业法人财产制度。建立现代企业制度的核心是明晰产权,转换机制。试点企业均应按照国家有关规定,进行财产清查、资产评估、产权界定,核实企业占用的资本金总量,明确投资者资本所有权与企业的法人财产权之间的权责利关系。二是确立企业投资主体,完善国有资产管理和营运体制。按照把政府社会经济管理职能和国有资产所有者职能分开以及国有资产实行国家所有、分级监管、企业自主经营的原则,积极探索国有资产管理和经营的有效形式和途径,建立新的国有资产管理和营运体制。三是推动企业产权的流动和重组。在明晰产

权的基础上，开展多层次、多形式的产权交易，通过联合、兼并、租赁、拍卖、改制、破产等方式，加大企业结构调整力度，优化企业结构，推进企业产权的合理流动和资产的优化重组。

2. 积极推行公司制

一是建立现代企业制度。可以依据企业的不同情况，采用多种财产组织形式。国有企业实行公司制，是建立现代企业制度的有效途径。公司制企业以清晰的产权关系为基础，以完善的法人财产制度为核心，以有限责任为特征。二是实行公司制改组的企业要按《公司法》规定，根据决策机构、经营机构、监督机构相互独立、相互制衡的原则，形成由股东会、董事会、监事会和经理层组成的公司法人治理结构，保证权责明确、各司其职，有效地行使决策、监督和执行权。三是加强中国共产党在企业中的基层组织建设，充分发挥其政治核心作用，保证、监督党和国家方针政策在本企业的贯彻执行。四是健全工会组织，完善职工民主管理制度，充分发挥工人阶级当家做主的作用。

3. 深化企业内部改革，建立企业科学管理制度

一是进一步改革企业劳动人事制度。企业按经济指标评定等级，不再套用行政级别，逐步取消企业管理人员和专业技术人员的国家干部身份。认真贯彻《中华人民共和国劳动法》（简称《劳动法》），全面实行劳动合同制，打破干部与工人、不同所有制职工之间的身份界限，建立企业与职工双向选择的用人制度，企业自主用人，劳动者自主择业。二是进一步改革企业分配制度。政府对企业工资总量实行宏观调控，加强监督，制定最低工资标准。三是全面实行《企业财务通则》和《企业会计准则》，建立健全企业财务会计制度。科学设置财务会计机构，配备合格的财务会计人员，公司财务实行内部监督和外部监督相结合。四是企业要按现代企业制度的要求，强化内部管理，建立健全科学、规范的各项经营管理制度，从严治理企业，不断完善现代企业的运行机制。

4. 调整企业资产负债结构，解决企业的现实问题

一是调整企业的资产负债结构，合理解决企业的历史债务。在合理解决历史债务后，要核实企业资本金，建立严格的资本金保值增值责任。企业经营不善、亏损严重、无法偿还到期债务的，应依法实行破产。企业破产或转让产权，要认真做好职工的思想工作，并妥善安置。二是减轻企业办社会的负担。企业要善于运用法律法规赋予的权力，保护自己的合法权益，坚决抵制各种形式的摊派。三是分流富余人员、解决企业冗员，要和建立社会保障体系、完善劳动力市场、公司制改组、调整产业和企业结构结合起来，采取分步过渡、分期到位的办法逐步实现。积极进行劳动就业制度的改革，广开就业门路。

5. 加快建立社会保险制度

试点企业必须根据全省统一的规定参加职工养老、失业、工伤等社会保险，由社会保险机构统一经办和向职工支付各项法定保险补偿。

6. 加快转变政府职能，落实企业经营自主权

转变政府职能是建立现代企业制度的客观要求。政府要根据"政企分开"的原则，由管理微观经济活动转为管理宏观经济活动，由直接管理转为间接管理，由部门管理转为行业管理。国有企业和集体企业在改组为多元化产权的企业后，在投资决策、经营管理、领导体制、劳动人事管理、财会制度和统计等方面都发生了变化，政府部门应改变旧的管理方法，按新制度办事。

（二）实行抓大放小，打好脱困攻坚战，优化资本结构

广东积极向中央争取，力陈广东国有企业包袱大、任务重，从1996年开始，国务院先后批准广州、深圳、佛山、汕头、韶关、湛江6个城市列入优化资本结构试点城市。广东全省共有194家国企列入《全国企业兼并破产和职工再就业工作计划》，其中有32家企业依法破产。省委、省政府高度重视这项工作，认真贯彻落实中央精神，始终把国有企业改革与发展作为政府经济工作的重中之重来抓，紧密结合广东实际，围绕国有企业改革与三年脱困两大目标，集中力量解决突出问题，通过自查督查，不断寻找工作的薄弱环节，及时制定整改措施，确保改革与脱困目标的实现。广东把打好脱困攻坚战作为实现"三年两大目标"的关键。

1. 打好特困企业和特困行业的攻坚战，把抓好亏损大户作为特困企业脱困的工作重点

1998年3月，广东以韶关曲仁矿务局茶山矿进行关闭试点，对省属煤矿做出了"关闭转制，逐步退出"的决定，并逐步推开到全省；广东利用优化资本结构试点城市的优惠政策，选择了制糖行业重点——湛江市为突破口，推动整个行业结构调整；在纺织行业，广东省实施压锭减产。

2. 加入国家"债转股"试点

1999 年 5 月,广东省挑选了 40 个企业(含深圳)向国家申请债转股,17 家企业签订了债转股协议,拟定转股金额 232.74 亿元。

3. 省工交挖潜改造资金、重要产业专项资金和高新技术风险投资基金

从 1997 年开始,广东省每年列出 50% 以上的资金安排给国有大中型企业,鼓励企业通过实行加速折旧、盘活土地资产、部分资产变现等方式筹集技改资金。对符合产业政策并被列为国家和省重点的技改项目,不再征收企业调节税。省技改专项资金逐年增加,1997 年安排 1.4 亿元,1998 年安排 2.8 亿元,1999 年安排 1.5 亿元。全省 13 个市建立了技改专项资金。[①]

(三)抓大放小——顺德产权改革

1992—1993 年,顺德提出发展混合型经济,开始企业产权改革。顺德推行"靓女先嫁"——把经营状况优良的企业进行公有产权部分转让。1995 年,广东省组织联合调查组到顺德调查,结论指出:顺德为了探索公有制如何转换的问题,进行大胆试验,精神很好。保持公有资产为主体,优化公有资产配置方向是对的。到 1995 年 5 月底,全市 1 001 家公有企业完成转制,建立起混合型产权制度,公有资产的比重占 61.2%,仍是大头。1997 年,党的十五大召开前夕,《人民日报》连续三天刊登广东省顺德市综合改革报道之一、之二、之三。顺德的思路和实践在党的十五大政治报告中得到了明确肯定。[②]

(四)推进国有资产管理体制改革

1992 年深圳建立国有资产管理委员会。1995 年出台的《深圳经济特区国有资产管理条例》,标志着国有资产管理的法规体系日益完善,国有资产管理有法可依。1996 年重新调整组建了三家国有资产经营公司,开始了资产管理和人员管理相结合的实践,形成了以产权管理为主线的

---

① 参见王莹《从"放权让利"到"制度创新"——以改革开放以来广东国有企业改革为例》,载《红广角》2017 年第 C3 期,第 40~60 页。
② 参见王莹《从"放权让利"到"制度创新"——以改革开放以来广东国有企业改革为例》,载《红广角》2017 年第 C3 期,第 40~60 页。

"国有资产管理委员会—国有资产经营公司—企业"三个层次的国有资产监管体制。政府各部门不再直接分管企业，政府与企业间是以资产为纽带的投资人与被投资人的关系。"三个层次"的国有资产监管运营体制，部分解决了国有资产"主体缺位"问题。深圳的改革经验对全省乃至全国都产生了影响和示范作用，其他地方纷纷到深圳"取经"。

二、推进国有经济布局和结构的战略性调整，推进国有资产管理体制改革

（一）推进国有经济布局和结构的战略性调整

1. 推动国有资本向基础产业和优势领域集中

从产业的优化升级、资本的优化配置、体制的合理构建等要求出发，以出资者为主导，遵循市场规律，推动国有资本向重要资源性产业，交通、能源、水利等重大基础设施，供水、供气等市政公用设施，钢铁、石化和重大装备制造业等支柱产业以及新兴战略性产业等行业和领域集中。对一般竞争性行业，继续收缩战线、放开搞活，对其中缺乏竞争力的劣势企业，要以符合市场经济要求的新形式实现国有资本有序退出。

2. 着力打造大型化、综合化、国际化、主业突出、竞争力强的国企"航母"

继续抓好工业龙头企业的培育和发展，使之继续成为行业发展的排头兵。鼓励优势大企业加快分离辅业，集中力量发展主业、突出主业、做强主业，增强企业核心竞争力。鼓励优势大企业实施跨地区、跨行业、跨所有制的大范围、宽领域的资产重组，扩大经营规模。鼓励有条件的优势大企业参与利用资本市场，拓宽融资渠道，增强企业可持续发展能力。鼓励优势大企业在突出主业的同时向产业链上下游延伸，拓展发展空间。鼓励优势大企业积极发展行业间优势互补的协作关系，增强竞争优势，与中小企业开展多种类型的合作。逐步形成以优势大企业为主导、大中小企业专业化分工、产业化协作的产业组织体系，提升国有经济的竞争力和控制力，使国有企业在国民经济体系中发挥好主导作用。

3. 稳步推进省属企业资产重组

要与产业结构优化相结合，主业不突出的管理型企业尽快转型为主业突出的经营实体；要以优势企业和名牌产品为核心，进行产业板块调整，

推动省属国有资源更多地向优势产业和优势企业集中；要按照做强做大主业的要求，提高企业专业化程度，推进集团内部结构调整和重组；在调整和重组过程中，按照"保留一块、改组一块、发展一块、重组一块、创新一块"的原则和"成熟一个、操作一个"的工作思路，整体规划，兼顾稳定，分步实施，和谐推进。

（二）逐步推进国有资产管理体制的完善

1. 健全国有资产监管组织体系

加快市级国资管理机构的组建工作，经批准不单独设立国资监管机构的地市，必须明确国有资产保值增值的行为主体和责任主体。加强对县属国有资产监管工作的指导，积极探索县属国有资产监管的有效方式，防止国有资产流失。

2. 落实国有资产监管机构的职能

各级国资委代表本级政府履行国有资产出资人职责，对监管的国有企业依法享有选择经营者、重大决策、收益分配等出资人权益。各级党委和政府按照权利、义务和责任相统一，管资产和管人、管事相结合的原则，全面落实国资委职能，确保国有资产出资人职能的完整和统一。

3. 加快国有资产监管的制度建设

加快制定企业发展规划和重大投资、经营者考核和收入分配、产权转让和资产评估、企业财务审计监督、企业综合绩效评估、企业领导人员评价与管理、监事会管理、企业改制重组等相关制度，构建国有资产监管的制度体系，推进国有资产监管工作法律化、制度化、规范化，重点抓好企业国有资产统计制度、企业业绩考核制度和国有资本经营预算制度的建设。按照国有资产保值增值和可持续发展的要求，积极采用经济增加值考核办法，建立和完善科学、公正的国有企业负责人经营业绩考核体系及激励约束机制。正确处理好收入分配中的各种关系，控制人工成本的过快增长，建立企业工资总额管理、审计和跟踪监管体系，防止国有资产流失。加强对国有资产的预算管理，监缴国有资本的收益，监督国有资本的使用，加快建立国有企业资产收益、国有资本经营预算制度。

（三）大力推进产权制度改革

1. 明确产权制度改革的总体要求

通过引进战略投资者、增量奖股、改制上市、股权置换、整体转让等多种有效形式，着力解决国有企业股权结构不合理的问题，实现投资主体多元化，大力发展混合所有制经济，建立归属清晰、权责明确、保护严格、流转顺畅的现代产权制度。

2. 分类推进产权制度改革

结合国有经济布局和结构调整，区别不同行业、不同企业，分类推进产权制度改革。少数需要国有经济继续保持控制地位的企业，主要由国有资本互相参股，或者国有产权相互置换，同时也鼓励其他经济成分参股，优化企业股权结构；主业突出、竞争优势明显的国有大型企业，采取重组上市和引入战略投资者等办法加快改制，根据行业及企业情况实行国有相对控股或参股，实现投资主体多元化；资产和业务分散、缺乏竞争优势的竞争性领域大型企业，鼓励引入非国有投资主体实行整体改制；国有中小企业原则上实行整体改制，鼓励企业员工、经营者和民营、外资企业参股、控股；加快科技型国有企业和科研院所改制步伐，鼓励科技人员技术入股和经营管理者持股，充分调动科技人员和经营管理者的积极性、创造性。

3. 依法规范产权制度改革

严格依照国家和广东省有关法律法规和政策规范操作，加强对改革的规范管理和全过程监督，充分发挥社会中介机构的作用，把好清产核资关、财务审计关、资产评估关、方案审核关、民主决策关，落实和保护出资人、债权人、职工等相关各方的合法权益。提高现有产权交易机构的经营管理水平，组建南方联合产权交易中心，加快推动泛珠三角（简称"泛珠"）区域产权市场建设。建立国有产权动态管理体系，健全产权交易规则和监管制度，严格执行企业国有产权进场交易与鉴证制度，规范企业国有产权交易行为，防止国有资产流失，确保产权制度改革健康、有序进行。

（四）完善公司法人治理结构

1. 建立科学规范的企业组织结构和运行机制

按照现代企业制度的要求，规范股东会、董事会、监事会、经理层的权责。依照法律、法规和公司章程规定的程序进行重大决策，股东依法行使出资人的权利。企业决策层和执行层要逐步分开，逐步取消董事会与经营层交叉任职。优化董事会成员结构，引入独立董事，提高董事会的决策能力和综合管理水平。健全监事会规章制度，落实监管职责。探索加强和改进国有企业党建工作的有效途径，建立适应现代市场竞争要求的企业党建工作新机制。探索现代企业制度下职工民主管理的新模式，充分发挥职工民主管理和民主监督的作用。按照精简高效的原则，探索改进新时期党、工、团等机构设置的新形式。

2. 完善企业领导人员选拔任用管理制度

以产权为纽带，按照谁出资谁管理的原则，由出资者决定董事会和监事会成员，董事会聘任经营班子成员，党委会成员按有关规定选任。对企业领导人员的任用标准要更多地注重经营管理才能、业绩和职业操守，要选拔一批有事业心、有开拓创新精神、懂经营、会管理、廉洁自律的高素质国有资产产权代表和经营管理者。加快企业家和职业经理人才评价中心的市场化建设，逐步实现企业经营管理者选拔从组织委派到市场选聘的转变。

3. 建立健全长效机制

通过完善企业经营者经营业绩考核办法、探索增量奖股等积极有效的新形式，建立健全长效激励机制。在继续完善对企业负责人考核奖惩办法基础上，鼓励发展态势良好、已基本完成产业结构调整和管理架构重组的竞争性大中型企业探索增量资产奖励股权的有效形式，对有突出贡献的经营管理层和业务骨干给予增量资产股权奖励。鼓励有条件的国有控股境外上市公司试行对经营管理层实施期权奖励，并在取得经验的基础上推广至其他具备条件的公司。

4. 建立健全监管和责任追究制度

改进和完善企业监督体系，加大出资人监管力度，研究使监事会工作与纪检工作、经济审计工作等形成有效合力的途径和形式，加强对企业经营活动和经营行为的监督。建立重大决策失误、重大资产损失、重大监督失职等个人责任追究制度。对董事会成员实行以资产保值增值和重大经营决策活动为重要内容的考核，按履行出资者职责、决策表决情况落实个人责任；对经理层成员实行以经营目标为主要内容的考核，按经营目标实现程度和岗位分工落实个人责任；对监事会成员实行以履行对企业经营决策活动监督责任为主要内容的考核，按确保股东权益不受侵犯的原则落实个人责任。建立健全重大决策失误和重大资产损失责任追究制度，规范追究程序和办法，防止国有资产流失。

三、深化供给侧结构性改革，大力发展混合所有制经济，提高经济运行质量和效益

（一）大力发展混合所有制经济

广东省大力发展混合所有制经济，广东省国资委在省属2 000多家二级及以下企业中，择优选取50家开展体制机制创新试点工作。到2017年年末，广东省混合所有制企业比重将超70%。截至2016年8月，在50家试点企业中，已有10家试点企业实现基金入股，13家制定了员工持股方案，2家实现新三板挂牌，试点工作成效逐步显现。广东省属21个国企集团中有10个集团拥有上市平台，还有部分处于上市前辅导期的企业；国企挂牌新三板提速，截至2016年年末广东拥有33家新三板上市国企，数量位居全国第三。广东省国资委在多家省属二、三级竞争性企业实施管理层和骨干员工持股，允许企业员工出资参与企业改制，形成资本所有者和劳动者的利益共同体。广东省分别于2014年2月、9月举办了两次省属企业与民间资本对接会，现场签约的项目共53个，同时向社会发布省属企业234个招商项目，涉及基础性、传统竞争性、新兴金融创投、高端技术服务等17个行业。2015年，全国国有企业利润总额为23 027.5亿元，同比下降6.7%；广东国资监管企业实现利润1 470.31亿元，同比增长17.54%，利润总额全国第一。在全国经济下行压力增大、营收下降的形势下，广东省国企利润水平不降反升，很大程度上是广东国企深化改革、优化国资布局、主动调整产业结构、挤掉"泡沫"的结果。

（二）不断深化供给侧结构性改革

在不断深化供给侧结构性改革方面，广东按照"四个一批"（兼并重

组盘活一批、资本运营做实一批、创新发展提升一批、关闭破产退出一批)的要求,下大力调整优化国有资本布局结构,以广东省产业振兴、技术创新、公共服务和投资营利为目标,推动国有资本向前瞻性、战略性、支撑性和基础性产业集中。全面贯彻落实党的十八大和十八届三中全会、四中全会、五中全会以及中央经济工作会议精神,按照省委、省政府工作部署,着力加强供给侧结构性改革,在适度扩大总需求的同时,去产能、去库存、去杠杆、降成本、补短板、优化存量、引导增量、主动减量,优化劳动力、资本、土地、技术、管理等要素配置,加快实现创新发展,改善市场预期,提高投资有效性,增加公共产品和公共服务,优化供给结构,扩大有效供给,提高供给体系质量和效率,提高全要素生产率,实现由低水平供需平衡向高水平供需平衡的跃升,推动我省社会生产力水平整体提升,为率先全面建成小康社会提供强大经济支撑。

第三节 广东国有企业改革的主要成效

改革开放以来,广东省国资委全面落实中央和省委、省政府关于国有企业混合所有制改革的决策部署,坚定不移地坚持正确的改革方向,坚定不移地突出广东特色,从整体上系统谋划我省国有企业混合所有制改革的目标取向、体制机制、路径措施,有序有效地推进混合所有制改革,突破了一些条条框框,激发了企业活力,增强了发展后劲,取得了明显成效。

一、从简政放权、减税让利起步,国有企业逐步搞活

广东省各市县国有企业的改制面较广,改制形式多样,成效比较显著。如茂名市实行产权改革的改制企业有 351 家,占国有企业总数的 74.84%,改制的形式为民营/民营控股 8 家、经营者/职工持股 217 家、关闭/破产 126 家。截至 2004 年 10 月,清远市市已改制企业 623 家,改制的形式有破产 210 家,出售 198 家,关闭 198 家,职工持股 17 家。2004 年,清远市工业总产值为 235.0 亿元,其中,国有及国有控股企业产值为 19.53 亿元,占 8.3%,"三资"企业和个体私营企业产值为 89.4 亿元和 121.58 亿元,分别占 38% 和 51.7%;2004 年,清远市生产总值为 248.2 亿元,增长率达到了 19.6%。清远市国有经济所占比重大幅度下

降，基本上实现了国有资本从一般性竞争领域退出的改革目标，促进了生产力的发展和经济效益的提高。

国有企业的体制和经营机制发生了质的变化，初步建立了现代企业制度，国有企业逐步成为市场经济的主体。

我省国有企业的改革从外到内，从浅到深，从易到难，从以政策调整、放权让利为主，现已转到以制度创新为主的攻坚阶段。经过20多年的改革，70%左右的大中型企业进行了公司制改造，85%左右的小型企业进行多种形式改革，绝大多数国有企业由工厂制转变为公司制企业，国有企业在长期计划经济体制下形成的僵化体制基本被冲破，国有企业的管理体制由党委领导下的厂长负责制逐渐转变为公司法人治理结构，计划生产、计划供应和"大锅饭"式的分配制度逐渐被按需生产、市场营销和员工按劳分配、按贡献大小取酬所取代。国有企业初步成为自主经营、自负盈亏的市场主体，正在向着现代企业制度的目标迈进。例如，佛山市通过改革搞活了佛山照明股份公司、佛塑集团等一批国有企业。同时，围绕国企改革这个中心环节，各项综合配套改革都取得了很大进展，比如改革了国有资产管理体制，初步建立了新的国有资产监管体制，解决了国有资产多头管理、无人真正负责的问题；社会保险体系基本形成，为分流安置国有企业职工创造了必需的社会条件；政府推行行政管理体制改革，重新定位和转换职能，初步实现了政企分开、政资分离，为国有企业真正走进市场创造了制度环境。

二、建立现代企业制度，基本确立面向市场的经营机制

经过20世纪90年代的改革，我省国有经济不断壮大，市场表现逐步提升。2000年，广东国有及国有控股工业企业实现的销售收入、利润总额和税金总额分别占全省工业的30.22%、45.24%和46.36%；资产总额为5 743.3亿元，占全省工业的40.77%；净资产额为2 514.5亿元，占全省工业的43.41%。国企经济效益显著提高，主要经济指标居全国领先水平，2000年，广东国有及国有控股工业企业销售收入占全国的8.4%，居全国第一位；利润总额占全国的9.9%，居全国第三位；税金总额占全国的5.9%，居全国第六位。[①]具体成效如下。

---

① 参见广东年鉴编纂委员会《广东年鉴（2001）》，广东年鉴出版社2001年版，第432页。

第三章　广东国有企业改革

（一）现代企业制度的初步建立

广东省贯彻落实中央部署，在建立现代企业制度试点工作中，完成了清产核资、产权界定、资产评估、债权清理等基础工作，采取多种形式进行了改制，确定了一批国有资产运营机构，在增资减债、调整企业负债结构方面有新的突破。这批试点企业是广东省建立现代企业制度的先行者和探路者，对于解决国有企业改革的重点难点问题起到了一定的示范作用，在 1994 年 11 月召开的全国建立现代企业制度试点工作会议上得到国务院点名赞扬。全省多数国有大中型企业完善了"三会四权"的法人治理结构，建立了以产权为纽带、集权与分权相结合的母子公司体制，有 200 多家国有企业进行了规范的公司制改革，初步建立起产权明晰、权责明确、政企分开、管理科学的现代企业制度。激活了企业经营机制，企业逐步成为市场的主体，市场发挥着调配资源的决定性作用。政府逐步转变职能，从微观管理转向宏观管理，企业有了自主权，摆脱政府机关附属物的角色。大力调整了经济结构和企业组织结构，逐步完善企业内部治理结构，基本适应了市场经济体制的要求。

（二）优化资本结构取得实质性进展

广东全省共有 194 家国企列入《全国企业兼并破产和职工再就业工作计划》，其中有 32 家企业依法破产，消灭累计亏损 15.98 亿元；133 家企业被兼并，免除企业历年欠息累计 25.25 亿元；21 家企业实施减员增效，安置职工 12 153 人；核销银行呆坏账 49 亿元，不仅消灭了一批亏损源，而且把 66 亿多元的国家银行债务从劣势企业转到偿债能力强的优势企业。[①]

（三）三年脱困，扭亏为盈

脱困攻坚战以特困行业为重点，抓亏损大户和小额亏损户，实施兼并、破产，推行债转股，取得了积极效果。通过精心规划、政策扶持，煤炭、制糖、纺织三个特困行业的脱困攻坚战取得决定性胜利，接近完成三

---

① 参见谢鹏飞《广东发展之路——以改革开放 30 年为视角》，广东人民出版社 2009 年版，第 320 页。

年脱困预期目标。1999 年关闭 12 对矿井,分流安置职工 1.39 万人;截至 2000 年年底,累计关闭糖厂 34 家,压减生产能力 5.62 万吨/日;1998—1999 年全省压缩 18.32 万落后纱锭,分流安置职工 4.24 万人,实现了整体扭亏为盈。国有大中型企业脱困率高,煤炭、制糖、纺织三大特困行业逐步走出困境,全省绝大部分地区的国企整体上实现盈利,经济效益明显提高。广东省的国有和国有控股大中型企业盈亏相抵后,利润总额从 1997 年的 116 亿元增长到 2000 年的 209 亿元左右,与 1999 年同期相比增长 45.77%,大中型国企亏损额从 1997 年的 56 亿元减少到 2000 年的 24 亿元左右,与 1999 年同比减亏 36%。[1]

三、建立现代企业制度和转换经营机制取得明显成效

改革发挥了国有经济的主导作用,促进了全省经济快速持续发展。改革极大地发展了生产力,使原来经济不发达的广东一跃成为全国经济大省。1978 年,广东省生产总值才 180 亿元;2010 年,广东省国资委监管的 24 家省属企业资产总额达 5 895 亿元,比 2005 年增长 66.6%。例如,广东省交通集团有限公司的总资产从刚组建时的 512 亿元增加到 2011 年的 1 845 亿元,资产效益放大 20 倍;广东省广业资产经营有限公司 2000 年注册资本为 12.8 亿元、资产总额为 68.4 亿元,2011 年,公司经营资产总额达 229 亿元。

国有企业为社会、为居民提供了越来越多的产品和服务,为增加财政收入、市场繁荣、经济增长和改善人民生活做出了贡献,特别是在抗击自然灾害中,更能看到国有企业的作用。省国资监管企业上缴税金由 2005 年的 360.82 亿元增加到 2010 年的 719.72 亿元,增长了近一倍,占全省各项税收总额的 18.92%。其中,24 家省属企业上缴税金由 107.33 亿元增加到 160.70 亿元,增长了近 50%,占全省各项税收总额的 4.23%。在关系国计民生的重要领域,我省国有企业承担了大部分城市供水、供气和公共交通建设,包括 90% 以上的机场建设管理、80% 以上的高速公路建设、40% 以上的电力装机容量等,彰显了国有企业的重要地位。[2]

---

① 参见中共广东省委办公厅《中国共产党广东省第十次代表大会资料汇编》,中共广东省委办公厅 2010 年版,第 129 页。

② 参见黄挺《我亲历的广东国企改革》,广东人民出版社 2014 年版,第 121 页。

四、广东省混合所有制企业改革取得进展，国资实力显著增强

2015年年底，广东省（不含深圳市）国家出资混合所有制企业3 881户、注册资本6 689.30亿元，其中省属正常经营混合所有制企业1 268户、注册资本2 478.98亿元；与2014年相比，全省国有正常经营混合所有制企业户数和注册资本金分别增加约347户和1 782.62亿元，分别增长9.82%和36.33%。其中，省属正常经营混合所有制企业户数和注册资本金分别增加约135户和522.97亿元，分别增长11.92%和26.74%。① 混合所有制企业改革过程中，涌现了一批典型：广弘公司在集团层面引入非公有资本实施整体改制；广业公司所属宏大爆破、交通集团所属粤运交通、广新控股集团所属省广股份等企业实施员工持股和兼并重组；省机场集团引入广州新科宇航等企业发展空港经济；广新控股集团引入青山集团合作建设镍合金项目；建工集团通过政府购买服务模式进行梅州江南新城棚户区改造；铁投集团采取TOD模式开展城际轨道沿线土地综合开发。上述混合所有制企业的改革均取得了明显成效。实现企业投资主体多元化，既创新了公有制的实现形式，也促进了企业规范化、跨越式发展。广东省国有企业通过产权制度改革和公司制改造，突破单一的投资主体，实现了投资主体多元化，创新了公有制的有效实现形式。股份制改革推动了资本运作，拓宽了企业投融资渠道。例如，广州市国有控股上市公司达22家。自2010年以来，广州市国资监管企业通过IPO（首次公开募股）、股票上市、换股吸收合并、定向增发等方式，共有766亿元总资产进入上市公司实现证券化，使资产证券化率迅速提高到50%。除了证券化外，广州市公司股份制改革也大大提高了国有企业治理科学化水平。广州市93%的国资监管企业实现了公司制改革，70%以上的国有企业实现了产权多元化。

通过改革，有力促进了广东国有经济的发展。据了解，2016年1—7月，广东全省国资监管企业总体经营趋势向好，经营效益持续增长。全省

---

① 参见广东省国有企业改革领导小组办公室《国资国企改革动态》（2016年第5期），广东省人民政府国有资产监督管理委员会网站（http://www.gdgz.gov.cn/detail/ZTLM_GQ/ZTLM_GQ/15705）。

国资监管企业资产总额达到 73 429.37 亿元，同比增长 12.17%；平均资产负债率 62.79%，同比下降 1.95 个百分点。营业收入 8 528.29 亿元，同比增长 15.30%；利润总额 957.41 亿元，同比增长 20.24%。其中，广东省属企业资产总额 13 460.12 亿元，同比增长 13.0%，占全省国资监管企业的 24.87%。广东全省涌现出资产过千亿企业 18 家、中国制造业 500 强企业 17 家。①

五、国资监管机构不断优化，逐步健全国资监管制度

在加强和改进国资监管方面，广东省国资委实行权责清单管理，确定 44 项权责事项、授权下放 15 项，清单内的事项管准管住管好，清单外的事项一律由企业自主决策；通过推进规范董事会建设，完成 11 名专职外部董事选聘工作，实现外部董事选派全覆盖；建立国有产权首席代表报告制度；建立覆盖广东省国资委及 20 家省属企业的规范治理视频信息系统，搭建事中有效监督、事后有据问责的重要工作平台。② 例如，广州市国资委成立以来，在以下几个方面做了大量工作：指导推进国有企业改革和重组；对所监管企业国有资产保值增值进行监督，加强国有资产的管理工作；推进国有企业的现代企业制度建设，完善公司治理结构；推动国有经济结构和布局的战略性调整；不断探索国有企业的监督管理经验，使国有资产监管体制逐步完善，国有资产得到保值增值。

在发挥国企党组织领导核心和政治核心作用方面，广东将党建工作总体要求融入企业章程，落实党组织的法定地位；加强企业领导班子建设，改进完善企业领导班子和领导人员的考核评价办法；坚持标本兼治，持续推进党风廉政建设和反腐倡廉建设，坚决纠治"四风"等突出问题，把握运用监督执纪"四种形态"，加强巡视督查，保持惩治腐败的高压态势，为国企改革发展营造风清气正的环境。

---

① 参见任腾飞《广东以国企布局调整带动整体改革》，载《国资报告》2017 年第 9 期，第 92～95 页。

② 参见任腾飞《广东以国企布局调整带动整体改革》，载《国资报告》2017 年第 9 期，第 92～95 页。

第三章 广东国有企业改革

六、广东省国有企业发展质量和运行效率明显提高,全省供给端结构性改革取得重要突破

在去产能方面,2016年4月28日,广东正式建立去产能联席会议制度,随后又将去产能行动计划的各项任务进行细化分工。广东省政府正式出台全省国企出清重组"僵尸企业"的指导意见和实施方案,2 333户已关停,广东国有企业的处置和出清预计年底将全部完成。去库存方面,广东分城施策,着力稳定房地产市场。广东省住房和城乡建设厅统计显示,截至2016年4月底,全省商品房库存15 697万平方米,比2015年年底下降655万平方米。其中,商品住房库存面积9 323万平方米,比2015年年底下降964万平方米。去杠杆方面,广东省研究制定了《关于广东金融服务创新发展的若干意见》,在推动企业直接融资、"险资入粤"、规范发展互联网金融融资、探索开展投贷联动试点等方面颇有进展。广东省还加大力度打击非法集资,2016年以来共查处非法集资案件58起,涉案金额1 158万元。降成本方面,2016年4月1日起,广州、深圳、珠海、佛山、东莞、中山全面免征省定的11项涉企行政事业性收费,其他市已将于10月1日起实施,预计全年可为企业综合减负1 940亿元;5月1日营改增全面扩围后,预计一个年度可减负1 000亿~1 200亿元。补短板方面,打通水电气路"最后一公里"、推动新一代信息基础设施、新能源汽车基础设施建设等成为重中之重。[①] 2016年3月28日,广东省出台关于加快新能源汽车推广应用的实施意见,广东省国土资源厅也研究9条用地保障措施,优先安排集中式充电站的土地供应。不仅如此,广州、深圳、东莞、惠州、佛山、中山、珠海等市已陆续发布当地的供给侧结构性改革方案。全省上下把握时机、果断决策、及时行动,争当供给侧结构性改革排头兵。

在国有资本投资、运营公司试点方面,2016年9月,广东正式下发专项授权清单,探索建立国有资本授权经营体制,将粤海、恒健打造成广东省国有资本投资、运营平台,充分发挥平台的资源、信誉、专业作用,吸引产业、资本、管理、技术等战略资源向战略性新兴产业集中,成为广

---

① 参见卢轶、肖文舸、牛思远等《广东争当供给侧结构性改革排头兵》,载《南方日报》2016年5月20日第A01版。

东省国资委"管资本"的重要抓手。一是在公司制改革方面,目前广东省属企业集团层面已全部完成公司制改革,各级子企业公司制改制面达到98.1%,年底前全部完成改制。二是在体制机制改革创新试点方面,广东省国资委从2 000多家省属二、三级企业中选定50家,重点从体制机制上实施综合改革,努力打造一批行业"单打冠军"。目前,已有17家完成基金入股和员工持股,5家登陆新三板。在总结试点经验的基础上,广东省国资委将稳步向省属二、三级企业复制推广。

第四节 广东国有企业改革存在的问题

广东国有企业改革与发展虽已取得了丰硕的成果和经验,但不能估计过高。从全省来看,国有企业的公司制改造比较好,但产权制度方面的改革还有大量工作要做;改制工作推进较快的主要还是中小企业,大型国有企业动作相对迟缓;市、县国企改革进展较快,而省属国有企业改革明显滞后;国有资本的退出主要还是劣势企业,国有经济布局和结构仍不够合理。已经改制的企业也出现不少新情况、新问题,存在不少亟待解决的历史遗留问题。国有经济虽然保持了发展的势头,但与"三资"经济和民营经济的发展相比,日显缓慢。国有企业改革需要攻克一系列堡垒,目前我省攻克的主要是外围的堡垒和中小堡垒,大堡垒的攻坚战才刚刚开始打响,这种状况与我省经济发展的要求很不适应,与党中央的要求还有很大距离。

一、政企尚未实现真正分开,国有企业产权主体未能真正实现多元化

市场经济是和所有制的实现形式即产权制度直接联系的,而国有企业所有制的性质和比例结构往往从根本上决定它的表现形式(产权制度)。在建立现代企业制度的过程中,一些企业通过股份制改造,将传统的国有企业资产一次性转为国有股;另一些在改制中虽然吸纳了其他成分的股份,但均是在政府行政干预下,保持了国有股的绝对优势地位。其结果是使产权主体多元化变成一句空话。政府仍要代表国家,以"唯一股""优势股"从根本上甚至是表现形式上干预控制企业,导致了国有企业在市

场竞争上不能放开手脚,同时也影响了政府管理国家和调控经济的职能,致使企业产权主体与市场经济的内在要求相悖。

二、国有制与社会劳动者所有相分离、排斥,国有资产所有者处于"虚置"状态

虽然国有企业或占绝对优势的国有股名为国家或全民所有,但实际上作为真正的产权主体的社会劳动者谁都没占有。产权关系的虚化造成了实际上的分离、转移和排斥。即使是国有企业的职工,也没有把国有资产看成是自己的,反而将自己的劳动视为雇佣,从而在根本上影响了社会劳动者对国有资产经营好坏、流失与否、效益分配公平与否等情况的关注和参与。致使在社会主义市场经济条件下的生产力发展需求与传统国有制的垄断性、封闭性、压抑性形成了严重的对立与冲突。

三、国有经济的结构性矛盾仍然突出

国有经济战线过长、过散,国有资本不仅大量分散在众多的中小企业里,同时大量分散在一般竞争性领域里。全省835个行业分类中,国有经济涉足的行业就超过了680个,行业覆盖面超过80%。国有企业数量过多,管理层次过多,资本集中度低,资产质量较差,由此造成了相关部门人浮于事,资源分配不合理,在规模经营、技术创新和开拓市场等方面缺乏优势,总体竞争力较低。

四、企业推进产权多元化,转换经营机制步伐尚未到位

一些公司虽然按照公司法进行了改制,但未能按照现代企业制度的要求形成董事会、监事会和经营层互相制衡、高效运行的公司治理结构;公有制实现形式单一,不少企业仍然是国有独资或一股独大,经营机制尚未实现实质性的转换;企业经营管理机制有待进一步完善,董事会职权尚未完全落实到位,国资监管机构、董事会和经营管理层之间的关系需进一步理顺;企业内部三项制度改革还不到位,管理人员能上不能下、员工能进不能出、收入能增不能减等问题依然存在。

五、国有资产管理制度有待进一步建立和完善

国资委代表政府履行出资人职责的新型国有资产管理体制虽已初步建

立，但有效的出资人制度没有完全确立；职能不落实、监管未到位的现象仍然存在，一些地方国有资产监管体系至今尚未健全，国有资产的保值增值缺乏体制上的保障。国有资产监管的针对性、有效性有待进一步增强。经营性国有资产尚没有实现集中统一监管，还存在多头管理、职责不清的问题；各级国资监管机构仍存在管得过多过细的问题，出资人监管定位不准、审批备案事项多等现象不同程度存在。

六、发展方式仍须进一步转变

广东省国有企业布局总体偏"重"，大多处于传统重工业行业；企业扭亏增盈、化解过剩产能、处置"僵尸企业"等任务繁重；一些企业创新动力不足、活力不够，缺乏具有自主知识产权的关键技术和知名品牌。国企办社会职能和历史遗留问题未完全解决。目前，全国范围内仍然存在大量国有企业办社会机构，离退休人员社会化管理、厂办大集体改革等历史遗留问题较为突出，人员管理、运营费用负担沉重，严重制约了国企改革与发展。

第五节 广东国有企业改革的经验与启示

一、必须加强党的领导，坚持市场改革方向

（一）充分发挥国有企业党组织的政治核心作用

要明确国有企业党组织在公司法人治理结构中的法定地位，把加强党的领导和完善公司治理统一起来，在公司章程中明确党建工作总体要求，在国有企业改革中坚持党的建设同步谋划、党的组织及工作机构同步设置、党组织负责人及党务工作人员同步配备、党的工作同步开展。

（二）坚持市场改革方向，明确目标，不断创新

省委、省政府坚持实事求是，从国情、省情以及企业的实际出发，遵循企业发展规律，贯彻中央关于国有企业改革的部署，不搞争论，排除"左"或右的影响，坚定不移地按市场化取向，坚持以产权制度改革为核

心,坚持走中国特色社会主义道路,不断深化改革,努力做到"四个不动摇":坚定市场经济环境下把国有企业搞活和做大做强的信心不动摇;坚持以市场化的方式和措施来推进国有企业改革发展不动摇;坚持围绕国家和省市发展战略主动调整国有经济布局和结构不动摇;推动国有企业主动参与和承担地方重大发展战略任务不动摇。

二、分类推进国有企业改革

根据国有资本的战略定位和发展目标,结合国有企业实际,将国有企业分为竞争性和准公共性。通过界定功能、划分类别,实行分类改革、分类发展、分类监管、分类定责、分类考核,提高改革的针对性、监管的有效性、考核评价的科学性,促进国有企业经济效益和社会效益有机统一。

竞争性国有企业按照市场化要求运作,以增强国有经济活力、放大国有资本功能、实现国有资产保值增值为主要目标,依法独立自主开展生产经营活动,实现优胜劣汰、有序进退。原则上推行公司制、股份制改造,积极引入其他国有资本或各类非国有资本实现股权多元化。除国家规定实行国有独资、绝对控股的领域外,国有资本可以相对控股,也可以参股,并着力推进整体上市。

准公共性国有企业以强化公共服务功能为主要目标,引入市场机制,提高公共服务质量效率和持续发展能力。原则上严格限定主业范围,加强主业管理,要保持国有全资或国有资本控股地位,支持非国有资本参股。

三、坚持对外开放,深化区域经济结构调整

任何一个国家民族都要对外开放,闭关自守是不会进步的。广东40年来之所以发展得快,就是实行了对外开放,充分利用毗邻港澳地区、海外华侨众多、对外交往比较频繁的优势,大胆对外开放。不仅"走出去"还"请进来";不仅向外输出资金、设备和技术,还向内引进资金、设备和技术,引进了管理理念和经验,加快了改革发展的进程。

打破地区、部门的"诸侯割据",积极推进地区合作,加速推进城市信息化和信息产业发展,在珠三角及更大范围内实现网络资源的整合利用。通过以广州、深圳为枢纽的45分钟珠三角经济圈的建设,接通全省和邻近省区的交通网络。拆除一些影响区域经济合作的交通、信息关卡或政策屏障。进一步加大国有经济布局和结构调整力度,继续推进省、市属

企业调整重组，引导和鼓励产业关联度高、具有优势互补和战略协同效应的企业联合重组，积极创造条件推进国有大中型企业产权多元化的股份制改革，推进国有垄断行业管理体制和产权制度改革，增强国有经济的控制力、影响力和带动力，实现经济结构和经济增长方式的根本转变。

四、处理好改革、发展与和谐的关系

企业改革与发展是一项系统工程，与整个经济体制改革紧密相连；而且与政治体制、社会体制、文化体制改革综合配套，整体推进。在企业改革的每个阶段，都必须深入研究，分清主次矛盾，采取重点突破、综合配套的方式方法，协调好改革、发展与稳定、和谐的关系。企业改革和发展必须遵循市场经济的发展规律，无论是企业的内部管理体制、企业技术创新，还是企业转型，只有做到及时地按照规律推进才能取得成功。

五、切实实行政企分开

推进企业改革，从本质上讲就是要通过产权制度改革和行政体制改革，打破传统计划经济桎梏，使企业产权清晰、权责明确。政府要切实转变职能，调整好政府与市场、政府与企业的关系，按照市场化的改革方向，彻底改变企业是政府行政机关附属物的状况，全面落实企业经营自主权，让企业适应社会化大生产和市场经济的要求，依法自主经营，成为具有独立法人地位的市场主体。多年来，广东国企改革取得巨大成就也归功于坚定不移地根据国家有关政策，深化企业产权制度及相关体制的配套改革，坚决地"该放就放"，积极理顺产权关系，实行政企分开，加强企业管理，使广东国有企业逐步建立与社会化大生产和市场经济发展相适应的现代企业制度，成为自主经营、自负盈亏、自我发展、自我约束的法人实体和市场竞争的主体。

六、推动国有企业创新发展

（一）加强企业科技创新

强化国有企业在技术创新中的主体地位，实施大中型工业企业研发机构全覆盖计划，逐步提高工业企业研发投入率；整合国有企业内部研发机构和创新资源，组建大型企业研究院、科技创新平台和产业创新联盟，加

强与高校、科研机构的战略合作；支持国有企业主动承担与企业优势产业相关的国家级、省级重点实验室建设任务；扶持企业原始性创新，加快实现技术创新成果产业化；鼓励企业发展和保护自主知识产权，做优知名品牌，扩大品牌影响力；加强对企业科技创新的考核。

（二）加强企业管理和商业模式创新

以降本增效、堵塞漏洞和防控风险为目标，以解决突出问题和薄弱环节为重点，在企业管理的各个领域推进创新；加快商业模式创新，积极推进"互联网＋"发展，实现信息化与工业化的深度融合；鼓励国有企业加快发展生产性服务业，努力向解决方案提供商和综合服务商等新型业态转型；大力推动协同创新，把国有企业改革与大众创业、万众创新紧密结合，打造众创、众包、众扶、众筹等创业创新平台，增强企业创造活力和创新能力。

（三）加快产业转型升级

把握依托主业、规划引领、立足市场、因企制宜导向，强化体制机制、投入、资本运作、金融创新、载体、人才支撑；加强对新经济、新产业、新业态的跟踪研究，加快转型升级步伐；竞争性国有企业结合产业基础和产业导向，积极向产业链上下游、价值链中高端延伸和转移。

（四）加强创新人才队伍建设

建立有利于优秀人才脱颖而出、充分施展才能的选人用人机制，重点加强以"领军人才＋创新团队"为主导的创新人才队伍建设；加快建设科技领军人才、技术拔尖人才和高级管理人才的创新人才梯队，切实发挥人才对科技创新、资本运营、转型升级等的智力支撑作用；探索更为灵活的引才引智机制，通过合作研发、市场购买等方式，取得研发成果的专利或授权，对于在科研成果转化、研发和管理创新中做出重要贡献的团队和人才，可以在股权和分红权等方面给予激励。

七、加强国有资产内外监督

（一）强化企业内部监督

完善企业内部监督体系，明确监事会、审计、纪检监察、巡视以及法律、财务等部门的监督职责，完善监督制度，增强制度执行力；强化对权力集中、资金密集、资源富集、资产聚集的部门和岗位的监督，实行分事行权、分岗设权、分级授权，定期轮岗，强化内部流程控制，防止权力滥用。

（二）建立健全高效协同的外部监督机制

强化出资人监督，加快国有企业行为规范法规制度建设，加强对企业关键业务、改革重点领域、国有资本运营重要环节以及境外国有资产的监督，规范操作流程，强化专业检查；加强纪检监督和巡视工作，强化对企业领导人员廉洁从业、行使权力等的监督；整合出资监管、外派监事会监督和审计、纪检监察、巡视等监督力量，建立监督工作会商机制，加强统筹，创新方式，共享资源，减少重复检查，提高监督效能。

（三）实施信息公开和加强社会监督

完善国有资产和国有企业信息公开制度，设立统一的信息公开网络平台，依法依规、及时准确地披露国有资本整体运营和监管、国有企业公司治理以及管理架构、经营情况、财务状况、关联交易、企业负责人薪酬等信息，建设阳光国企。

（四）严格责任追究

建立健全国有企业重大决策失误和失职、渎职责任追究倒查机制，建立和完善重大决策评估、决策事项履职记录、决策过错认定标准等配套制度，严厉查处侵吞、贪污、输送、挥霍国有资产和逃废金融债务的行为。对国有企业违法违纪违规问题突出、造成重大国有资产损失的，严肃追究企业党组织的主体责任和企业纪检机构的监督责任。

时序更替，进入 2018 年，广东新一轮的国资国企改革大幕已然开启。无论从数量上还是质量上看，广东省一直是国资企业的重要阵地和国企改

革的重要舞台。近几年来广东持续加码国企改革,并据此颁布了一系列政策,2016年9月9日颁布的《关于深化国有企业改革的实施意见》,对2020年广东省国企改革的目标进行了明确,更加细致地对推进国资资本化、发展混合所有制经济等问题进行了安排。

广东省国企改革已经踏入最为关键的深水区,改革越往纵深推进,难度和挑战将越大。广东要继续坚定"四个坚持",攻坚克难,不断推进国企改革的步伐。

一是紧密结合供给侧结构性改革,按照优化存量、引导增量、主动减量的思路,坚持优胜劣汰,积极优化国有资本布局结构,增强国有经济整体功能和效率;二是坚持市场为导向、企业为主体,通过实施多项创新举措,不断健全现代企业制度;三是注重营造企业发展的公平环境,积极促进国有资本、集体资本、非公有资本等交叉持股、相互融合,通过坚持平等竞争,务实稳妥推进混合所有制改革;四是针对国企自身短板,不断加强国有企业科技创新、管理创新和商业模式创新,通过坚持创新发展,促进国有经济提质增效。

从主要形式上看,广东省国企改革可以分为IPO或挂牌新三板、集团资产注入、集团横向合并、引入战略投资者、高管激励或员工持股等方式。广东国企改革的一大看点是"四大集团 + 三大平台"后期的资本运作。四大集团分别为广新控股、广东商贸、广业资产、广晟资产,这四家集团旗下资产体量大、质量优,是广东国企改革的重要力量。三大平台分别是产权交易集团要素平台、恒健公司资本运营平台、粤海控股资本运营平台,通过这三大平台来进行投资运营和股权运作,优化国有资本布局结构,实现改革由"管资产"到"管资本"的关键性转变。

深入推进国企改革,我们要坚持有进有退、聚焦主业,加快国有资本布局,优化结构,重点整合集团下属二、三级企业;深化股份制改革,有序推进资产证券化;抓好50家企业体制机制创新试点,深化国有资本投资、运营公司改革试点;在若干领域实现混合所有制改革实质性突破,探索混合所有制企业员工持股;稳步推进国企市场化债转股;建设企业领导人员分类分层管理制度;推动国资监管部门以管资本为主转变职能。

在推进改革的过程中,我们还要坚持稳中求进的工作总基调,把稳中求进作为根本的工作方法运用到国企改革的各方面,保持政治稳、经济稳、社会稳、人心稳,努力把国企改革的各项工作做得更好。

第四章　广东流通和价格管理体制改革

我国经济体制改革的总目标是建立社会主义市场经济体制。价格体制是市场经济的核心，市场决定价格是市场在资源配置中起决定性作用的关键。流通体制在市场经济中具有基础性和先导性作用。不合理的价格和流通体制是发展市场经济的重大障碍。建立、发展社会主义市场经济，要有相应的市场体系和市场机制，其根本的一点就是经济资源由原来的计划配置向市场配置转变，核心是要有市场经济的价格机制，才能发挥价值规律的作用，促进经济的发展。而流通业作为国民经济的血脉系统，在资源配置中又起着桥梁与纽带的作用，对整个社会的资源配置与结构调整都起着不可替代的重要作用。广东省自党中央批准实行特殊政策、灵活措施以来，改革开放在全国先走一步，在省政府的统一部署与领导下，以价格和流通体制的改革为经济体制改革的突破口，不断探索前进，从而基本建立起一个充满生机与活力的社会主义市场经济体制的框架，为经济持续快速健康发展奠定了基础。

纵观改革开放40年，广东省率先推进流通和价格体制的改革，力度大，步子快，改革不断深入，有力地推动了国民经济的迅速发展；但在改革发展过程中，还存在一些值得深入思考的问题，我们必须立足新的实践和新的发展，认真分析、评价过去的改革工作，增强信心，开拓未来。本章在回顾广东省流通和价格体制改革过程的基础上，总结了价格制度改革和流通管理制度改革的基本经验，为下一步全面深化流通和价格管理制度改革提供参考。

第四章 广东流通和价格管理体制改革

第一节 广东流通和价格管理体制改革的历程

广东省是我国改革开放的排头兵和试验场,在全国改革中先走一步。广东省改革开放的主要特点是坚持"敢闯敢试,敢为人先",坚持市场化的改革方向,制度改革结合自身特色。广东省突破计划经济僵化的流通体制和价格体制框架,在流通管理改革和价格改革上走出一条适合自己的道路,建立适合经济社会发展的有效的商品流通体制和市场价格体系,逐渐形成社会主义市场经济的流通管理体系和价格模式,因而具有鲜明的开拓性、前瞻性、创新性。广东省流通和价格管理改革取得的阶段性成效为改革向纵深推进奠定了良好基础。

广东省的流通管理和价格改革分三步走:第一步是从改革开放初期到党的十四大,主要是逐渐突破计划贸易体制和计划经济统得过多、管得过死的僵化的价格管理旧体制,流通体制市场化、价格市场化最终确立下来;第二步是从党的十四大到2000年,主要是建立社会主义市场贸易新体制和市场价格新体制的框架;第三步是从2000年至今,主要是全面完善社会主义市场流通管理体制和价格体制。

一、突破计划贸易体制和价格管理旧体制(1979—1992年)

广东省的商业体制和物资管理体制改革从经济体制改革开始之初就同时进行。广东省政府从1979年起,逐步建立生产资料批发市场。1980年9月,广东省政府印发了广东省财贸工作会议制定的《关于疏通商品流通渠道,促进商品生产,搞活市场的十二项措施》。主要内容是放开多种经济成分的市场主体,大幅度放开自由买卖、自由议价的商品种类范围,完全废除国内商品流通的地域和批零层次的限制,揭开了广东省商业体制改革的序幕,为流通管理体制的改革奠定了良好基调。在物资(生产资料)管理体制方面,从1982年起逐步把省、市、县的物资管理局改组为物资总公司。这两项措施的实质是把生产资料的属性由产品变为商品,把政府对生产资料的职能，由调配改为贸易。① 同时，学术界对流通地位和作用的认识提升到了一个新的高度，对"无流通论"的批判和对流通规律的研究逐渐走向成熟。社会对流通、商业、价格的进一步探索和讨论有力地推动了改革进程。

传统计划经济体制下的价格管理和价格体系模式严重阻碍了商品经济的发展。改革开放之前，旧的价格管理体制以计划为主，广东省商品和服务90%以上由政府来决定，多数商品和服务既不反映价值也不反映供求。1978年改革开放后，逐步开始对原有的价格体制进行改革，逐步放开价格，实现价格由市场供求决定，流通和贸易理论研究开始活跃起来，取得较大进展。随着社会主义市场经济体制改革目标的确立，流通体制市场化、价格市场化最终确立下来，形成共识。

广东省自1979年到党的十四大，价格改革大致经过三个阶段：第一阶段为调放结合，以调为主；第二阶段为放调结合，以放为主；第三阶段为放调管三结合。

（一）1979—1984年，价格改革"调放结合，以调为主"

党的十一届三中全会（1978年）提出"建立计划调节为主、市场调节为辅"的体制。广东省于1979年以25%左右的幅度提高粮食等农副产品的收购价，恢复议购议销，开放集市贸易价格。1980年，调高猪肉等8种副食品销售价，同时给职工每月5元的生活补贴。在农副产品价格调整取得成功的基础上，随之相继提高工业消费品和生产资料的价格。两年间共计划提高143种农产品收购价格和煤、铁、木材等原料、燃料价格。1981年，提高烟、酒等19种农产品收购价，调低了手表等5种轻工业产品价格。1982年，逐步放开羽毛球、衣架等150种小商品的价格，实行市场调节。全省农产品的提价幅度、议价的比重和放开小商品价格的范围要比全国大。1983年，调整了纺织品价格。1984年，提高铁路、水运运价以及钢材、水泥、化肥等生产资料价格。1983年，广东省除列名管理120种轻工业品价格外，其余全部放开。1979—1984年全省农副产品收购价年均

---

① 参见张井《以现代重商思想指导流通体制改革——广东商业体制改革的主要经验》，载《南方经济》2008年第9期，第10～16页。

递增 7.5%，社会商品零售价年均递增 4.1%。① 但是，价格体制仍然没有摆脱传统的计划调节模式的约束，市场调节的作用没有充分发挥出来。

（二）1985—1987 年，"放调结合，以放为主"，全面放开价格

1984 年，十二届三中全会进一步提出新的思路——"建立在公有制基础上的有计划的商品经济"，提出有计划商品经济的发展要求。此前，1983 年 2 月，广东省在深圳召开价格改革研讨会，会议认为经济特区的资金来源以外资为主，生产经营以市场调节为主，商品销售以出口外销为主，所以价格改革应建立"宏观调控下，以市场形成价格为主"的价格改革目标模式。特区特办，要大胆探索，大胆试验。省委、省政府采纳了这一建议，并派出改革工作组到深圳，实行物价、工资同步改革措施。在放开竞争性价格，解除购销价格倒挂和财政补贴的同时，实行新工资制度；并对能源、交通、自来水、医疗、教育等政府制定的价格、收费，进行合理调整。之后，广州、珠三角其他地区、海南纷纷仿效，效果明显。1985 年元旦，广东省率先全国放开肉、禽、鱼、蛋、菜、果等鲜活农副产品购销价格，实行市场调节，市场迅速活跃起来。对生产资料价格管理全面实行"双轨制"，即计划内生产、流通的继续实行国家定价，计划外生产、流通的实行市场调节价，或者由供求双方协商确定价格。钢材属于国家计划内的部分可自销 2%，超计划的全部可以自销。企业超产自销和计划外自行组织供应的生产资料价格全部放开。这一期间，广东省农副产品收购价格上升了 35.3%，年均递升 10.6%（全国为 9%）；零售物价总水平上升 33%，年均递增 10%（全国为 7.4%）。② 这一阶段摆脱了传统模式的束缚，迈上了市场调节为主的路子。

例 4 - 1：深圳率先进行流通体制改革

深圳建立特区后，人口急剧增长，商品供应立即成为市民生活、社会稳定的大问题。突破商品计划、购销渠道和价格限制成为难题。当时分管财贸工作的周溪舞率领有关部门充分运用国家给特区的特殊政策，敢闯敢试，冲破商业

---

① 参见欧大军《广东价格改革的实践与经验》，载《当代中国史研究》2000 年第 3 期，第 68~78 页。

② 参见欧大军《广东价格改革的实践与经验》，载《当代中国史研究》2000 年第 3 期，第 68~78 页。

领域中计划经济的限制。例如，利用特区留成外汇到广交会采购出口商品，通过和有关省市联合创办公司并组织内地货源到深圳，利用国内市场与国际市场，尤其是内地市场与香港市场的价格差购入紧缺商品。此举实际上已经打破了自20世纪50年代以来一直实行的三级采购、统购统销的流通体制。深圳特区开始提出了按照市场经济规律办事，改革商业、物资体制和物价管理，此举比1988年全国范围内的价格闯关整整提前了5年。

（资料来源：作者根据相关资料整理。）

（三）1988—1991年，"放、调、管三结合"

1984年，全面改革开始，党中央制定了推进价格改革的具体方案，经济改革的大浪席卷全国，市场日益活跃、繁荣，但由于经济失衡过热，引起经济秩序不稳定、物价大幅上涨。为稳定经济，在1986—1987年这两年，党中央未出台大的价格改革措施。进行价格改革需要稳定的经济和宽松的环境，而这又要求放慢价格改革的步伐。稳定物价和保持经济较高增速成为两难选择，社会经济出现膨胀—紧缩—再膨胀的循环。其结果便是价格改革未能获得进一步的推进，而预期的宽松环境也始终未能出现。① 党中央在1988年决定实施价格"并轨"，放开价格管制，取消价格双轨制，实行价格闯关。

例4-2：龚培连实行"差率管理"，深圳顺利闯过物价关

20世纪80年代价格改革的破局之期，深圳特区作为改革的"排头兵"和"试验场"，在深圳市物价局原局长龚培连的带领下，进行"差率管理"的探索和实践。理顺差率，主要是抓好与人们生活关系密切的粮、油、肉、菜、鱼等18种商品的批零差率、地区差率、季节差率等。实行"差率管理"一个月后，据统计部门公布的资料，1988年年底，全市物价指数开始回落，1989年年底又比年初下降38.8%，1990年，零售物价总指数又比上年降低2.3%，出现了前所未有的负增长，也是广东乃至全国历史上从未有过的价格指数"负增长"。不久，全国省市物价局局长在深圳召开现场会，国务院原副总理邹家华到会做重要讲话，在全国大力推广"差率管理"制度。

（资料来源：作者根据相关资料整理。）

---

① 参见于秀娥、任志江《1988年价格闯关失败的思考与启示》，载《中共中央党校学报》2011年第3期，第32～35页。

第四章　广东流通和价格管理体制改革

1989年到1991年期间,党中央对经济进行"治理整顿",实行财政和信贷双紧,压缩财政支出,压缩基建投资,控制居民收入过快增长,使经济过热得到抑制。为推进价格改革,继续理顺不合理的价格体系,从宏观上对价格进行间接管理。1988年,党中央决定把广东作为综合改革试验区。规定的价格政策为:充分发挥市场调节的作用,核心是改革价格管理体制,理顺商品价格和各种生产要素价格。

按照上述规定,广东省的价格改革有几项大动作。1988年3月16日,广东省取消平价供应居民食油,放开食油价格,实行放开经营,议购议销,并给职工发放价格补贴;同时,调整蔗糖出厂价格和销售价格,实行食糖上调任务包干。4月22日,大幅度提高粮食购销价格,并给职工发放价格补贴;同时,再次调高了部分生产资料、交通运输价格和邮电资费。在放开重要商品价格的同时,继续放开价格管理体制,主要是将蔗糖定价权下放,由市、县政府管理,放开了蔗糖收购价。对机制糖的出厂价、调拨价实行计划内外"双轨价格",放开广东省内食糖的零售价格,逐步放开了行业用粮的牌价供应。广东省上述一系列的价格整顿和价格改革措施,吸取全国价格闯关失败的经验和教训,改革了传统价格管理体制统得过多管得过死的价格管理体制,一定程度上理顺了价格体系,对经济有一定促进作用,市场调节价格机制基本形成。

从改革开放之初到党的十四大,广东价格改革在建立"宏观调控下,以市场形成价格为主"的目标模式中,采取"放、调、管"方案,初步形成了市场调节价、政府定价、政府指导价三种价格形式并存的模式。同时,广东的改革方法也从全国"调放结合,以调为主"中走出一条"放调结合,以放为主,放中有管,双轨过渡,分步推进"的路子。从有计划的商品经济到以计划调价为主、市场调价为辅,再到价格的"双轨制",最终初步确定价格改革的目标模式为"在政府宏观调控下主要由市场形成价格的模式"。"双轨价格"的改革取得了明显效果。到1991年年底,占社会零售商品总额70%左右的商品价格已经放开;到1993年,市场调节价在社会商品零售总额中已占到93.8%,80%以上的农副产品、生产资料价格都由市场调节。①

---

① 参见刘来平《我国物价"双轨制"的制度演变启示》,载《中国物价》2011年第10期,第70~74页。

103

例 4-3：深圳突破传统价格模式的禁区

  深圳特区在价格改革的各个阶段都大胆突破了传统价格模式的禁区。一是突破重要商品凭证定量牌价供给的局面，取消粮、油、肉凭证定量牌价供应。二是突破价格、工资不能基本同步改革的禁区。三是突破价格补贴的禁区。行政事业单位人员的医疗费用实行报销以外，财政对价格没有任何暗补。深圳成立全国首个价格咨询委员会，建立市场经济价格管理体系。这一制度、办法为原国家计划委员会《中华人民共和国价格法》（简称《价格法》）起草小组所吸纳，并为我国《价格法》关于"听证"这一重要法律条款的起草、制定及出台提供了先行范例。价格改革促进了深圳经济的高速发展。1979 年到 1991 年的 12 年间，全市职工生活费用价格的上升幅度小于职工工资的增长幅度，职工工资的增长幅度小于人均国民收入增长速度，呈现经济高速发展趋势。

  （资料来源：作者根据相关资料整理。）

二、确立社会主义市场流通新体制和市场价格新体制（1992—2000 年）

（一）生活资料从产品统派购配售体制改变为开放和竞争有序的商品流通体制

  改革开放前，广东省也和全国一样，实行计划经济体制，统收统支，几乎把全部生活资料（除农民留下低标准自给部分外）和生产资料都纳入国家收购分配和统派购配售范围，并实行国营商业、物资部门和供销社管制"经营"。长期实行这种体制，由于没有真正的经济核算和竞争，效率极其低下，破坏了生产也破坏了流通，使供给匮乏，人民饥寒，财政出现赤字。经过商业和物资体制改革，广东省逐步构建起"三多一少"的流通体制，即以国有商业和供销社为主体（或主导），多种经济成分、多种经营方式、多种流通渠道并存，减少流转环节的流通体制。这种新的体制破除了旧的统派购和计划管理体制，恢复了商品自由买卖、等价交换的本性和商品流通规律的作用，建立起由国家管理调控、统一开放、竞争有序的社会主义市场经济体系，使市场繁荣，生产发展，生活提高，供需平衡。1980—2000 年，广东省社会消费品零售总额年均增长 19.4%，比全国同一指标增长高 3.44 个百分点，比全省地区生产总值年均增长高 5.4

个百分点。广东省社会消费品零售总额占全国比例从 5.5% 发展到 11.9%。①

（二）粮食体制从统购统销制改变为有国家管理调控的自由贸易制度

改革前，国家对粮食实行统购统销政策。国家给各级地方政府直至农户下达统派购任务。公粮是农民向国家缴纳的赋税，国家下达"统购"任务，无偿占有，这不是商品买卖，没有价格，实际上不是"购"，而是"征"。除公粮外，国家还下达粮食派购任务，国家规定大大低于市价甚至低于成本的收购牌价，农民必须依时完成交售任务，这一时期实行的是强制性征购。广东的粮食流通体制改革与其他农产品的流通体制改革同时开始，改革的方向也基本相同，就是逐步放开购销，逐步提高价格和放开价格，但进度比其他农产品慢。

1998 年 5 月 1 日，《中华人民共和国价格法》（简称《价格法》）正式实施。《价格法》确定了市场经济条件下价格管理体制的总体框架和各种价格的形成机制，确定了我国市场价格体制、价格形成机制的基本框架。广东省在第一步价格改革的基础上，根据党的十四大提出建立社会主义市场经济的目标要求，着重建立价格新机制，并针对物价上涨过快的情况，大力抓好价格调控管理。1992 年，邓小平"南方谈话"不仅明确了中国经济体制改革的市场化取向，也指明了市场贸易体制改革的方向。随着社会主义市场经济体制的逐渐确立，理论界也在讨论如何构建市场贸易体制的框架，并在商业体制上结束了国内贸易体制分割的格局。1992 年以来，广东省价格改革的主要做法概括起来就是"一个目标、二个转移、三个完善、四个机制、五个加强"。

1. "一个目标"

根据党的十四大提出的"应当根据多方面的承受能力，加快价格改革步伐，积极理顺关系，建立起以市场形成价格为主的价格机制"的要求，广东省提出广东价格改革的目标：建立既放得开又管得住的主要由市场调节的价格形成机制和有效的价格调控体系，做到政府调控市场，市场形成

---

① 参见张井《以现代重商思想指导流通体制改革——广东商业体制改革的主要经验》，载《南方经济》2008 年第 9 期，第 10～16 页。

价格，价格引导企业。这是计划经济体制向社会主义市场经济体制过渡时期广东价格改革的目标，对广东再创经济发展新优势，加快建立和完善社会主义市场机制和体制有着不可估量的作用。

2. "二个转移"

根据计划经济向市场经济过渡的要求，适时实行"两个重点"的转移，一个是价格管理重点的转移，另一个是价格改革重点的转移。价格管理的重点由商品价格管理转移到非商品，特别是收费管理上来。进一步加强收费管理，坚持不懈地治理乱收费并充实收费管理队伍。价格改革的重点由第一、第二产业转移到第三产业上来。广东省物价局在调查研究基础上制定了加快发展第三产业的价格政策，经广东省政府同意后颁布实施。同时，通过广东省人大常委会立法，把医疗、教育从行政事业性收费中分离出来，实行专项管理。

3. "三个完善"

（1）完善价格总水平控制目标责任制。主要是实行各级政府价格总水平控制目标责任制，各市严格按照广东省政府提出的价格控制目标抓落实，各市也将价格总水平控制目标责任制分解到基层和各个部门，省里将控制物价上涨作为考核各级政府政绩的主要指标。同时，广东省还实行"米袋子"省长负责制，"菜篮子"市长、县长和镇长负责制。明确的省长负责制的提法出现在1995年4月。广东省各级领导高度重视农业，层层制定责任制。①

> **例4-4：广东平稳"菜篮子"市场价格**
>
> 截至2018年1月，广东省"菜篮子"基地复审拟通过名单达288个。广东省不断建立健全"菜篮子"市场信息监测预警体系。建立起了包括省、市、县农业部门和生产基地、批发市场的多层次信息监测体系，不断扩大农产品信息采集的品种和范围，及时通过信息网站、新闻媒体、市场显示屏等多种渠道向社会公众发布"菜篮子"产品价格信息，为调节生产、调剂供应、平稳"菜篮子"市场价格发挥了重要作用。
>
> （资料来源：作者根据相关资料整理。）

---

① 参见张红宇、黄其正、颜榕《"米袋子"省长负责制评述》，载《中国农村经济》1996年第5期，第23～27页。

(2) 完善价格管理的"四个手段"。"四个手段"是行政手段、经济手段、法律手段和舆论手段。完善行政手段，对市场调节价格保持适度的行政干预，但行政干预坚持间接管理为主，主要有差率管理、利润率控制、规定作价原则或作价办法、临时最高限价、保护价等。实行这几种间接管理形式，并没剥夺企业定价自主权，价格仍然由企业制定，但政府对企业定价行为进行一定的引导，较好地实现计划和市场的结合。完善经济手段，建立健全价格调节基金、粮食风险基金、重要商品储备制度，增强政府运用经济手段调控市场价格的能力。完善法律手段，加快立法步伐，坚持依法治价。完善舆论手段，加强价格宣传，稳定消费心理，引导消费方向，同时实行舆论监督。

(3) 完善"一个参谋，六个服务"体系。"一个参谋"就是当好政府的价格决策参谋，对价格改革、价格形势、价格调控等重大问题进行调查研究，为政府提供决策依据。"六个服务"：一是价格信息服务，初步组成省内多层次的价格信息网络，加强港澳地区价格信息机构管理，办好价格报纸、刊物，为企业、社会提供有价值的价格信息；二是价格事务服务，从1992年起组建各级价格事务所，开展价格顾问、资产评估、价格鉴证、市场调研等业务，受到企业的欢迎；三是成本调查服务，侧重于工农产品成本调查，加强成本分析，为政府实施产业政策、进行宏观经济决策服务，为帮助企业降低成本、提高经济效益服务；四是期货市场服务，从1992年起，物价部门积极参与期货市场活动，掌握大宗主要商品价格行情，引导价格，避免风险；五是价格协调服务，针对大部分价格放开的情况，物价部门对地方之间、行业之间的价格纠纷进行协调，防止哄抬价格或压价收购倾销，维持良好的价格环境；六是价格培训服务，对物价系统及企业物价人员、部门收费管理人员进行业务培训。

4. "四个机制"

新时期内广东价格改革的目标是"建立既放得开又管得住的主要由市场调节的价格机制和有效的调控体系"。这一目标的内涵包括四个方面：①以市场形成价格为主的价格机制；②价格起基础调节作用的调节机制；③规范价格行为的约束机制；④政府宏观调控和间接管理的价格调控机制。广东省着重在建立"四个机制"上下功夫：一是从理顺国家定价商品、放开竞争性商品价格、加快第三产业价格改革、搞好国内外价格对接四个方面加快价格改革步伐，理顺价格关系，逐步建立起以市场形成价格为主的价格机制;二是加快生产要素价格改革,并与消费品和生产资料价格改革有机结合起来,由物价部门会同有关部门,重点整顿粮食、化肥、石油、肉类、食油、蔬菜、药品和房地产等商品的价格秩序,逐渐实现价格运行机制的转换;三是建立价格法规体系,规范政府和市场主体的价格行为,维护市场价格的正常秩序,实现以法治价的目标;四是加强宏观调控,完善政府的价格控制目标责任制,对市场价格实行间接管理,对具有垄断性、强制性、保护性、公用福利性的商品和服务价格实行直接动态管理,建立价格调节基金、粮食风险基金和重要商品储备制度等,从而建立公平与效率、宏观与微观相结合的价格调控机制。

例 4 – 5:广东省粮食流通体制市场化之路

广东省作为全国改革开放的先锋之地,其粮食市场开放的步伐也"敢为天下先"。1992 年 4 月,经国务院批准,广东省按照"计划指导、放开价格、加强调控、搞活经营"的原则,率先放开粮食价格和粮食购销经营,取消粮簿,一度引发全国震动。2009 年,广东省人大常委会颁布实施《广东省粮食安全保障条例》,率先实行地方粮食立法。粮食储备体系的不断与时俱进,使粮食流通体制改革得以顺利推进。此外,广东省还积极推动企业"走出去",开拓国际市场。2012 年 6 月,广东省粮食行业协会、广东省储备粮管理总公司等单位代表组成代表团赴柬埔寨考察,为广东企业拓展了商机。

(资料来源:作者根据相关资料整理。)

5. "五个加强"

(1) 加强对物价工作的领导。省委、省政府对物价工作十分重视。5 年间,广东省政府就价格改革、调控市场价格、保障人民生活问题发了数十个文件。广东省政府成立了物价调控领导小组,广东省物价局、原广东省计划委员会等部门的主要负责同志为成员,一方面是加强政府对价格调控工作的领导,另一方面是将调控职责落实到各有关部门中去,做到齐抓共管,综合治理。随后,各市也陆续成立物价调控领导小组,加强价格调控力量。

(2) 加强物价队伍建设。为适应市场经济的要求,各级物价部门注重加强领导班子廉政勤政建设,加强思想作风建设,转变观念,努力提高科学决策能力,提高领导水平,不断开创物价工作新局面。在机构改革中,保留省、市、县、区物价机构,稳定了物价队伍,发挥物价部门对价格的调控和管理作用。各级物价部门也采取各种方式努力提高物价干部职工的思想、作风、业务素质。同时，加强乡镇一级物价机构和队伍建设，加强农村价格工作。

（3）加强价格监督检查。切实加强专业价格监督检查，充分发挥以职工、街道群众为骨干力量的物价监督组织的社会监督作用，完善以企业、收费单位的内部价格和收费管理制度为主要内容的内部监督机制。1992—1997年，坚决查处乱涨价、乱收费等各种扰乱市场价格秩序的违法行为，共查处价格违法案件15万宗以上，经济制裁总金额达6.2亿元，其中上缴财政5.09亿元。

（4）加强治理乱收费。全省开展了两轮大规模的乱收费治理行动：第一轮从1993年9月到1995年9月，全省取消、纠正6 030项收费，每年可减轻企业和群众负担12亿元左右；第二轮从1995年10月到1996年，全省累计取消、纠正3 013项收费，一年可减轻企业和群众负担12.8亿元，乱收费的治理工作取得初步成效。

（5）加强价格监测网络建设。各市、县建立价格监测点，加强市场价格监测，形成了多方位的价格监测网络。在工作中，突出了居民生活必需品和重要生产资料价格的监测，加强了重要价格改革项目出台前后的监测和信息反馈；针对市场价格形势，围绕价格调控等重大问题，及时发出预警，为各级政府提供决策参考。

三、全面完善社会主义市场流通管理体制和价格体制（2000年至今）

20世纪90年代，广东新的流通体制已经建成，在行政管理体制、所有制结构、商品购销政策、企业经营机制、对外开放等各方面都取得了重大突破，激活了流通主体，繁荣了流通市场，增强了流通业在引导生产、促进消费、吸纳就业等方面的积极作用，便民利民效果显著。但是，广东流通体制仍存在很多问题，现代流通业的发展仍面临许多障碍。在体制变革过程中，商品流通的发展仍然不容乐观。首先，商品流通体制在发展过程中没有形成统一、完善的商业规则，流通秩序比较混乱，恶意竞争、违法乱纪等不良现象比较突出，不利于商品经济的良性发展；其次，广东对流通业的地位不够重视，没有把流通业作为支柱产业来对待，重要商品的流通管理制度不够完善，商品流通市场存在竞争不平等现象。

21世纪，全面完善流通体制成为发展商品经济的重要任务。2000年，时任广东省连锁经营协会会长孙雄等在《广东商品流通现状分析》一文中指出，广东是一个流通业大省，但不是一个流通业发达的省份，高度认识流通业现代化对广东省经济的促进作用是关乎经济协调发展和持续发展的重要问题。时任国务院副总理李岚清曾在对该报告的批示中提出，"在社会主义市场经济体制改革过程中，流通体制改革是至关重要的领域，现代经济就需要现代的流通体制"，表示流通能带动规模生产和经济发展，充分肯定了流通的重要性，揭示了现代流通体制改革的必要性。时任中共中央政治局委员、广东省委书记的李长春于2001年12月主持召开"广东省流通业改革与发展工作会议"。省委、省政府发出《关于大力发展现代流通业的意见》，在中国最先提出了现代流通业的定义，提出现代流通业是通过广泛采用现代技术手段和先进经营管理形式，对传统流通形态进行改造、创新和发展，代表了流通业的发展方向，是社会大生产过程的重要环节，是决定经济运行速度、质量和效益的引导力量①。会议部署了广东省"十五"期间发展现代流通业的战略任务和目标，使流通业发展迈上新台阶。

2000年后，价格改革重点转向完善市场价格体制机制。十八届三中全会提出要完善主要由市场决定价格的机制，凡是能由市场形成价格的都交给市场，政府不进行不当干预，推进水、石油、天然气、电力、交通、电信等领域价格改革，放开竞争性环节价格。政府定价范围主要限定在重要公用事业、公益性服务、网络型自然垄断环节，提高透明度，接受社会监督。2013年，《中共中央关于全面深化改革若干重大问题的决定》提出"要使市场在资源配置中发挥决定性作用，完善主要由市场决定价格的机制"的要求，坚持市场取向，正确处理好政府与市场的关系，进一步解放思想、简政放权、攻坚克难，加快完善主要由市场决定价格的机制，使价格信号在更大程度、更广范围发挥配置资源的作用。2015年，中共中央、国务院印发《关于推进价格机制改革的若干意见》，从顶层设计上进一步明确了全面深化价格改革的总体目标、措施任务，以及时间表和路线图，影响重大、意义深远。该意见从四个方面明确了推进价格机制改革的

---

① 参见徐印州《广东商贸流通体制深化改革问题研究——广东商贸流通体制改革30年回顾与展望》，载《华南理工大学学报（社会科学版）》2008年第6期，第15~18页。

重点任务：一是深化重点领域价格改革；二是建立健全政府定价制度；三是加强市场价格监管和反垄断执法；四是充分发挥价格杠杆作用，更好地服务宏观调控。

价格机制是市场机制的基础和核心，推进市场化改革的关键就是让供求发挥更大的调节作用，使价格能够真正由市场供求来决定。价格工作的重点是全面完善社会主义市场价格体制，这是政府关注、社会关切、人民关心的热点问题。这一阶段，广东省在医疗服务、水资源费等方面均有相应方案出台。价格改革的总体思路是使市场在资源配置中发挥决定性作用，坚持市场取向，正确处理好政府与市场的关系，进一步解放思想、简政放权、攻坚克难，加快完善主要由市场决定价格的机制，使价格信号在更大程度、更广范围发挥配置资源的作用。

第二节 广东流通和价格管理体制改革的措施与成就

一、流通管理体制改革的措施与成就

流通产业作为国民经济的基础产业，是市场机制的神经系统和循环系统，是连接生产与消费活动的桥梁，是社会经济活动有效运转的载体。伴随经济高速发展，现代流通产业作为国民经济的先导性产业和基础性产业，地位和作用越来越突出。在改革开放中，广东省的经济改革以流通改革先行，放开自由贸易和市场价格。流通先导和推动生产发展，从传统流通发展到现代流通，带动现代生产发展。

随着党的十八大报告的提出，国家对流通产业提出了更新更高的要求。广东省改革开放先行一步，更应加快流通体制的改革，继续发扬理论联系实际的优良传统，结合广东省流通体制改革的实际情况，积极推进商品流通体制改革和各项配套改革，使其成为国民经济增长的助推器。2015年8月，国务院办公厅印发《关于同意在上海等9个城市开展国内贸易流通体制改革发展综合试点的复函》，同意在上海市、南京市、郑州市、广州市、成都市、厦门市、青岛市、黄石市和义乌市9个城市开展国内贸易流通体制改革发展综合试点。

广东省贯彻落实《国务院关于推进国内贸易流通现代化建设法治化

营商环境的意见》和《国务院办公厅关于促进内贸流通健康发展的若干意见》精神,进一步深化内贸流通体制改革,创新现代流通方式,完善城乡流通网络,积极挖掘消费潜力,做大做强商贸服务业。

(一) 电子商务在商贸流通业中的应用

现代信息技术在广东省的商业经营管理中被大量应用,基本做到了快速准确地了解市场动态、客户需求等信息,有效地实现从市场预测到决策、计划、组织、控制全过程的网络化信息处理,增强流通的直接性,大大扩展了流通的领域和范围,提高了快速反应能力,加快了资金、商品库存周转,提高了商业企业的经营管理水平,增强了企业的竞争力,是组织"大生产、大流通"低成本、高效益的需要,也是流通产业现代化的必然之路。

例4-6:广州电子商务产业推动商贸流通创新发展

近年来,广州市按照《国务院办公厅关于推进线上线下互动 加快商贸流通创新发展转型升级的意见》(国办发〔2015〕72号)指导精神,贯彻落实提升内贸流通发展质量的任务,加快构建资源融合、协同共享的电子商务产业链和电子政务应用体系。广州市黄埔区的状元谷、荔湾区的花地河电商聚集区被商务部认定为第二批国家电商示范基地。在以电子商务为核心的即时通信、移动娱乐等移动互联网应用服务领域,已培育出腾讯微信、酷狗音乐等一批国内领先的移动互联网企业和知名品牌。

(资料来源:作者根据相关资料整理。)

电子商务在广东省的商贸流通业中得到广泛的应用。电子商务利用现代先进的信息网络技术,进一步改变传统流通格局和业务模式,使流通对生产活动的服务和组织功能增强。商贸流通企业实现信息化后,以信息流全程优化物流、资金流,高效整合现有电子商务资源,进行内外部业务流程再造,改善以往流通节奏慢、商品周转率低、流通成本高、市场信息不对称、运转效率低等制约流通业发展的问题,有利于促进产业链的提升与壮大。2017年,广州内贸流通体制改革工作取得初步成效:商贸零售业培育"零售业+"发展模式;专业批发市场从单一批发向综合服务转型;电子商务推动高端集聚和创新创业良性循环;现代物流业以标准化重塑物流发展格局;餐饮业打造"食在广州"城市名片。

例 4-7：开平市供销社创新推动农产品电商平台运营

近年来，开平市供销社顺应"互联网+"发展趋势，依托开平市新供销康捷食品配送有限公司，在江门市首创新型农产品电商经营平台——"卡皮生活"。一是创新开发多样化登录平台。通过电脑网页、手机App（应用程序）、微信和15小时电话热线都可下单，满足不同类型客户需求，接单1小时内即可把商品送到客户手中。二是创新配送物流。自建8支专业配送车队和20多人的电车配送团队，保障产品快速配送。三是创新产销一体化管理模式。由康捷公司牵头，自建基地管"产"、车队管"供"、网店平台管"销"，有效地减少了农产品流通成本，实现惠利于民。

（资料来源：作者根据相关资料整理。）

（二）交通网络推动物流业成为广东省最具潜力的朝阳产业

物流业是商品流通的保障。广东省在发展现代物流业上取得了明显的成效，为产业结构调整和产业升级开辟了新的蹊径。广州、深圳、佛山、东莞等珠三角重镇都制定了各自的城市物流发展规划，一大批物流企业崛起。

通畅的交通网络是货畅其流的基础条件。截至2016年年底，全省高速公路通车总里程达8338千米，位居全国第一；铁路方面，以京广、京九铁路为主的铁路运输网络日趋完善，随着赣韶、南广、贵广铁路的通车，大大缩短了省内外城市之间的距离；水运方面，形成了以广州港、深圳港、珠海港、汕头港、湛江港五大沿海主要港口，佛山港、肇庆港两大内河主要港口为龙头，辐射华南、西南，面向全球的港口发展格局，以珠江三角洲地区为核心的广东沿海港口群，已初步建设成为亚太地区重要的物流中心；航空方面，形成了以广州、深圳机场为枢纽机场，以珠海、揭阳、湛江、惠州、梅州为干支线机场的航空运输格局。目前，港珠澳大桥、深中通道、虎门二桥等重点项目建设正在稳步推进，畅通国内、国际的物流大通道也在加快形成。全省已基本形成由公路、铁路、水路、航空、管道所构成的综合立体交通运输网络，基本实现对内对外互联互通。"泛珠三角城市联盟"形成的大市场、大流通也将促进广东省物流业的发展。物流业已成为广东省最具潜力的朝阳产业，预计在未来的10～20年里，物流业将迎来广阔的增长空间。

例4-8：粤港澳大湾区综合交通运输体系推动物流枢纽多业态融合

广东省以习近平新时代中国特色社会主义思想为指引，全面创新行业和物流发展理念，推动智慧交通和智慧物流发展，全面构建现代化、国际化、一体化的粤港澳大湾区综合交通运输体系，全力打造全球物流枢纽和交通枢纽。交通运输是物流业的基础环节和重要载体，自2017年1月1日起，广东省18个地市取消车辆通行费年票制，165个公路项目取消收费，撤销58个普通公路收费站，减少收费公路里程3 155公里。2016年全年，广东快递业务量达76.7亿件，快递营业收入达880.3亿元，约占全国总量的1/4；实现社会物流总额19.7万亿元，占地区生产总值比重达7.2%。

（资料来源：作者根据相关资料整理。）

在改革开放的实践中，广东省深刻认识到，随着经济社会的发展，流通业的作用将越来越大，必须要加快发展现代流通产业，扩大总量，优化结构，拓宽服务领域，提高服务水平。根据广东省近年来零售业的发展趋势，广东省商品交易批发市场将逐步走上规模化和专业化的良性发展轨道，充分发挥集聚效应，有力推动广东省商品流通业的发展。随着商品市场体系的完善，商品批发领域批发环节过于分散、进货渠道不稳定、经营行为不规范等现象将得以改善。在经营管理模式中，批发企业逐步被纳入供应链体系，作为重要的供应链成员之一，使以大型批发商为主导的批发业，通过信息化、电子商务、规模化、园区化等新的经营方式，成为生产与再生产过程中的一个重要环节。

例4-9：广东省商务厅召开全省实体零售创新转型暨国内贸易流通体制改革发展综合试点经验复制推广现场交流活动

2017年12月12日—13日，省商务厅在佛山市举办全省实体零售创新转型暨国内贸易流通体制改革发展综合试点复制推广现场交流活动。会议充分肯定了近年我省内贸流通改革创新取得的成效。会议指出，零售创新转型是引领内贸流通发展的重要突破口，深化内贸流通体制改革是内贸工作的重中之重，要立足"优商品、通商路、减商负、立商信"，不断优化政策环境，提升供给能力，培育内贸流通领军企业。与会代表就如何加快零售创新转型和内贸流通体制改革、落实各项工作任务进行了充分讨论。

（资料来源：作者根据相关资料整理。）

目前，我国流通产业的发展有了很大突破，流通业的增加值已占国内生产总值的 10.6%，是第三产业中的重要产业。广东的商业现代化建设也取得了可喜成绩。广东社会消费品零售总额继续高速增长。如图 4-1 所示，1978—2016 年，全省社会消费品零售总额从 79.86 亿元上升到 34 739 亿元，年均增长 17.3%，比全省地区生产总值增幅高出 4.6 个百分点。

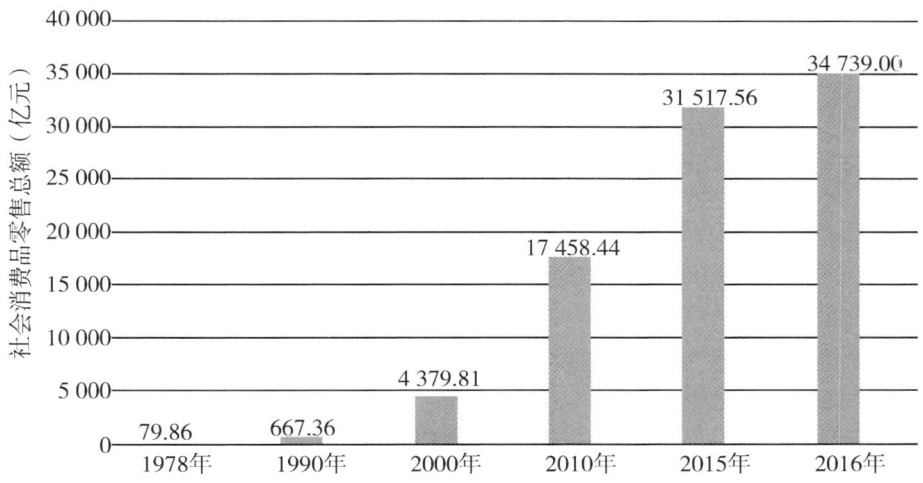

图 4-1　1978—2016 年广东社会消费品零售总额

数据来源：根据《广东统计年鉴 2017》整理。

二、广东价格管理体制改革的措施与成就

广东省作为全国价格制度改革的探路者，价格制度改革的主要内容包括以下几个方面。

（一）土地制度改革

土地资源的重要性、有限性与供给上的稀缺性，客观上要求人们经济地使用土地，努力提高土地资源的利用效率与其创造的效益。土地制度又与住房价格息息相关。自 1949 年以来，在我国不存在所谓的土地市场。随着 1979 年改革开放，市场要素逐步被引入农业、制造业、住房和其他

领域。土地制度改革和其他领域的改革一样,采取了渐进式改革的方式。深圳经济特区在中国改革开放的过程中有着极为特殊和重要的地位,其经验与成果多数被推广到全国范围。而当前中国推行的城市土地管理体制改革,就是在深圳经济特区进行试验的基础之上进行推广与发展而来的。深圳是一个经典的案例,研究深圳的土地政策问题,具有较好的代表性、完整性与超前性。

1981年11月,深圳特区首先开始对部分土地使用征收费用。1987年7月1日,深圳市政府又提出以土地所有权与使用权分离为指导思想的改革方案,确定可以将土地使用权作为商品转让、租赁和买卖。同年9月8日,深圳市以协商议标形式出让有偿使用的第一块国有土地;9月11日,以招标形式出让第二块国有土地。1987年12月1日,深圳通过拍卖方式出让了一块土地。此后,土地批租逐步在全国推广开来。

例4-10:深圳敲响了中华人民共和国历史上土地拍卖"第一槌"

中华人民共和国成立后,土地属国家所有,一直由国家统一分配,无偿使用。当时的《中华人民共和国宪法》第十条第四款明确写着:任何组织或者个人不得侵占、买卖、出租或者以其他形式非法转让土地。1987年12月1日,深圳首次土地拍卖是冒着极大的风险进行的。正是由于深圳的改革实践,第七届全国人民代表大会第一次会议通过了《中华人民共和国宪法修正案》,第十条第四款修改为:任何组织或者个人不得侵占、买卖或者以其他形式非法转让土地,土地的使用权可以依照法律的规定转让。

(资料来源:作者根据相关资料整理。)

土地资源产权不明晰引发了很多问题。一方面,土地资源的有限性导致土地价格严重扭曲,工业用地价格低,住房开发用地价格高。大量土地资源以协议出让的形式成为开发商的"囊中物",却迟迟没有被开发,使土地价格与价值严重背离。另一方面,土地产权的模糊性引起政府广泛参与土地要素市场,导致土地使用权流转不畅和征用制度不合理,大量的集体土地被政府征用,成为政府的财源。土地要素价格的市场化因此被严重扭曲。价格是资源配置的信号,要让价格机制运转起来,交易人必须对所要交换的物品有明晰和专一的可以自由转让的产权。① 产权制度的状况直接影响到资源利用的效率与效益。深圳经济特区在全国范围内率先开展了以土地所有权与使用权分离、土地有偿使用转让为主要特征的土地产权制度改革。改革主要可以分为以下三个阶段。

1. 土地有偿使用，土地使用权不能转让（1982—1986年）

1981年11月，广东省第五届人大常委会通过了《深圳经济特区土地管理暂行规定》。这个规定对深圳经济特区范围内土地的征用、规划、权属、经营、收费标准和使用年限都做了明确的规定，土地进入了有偿使用的时期。这一时期内，土地使用权可以通过无偿和有偿两种形式提供给土地使用者，使用权流转仅限于特区政府和土地使用者之间，方式仅有划拨一种。

2. 国有土地实行有偿使用和有偿转让制度（1987—1993年）

1987年，深圳市政府颁布了《深圳经济特区土地管理条例》。该条例规定，特区国有土地使用权由市政府垄断经营，统一进行有偿出让；市政府有偿出让土地使用权可采取协议、招标和公开拍卖三种形式；用地单位和个人取得的国有土地使用权可以有偿转让、抵押；出让国有土地使用权的年限根据生产行业和经营项目的实际需要确定，最长为50年。自此，特区土地有偿使用、转让制度正式确立，深圳经济特区的土地市场逐渐形成。1990年，国务院颁布了《中华人民共和国城镇国有土地使用权出让和转让暂行条例》，规定"土地使用权可以依法使用、转让、出租、抵押或者用于其他经济活动"，符合要求的划拨用地在补交地价款后可以进行转让。这一时期内，土地使用权可以通过无偿划拨和有偿出让两种形式提供给土地使用者，土地使用权出让的方式包括协议出让、公开招标、拍卖三种形式；土地使用权可以依法在土地使用者之间进行转让，转让的方式包括出售、交换和赠与。

3. 深圳经济特区土地产权制度不断完善的阶段（1994年至今）

自1994年起，深圳经济特区取消了土地行政划拨的方案，所有用地必须签订土地出让合同，以往的行政划拨土地被归入协议出让一类，但是，因为是免费使用，所以被称为"协议免地价"出让。2001年，深圳市政府正式取消了协议地价，所有协议出让的土地必须以市场地价为标准。2002

---

① 参见张军《现代产权经济学》，上海三联书店出版社1991年版，第4页。

年，国土资源部颁布了《招标拍卖挂牌出让国有土地使用权规定》，特区的土地出让新增加挂牌出让方式。①

例4-11：土地资源与房地产热

1991—1993年期间，银行、企业乃至私人开发商全部投入房地产市场，对土地的需求大大增加。土地出让已成为扩大政府财政收入的重要来源，而廉价的土地又成为吸引投资的有效手段。与土地无节制的供应相比，房价的涨幅相当惊人。例如，1991年年初深圳市的市区平均房价为3 000元/m²，到年末就上涨至4 000元/m²。珠江三角洲的平均房价上涨了60%。20世纪90年代早期的房地产热导致了全国的经济过热。2010年9月29日，国家有关部委出台"新国五条"，被称为"最严厉楼市调控措施"的"限购令"在一线城市实行，之后逐步推开，房价节节上涨的趋势方得以遏制。

（资料来源：田莉《处于十字路口的中国土地城镇化——土地有偿使用制度建立以来的历程回顾及转型展望》，载《城市规划》2013年第5期，第22～28页。）

（二）深化资源性产品价格改革

广东省的目标是按照市场化的方向，推进资源性产品价格改革，让价格信号充分真实反映市场供求关系、资源稀缺程度和环境损害成本。深化资源性产品价格改革的主要内容包括：建立体现我国水资源紧缺状况、以促进水资源合理开发利用和节约用水为核心的水资源价格形成机制；放开供水价格，增强供水企业发展动力；试点推进输配电价改革，逐步实现以"准许成本加准许收益"方式核定输配电价；扩大用户直购电试点范围；加快工商业用电同网同价的进程和销售电价结构改革；推进上网电价市场化改革试点，在条件成熟时实现竞价上网；建立天然气价格与可替代能源价格挂钩的动态调整机制，气源形成竞争格局后，逐步放开气源价格，实现政府只管理具有自然垄断性质的管输价格。按照"保基本、促公平"的原则，建立健全居民生活用水、用电、用气阶梯式价格制度，运用价格机制抑制过度消费。

---

① 参见叶涛、史培军《从深圳经济特区透视中国土地政策改革对土地利用效率与经济效益的影响》，载《自然资源学报》2007年第3期，第434～444页。

例 4-12：广东省水资源费征收制度改革

2011 年 12 月，广东省出台《广东省最严格水资源管理制度实施方案》，2012 年 2 月又率先在全国印发了《广东省实行最严格水资源管理制度考核暂行办法》。2016 年，广东省完成实行最严格水资源管理制度考核办法的修订工作。广东省对水资源费的制度改革有利于经济转型升级。根据《2016 年广东水资源公报》，广东省对水资源费的价格制度改革取得一定成效。2016 年与 1997 年比较，全省用水效率明显提高，更合理的水价从根本上反映水资源的稀缺性和有限性，向市场发出了正确的价格信号。

（资料来源：作者根据相关资料整理。）

（三）推进环境价格改革

省委、省政府就资源节约型和环境友好型社会建设提出了"三促进一保持""坚定不移调结构，脚踏实地促转变"等一系列战略措施，旨在推动广东省经济又好又快发展。与此同时，广东省在建立环境价格体系方面也有一些有益的探索和成功的经验。在完善中国特色社会主义市场经济体制的新时期、新阶段，深入贯彻落实科学发展观，充分发挥价格杠杆的导向、调节、保障、服务功能，以深化资源环境价格改革为突破口，以构建更有利于引导资源高效配置的价格机制为切入点，有效促进节能减排、结构调整和发展方式转变。让"看得见的手"和"看不见的手"互为补充，充分发挥作用，推进广东省经济社会又好又快发展，为全国的环境价格改革提供新鲜经验。广东省对环境价格制度改革的主要措施有以下四个方面。

一是实施差别价格政策，促进节能减排。面对工业化、城镇化进程进一步加快，污染物新增量巨大的严峻形势，在生产领域大力实施差别价格政策，加快淘汰落后产能，倒逼产业转型升级。对钢铁、水泥等 8 个高耗能行业实行高差别电价政策，并提高珠三角地区焦炭、铜冶炼等 11 个行业的淘汰类和限制类企业用电价格，形成了覆盖 19 个行业、较为完善的差别电价体系。

二是实施阶梯价格政策，促进资源节约。针对居民消费结构不断升级、能源供应与需求矛盾日益突出的实际情况，在民生领域实施阶梯价格政策，在保障基本需求的同时，合理调节需求。

三是实施环保价格政策,促进生态文明建设。广东省率先开展排污权有偿使用和交易试点工作,充分发挥价格机制在市场优化配置环境资源中的基础作用,下发《广东省物价局、广东省财政厅、广东省环境保护厅关于试点实行排污权有偿使用和交易价格管理有关问题的通知》等规定,在率先建立污泥和其他严控废物处置价格管理机制、试点建立农村生活垃圾处理价格机制、创新垃圾焚烧处置价格管理、探索主要污染物排污权和碳排放权价格管理政策等方面进行了有益尝试。

四是实施激励价格政策,促进自主创新。将加快自主创新作为应对国际金融危机冲击、促进发展方式转变的核心战略,运用价格杠杆推动经济增长由"要素驱动"向"创新驱动"转变。

(四)推进公用事业价格改革

广东省价格制度改革先行一步,不断推进公用事业价格改革。公用事业价格改革的主要内容包括:改革地方铁路货运定价机制,对具备竞争条件的货运线路放开管制,促进铁路、公路运输的公平竞争;构建体现运输服务质量差异的城际铁路客运票价体系,适当放开竞争较为充分的高端客运票价;逐步放开电信价格,在国家规定上限价范围内,实行移动电话本地业务资费由基础运营企业自定,最终放开所有竞争性环节的电信资费价格管制;逐步放开可以形成竞争的招投标、评估、代理、律师、会计、税务、房地产等中介服务价格,以及建设领域的工程勘察设计、监理、前期咨询等环节的收费。

价格改革的突破使广东省公用事业得到了长足发展。广东省对公用事业创新性地制定了许多建设性的价格政策,直接或间接地为经济发展筹集资金,促进了广东省各项事业尤其是基础设施的建设,为广东省经济的高速发展创造了良好的条件。广东省把交通、道路、桥梁、港口、机场等基础设施建设推向市场,改变了这些产业、产品不计成本、没有价格(收费)、无偿耗费的状况,采取了贷款集资建设、收费还本付息的办法,建立起以业养业的价格机制。广东省提出"要想富先修路",率先建设了全国第一条高速公路、第一座收费大桥、第一个收费机场,很快就解决了发展中的瓶颈难题,为全国提供了宝贵经验,做出了贡献。

改革开放前,广东省的公用事业基础十分薄弱,是国民经济发展的瓶颈。改革开放后,广东省公用事业价格改革在全国先行一步。从 1981 年开始,广东省对公用事业的政策由以政府补贴为主转向以价格扶持为主,将市场机制引入公用事业领域。为实现公用事业商品化、价值化、市场化,广东省创造性地运用"以业养业"的价格政策。例如,1981年,为解决广深、广珠六大渡口的改渡为桥的问题,广东省率先采用"以建成后收取过桥费,若干年还本付息"的收费还贷政策,以此作为保证,多方筹集资金建设6座大桥。公路运输已经形成了完全竞争市场,具有明显的盈利目的,对其票价实行基准价、浮动价管理。从20世纪80年代初适当引入市场调节到20世纪90年代推进商品化、价值化、市场化进程,广东省一直走在全国的前面。

随着市场经济体系的发展和完善,政府对PPP模式在公共设施项目领域的应用非常重视,2014年,《国务院关于创新重点领域投融资机制鼓励社会投资的指导意见》印发。40年的市场化改革中,广东省探索PPP模式起步早,积累了不少经验。PPP模式具有符合价格调整机制、相对灵活、市场化程度相对较高、投资规模相对较大、需求长期稳定等特征,优先选择收费定价机制透明、有稳定现金流的项目,采用PPP模式投资建设,以实现长期"双赢"成果。广东省公用事业由政府独家经营逐步改为多种所有制经济成分共同经营,把公用事业推向市场,不断探索政府和社会资本合作新模式,打破了地方政府融资难的困境,突破公用事业中僵化的、高度集中的、统包统配的计划经济体制,为公用事业的发展注入了新的发展动力。

例4-13:广东省PPP引导基金模式的探索

为吸引社会资本加入交通建设,江门市发起成立PPP引导基金,采取市场化的运作,通过竞争性方式选择专业的基金管理公司管理基金。该基金主要以股权或债权形式对项目进行投资,并根据投资方式和项目的回报机制获得相应收益。同时,把已在建设的江门大道项目包作为该市PPP引导基金投资的首批项目,采用"使用者付费+政府付费"的回报机制。截至2016年年底,全省纳入省PPP项目库管理的项目合计147个,总投资额达2 293亿元。

(资料来源:作者根据相关资料整理。)

(五)深化公立医院改革

2018年3月20日,第十三届全国人民代表大会第一次会议闭幕。会议审议通过的政府工作报告首次将深化公立医院改革纳入深化基础性、关键性领域改革。

公立医院改革是医疗改革的重点难点，广东省在深化公立医院改革方面不断探索。改革的主要内容包括：完善公立医院补偿机制，逐步取消公立医院销售药品的加成政策；提高偏低的基本医疗服务价格，降低大型设备检查费；理顺医疗服务价格关系，最终实现医疗服务收入补偿合理成本的目标；改革医疗服务以项目为主的定价方式，推行按病种定价等多元化定价方式，建立有激励、有约束的医疗服务价格形成机制；继续降低部分虚高的药品价格；开展以基准价格管理为目标的药品价格形成机制改革试点，逐步放开竞争充分的部分药品零售价格管制；对政府定价范围内的低价药品试行更加灵活的价格管理方式，充分发挥市场机制作用，鼓励低价药品生产供应。

2009 年，《中共中央、国务院关于深化医药卫生体制改革的意见》出台，"建立科学合理的医药价格形成机制"是新医改的重点内容之一，而在 2008 年 11 月，广东省就已启动医药价格试点改革。2013 年，为推进广东省县级公立医院综合改革，广东省物价局、广东省卫生厅、广东省人力资源和社会保障厅与广东省财政厅联合出台了《广东省县级公立医院医药价格改革试点工作方案》。2014 年 11 月，广东省卫生和计划生育委员会（简称"广东省卫计委"）发布了《广东省医疗机构药品采购与配送办法》等文件的征求意见稿，拟针对广东省基本药物与非基本药物交易办法、药品采购与配送、药品结算等多方面向业内征求意见，涉及放开低价药价格，并在药价限制上有所松动。2017 年 7 月，广东省全面推开公立医院综合改革，突破"以药补医"的旧机制。

一直以来，在公立医院的收入中，药品收入的比例一直高居榜首。根据广东省卫计委发布数据显示，2016 年，广东省平均每所政府办非营利性医院、妇幼保健院的收支情况中，药品收入超 1.14 亿，占医疗收入的比重高达 36.63%，占总收入的 31.9%。[①]

广东省本次公立医院综合改革的总体要求是坚持公立医院公益性的基本定位，将"公平可及、群众受益"作为改革出发点和立足点，以破除

---

① 参见广东省卫生和计划生育委员会《2016 年卫生计生统计年鉴》，广东省卫生和计划生育委员会网站（http://www.gdwst.gov.cn/Pc/Zwgk/show/t/xxtj/id/17844.html）。

"以药补医"机制为突破口,以取消公立医院药品加成为切入点,按照"总量控制、结构调整、有升有降、逐步到位"的原则和"腾空间、调结构、保衔接"的要求,落实政府办医责任、改革公立医院管理体制、完善考核服务评价体系、严格经济运行制度等,逐步建立科学有效的现代医院管理制度,推动建立起"维护公益性、调动积极性、保障可持续性"的公立医院管理体制和运行机制。

广东省公立医院综合改革强调改革政策联动。改革要求各地区域内公立医疗机构同步改革,推进医疗、医保、医药联动。其中,医疗服务价格调整强调将取消药品加成的空间,主要平移到体现医务人员技术劳务价值的项目上去。挂号费项目并入门诊诊查费项目,降低药品、医用耗材和大型医用设备检查治疗与检验等项目的价格,重点提高诊疗、手术、康复、护理、中医等体现医务人员技术劳务价值的项目的价格。

例 4-14:广州普通门诊诊查费定价 10 元

广州地区公立医院综合改革工作已正式启动。2017 年 7 月 15 日,广州市发展和改革委员会官网发布《广州地区公立医院医疗服务价格调整方案》,实行同城同级同价。为减轻患者负担,医保和价格政策密切衔接配合,调整后的基本医疗服务价格按规定纳入医保报销范围。比如,调整后普通门诊诊查费标准为 10 元,门(急)诊诊查费纳入广州市社会医疗保险统筹基金支付范围,支付限额标准为每人每诊次 7 元,个人需支付 3 元,与原标准普通门诊诊金(含挂号费)4 元相比,患者少支付 1 元。此外,门(急)诊诊查费不纳入参保人员相应待遇月(年)度限额累计范围。

(资料来源:作者根据相关资料整理。)

此次广东省公立医院综合改革还明确,各地公立医院取消药品加成后减少的合理收入,原则上通过调整医疗服务价格、加大政府投入和降低医院运行成本等方式予以补偿,其中调整医疗服务价格补偿 80%,财政专项补偿 10%,医院自我消化 10%。各地按照"属地改革、属地负责"的原则,推进辖区内公立医院同步改革。在取消药品加成的同时,腾出空间对医疗服务价格进行结构性调整,同步实施财政补助、医保报销等配套改革政策,实现协同推进。

在新方案中,考验公共医疗改革的一个重要指标就是要在 2018 年实现药品收入占比小于 30%(不含中药饮片),至 2020 年要小于 27%(不含中药饮片）。① 其实，与任何商品或服务一样，医疗服务价格的形成具有科学的机理，但由于医疗卫生服务的特殊性，导致这种机理具有公益性和市场性混合物的特性。实现公立医疗机构提供的基本医疗服务价格由政府制定，其余医疗服务价格实行市场调节。公立医院要发挥带头作用，在取消药品加成的基础上，不断完善补偿机制，动态调整价格改革。

例4-15：广东省770家公立医院告别"以药补医"

与手术相关的项目将按照广东省公立医院综合改革的新要求核价。2017年7月15日零时，暨南大学附属第一医院的医嘱系统、挂号系统、收费系统等新系统全部切换完毕。凌晨1时，中山大学附属第六医院开出首张处方，其中，药单上药品价格取消了15%的加成。14日深夜到15日凌晨，广州各大医院各职能科室灯火通明，工作人员与临床科室医务人员共同坚守一线，保障系统顺利切换，以适应全省公立医院综合改革的要求。15日，广东省公立医院综合改革全面推开，包括中央、军队、武警、省属和国有企事业单位举办公立医院在内的全省各级各类770家公立医院全部参加改革。

（资料来源：作者根据相关资料整理。）

（六）完善价格调控监管机制

广东省切实转变政府职能，以"科学的宏观调控、有效的政府治理"为目标，完善市场价格调控机制，加强市场价格行为监管和反垄断执法，防范因放开价格造成价格异常波动。完善价格调控监管机制的主要内容包括：以加强和改进农产品价格调控为重点，完善农产品价格形成机制；按照国家部署，探索实行农产品目标管理价格；继续实行粮食最低收购价制度，进一步推进基本蔬菜品种政策性保险制度，完善生猪价格稳定机制；建立健全生产、流通、消费各环节的价格监测预警体系，编制发布重要农副产品价格指数，合理指导生产和消费。

广东在推进价格改革的实践中虽然已经意识到对放开的价格要进行调控监管，但对建立什么样的调控监管体制还需探索。1986年6月，广东省在海南召开价格改革研讨会，对价格调控监管问题进行研讨，从广东实

---

① 参见黎东生《医疗服务价格形成之科学机理》，载《医药经济报》2017年7月6日第F02版。

际出发，提出了建立价格调控监管的建议：一要大力发展生产、搞活流通、增加供应、调节市场供求关系；二要建立完善各级市场重要商品储备制度，吞吐市场供求，保持价格平稳运行；三是建立价格调节基金制度。建立价格调节基金的建议是全国首倡的建议，是广东的一个创新。价格调节基金在广东实施后，得到国务院的肯定，并在全国转发推广，成为一种有效调节市场价格的手段，并写进了《价格法》中，成为全国实施《价格法》、推行依法治价的"探路尖兵"。

广东省在已实施的《广东物价管理暂行条例》和《广东行政事业性收费管理条例》基础上，针对价格形成、运行、调控、监管等各个方面、各个环节的实际情况，组织力量起草制定、实施有关反不正当竞争、反价格垄断、反暴利、反倾销、反价格歧视和明码标价等价格法规和政策体系，强化价格监管检查。

2016年6月，省委、省政府印发《关于推进价格机制改革的实施意见》，明确在全面推进价格改革的同时，坚持放管结合，加强对价格的事中、事后监管，积极探索放开价格监管的机制和规则。一是建立新放开价格跟进检查机制。密切关注价格改革动向，结合新修订出台的定价目录，对目录之外新近放开的商品和服务价格，如药品价格、停车收费等，及时跟进，组织开展专项检查，防止出现大的价格波动。二是建立市场价格日常检查机制。对市场化改革较早的价格，如关系民生的商贸零售价格，加强日常检查和巡查，保持执法高压态势，查处了沃尔玛、华润万家、家乐福等连锁企业的价格欺诈行为和大量网络零售价格欺诈案件。三是制定价格行为规则。按照《中共中央国务院关于推进价格机制改革的若干意见》和广东省实施意见的要求，选取了社会关注的热点行业，如停车、药品、快递等，以及新兴业态和采用新型交易方式的行业，如电商、微信购物等，深入分析研究价格行为边界，探索制定议价规则和价格行为规则，引导经营者合理定价，规范定价。四是建立价格合规的事前辅导机制。积极开展行业政策培训、提醒告诫和价格指导工作，在汽车、医药、银行、证券等行业建立了事前辅导机制，引导企业约束自身价格行为，预防价格违法行为的发生。价格放开之后，监管难度越来越大，广东省不断采取行动，努力实现监管模式向综合监管转变。在常态化监管机制基础上，将加大事前辅导力度，进一步用好"12358平台"，推进价格诚信建设。

广东省实行清费纵深化，减轻实体经济负担。"降成本"作为供给侧结构性改革的五项重点之一正逐步落地。2016年2月,广东省率先出台了首个省级供给侧结构性改革方案,涵盖《广东省供给侧结构性改革降成本行动计划(2016—2018年)》等5个行动计划。一是持续开展范围广、力度大的涉企收费专项整治。先后对20多个涉企收费部门和下属单位共计1 617家单位进行了检查,已实施经济制裁近4 000万元。二是大力推进省定涉企行政事业性收费"零收费"。分步骤对2015年已免征省级收入的29项收费进一步免征市县级收入;对尚未免征省级收入的6项省定涉企行政事业性收费,全面免征省级及市县级收入,实现省定涉企行政事业性收费"零收费"。三是充分挖掘历史及现有的电价降价空间。2016年1月和6月先后两次降低全省工商业销售电价,合计减轻企业电费负担每年71.06亿元。四是规范商业银行收费。这是减轻企业负担、缓解融资难、融资贵的重要一环。自2013年以来,国家发展和改革委员会围绕减轻企业负担、服务实体经济发展这一主线,积极规范商业银行服务收费行为。2016年6月,国家发展和改革委员会公布《商业银行收费行为执法指南》,明确了商业银行收费行为应当遵循的基本要求。

未来,广东省做好价格监管与反垄断工作,需要进一步提升服务全局的意识和能力,加快职能转变,实现工作重心转移,加快将工作的重点与重心转移到对放开价格行为的事中事后监管上来,实现价格监管机构的定位转型。要坚持把执法办案作为立身之本,加大执法力度,完善执法规则,规范执法程序,进一步树立执法权威,为经济社会发展营造良好市场环境。广东省发展和改革委员会价格监督检查与反垄断局转变职能、转变理念、探索创新,下大力气推进价格执法改革,依托多年的价格检查经验和大数据、云计算、移动互联网等先进技术支持,推动执法技术装备的全面升级,努力实现执法资源合理配置的战略目标。①

例4-16:"云剑"价格检查辅助软件

"云剑"是广东省发展和改革委员会价格监督检查与反垄断局自主开发的一套价格检查辅助软件,采用大数据分析技术,对被检查单位的海量价格电子数据,通过超过100种价格违规检查模型,实现了高效率、多维度、高精准的价格检查。云剑软件每秒处理数据速度是1万条以上,查出的疑似违规情形与最

---

① 参见方学《打造价格监管和反垄断利剑 更好服务广东经济社会发展》,载《中国经济导报》2016年9月2日第A02版。

终认定违规事实吻合程度均在9成以上，数据准确度为100%。例如，使用云剑软件检查某医院某项检查项目多收费用443 164元，最终与医院复核结果分毫不差。云剑软件的使用对于规范市场价格行为起了切实推动作用。

（资料来源：作者根据相关资料整理。）

从1953年计划价格体系的建立到改革开放前的1978年，大到煤电邮运，小到针头线脑，其价格都是由政府制定。随着全国价格体制改革的推进，基于市场经济的价格体系逐步建立起来。《广东省定价目录（2015年版）》自2015年8月15日起施行，《广东省定价目录（2002年版）》同时废止。新版定价目录中，政府列管定价项目仅有12种65项，政府定价范围将主要限定在重要公用事业、公益性服务和网络型自然垄断环节三大领域，大幅放开了具备市场竞争条件的商品和服务价格，累计放开取消下放的价格达到137项，具体定价事项较2002年版定价目录减少66%。广东省在国家确定的目标和时限基础上提出，到2017年，力争实现竞争性领域和环节价格全部放开；到2020年，重点领域关键环节价格改革取得突破性进展。价格机制是市场机制的基础和核心。推进市场化改革的关键是让供求发挥更大的调节作用，使价格能够真正由市场供求来决定。

价格改革极大地解放了生产力，有效地促进我省经济的发展。2017年，广东省物价涨幅平稳，居民消费价格指数（CPI）累计上涨1.5%；而同期实现地区生产89 879.23亿元，按可比价格计算，同比增长7.5%；居民人均可支配收入33 003元，同比增长8.9%。① 改革开放以来的40年，物价部门遵从价值规律，价格改革先行一步，发挥价格杠杆作用，有力地促进市场的发育、经济的发展和社会的进步，实现了物价上涨率低于经济发展速度和人民群众收入增长速度的良性循环。价格杠杆发挥作用，促进了基础设施建设、生态环境保护、教育、医疗等事业的发展。

第三节　广东流通和价格管理体制改革的经验与启示

《中华人民共和国国民经济和社会发展第十三个五年规划纲要》中已

---

① 参见《2017年广东宏观经济运行简况》，广东统计信息网（http://www.gdstarts.gov.cn/tjzl/tjxk/201801/t20180130_380178.html）。

把发展"制造强国"和"贸易强国"作为重要内容提出，表达了我国要从经济大国迈向经济强国的雄心壮志。我国现已跃升成为世界第二大经济体，内需的增长成为我国经济发展的重要支撑，扩大内需已是我国经济发展的长期目标。流通产业作为连接生产与消费的纽带，在扩大内需、促进产业结构调整等方面有着重要的作用。党的十八大报告指出，"要牢牢把握扩大内需这一战略基点"。因此，要大力发展流通行业，加快流通体制的改革，优化流通体制，从而使内需的扩大成为拉动经济增长的重要因素。商品流通作为我国国民经济的基础性产业，必然要在"十三五"期间集新理念、新思想、新战略于一身，不但要为我国经济水平的提升身先士卒，更要为我国国民经济的中高速持续发展保驾护航。习近平总书记在党的十九大报告中强调，要完善促进消费的体制机制，增强消费对经济发展的基础性作用。这一讲话精神对广东省内贸流通体制改革发展具有重要的现实指导意义。消费是商贸流通产业发展水平的晴雨表与指南针。广东省商贸流通产业未来的发展方向也应转变为优化经济结构、提高发展质量和效益。

价格制度改革也伴随着改革开放不断推进、持续深化，大多数竞争性商品价格得到放开，这对健全社会主义市场经济体制、推动经济社会持续健康发展起了关键作用。但是，广东的价格制度改革仍有很长的道路要走，必须坚持深化改革，在目标定位上注重先行先试，不断完善市场经济体系下的价格制度，健全资源型产品价格形成、改善要素市场价格扭曲等。广东省要继续发扬"敢为人先"的精神，在坚决落实国家统一部署的价格改革的同时，先行一步、提速增效。完善市场决定价格机制，充分发挥市场在价格形成中的作用；契合市场规律，规范政府定价机制，使政府定价管理更加科学；完备科学规范、透明高效的价格监管制度和反垄断执法体系；加大价格监管力度和发展多元手段，健全灵敏及时的价格调控机制，使价格调控更加有效。

一、转变政府职能，总体思路上突出市场导向

政府要高度重视现代流通业的发展，要在流通业的市场规范体系下，出台支持商品市场发展的政策，制定物流业发展的专项规划、相应政策与指导方针，并纳入经济与社会发展的规划之中，把发展现代物流业作为流通产业结构调整的中心环节，并作为配合工农业经济结构调整的重要环节

第四章 广东流通和价格管理体制改革

给予重视和扶持;各级政府要加快流通企业的战略性调整,重点培育全省大型商品流通企业,变行政干预为后台服务,为企业创造宽松的发展环境,提供足够的创新空间和创新激励的务实作风;对现有流通企业进行转机建制,产权重组,建立流通业现代企业制度;在企业所有权性质上,要建立起以国有商业企业为主导,民营商业企业为主体,多种经济形式分工合作,多轨并行发展,竞争有序,开放式的商贸流通市场;加快推进电子商务发展,深入推进国家电子商务示范城市、示范基地和示范企业建设,加快培育本土电子商务标杆企业,促进现代流通方式发展。

目前,政府在调控市场价格时仍存在不足,例如,调控项目不清晰,力度松弛等。政府应全面落实新版《广东省定价目录》,凡没有列入目录的,经营者均可自主定价,通过市场竞争决定价格,减少政府干预,切实做到清单之外无定价权。在总体上发挥市场决定作用,在价格改革、政府定价、价格监管、价格调控中突出市场导向。比如,在简政放权方面,在已放开137项价格的基础上,进一步放开能源、交通、医疗、教育等领域具备竞争条件的价格,吸引社会投资,激发市场活力。在政府定价方面要更多运用标杆价格、联动机制等方式,使政府制定价格更加符合市场规律。

在价格监管方面,市场价格监管工作正处于改革转型期、矛盾凸显期、重要机遇期"三期叠加",广东省应积极探索市场价格监管新思路,加快形成覆盖省内重点行业的价格行为规则和行为规范体系,为规范行为、放活市场提供有力保障。树立"整体有效、分类监管"的新理念。制定市场价格监管相关专项规划、实施细则,细化落实中央重要文件,明确市场价格监管工作主题主线、时间表和路线图。依托实际,探索开发分行业、个性化的监管平台,推动"互联网+监管",提高市场价格监管智能化水平。加快构建以信用为核心的新型市场价格监管体制,充分发挥守信联合激励和失信联合惩戒作用。市场价格监管工作涉及各行各业,有必要按照行业领域进行梳理,精准分类进行监管。不断完善法律法规,切实做到有法可依。积极推动《价格法》等相关法律修订步伐。通过完善法律法规,细化对不正当价格行为的描述,拓宽对第三方交易平台、行业协会等市场主体价格行为的监管,强化市场价格监管的执法手段,提高对价格违法行为的惩处力度。同时,要及时制定、完善配套的法规、规章和实施细则,提高市场价格执法的可操作性和针对性,加快制定、完善价格行为规则和指南。①

二、深化内贸流通管理体系,深化价格形成机制

健全内贸流通行政管理的权力清单、部门的责任清单和市场准入的负面清单,建立适应大流通、大市场发展需要的流通管理体制。培育大型流通企业集团,引导优势流通企业采取参股、控股、兼并、合资、合作等方式做大做强,推动中小商贸流通企业发展。实施扩内需、促消费工程,继续办好全省消费促进月活动,促进消费结构升级和模式创新。建立和完善商贸流通业统计监测体系,做好消费指标分析,加强信息、住房、旅游休闲、教育文体、养老健康家政等领域的消费情况分析。

价格形成机制是价格的管理模式,它以价格管理权限为基础,以完善有效的价格形式为手段,通过健全的价格调控方式,引导生产、流通和消费价格的制定与调整。界定价格管理权限,转换价格形式,将国家定价由行政系统形成变为市场上买卖双方竞争形成;健全价格调控方式。为适应市场经济发展的需要,要实现价格调控方式的转换,建立起政府间接调控的价格管理体制。明确市场在资源配置中的决定性作用。深化价格形成机制改革,限定政府定价范围;健全价格形成机制和价格监管机制,形成多元价格决策主体共同定价的价格形成机制。形成"三位一体"组合式改革的有效路径,即深化资源能源价格管理体制改革,夯实价格制度改革的基础;加快要素价格市场化改革,巩固价格制度改革的核心;规范市场价格秩序建设,确立价格制度改革的关键。② 健全价格形成机制,推动广东市场化价格体系的形成。

三、找准突破口和着力点,力求新的突破

广东省要找准突破口和着力点,积极探索方向正确、符合中央精神、本省能主动作为、条件基本具备的价格改革,力求改革取得突破性进展。比如,在流通体制改革攻坚过程中,应加快研究制定市场准入条件,帮助

---

① 参见林林《打好价格改革攻坚战 增创广东发展新优势》,载《中国经贸导刊》2016年第1期,第76页。

② 参见曾昭钦、晏宗新《广东深化市场价格制度改革研究》,载《汕头大学学报(人文社会科学版)》2016年第9期,第48~55页、第98页。

经济欠发达地区商贸流通业的发展，使欠发达地区商贸流通业的发展对工业、农业起到促进作用。采用统一规划、分步实施、政府推动、市场化运作的操作原则，根据各市级城镇商业网点规划，健全和完善商品流通市场体系，科学合理地分配与安排城市商业资源，做到分层次、有重点地布局与发展商业网点。广东省政府应鼓励企事业单位通过资本市场推进流通企业的重组、兼并，提高国有流通企业的盈利能力。要创造良好的商业环境，改进招商引资政策，积极吸引大型零售企业、第三方物流企业进驻，同时也要积极鼓励商业业态创新，鼓励实施连锁经营，发展电子商务经营模式。

在价格改革方面，中共中央、国务院印发的《关于推进价格机制改革的若干意见》提出，要在价格形成机制、调控体系、监管方式上探索创新。对此，广东省应结合实际大胆探索。比如，在价格调控上，抓住农产品重点项目，建立农副产品价格调控项目库，打造价格调控平台和抓手。比如，在价格监管上，借助云计算、大数据等信息技术手段，区分不同行业特点，探索"互联网＋价格调控监管"的新模式；改进垄断性行业、公用事业、公共服务的价格管理体制，建立基本规范的垄断性行业、公用事业、关系民生的重要行业的价格管制制度，出台价格管制办法和制定政府定价的听证制度等管理规定；推进资源价格改革，建立合理的住房、教育、医疗价格制度，建立合理的政府采购品价格制度等，探索建立应对国际市场价格变化的体制机制。

第五章　广东科技体制改革

　　习近平总书记在全国科技创新大会、两院院士大会、中国科协第九次全国代表大会上指出，"科技是国之利器"。1978年以前，我国借鉴了苏联的科技发展体系，实行高度集中统一的计划管理体制科技体系，采取企业、科研院所、高校、国防科研相互独立的结构，以计划来推动科技项目和任务，带动技术的转移。这一体系在国际封锁、国内科技资源极度稀缺的情况下，将有限的资源向战略目标领域动员与集中，在短短十几年间，建立了比较完整的科技组织体系和基础设施，培养了大批优秀人才，为国家的社会、经济发展和国防建设解决了一系列重大科技问题，使我国的科学技术从整体上缩小了与世界先进水平的差距。然而，原有科技体制深层结构中的固有弊端日益显现。首先，它是一个自我封闭的垂直结构体系，科技与经济存在着"两张皮"的现象。其次，没有知识产权的概念，缺少科技成果有偿转让的机制，不利于技术扩散。最后，在科研院所内，国家用行政手段直接管理过多，存在着吃"大锅饭"的现象，不利于调动科研机构的主动性与积极性。因此，科技体制改革势在必行。党的十一届三中全会以后，国家的发展战略逐步转变为有较强经济指向的结构赶超型战略。这就要求科技战线能够为经济建设做出自己的贡献。中央提出了"经济建设要依靠科学技术，科学技术要面向经济建设"的科技发展方针，社会与经济发展对科学技术提出了多层次、多元化的需求。2014年6月9日，习近平总书记在中国科学院第十七次院士大会、中国工程院第十二次院士大会上指出，"科技是国家强盛之基，创新是民族进步之魂"。作为中国改革开放的先行地，广东省的科技体制改革始终坚持党的方针政策，与"科技是第一生产力"的思想保持高度一致，紧跟国家战略，以科技创新为核心，建立了包括科技、创新、金融创新在内的全方位、多层

第五章 广东科技体制改革

次的创新体系。40年来,广东省科技体制改革可划分为四个主要阶段,实现了从经济落后的农业省向全国第一经济大省的跨越,创造了经济发展的奇迹,为全面建成创新型国家做出了巨大贡献。实践证明,只有全面深化科技体制改革,不断健全完善科技体制,实现技术进步与科技创新,引进科技创新人才,优化科技资源配置,才能释放科技创新活力,带动区域建设发展。党的十九大报告明确提出"深化科技体制改革,建立以企业为主体、市场为导向、产学研深度融合的技术创新体系,加强对中小企业创新的支持,促进科技成果转化",为进一步深化科技体制指明了方向。本章主要阐述了广东科技体制改革历程,着重论述广东科技体制改革取得的主要成就和存在的突出矛盾,并认真总结了广东科技体制改革的经验和八大启示[1]。

第一节 广东科技体制改革的历程

1985年3月,《中共中央关于科学技术体制改革的决定》标志着科技体制改革自1978年以来由科技界自发进行、探索试点的阶段进入有领导的全面展开的阶段。该决定明确提出,体制改革的根本目的是"使科学技术成果迅速地广泛地应用于生产,使科学技术人员的作用得到充分发挥,大大解放科学技术生产力,促进科技和社会的发展",全国主要科技力量要面向国民经济主战场,为经济建设服务。科技体制改革是打开创新大门不可或缺的钥匙,也是促进科技力量迅速生长的能量来源。广东省作为全国科技改革创新综合"试验田",既是历史的必然进程,更是不可推卸的光荣使命。纵观广东省科技体制改革的历程,40年来的改革是沿着"科研院所改革试点"(1978—1991年)—"技术经济承包责任制,启动地方省属科研机构科技体制改革"(1992—2002年)—"建设科技强省和省部产学研合作"(2003—2011年)—"全面深化科技体制改革,加快创新驱动发展"(2012年以来)的进程展开的,总体上可分为四个阶段。

---

[1] 参见张仁寿《改革开放30年广东科技体制改革回顾(上)》,载《广东科技》2009年第3期,第35~38页。

一、广东科技体制改革的探索阶段

科技体制改革的探索阶段（1978—1991 年）围绕"科研院所改革试点"分三步走。这一阶段，科技发展的指导思想是要落实"面向""依靠"的方针，主要政策走向是"放活科研机构、放活科技人员"。政策供给集中在拨款制度、技术市场、组织结构及人事制度等方面。

（一）从"统收统支"到"预算包干，结余留用"的探索

1. "统收统支"的统一管理体制弊端日益显现

1978 年，党的十一届三中全会的召开掀开了我国改革事业的新篇章。1978 年以前，在计划经济体制的作用下，科研部门采取"统收统支"的形式，即科研单位所需经费支出全部由国家预算拨款，收入全部上缴国家财政。这一做法的突出特点在于政府能对科研单位的收入支出统一管理，从而享有独立科研机构的技术和资源。科研部门"统收统支"这一方式为我国的经济建设、国防建设等集中力量攻关做出了巨大贡献，但是随着我国经济的发展，"统收统支"的弊端也日益显现。一是"大锅饭"、平均主义的现象严重，科研机构的经费在国家的"承包"下，个人和组织的积极性得不到提高；二是单纯依靠行政手段管理科技工作，导致科研单位靠国家给任务、给经费，缺乏主动为经济建设服务的活力，科研工作与经济建设相脱节；三是经费来源渠道单一，不能满足研究工作的需要，这就使科技人员的作用难以充分发挥，而且科研单位也缺乏自我发展的能力。在此背景下，必须对科技体制中科技财务管理制度进行坚决的有步骤的改革。

2. "预算包干"管理办法"牛刀小试"

1980 年，国家财政部对国家机关和事业单位的经费实行包干使用、结余留用、超支不补的管理办法，即"预算包干，结余留用"等形式。这种预算包干的主要形式有：①"预算包干，结余留用"，即单位按财政部门或主管部门核定的年度预算包干使用，年终结余全部留归单位支配，全额预算管理单位一般采取这种办法①；②"定收入、定支出、定补助、

---

① 参见张仁寿《改革开放 30 年广东科技体制改革回顾（上）》，载《广东科技》2009 年第 3 期，第 35～38 页。

结余留用、超支不补",即按财政部门或主管部门核定的收入和支出,对支大于收的部分确定一个补助数额,由单位包干使用,年终结余全部留归单位支配。单位预算包干办法克服了传统经费统收统支管理办法中的一些弊端,使单位在经费管理和使用上的责、权、利相结合,提高了单位当家理财的积极性,促使单位加强财务管理、统筹安排使用预算资金、努力节约支出、合理组织收入,有利于事业计划和工作任务的完成。

(二)从"预算包干"到"扩大自主权"先行先试

1983年,原国家科学技术委员会召开了"科研所改革试点工作座谈会"。广东省始终秉持着科技工作改革的热情,寻求科技工作改革的突破口,调整科研所的组织结构、经营体制和科研方向,并在此基础上,扩大研究所自主权,试行所长任期目标责任制、技术合同制和课题承包制。在人事管理方面,引进新型人才;在经费使用方面,扩大经费来源,提高经费使用效率;在岗位监督方面,健全监督体制,提高科技人员对科技体制改革的认知。

(三)从"扩大自主权"试点到"全面启动科技体制改革"

1. 扩大科研院所自主权、推广所长负责制等改革措施

广东省经过两年的改革试点,激发了试点研究院所面向经济建设的活力和动力,提高了科研工作的效率和效益,为在全省展开科研院所的改革提供了经验。以1985年中共中央发布《关于科学技术体制改革的决定》为标志,全面启动了科技体制改革。政府对科研机构的拨款制度被改成按照学术类型的不同特点,实行经费的分类管理制度。中央对地方的拨款逐步增长,科研机构广开经费来源渠道,经费的来源不再局限于政府拨款,更有来自企业、社会团体等组织的投资。科研机构在取得改革试点的基础上,围绕着促进科技与经济结合这个核心问题,逐步开展扩大科研院所自主权、试行所长负责制、实行有偿技术合同和课题承包制、建立多种形式的科研生产联合组织、对创收收入实行基金管理等改革措施;允许科研所兴办科技经营实体,加强科研院所的中间试验手段。[1] 具体做法有:

---

[1] 参见张仁寿《改革开放30年广东科技体制改革回顾(上)》,载《广东科技》2009年第3期,第35~38页。

①大力发掘和引进人才，调动人才积极性；②建立科技交流平台，开展多种技术贸易活动，促进科技创新企业的发展；③农村科技体制改革围绕着推广、普及科学技术这一中心任务展开，农业技术推广服务机构开始由国有事业性质的单位转变为独立的技术经济组织，技术服务由无偿逐步变为有偿，技术人员由单纯的技术指导变为产前、产中、产后进行综合配套服务；④国有企业开始将技术进步作为企业考核指标的重要内容，促进企业与科研机构、高等学校、设计部门之间的协作和联合，推动群众性技术革新活动的广泛开展，增强企业的技术吸收与开发能力，加强技术成果转化为生产力的中间环节。

1986年，广东省实行科技拨款制度改革。改革的原则有：科学事业费实行归口管理，这笔费用由科技管理部门管理和使用；对科研机构实行分类管理，即按不同类型科技活动的特点，实行不同的经费管理办法；广开经费来源，实现科研经费来源的多渠道化；科研经费与任务挂钩，实行部分有偿使用；打破条块分割，提倡竞争，择优支持，使科技与经济更好地结合起来。科技拨款制度的改革取得了明显的成效，科研单位收入大幅度增加，加速了科研成果商业化，开拓了科技信贷投资渠道。

2. 全面改革拨款制度，开辟财政科技借款和银行科技贷款渠道

1987年，广东省全面改革科研院所的拨款制度，按照不同类型科学技术活动的特点，实行经费的分类管理。在改革拨款制度的同时，开辟了财政科技借款和银行科技贷款渠道。在科研机构内部，推行所长负责制、岗位责任制、经济核算制和课题承包制。技术开发类型的科研机构以多种形式建立技工贸经营实体，由单一的科研型向科研生产经营型转变，研究开发机构与企业建立了多种形式的合作关系。

1992年，省委、省政府确定每年6月为全省"科技进步活动月"。同年，广东省技术交易会在广州开幕。

二、广东科技体制改革的突破阶段（1992—2002年）

这一阶段以1992年邓小平"南方谈话"为标志，中国经济体制开始迈入社会主义市场经济新阶段。在这一阶段，科技体制改革的方向调整为"面向""依靠""攀高峰"，主要政策走向是按照"稳住一头，放开一片"的要求，分流人才，调整结构，推进科技经济一体化的发展。

第五章　广东科技体制改革

（一）以"技术承包责任制"为内容的第二轮科技体制改革试点

1993年，科研院所首先实行经费倾斜，择优支持。其次通过市场牵引、政策导向，加大对选定项目的投资强度。1993—1995年，广东省以"技术承包责任制"为内容进行第二轮科技体制改革试点工作。1995年，广东省成为全国专利第一大省。

（二）探索建立适应社会主义市场经济体制和科技自身发展的科技体制

1996年，广东省按照《国务院关于"九五"期间深化科技体制改革的决定》提出的"建立适应社会主义市场经济体制和科技自身发展的科技体制"的目标，在面向经济建设和社会发展主战场、发展高新技术和高新技术产业、有选择地加强基础性研究三个层次上进行了科技体制改革的部署①。

1997年开始实行核定收支、定额或定向补助、超支不补、结余留用的预算管理办法，即根据科技事业发展计划和科研单位的特点、财务收支状况、承担国家及自治区科技任务，以及国家的财政政策和财力，对科研单位在继续执行上述分类管理办法的同时，实行定额或者定项补助的管理办法。其具体办法是：①对主要从事理论研究、基础研究和社会公益研究的单位，以及国家赋予专业服务和管理职能的单位，实行定额或者定项补助；②对主要从事技术开发研究和科技服务的单位，实行定项补助（定项补助可以为零）。

（三）在全国率先启动地方省属科研机构科技体制改革

1. 打破以依靠行政手段和指令性计划进行管理和运作的科技体制

1998年5月，广东省召开第八次党代会，颁布了《中共广东省委、广东省人民政府关于依靠科技进步推动产业结构优化升级的决定》，制定了31个配套文件，启动了广东省新一轮科技体制改革。同年10月，广东

---

① 参见任海滨《贯彻国务院〈关于"九五"期间深化科学技术体制改革的决定〉 积极推进劳动科技体制改革》，载《中国安全科学学报》1997第3期，第1～2页。

省深化科技体制改革工作会议召开,贯彻了省委、省政府《关于依靠科技进步推动产业结构优化升级的决定》精神,加快了科研机构改革的步伐,研究讨论了《广东省深化科技体制改革实施方案(讨论稿)》和关于择优扶持50家省重点发展的工业大企业或企业集团办好工程技术研究开发中心的办法。该决定要解决的核心问题是通过深化科技体制改革,克服科研机构游离于企业之外的弊端。重点需要解决三个问题:①深化科技体制改革,鼓励科研机构和科研工作者加入经济建设的大队伍;②扶持50家企业样板工程中心;③总结深圳经验,推动广东省科技体制改革。

1999年,中共中央、国务院召开了全国技术创新大会,颁布了《中共中央、国务院关于加强技术创新,发展高科技,实现产业化的决定》。广东在全国率先启动地方省属科研机构科技体制改革。广东省属科研机构科技体制改革呈现出起步较早、结合实际、稳步推进、不断深入等特点。广东省科研院所体制改革的现状随着社会主义市场经济体制的逐步建立和完善,过去以依靠行政手段和指令性计划进行管理和运作的科技体制已被打破,适应社会主义市场经济的科技体制正在逐步建立和完善中。

2. 实施分类改革,加速科技成果转化和产业化

1999年6月19日,广东省人民政府出台了《广东省深化科技体制改革实施方案》。按照《广东省深化科技体制改革实施方案》精神,广东省属69个研究所按技术开发类(39个)、咨询服务类(18个)、公益类(9个)进行分类改革,其余3个技术监督机构,以及由政府部门批准设在科研机构中的计量检测和技术监督机构,作为非营利机构不列入科学研究序列,保证了其公正的地位。目前,技术开发类型的科研机构已向企业化转制,其中18个科研机构进入企业集团。在改革过程中,较好地解决了转制科研机构办理企业登记注册手续和土地使用权出让金、领取法人执照、过渡期优惠政策和社会保险等问题。仅留的9个体现广东优势和特色的公益类型科研机构,按照广东省制定和颁发的《广东省公益类型科研机构深化改革实施意见》《体现广东优势和特色的公益类型科研机构的考核和管理试行办法》《广东省非营利性科研机构的认定和管理实施办法(试行)》等文件要求,实行研究主体和产业实体并存发展,逐步分离,加快分配制度、人事制度和管理体制的改革。对20个设在省直科研机构的公证性技术机构进行了重新核定,不列入科学研究部门,并由国家财政继续给予必要的经费支持。经过新一轮科技体制改革,广大科技人员积极

投身于经济建设主战场,绝大多数科研机构进行了重新定位,主动与市场相结合。广东省属科研机构争取政府课题经费和面向市场、面向经济社会发展的能力得到加强,科技成果加速转化和产业化。

(四) 实施"科教兴粤"战略,加强科技创新体系建设

2001年,广东全面落实"科学技术是第一生产力"的思想,贯彻"经济建设必须依靠科学技术,科学技术工作必须面向经济建设"的方针,实施"科教兴粤"战略,推动产业结构优化升级,促进经济体制和经济增长方式的根本性转变。要按照"稳住一头,放开一片"的方针。"稳住一头"包括两方面的含义:一是国家稳定支持基础性研究,开展高新技术研究和事关经济建设、社会发展和国防事业长远发展的重大研究开发,形成优势力量,力争重大突破,提高中国整体科技实力、科技水平和发展后劲,保持一支能在国际前沿进行拼搏的精干科研队伍;二是对研究机构分类定位,优化基础性科研机构的结构和布局,为准备"稳住"的科研院所提供现代科研院所的组织体制模式。为实现"稳住一头"的目标,1993年7月,全国人大通过了我国第一部科学技术基本法——《中华人民共和国科学技术进步法》,于1993年10月1日开始施行。该法明确规定,"全国研究开发经费应当占国民生产总值适当的比例,并逐步提高","国家财政用于科学技术的经费的增长幅度,高于国家财政经常性收入的增长幅度"。"放开一片"是指放开各类直接为经济建设和社会发展服务的研究开发机构,开展科技成果商品化、产业化活动,使之以市场为导向运行,对经济建设和社会发展做出贡献。主要政策措施如下:鼓励各类科技机构实行技工贸一体化经营,或与企业进行合作开发、生产和经营;鼓励科技机构实行企业化管理,参照企业财务的有关规定独立核算,逐步做到收支平衡,经济自立,自负盈亏;赋予有条件的科研机构国有资产经营权,支持其投资创办科技企业、兼并企业或在企业中投资入股(包括技术入股),依法享有投资收益,支持有条件的科研机构以多种形式进入大中型企业或企业集团;推动社会公益科技机构成为新型法人实体,这类机构主要依靠国家政策性投入、社会支持和自身的科技业务创收运行,参考外国非营利机构的运行模式,建立自我积累、自我运作、自我发展的机制;实行社会化监督和管理,面向社会开展以不营利为直接目的的服务和经营活动,国家对其免征所得税和增值税,其收益用于支持本身

事业的发展。作为改革开放排头兵的广东以放为主,推动科研机构和科技人员进入经济建设和社会发展主战场,加速科技成果转化和高新技术产业发展,建立和加强了科技创新体系,提高了自主科技创新能力和综合科技实力,增创了广东科技新优势。① 《中共中央关于国民经济和社会发展第十个五年计划的建议》报告中指出,第十个五年计划将以发展为主线,以改革开放和科技进步为动力,建立社会主义市场经济体制,把建设有中国特色社会主义不断推向前进。报告明确提出了科技进步的动力作用,是邓小平理论的继承、丰富和发展。面对严峻的市场挑战,广东省要不断推进科技进步,充分发挥好科技对经济的支撑和促进作用,要加快科技体制改革,建立适应社会主义市场经济发展要求的新型科技体制。

三、广东科技体制改革的深化阶段（2003—2011年）

这一阶段,科技发展战略和科技体制改革进行了实质性调整,加强国家创新体系建设、加速科技成果产业化成为这一时期的主要政策走向。政策供给集中在促进科研机构转制、提高企业和产业创新能力等方面。

（一）在国内率先开展"两部一省"新机制试点

2004年,省委、省政府出台了《关于加快建设科技强省的决定》。

2006年,省委、省政府出台了《广东省人民政府教育部关于加强产学研合作提高广东自主创新能力的意见》和印发了《广东省促进自主创新若干政策的通知》等文件,进一步落实产学研结合研发费用税前加计抵扣政策,有利于自主创新的政府采购、首台首套政策,以及高新技术企业和产品在所得税和增值税方面的优惠政策,鼓励投资和开发具有自主知识产权的高新技术产品以及技术设备更新改造,努力营造有利于技术创新的良好的政策环境。②

2006—2007年,广东省和教育部、科学技术部（简称"科技部"）以"两部一省"新机制在国内率先开展省部产学研结合试点工作。

---

① 参见陈汉欣《新中国高科技园区的建设成就与布局》,载《中国地理学会》2009年第11期,第1767页。

② 参见广东省科技厅《广东科技年鉴（2007年卷）》,广东人民出版社2008年版,第145页。

(二) 省部产学研合作和省院全面合作不断深化

1. 深化"两部一省"产学研结合,有效提升广东自主创新能力

为全面贯彻党的十七大精神,深入贯彻落实科学发展观,进一步落实广东省人民政府、教育部、科技部产学研结合工作会议的总体部署,加快实施《广东省教育部科技部产学研结合发展规划(2007—2011年)》,有效提升广东自主创新能力和产业核心竞争力,广东省人民政府、教育部、科学技术部出台了《关于深化省部产学研结合工作的若干意见》[1]。深化省部产学研结合工作是推进科技体制改革、促进高等教育改革和发展的迫切要求和部署。

2. 以"双提升"为重点,实施自主创新发展战略

2009年7月,中共广东省委十届五次全会召开,时任中共中央政治局委员、广东省委书记汪洋在会上指出:实施自主创新发展战略,坚定不移地把提高自主创新能力作为调整产业结构、转变增长方式的中心环节来抓,更好地发挥科技支撑经济平稳较快发展的重要作用;强调珠三角要以"双提升"为重点,加强高新区和经济技术开发区建设,努力取得更大突破[2]。广东科技工作领域深入贯彻落实"三促进一保持"部署要求和《珠江三角洲地区改革发展规划纲要(2008—2020年)》《广东自主创新规划纲要》等文件精神,大力推进"十大创新工程"建设,印发《中共广东省委 广东省人民政府关于加快高新技术产业开发区发展的意见》,对高新区发展进行总体部署,推动自主创新能力和产业竞争力"双提升"[3]。在国际金融危机的背景下,广东科技工作迎难而上,锐意进取,化危为机,全省高新技术产业实现逆势快速增长,战略性新兴产业加快发展,科技服务业蓬勃发展,省部产学研合作和省院全面合作不断深化,区域创新能力和科技综合能力不断增强,科技创新为促进全省经济社会又好又快发展提供了强有力的支撑。

四、广东科技体制改革的完善阶段(2012年以来)

目前,我国已经颁布了《中华人民共和国科学技术进步法》《中华人

---

[1] 参见广东省科技厅《广东科技年鉴(2008年卷)》,广东人民出版社2009年版,第61页。
[2] 参见广东省科技厅《广东科技年鉴(2009年卷)》,广东人民出版社2010年版,第217页。
[3] 参见广东省科技厅《广东科技年鉴(2010年卷)》,广东人民出版社2011年版,第176页。

民共和国促进科技成果转化法》《中华人民共和国专利法》等多部有关科技活动的法律，对科技活动内部一些重要的基本的制度做出规范，探讨利用各种经济手段引导科技发展方向及社会资源配置。这种引导可以是直接的，也可以是间接的。直接的手段主要是政府投入，间接的手段包括中长期发展规划、信贷、税收、价格等。目的是建立体制转轨时期的社会科技资源投入体系，政府要保证在重点领域的科技投入，在其他大多数领域则应建立社会化和市场化的科技投入机制。在多方吸纳资源的同时还要加强对资源的管理，提高资源的使用效率。习近平总书记指出，"当今世界，科技创新已经成为提高综合国力的关键支撑，成为社会生产方式和生活方式变革进步的强大引领，谁牵住了科技创新这个牛鼻子，谁走好了科技创新这步先手棋，谁就能占领先机、赢得优势"。2015年5月发布的《国家创新驱动发展战略纲要》标志着科技体制改革进入完善阶段。

（一）强化企业创新主体地位，促进区域创新体系建设

2012年，广东省科学技术厅（简称"广东省科技厅"）牵头研究起草并推动以省委、省政府名义出台了《广东省人民政府办公厅关于推广三资融合建设模式促进我省民营科技园发展的意见》《广东省改善创新环境五年行动计划》《广东省企业研发机构"十二五"发展规划》《广东省人民政府办公厅关于促进科技服务业发展的若干意见》等多个重要政策文件，提高科研机构自主创新能力，推动产业转型升级，推动企业研发机构加快建设发展，强化企业创新主体地位，推动转型升级，建设现代产业体系，深入实施创新驱动战略，不断完善自主创新政策体系[①]。

2013年，广东省软科学研究计划围绕贯彻党的十八大、全国科技创新大会和全省科技创新工作会议有关精神，以加快创新驱动发展和产业转型升级、促进"双提升"为主线，聚焦"十二五"期间广东科技和经济社会发展的全局性、战略性和前瞻性问题及重大决策需求，在广东自主创新政策法规体系建设、区域创新体系建设、科技发展体制机制建设等方面组织遴选了"广东实施创新驱动战略建设创新型省份的推进路径研究"等一批立足实践、面向决策的研究项目，全年共立项130项，共支持经费

---

① 参见广东省科技厅《广东科技年鉴（2011年卷）》，广东人民出版社2012年版，第6页。

约1 300万元①。部分项目已经提前启动研究并取得阶段性成果，为广东省科技、经济与社会的创新发展提供了科学决策参考。

（二）促进新型科技金融机构发展完善，科技金融服务体系和机制体制

2013年，《广东省人民政府办公厅关于促进科技和金融结合的实施意见》发布，产生了以下重大影响。

（1）积极培育和发展创业投资。

（2）引导发展科技信贷，鼓励金融机构创新科技型企业贷款模式、产品和服务。

（3）促进新型科技金融机构发展，推动科技保险产品创新和科技担保业务发展，积极开展知识产权投融资服务。

（4）大力发展多层次资本市场，积极推动科技型企业上市，加快发展场外交易（OTC）市场发展，鼓励科技型企业发行区域集优融资模式下的中小企业集合票据，建立健全技术产权交易市场。

（5）完善科技金融服务体系和机制体制，做大做强广东省粤科金融集团有限公司②，积极推广"三资融合"模式，加强科技金融信用体系建设，建立和完善科技金融服务平台，加强农业等领域的科技和金融结合③。

（三）实施创新驱动发展战略，全面深化新一轮科技体制改革

2014年，广东科技工作深入贯彻中央和省委、省政府的决策部署，坚决落实习近平总书记关于实施创新驱动发展战略的系列重要讲话精神，

---

① 参见广东省科技厅《广东科技年鉴（2012年卷）》，广东人民出版社2013年版，第10页。
② 广东省粤科金融集团有限公司（简称"粤科集团"，即广东省风险投资集团）是经广东省人民政府批准设立并授权经营的国有独资公司，是国内最早成立的创投机构之一，也是国内首家省级科技金融集团。粤科集团作为广东省政府国有资产出资者的代表，持有并经营管理广东省政府授权范围内的国有资产。目前，粤科集团总资产340亿元，净资产146亿元，管理政府引导基金及子基金45支，基金总规模超过500亿元。
③ 参见广东省科技厅《广东科技年鉴（2013年卷）》，广东人民出版社2013年版，第213～214页。

全面深化科技体制改革，坚持一手抓科技业务管理"阳光再造行动"，一手抓创新驱动发展，推动自主创新工作实现新突破，全省科技创新驶入发展"快车道"①。同年6月，省委、省政府在全国率先出台《关于全面深化科技体制改革加快创新驱动发展的决定》。这是全省乃至全国科技界、产业界的一件大事。该决定明确了新时期、新形势下全省全面深化科技体制改革、加快创新驱动发展的总体要求、目标任务和工作举措，是全省当前和今后一个时期科技工作发展的纲领性文件。

1. 构建新型科技业务体系

通过整合归并原有16项财政科技专项资金，设立五大财政科技专项资金，确立"511"新型科技计划体系，"511"计划体系提高了财政资金与创新需求的协同增效作用，推动实现产业链、创新链、资金链的三链融合。

2. 打造科技业务管理阳光政务平台

深入推进省级科技业务管理"阳光再造行动"，转变财政资金投入结构和方式，不断完善稳定性和竞争性支持相协调的投入机制，以案治本建立科技管理权力制衡监督机制，全力打造科技业务管理阳光政务平台。"阳光再造行动"成效得到初步体现，得到省委、省政府和科技部的充分肯定以及广大科技企业人员的认可，并在全国科技界和全社会引起较大反响。

3. 加强科技管理制度建设

广东省政府出台《关于加强广东省省级财政科研项目和资金管理的实施意见》等省级财政科研项目和资金系列管理制度。省科技厅出台《广东省省级科技计划项目立项工作规程（试行）》等项目管理制度，在项目审批、资金管理、信用管理、监督检查、购买服务、内部审计、绩效评价、内部管理等方面整理完善了一整套管理办法，巩固了党的群众路线教育实践活动成效。②

---

① 参见广东省科技厅《广东科技年鉴（2014年卷）》，广东人民出版社2014年版，第3页。
② 参见广东省科技厅《广东科技年鉴（2015年卷）》，广东人民出版社2016年版，第33～34页。

（四）重组广东省科学院，打造技术创新和重大成果转化的高端枢纽

全面深化省部院产学研合作和国际科技合作，以科技促进粤东西北振兴发展，推动科技型中小企业加速发展。截至 2016 年年底，全省已有 37 家省属应用研究型科研院所、24 所高校开展了经营性领域技术入股改革工作，共促成 45 项技术入股成功转化案例，产生股份收益 3.26 亿元。[①] 广东省科学院重组工作圆满完成。推动广东省科学院与地市政府、企业共建海洋技术装备、航空技术装备、生物医药等一批新研发机构，推进广东省科学院与国内外知名高校、大院大所等创新机构的交流，打造广东省技术创新和重大成果转化的高端枢纽。

第二节 广东科技体制改革的主要成就与突出矛盾

从 1978 年到 2017 年，广东科技体制历经了近 40 年的逐步完善和发展，在这 40 年科技体制改革中的每一个时期都取得了阶段性的成效。在改革的第一阶段，以改革拨款制度为首要任务，根据经济建设必须依靠科技的方针，在探索科研生产横向联合和开拓国内外技术市场上取得了一定成就。在改革的第二阶段，以科研机构体制改革为重点，省属 69 个研究所实现转制，在政府职能转变、科技资源市场配置、科技管理体制完善以及以企业为主体的技术创新体系建立等方面取得重大进展。在改革的第三阶段，以开放型区域创新体系为核心，全省科技综合实力稳居全国第一梯队，在四大主体科研机构建设、研发费用税前扣除政策实施、科技型中小企业融资难问题解决等方面拥有显著成效。在改革的第四阶段，省部多元化产学研机制的重要作用越来越得到彰显，在健全发展科技管理体制、加强国内国际科技合作、壮大人才队伍、核心技术攻关等方面取得重大成就。

---

① 参见李妃养、唐强《广东促进科研人员创新创业经验做法、制度障碍与对策》，载《特区经济》2017 年 9 期，第 35～37 页。

一、广东科技体制改革的主要成就

(一) 科技体制改革探索阶段的主要成就

1. 开拓国内外两个"技术市场"

技术市场如同物资、劳务市场一样,是社会主义市场经济的重要组成部分。随着广东技术市场的不断发展和成熟,技术市场变得更具层次化和形式化。1987年,广东全省的技术交易额将近1亿元,比1986年增加了30%,而全省的技术商品经营机构已发展到400多个,技术交易合同比1986年增加了1倍多。技术市场在国有企业、个体经济以及私营经济得到了充分的发展,同时加强开拓了国外技术市场。①

2. 改革拨款制度,初步实现科技经费来源多元化

随着社会主义市场经济的发展,原先的拨款制度已经跟不上时代的发展。广东省对科技事业费按照类型分类进行管理,对农业、医学、基础理论研究和社会公益类型的科研机构实行经费包干制。对科技三项经费,部分实行招标制和有偿使用合同制,在原先的基础上大大优化了拨款制度。

科技经费渠道开始打破了单一依靠政府财政拨款的供给制局面。仅以1987年为例,包括50个科研机构预算外净收入多达1 500万元,占当年财政事业拨款的47%,其中大多数技术开发型的科研机构能够做到经济自立。随着拨款制度的不断改革深化,到1991年12月,全省技术开发型的科研机构基本实现经济自立。

科研机构资金来源多元化。1987年省直属科研机构资金投入为1.35亿元,其中财政拨款事业费为0.2亿元,占总投入的22%,而在1985年,这一比例高达70%。②

拨款制度推动科技与金融的相互结合。截至1991年12月,形成了中央、地方、企业、金融等多渠道的科技投资机制,在省级各项科技计划和星火计划中,金融信贷已经成为主要因素。科技和金融相结合的投资机制在广东如雨后春笋般出现。继原广州市科学技术委员会与广州国际信托投资公司合作创办广州科技投资公司后,原广东省科学技术委员会与广东发

---

① 参见王毓林《广东科技体制改革的实践》,载《科技管理研究》1988年第6期,第1页。
② 参见王毓林《广东科技体制改革的实践》,载《科技管理研究》1988年第6期,第12页。

展银行合办的科技开发信贷部和佛山市与中国新技术创业投资公司合办的投资分公司成立，科技部门与其他银行合办的多种多样的金融机构也随着科技与金融的深化改革相继出现。这项结合直接推动了广东科技事业的发展和技术进步。

3. 促进科研生产横向联合发展

科研生产横向联合是社会主义市场经济和科技体制改革的必然产物，也是经济体制改革和科技体制改革的必然结果，具有广阔的发展前景。科研生产联合体是一种新型的经济组织。据统计，全省10多个科研机构和大专院校建立了近40个科研生产联合体，产值近2亿元，为国家上交税利近4千万元。总体来看，广东的科研生产联合体发展得不够迅速，还存在着发展不平衡、规模小和经济实体类型少的问题。为了解决这些问题，省政府颁布了关于科研生产横向联合的管理办法，进一步放宽政策，给予更多优惠待遇，这使广东的科研生产横向联合得到进一步发展。

4. 改善外部环境，提升科研机构活力

科技体制改革是经济体制改革的重要组成部分，其中心是使科研机构重新焕发活力，其目的是促进科技和社会主义市场经济相结合，形成科技与经济相结合的机制。

（1）加强科研机构的自主权，使科研机构的责、权、利得到统一发展。据统计，截至1991年12月，实行所长负责制的科研机构占60%以上，其中省直科研机构占70%以上。在取得一些进展的同时，由于科研机构是政府行政部门的附属机构，科研机构潜力未被挖掘出来。与此同时，引入和推行承包经营责任制使科技体制改革取得了巨大的成效，科研机构焕发了新的面貌。

（2）改善外部环境。提高科研机构自主权仅仅是改善了内部环境，而外部环境也需要改善。科研机构和企业一样，在各方面都受到约束。广东省各级政府部门在税收、财政、信贷、人事、劳动等方面放宽了政策，使科研机构具有了一定的活力，但从建立新的科技体制的要求看，这还不够，需要进一步放宽政策，进一步扩大科研机构自主权，使其自主地向竞争、开放、联合的方向发展，向社会化方向发展。

(二）科技体制改革突破阶段的主要成就

1. 继续推进科研机构深化改革

1999年，广东省政府发布的《广东省深化科技体制改革实施方案》正式提出对科研机构进行重新定位和分类，要求将69个省直属的独立全民所有制科研机构划分为技术开发类型、咨询服务类型以及体现广东优势和特色的公益类型；同时调整研究经费的使用方向，通过改革科研经费促使科研机构转制更好更快完成。截至2002年，69个省属科研院所已逐步进行了转制。不同类型科研机构的事业费按各自比例全部减拨到位，并且规定科研机构经费应主要通过申请获取重大科技专项及研发任务的方式来获得，科研事业费改养人为办事，性质发生了重大转变。

科研机构改组过程中的企业登记注册程序问题、手续问题、土地使用权出让金问题以及社会保障问题等疑难问题都得到了较好的解决，相关配套扶持政策得以落实。此外，在非营利性科研机构改革方面，非营利性科研机构申报工作完成了初步部署，成绩显著，取得了丰硕的科技成果，拥有良好的经济效益和社会效益，各个体现广东省优势和特色的非营利性科研机构和区域农业实验中心已相继报送《科研机构科技体制改革（初步方案）》。各科研主体和经济实体均得到了不同程度的加强，人才队伍不断壮大，管理水平普遍提高，不少院所的实验室建设、科研水平和经济实力排在国内（省级）同行前列，真正体现了广东优势和特色。

2. 打造以企业为主体的技术创新体系

促使企业成为科技进步的主体是广东省科技体制改革中的重要任务。截至2002年，广东省企业研究开发中心累计达181家，其中2002年新建15家。据《中国区域创新能力报告（2001年）》，广东省区域创新能力排在全国第三位，在10项综合指标中，企业创新能力、大中型企业研究开发投入、产业国际竞争力3项指标位居全国之首。[①] 2001年，广东省企业、科研机构、高等学校这三大研究开发部门中拥有的科技活动人员比例

---

① 参见中国科技发展战略研究小组《中国区域创新能力报告（2001）》，中共中央党校出版社2002年版，第58～60页。

为 81∶5∶14，筹集的科技活动经费比例为 89∶8∶3。① 2002 年，三大部门承担广东省省级各类科技计划项目的比例为 44∶28∶28，争取到的科技经费比例为 41∶35∶24；全省 70% 以上的科技经费来自企业，70% 以上的科技人员进入企业，近 70% 的科技开发机构设在企业，近 70% 的高新技术产品由企业自主开发，真正完成了以企业作为技术创新主体的转变。②

3. 科研机构和大学逐步成为科技创新的生力军

为使广东省科技体制改革顺利进行，促进科研机构和大学成为科技创新的生力军，广东省政府制定了相应的配套措施，鼓励科研人员积极进行科技创新。在完善人事制度和职称评聘制度方面，鼓励科研机构实行院（所）长领导下的首席项目专家负责制和全成本核算的课题试点工作，放宽科技人员入户政策，健全和完善有利于技术开发人员评定职称的专业技术职务评聘制度，等等。另外，在高校科技创新发展方面，广东省高校现有的国家级重点学科继续保持并扩大优势，高校的技术开发机构正逐步转为企业法人，不少校办科技型企业得到创立，并逐步建立了具有独立企业法人资格的广东高校科技成果转移中心。

经过新一轮科技体制改革，广大科技人员积极投身于经济建设主战场，绝大多数科研机构进行了重新定位，主动与市场相结合。省属科研机构争取政府课题经费和面向市场、面向经济社会发展的能力得到加强，科技成果转化和产业化的速度也有所提高。2002 年，省属科研机构争取到的科研项目经费共 3.1 亿元，是 1998 年的 6.9 倍；技工贸收入 15 亿元，比 1998 年的 7.14 亿元增加 1 倍多。③

4. 科技管理体制改革初见成效

为促进科研机构转换运行机制，广东省积极深化科技拨款方式的改革。到 2000 年年底，技术开发类的拨款减拨至零，咨询服务类的减拨至 30%，公益类科研机构经常性事业费予以保留，但要求改变使用方向，重点用于科研任务。科研机构减拨的科学事业费改为通过申请承担重大科技

---

① 参见广东省科技厅《广东科技年鉴（2003 年卷）》，广东省科技音像出版社 2003 年版，第 5 页。

② 参见广东省科技厅《广东科技年鉴（2003 年卷）》，广东省科技音像出版社 2003 年版，第 69 页。

③ 参见广东省科技厅《广东科技年鉴（2003 年卷）》，广东省科技音像出版社 2003 年版，第 69 页。

项目和研究开发任务的形式获取,科研机构离退休人员经费从原来的 8 000～9 000 元/年,提高到约 16 000 元/年。

在科技成果评价和转化方面,从科技成果的评价范围、方法、指标、程序、监督管理五个主要方面继续对以往科技成果鉴定工作进行改革。要求应用基础研究要有所发现,以发明专利为主要的评价方式;要求技术开发的成果要有效益,以市场为主要的评价方式,强化知识产权保护。另外,在 2002 年,广东省重新对设在科研机构内的公证性机构进行了核定,确定了广东省机械产品技术监督质量检验站等 16 个机构为广东省设在科研机构内的公证性技术机构。

中介服务机构建设情况良好。至 2002 年年底,已设立技术贸易机构 6 250 家,从业人员超过 15 万人。① 2002 年,全省技术市场成交额达 68.45 亿元,风险投资机构有 130 多家,资金总额达 120 亿元,建立区域性和行业性生产力促进中心 42 家,形成了多层次、多形式、多渠道的技术交易中介服务体系,推动了技术交易的繁荣发展。② 另外,广东省科技信息网(金科网)覆盖了全省 21 个地级市和 130 个县区以及 60 多个省直科研机构,成为技术创新活动的服务网。

(三)科技体制改革深化阶段的主要成就

1. 自主创新能力显著提高

提高自主创新能力一直以来都是广东省科技工作的首要任务,2011 年,全国首部自主创新促进条例的出台,标志着广东省自主创新促进工作从此进入法制化管理新阶段。

2011 年,广东区域创新能力综合排名连续 4 年位居全国第二,创新绩效等指标位居全国首位,技术自给率达 66.8%。科技投入继续增长,全省 R&D(研究与开发)经费达 1 045.49 亿元,R&D 投入占地区生产总值比重达 1.96%。创新人才队伍不断发展壮大,全省 R&D 人员达 38 万人。全省获国家各类科技经费突破 40 亿元,获国家自然科学基金经费超

---

① 参见广东省科技厅《广东科技年鉴(2003 年卷)》,广东省科技音像出版社 2003 年版,第 5 页。

② 参见广东省科技厅《广东科技年鉴(2003 年卷)》,广东省科技音像出版社 2003 年版,第 69 页。

第五章 广东科技体制改革

过10亿元，基础研究水平和原创性能力建设实现了质的飞跃。专利产出稳步增长，2011年，全省发明专利申请量和授权量分别达52 012件、18 242件，增长27.27%和33.23%，位居全国第二和第一。全省专利密度位居全国第一位，达562.3件/百万人，是全国平均水平的2.37倍。PCT（专利合作协定）国际专利申请受理量连续8年居全国第一。[①]

2. 科研机构体制改革取得新突破

为了进一步推进科研机构的转制，2006年1月，广东省科技厅联合广东省国家税务局、地方税务局和广东省财政局，决定对经广东省人民政府同意的141家中转为企业的科研机构和进入企业的科研机构采取税收优惠政策，解决了转制科研机构后续发展问题，创造宽松发展环境。另外，对转制科研机构提前退休人员的待遇问题进行了处理，共解决了760多名转制科研机构提前退休人员的待遇遗留问题。

大力扶持新型民营科研机构发展，攻克了一批具有产业化前景的关键核心技术，呈现出旺盛的创新力，为全省乃至全国的科技体制改革工作树立了新旗帜。2009年，广东省按照"成熟一个，发展一个"的原则，提出在工业、农业、社会民生、科技服务等领域分别以优势科研院所为依托组建四大主体科研机构。2011年，加快建设四大主体科研机构——广东省工业技术研究院进入实质性建设阶段，华南农业科技创新中心和广东省科技服务业研究院的建设步伐加快，广东省工业技术研究院成功组建，这标志着广东省在深化科研体制改革上取得新突破，在全国具有先行示范作用。

3. 开放型区域创新体系得以完善

根据2003年4月召开的全国区域创新体系建设研究工作研讨会的精神，广东省科技厅把区域创新体系建设作为全省科技发展长远规划的重要组成部分。经过近十年的努力，广东省开放型区域创新体系得到了进一步的完善。2011年，广东省科技活动机构增至4 534个，其中科研机构185个，全日制普通高校科技活动机构549个，企业科技活动机构3 739个，其他类型科技活动机构61个。[②] 另外，为更好加强区域合作，广东省打造了南沙科技创新园、东莞松山湖科技园等多功能、国际化创新园；为深

[①] 参见广东省科技厅《广东科技年鉴（2012年卷）》，广东人民出版社2013年版，第3页。
[②] 参见广东省科技厅《广东科技年鉴（2012年卷）》，广东人民出版社2013年版，第3页。

化粤港澳科技交流，广东省设立粤港共建科技创新平台专项，在惠州开展粤港共建高新区试点工作，进一步促进粤港科技紧密合作。

创新国际科技合作模式，推进国际科技合作示范及建设。广东省共建有省级基地 43 家，国家级基地 13 家，重点开展中医药国际合作研究、新能源国际合作、对独联体（独立国家联合体）国家合作、"走出去"战略等专项计划。按照"哑铃型"模式组建"广东－独联体科技合作联盟"，积极开展多渠道、多形式的对外科技交流与合作，取得了良好成效。2010 年，在白俄罗斯首都明斯克成功举办首届"广东科技节"，广东大型科技节活动首次走出国门，广东企业与独联体合作方对接成功 30 多个项目，签约金额达 2 200 多万美元。"广东－独联体国际科技合作联盟"快速发展壮大，联盟成员单位从 51 家增至 2010 年年底的近 200 家，其中独联体国家的成员单位有 15 家①。

4. 科技型中小企业融资难问题得到缓解

科技投入强度不足，科技型中小企业融资难，一直是制约广东省自主创新能力提升的瓶颈之一。为良好解决科技型中小企业融资难问题，建立社会化、多元化的投入机制，广东省积极实施研发经费抵扣政策。

2009 年，广东省建立全国第一个省政府落实促进企业自主创新政策联席会议制度，企业研发费抵扣额由 2008 年的 15 亿元提升到 50 亿元，抵扣力度位居全国第二位。2011 年，广东省科技厅将企业研究开发费用税前扣除政策宣讲活动向广东省东西两翼、粤北地区推进，研发费用税前扣除政策落实情况不断深入。初步调研显示，2009—2010 年，全省已落实的企业研发费用加计扣除额超过 150 亿元，帮助企业减免税收 37.5 亿元以上。② 另外，2011 年，广东省还牵头制定了《广佛莞促进科技与金融结合试点方案》，申报国家科技金融试点并获得批准，成立广东省科技型中小企业投融资服务中心，进一步促进科技金融试点市工作，珠海、东莞和中山科技金融试点市示范效应初显，探索科技和金融资源全面结合的新机制和新模式取得新突破，科技型中小企业融资难问题得到有效缓解。

---

① 参见广东省科技厅《广东科技年鉴（2011 年卷）》，广东人民出版社 2012 年版，第 4 页。
② 参见广东省科技厅《广东科技年鉴（2012 年卷）》，广东人民出版社 2013 年版，第 32 页。

第五章　广东科技体制改革

（四）科技体制改革完善阶段的主要成就

2012—2016 年，广东省区域创新能力综合排名连续 5 年位居全国第二，稳居第一梯队。5 年间 R&D 经费支出达 8 118 亿元，2016 年占地区生产总值的比重提高至 2.6%，技术自给率达 71%，接近创新型国家/地区水平。专利申请受理量和专利授权量分别达 1 633 736 件和 1 004 189 件，均保持全国第一。科技创新有力支撑产业转型升级，高新技术产品产值达 15.98 万亿元。① 全省从事研发工作的人员达 52 万人/年，规模位居全国第一。"加速器驱动嬗变器研究装置""强流重离子加速器装置"这两个国家重大科技基础设施落户，珠三角大科学工程创新体系加速形成。企业技术创新主体地位加速提升，全省 90% 以上的研发经费来源于企业，70% 以上的省级重大和重点科技计划项目由企业牵头或参与。实施科技业务管理"阳光再造行动"，健全了项目、资金、评价等科技管理制度。②

1. 科技投入体制改革得到深化

2012 年以来，中央和广东省出台了一系列关于深化科技体制改革的政策措施。广东省为了更好地发挥科技在经济社会发展中的积极作用，谋划大部制改革，建立健全科技重大决策机制，在充分发挥科技部门促进自主创新的统筹协调和组织作用的同时，推进科技项目管理改革，优化科技项目管理组织流程，建立健全科技项目决策、执行、评价相对分离、互相监督的运行机制。

2013 年以来，广东省实施科技业务管理"阳光再造行动"，已圆满达到了首期目标，构建新型"511"科技计划体系、优化财政科技投入方式、建设业务管理阳光政务平台、建立权力运行的制衡监管机制、完善科技经费和项目管理制度等重点任务的完成，系统地解决了科技业务管理中存在的问题，有效控制了科研管理的腐败风险点，推动全省科技业务管理效能大幅提高和创新治理水平大幅提升。截至 2016 年年底，初步建立项目决策、执行、评价相对分离、相互监督的权力制衡机制和内外并举的双重监督机制，科技业务管理阳光政务平台正式上线，实现科技业务管理全

---

① 参见广东省科学技术情报研究所《广东科技统计分析报告》，广东省科技音像出版社 2016 年版，第 53～57 页。
② 参见广东省科技厅《广东科技年鉴（2016 年卷）》，广东人民出版社 2017 年版，第 34 页。

过程的"痕迹"管理和信息公开,以及监察、审计、财政等多级多部门的协同监督和审查。经过实践检验,"阳光再造行动"成效得以初步体现,得到省委、省政府和科技部的充分肯定以及广大科技企业人员的认可,并在全国科技界和全社会引起较大反响。①

2. 省部多元化的产学研合作亮点纷呈

2012 年开展省部院产学研合作以来,广东省新建产学研创新平台 53 家、院士工作站 27 家、企业科技特派员工作站 18 家;新增企业科技特派员 909 名,累计达 6 200 名;组建产学研创新联盟 69 家,总数达 103 家。省级财政投入 28 亿元,带动地市财政投入 120 亿元,社会及企业投入达 1 000 亿元,吸引全国 640 多所高校、科研机构的 2.5 万多名专家、教授来粤开展了形式多样的产学研合作,组织实施合作项目 2 万多项,累计实现产值 1.2 万亿元,利税 1 700 多亿元,获得专利 2.8 万多件,为企业培养技术和管理人才 9.1 万人。②

(1)建立健全企业主导的产学研用合作体制机制。企业是产学研用合作的最终受益者和评价者,在科技创新中具有最强的积极性和主动性。高校、科研院所、科技中介机构紧紧以企业需求为导向,以成果产业化为目标,努力推动创新成果转化为现实生产力。2012 年以来,广东省各级政府积极组织广东企业赴全国多个省市开展校企对接活动,加快国家重点建设高校科研成果来粤转移转化。仅以 2013 年为例,广东省新建产学研合作研究院 11 家,院士工作站 34 家,企业产学研合作创新平台 52 家,全省各类产学研合作技术创新平台总数超过 1 600 家;新增企业科技特派员 555 名,累计 7 290 多名,形成科技特派团效应。③ 广东全省积极实施"走出去"战略,组织本省企业与清华大学、北京理工大学、四川大学、上海交通大学等多所名校开展校企对接活动,推动"三部两院一省"产学研合作向纵深发展。

(2)"三四五"体系建设全面铺开,充分奠定省部院产学研协同创新基石。经过多年的探索,广东省始终坚持"勇于探索,敢为人先"的创

---

① 参见广东省科技厅《广东科技年鉴(2014 年卷)》,广东人民出版社 2015 年版,第 38 页。
② 参见广东省科学技术情报研究所《广东区域创新发展研究》,广东省科技音像出版社 2016 年版,第 153~157 页。
③ 参见广东省科技厅《广东科技年鉴(2014 年卷)》,广东人民出版社 2015 年版,第 259 页。

新精神,不断推进产学研协同创新体制建设,目前,已与教育部、科技部、工业和信息化部(简称"工信部")、中国科学院、中国工程院建立"三部两院一省"多主体协同创新合作关系,并探索构建"三大推进机制""四大支撑体系""五大创新模式"的配套执行保障机制,形成广东多主体协同创新发展格局,推动广东科技经济快速发展。

(3)创新资源集聚效应凸显,新型研发机构蓬勃发展。重大科技专项需要集成创新、协同创新和集群发展,这迫切需要进一步完善产学研用体制机制。一是深化省部产学研合作,加强与国家科技专项的对接。新岸线的超高速无线局域网标准,已通过两轮国家重大专项、三次国家评审,并由工信部和科技部同时发文确认为标准牵头制定单位。对于这些国家重大专项项目,广东省整合省部院力量重点突破。二是积极推进产业创新联盟建设。培育壮大一批创新型龙头骨干企业,带动上下游配套中小企业集聚发展,打造一批具有较强国际竞争力的新兴产业集群,形成协同创新、集群发展的良好态势。仅2014年,省部院产学研合作全年实现产值2 500亿元,利税250亿元;累计实现产值突破1.7万亿元,利税2 200亿元;累计建成各类产学研创新平台1 600多家、产业技术创新联盟100多家。三是大力培育新型研发机构。充分发挥新型研发机构的多元化组建模式、企业化管理运行机制、紧密跟踪市场需求服务产业发展等特点和优势,鼓励引导新型研发机构参与组织实施重大科技专项,带动整个产业的联动发展和技术进步。2016年全年新认定省级新型研发机构56家,总数达180家,接近2007年的17倍,研发人员近4.7万人,拥有单价10万元以上的科研仪器设备原值达到83.4亿元,有效发明专利近7 000件,近三年成果转化收入达1 538亿元,累计创办和孵化的企业分别为587家和3 174家[①];拥有一批以深圳光启高等理工研究院、深圳华大基因研究院、东阳光药业研究院等为代表的从事源头性创新的新型研发机构,以及以深圳清华大学研究院、中科院先进制造技术研究院、东莞华中科技大学制造工程研究院为代表的以产学研协同创新为特色的新型研发机构,成为全国

---

① 参见广东省科学技术厅《2016年科技工作总结和2017年科技工作重点》,广东省科学技术厅网站(http://www.gdstc.gov.cn/HTML/zwgk/ndgzjh/1499160753902-5148665800676618545.html)。

深化科技体制改革的旗帜和标杆。①

3. 国际国内科技合作进一步加强

广东省充分利用省部产学研合作平台、省部科技工作会商机制等加强与科技部、教育部、工信部及中国科学院、工程院等的沟通对接，使更多适合广东发展需求的国家重大科技项目落户广东，提升了广东在全国创新体系中的地位和影响力。

（1）推动国内自创区的合作和交流。推动珠三角、中关村、上海张江、武汉东湖等国家自创区之间的合作交流，共同探索产学研合作、中小企业发展、科技金融体系建设、人才引进、国际化发展等方面的有效做法。② 建立科技资源开放和共享机制，建立一批专业性强的实验室联盟，建立大型公共仪器设备、专家资源库、技术标准检测评价机构等协作网络。联合组建产业技术创新战略联盟，互相推进产学研合作，鼓励高校、科研院所、企业联合承担国家重大科技项目，建立人才培养和交流机制。2013 年，广东省政府牵头组织"内蒙古·广东科技交流合作周"工作，签约金额超过 3 630 亿元，推动两地进入经济社会全面合作新时代。

（2）加强与发达国家的高端链接。深化与全球创新高地的战略合作，高标准建设一批国家级国际合作平台，进一步扩大在全国的对外合作影响力，提升与发达国际市场经济体合作水平。积极探索跨境创新链合作，大力吸引国际知名科研机构和创新服务企业，进一步集聚外资研发中心，建立跨国技术转移平台，积极搭建海外孵化器、国际科技创新园。深化国际产业合作，重点加强与美国、欧盟、日韩、以色列、新加坡等发达国家和组织在高端装备制造、新能源汽车、电子信息、生物医药、金融服务、科技服务等现代服务业和战略性新兴产业领域的合作。2013 年，中乌巴顿焊接研究院建设工作进展顺利，为广东核电、船舶、航空、机械、海洋工程、生物医疗等产业的技术创新发挥了重要作用。东莞"国家级环保与水处理国际创新园"、广州"国家级科技服务国际创新园"的基础建设和"招科引资"工作稳步推进。协调推进佛山中德工业园、揭阳中德生态金

---

① 参见广东省科技厅《广东科技年鉴（2016 年卷）》，广东人民出版社 2017 年版，第 90～97 页。

② 参见广东省科学技术情报研究所《广东科技发展战略研究报告》，广东省科技音像出版社 2016 年版，第 139～142 页。

属园等国际合作园区建设并取得新进展。推动完善粤港科技合作机制,加快推进"粤港创新走廊"建设。以"哑铃型"国际科技合作模式为切入点,推动国外高端创新资源与广东产业需求紧密对接,先后与白俄罗斯、乌克兰等独联体国家以及以色列、德国等发达国家建立长效合作机制。

4. 创新人才引进和培养力度不断加大

科技创新的关键在于人才,突出抓好以高层次人才和高技能人才为重点的各类人才队伍建设成为重中之重。自2012年以来,广东省下重本钱引进了三批海内外创新科研团队和科技领军人才,取得了很好的成效,在国内外引起了强烈反响。广东省财政资金累计投入14.95亿元,带动地市财政和社会投入80多亿元,顺利引进3批共57个创新科研团队和49个领军人物,集聚各类创新人才近6 000人,为广东省带来一大批产业发展急需紧缺的关键核心技术。

截至2013年年底,广东省前三批引进的57个创新创业团队在粤工作取得明显成效,已发表SCI/EI(科学引文索引/工程索引)收录论文1 504篇,多篇论文影响因子超过30,领跑国际先进水平;申请发明专利3 343件,PCT专利430件,获授权发明专利426件,PCT专利77件;获软件著作权100项;参与承担制定标准134项;研发出新产品、新装备等413项,实现销售收入共计16.92亿元,带动上下游2 300多家企业实现产值55.14亿元;新增引进人才1 771人,是引进之初的5倍。[1] 2016年,深入实施"珠江人才计划",引进五批117个国内外高水平创新科研团队,新增"两院"院士7人,新建院士工作站12家,吸引全国115名院士来广东开展产学研合作工作;新建企业科技派员工作站16个、人员超过4 600名,帮助企业解决一批核心技术难题;推进"扬帆计划",启动首批省培养高层次人才特殊支持计划。[2] 两大人才计划使广东省初步形成"引育并举、立体支撑"科技人才工作新局面。另外,省委、省政府完善人才评价体系,建立以科技成果转化和产业化为导向的人才评价激励机制,充分发挥高校、科研院所以及各类创新平台对人才的培养作用,大力造就适应广东省经济社会发展需要的规模宏大、素质优良、结构优化的各类人才队伍。

---

[1] 参见广东省科技厅《广东科技年鉴(2014年卷)》,广东人民出版社2015年版,第222页。
[2] 参见广东省科技厅《广东科技年鉴(2014年卷)》,广东人民出版社2015年版,第31页。

5. 关键共性技术攻关取得新突破

广东省积极创新科技管理模式，集中优势资源实施省级重大科技专项，累计投入省财政专项资金 14.2 亿元，带动相关支柱产业实现产值 1 200 亿元以上，在节能减排、新药创制、电子信息、轻工装备、家电等领域突破一批制约产业发展的技术瓶颈。① 特别是自 2012 年以来，省财政投入 30 亿元开展战略性新兴产业核心技术攻关专项行动，有望取得一批拥有自主知识产权的核心技术和装备，掌握战略性新兴产业发展的主动权。同时，加快推进战略性新兴产业核心技术攻关，积极引导参与制定新兴产业的国家和国际标准。加强技术集成、工艺创新与商业模式创新，重点在 LED（发光二极管）、"数控一代"机械产品、建筑节能等领域实施创新应用示范工程，推动重大创新成果加快产业化。

广东省以工业企业为创新主体的态势持续稳定发展，创新主体实力得到增强，企业研发主体不断向高技术产业企业良性聚集。仅 2014 年全年，广东省 R&D 经费内部支出达 1 605.5 亿元，其中工业企业 R&D 经费内部支出达 1 375.3 亿元，比上年增长 11.1%。工业企业 R&D 经费内部支出占全省 R&D 经费内部支出比重达到 85.7%。企业当年研发用仪器设备投入力度持续增长，规模以上工业企业当年研发用仪器设备投入为 124.3 亿元，比上年增长 5.1%。广东省工业企业开展 R&D 项目（课题）4.29 万项，比上年增长 4.9%。工业科技创新项目中，烟草制品业，皮革、毛皮、羽毛及其制品和制鞋业，造纸和纸制品业研发势头有强劲表现，其 R&D 项目（课题）数分别比上年增长 100%、97.8%、37.2%。2014 年，广东省工业企业发明专利申请 5.56 万件，比上年增长 17.8%；广东省工业企业共投入新产品产值 20 057 万亿元，新产品销售收入达 20 313.3 万亿元，分别比上年增长 11.5% 和 12.7%。②

2016 年，全省组织实施重大科技专项，完成一批重点领域核心关键技术和重大创新产品布局，其中 53 项核心关键技术达到国际领先或先进水平，181 项达到国内领先或先进水平。全省有效发明专利量和 PCT 国际

---

① 参见李朝庭《广东产学研合作现状成果转化问题分析报告——广东特色产业镇区》，载《广东特色产业镇区》2016 年 9 月期，第 29 页。

② 参见广东省科学技术厅《广东科技年鉴（2015 年卷）》，广东人民出版社 2016 年版，第 61 页。

第五章　广东科技体制改革

专利申请受理量分别增长21%和55%。新组建产业技术创新联盟82家，总数达204家，累计攻克产业关键性、共性技术4 000多项。①

二、广东科技体制改革的突出矛盾

广东作为中国改革开放的实验区和先行地，在40年的科技体制改革中取得的成就值得肯定，但广东科技体制改革中存在的问题和矛盾也是不容忽视的。尤其是党的十八大以来，习近平总书记高度重视科技体制改革，这对处于新时代的广东更是提出了新的要求。当前，广东正处在加快转型升级、建设幸福广东的关键时期，深入推进自主创新、加快提升区域创新能力、努力建设创新型广东，已经成为当前和今后一段时期经济社会转型升级的重中之重。但是，我们必须清醒地看到，与世界发达国家和地区相比，与广东经济社会发展的新要求相比，自主创新能力不强、核心技术和高端人才缺乏、科技创新体制机制仍不完善等突出问题仍然是广东科技发展最突出的短板。

（一）科技创新能力与产业转型升级的要求不相适应

1. 研发项目含"金"量不高

以2014年为例，全部科技项目中非R&D项目有1.79万个，占科技项目的30.4%，非R&D项目占科技项目的比重过大。其中，属于技术改进、改造和产品优化的项目占11.4%；属于引进应用的项目占1.7%；属于产业化与成果推广的项目占9.2%；属于科技园区（中心、院、所）等其他建设类项目占8.1%。在对限额以上科技项目统计中，R&D项目有2.64万个。其中，技术含量低的项目占认定项目数量的21.5%，同类型或技术特点相似的项目占18.2%，简单的技术集成研发项目占13.1%。政府资金投入偏少，工业企业中政府资金用于核心研发项目上的经费总量和比重仍然不高②，对微型企业特别是创业初期或处于孵化期的科技型微小企业的研发经费资助更是偏少。据统计，工业企业来自政府的R&D经

---

① 参见广东省科学技术厅《2016年科技工作总结和2017年科技工作重点》，广东省科学技术厅网站（http://www.gdstc.gov.cn/HTML/zwgk/ndgzjh/1499160753902-5148665800676618545.html）。
② 参见《2014年广东工业企业研发情况分析》，广东统计信息网（http://www.gdstats.gov.cn/tjzl/tjfx/201602/t20160229_324611.html）。

费，大中型企业为 31.6 亿元，占了总量的 81.2%；小型和微型企业为 7.3 亿元，仅占总量的 18.8%。

2. 优惠政策落实不到位

以 2016 年为例，广东省从事研发活动的高新技术企业有 3 100 家，其他企业有 2 600 家，研发费加计税费减免共 44.25 亿元。高新技术企业研发经费为 899.4 亿元，仅完成加计税收减免经费 37.7 亿元（按 15% 税费减免，理论上可达到 202.4 亿元）。其他一般性企业研发经费 338.1 亿元，仅完成加计税收减免经费 6.6 亿元（按 25% 税费减免，理论上可达到 126.8 亿元），实际已减免经费仅占理论可减免经费的 13.4%，企业实际享受的税费减免与理论上可以享受的税费减免相差较远。

3. 研发资源过于集中

广东省工业企业研发经费资源仍过度集中于局部地区、单一行业和企业。① 以 2013 年为例，广东省珠三角地区工业企业 R&D 投入经费为 1 123.8 亿元，占全部工业企业 R&D 经费的 90.8%。在工业企业中，计算机、通信和电子设备制造业 R&D 经费投入为 586.1 亿元，占全部工业企业的 47.4%；电气机械和器材制造业 R&D 经费投入为 150.1 亿元，占全部工业企业的 12.1%。在高新技术领域新材料、环保和生物医药产品制造行业的 R&D 经费投入却偏少，如信息化学品、生物药品、航空航天设备、环境保护设备制造和稀土金属冶炼的 R&D 经费投入，分别为 1.8 亿元、5.1 亿元、0.9 亿元、1.4 亿元和 0.27 亿元。粤东西北地区的科技经费、R&D 经费、新产品开发经费只占全省的 6%～7%。粤东西北地区的科技经费投入主要靠政府，比重高达 63.13%。该地区科技体制改革相对滞后，政府仍承担着主要作用，而民间资本在参与科研方面的作用还比较弱。

（二）高校和科研机构的科研力量相对薄弱

由于历史原因，广东省重点高等学校和科研院所较少，高层次创新人才不足，科研力量相对薄弱，虽然广东省企业科技创新取得了新的进步，但作为经济和科技发达省份来讲，还存在一些不足。以 2014 年为例，广东省 41 000 家规模以上工业企业中，仅有 2 908 家设有科技研究机构，机

---

① 参见广东省科技厅《广东科技年鉴（2014 年卷）》，广东人民出版社 2015 年版，第 49 页。

构设置率仅为 7.1%，多数工业企业有组织的科研活动开展不多。企业对基础研究和应用研究的投入比重连续多年过低，企业研发投入的结构还不合理，影响了企业的核心创新竞争力。由于广东省的科技体制改革尚未彻底，企业尚未真正成为技术创新主体，广东省的区域创新体系还不够完善。比如，区域创新体系与产业发展体系的融合互动不够深入，两者之间还存在一定的"距离"，创新对产业的驱动力还不够强大，等等。

（三）科技成果转化效率仍然较低

广东省产学研紧密结合，积极服务经济社会发展，取得较好经济效益，但科研技术转移和成果转化率较低，对经济社会发展的贡献率不高。以 2014 年为例，全省高校技术转让合同共 338 项，合同金额为 2.10 亿元，当年实际收入为 1.28 亿元，高校与地方共建的科研平台产生的直接和间接效益超过 100 亿元。近 3 年来，全省高校承担事业单位委托课题超过 2 万项，解决企业技术难题超过 3 万个，为企业带来经济效益超过 5 000 亿元。但是，全省高校创新成果转化率低、服务经济社会发展能力不强的问题也比较突出。2013 年，全省高校发明专利转让合同数、金额分别为 80 件、0.19 亿元，低于北京（193 件、1.73 亿元）、上海（253 件、0.49 亿元）、江苏（429 件、1.44 亿元）的水平；高校从事 R&D 活动的人员仅占全省总数的 3.9%，与全国高校 9.2% 的平均水平有较大的差距。目前，广东的高校专利实施率仅为 36%，远低于企业 88.3% 的平均水平[①]，广东省高校和科研机构科技成果转化活动日趋活跃，在实践中存在一些制约科技成果转化的体制机制问题和政策障碍。

第三节 广东科技体制改革的经验与启示

改革开放 40 年以来，围绕科技体制改革，广东省在全面推进开放性科技创新体系建设、推动高新技术企业培育、自主核心技术攻关、科技金融产业融合发展等各个方面提供了许多宝贵的经验。

---

① 参见广东省科学技术情报研究所《广东区域创新发展研究》，广东省科技音像出版社 2016 年版，第 138 页。

一、坚持科学技术是第一生产力的理念

坚持把推动科技进步摆在现代化建设事业的重要位置，为推动经济社会又好又快发展提供强大的科技支撑。科学技术的发展极大地推动了国家和人民的发展。改革开放之后，邓小平同志也再三强调发展生产力的重要性。1992年，他提出了"发展才是硬道理"的著名论断。习近平总书记指出，"实施创新驱动发展战略，是加快转变经济发展方式、提高我国综合国力和国际竞争力的必然要求和战略举措，必须紧紧抓住科技创新这个核心和培养造就创新型人才这个关键，瞄准世界科技前沿领域，不断提高企业自主创新能力和竞争力"。发展才是硬道理，把发展生产力作为社会主义建设的根本任务，符合马克思主义基本原理。只有生产力发展了，才能提高人民的生活水平，才会更好地推动科学技术不断向前发展。发展的优势蕴藏于知识和科技当中，科学技术的进步和不断的创新是发展生产力的决定因素。面对当今世界科学技术突飞猛进和知识经济迅速兴起的巨大挑战，最重要的是创新，创新是民族进步的灵魂，是国家兴旺发达的不竭动力。科学的本质是创新，创新的关键又在人才，而人才的成长和培育靠教育。人力的资源是第一资源，科学技术实力和国民教育水平始终是衡量综合国力和社会文明程度的重要标志。因此，全面落实科学技术是第一生产力的思想，坚持教育为本，把科技和教育摆在经济社会发展的重要位置，增强我国的科技实力和向现实生产力转化的能力，把经济建设转移到依靠科技进步和提高劳动者素质的轨道上来，加速实现我国的繁荣富强。广东科技工作紧紧围绕主题主线和"三个定位、两个率先"总目标，在全国率先建成创新型省份，成为全国创新型区域、国家战略性新兴产业基地、亚太地区重要的创新中心和成果转化基地，走出一条具有广东特色的自主创新之路。

二、集中力量加强关键核心技术攻关

优化和调整省重大科技专项，瞄准国际产业方向和竞争制高点，在颠覆性前沿技术领域，着力突破一批关键核心技术和战略产品，形成一批产值超百亿元、超千亿元的新兴产业。瞄准国际产业前沿和竞争制高点，加强基础研究和战略高技术的前瞻部署，重点在无人智能技术、第三代半导体材料与器件、新能源汽车动力电池及动力系统和移动互联网关键技术与

器件等领域，突破掌握一批核心关键技术。另外，要提升高校和科研机构源头创新能力，紧密对接国家一流大学和一流学科建设计划，大力推进广东省高水平大学建设，重点建设一批高水平理工科大学，加快发展一批理工类、应用型重点学科。鼓励广东省科学院与地方政府、企业共建一批新型研发机构和科技企业孵化器。持续加强科技成果转移转化成为技术攻关的重要组成部分，从解决全省最紧迫、最突出、最重大的科技需求问题入手，有针对性地筛选一批省部院重大科技成果在珠江东岸、西岸布局与落地转化。建设一批科技成果转移转化平台，重点推进华南（广州）技术转移中心建设。强化科技成果转移转化市场对接服务，壮大科技成果转移转化人才队伍。

广东科技创新面向市场推动技术创新，对企业、大学和研究开发机构来说，是市场竞争的需要。从政府角度来看，在推动科技创新的过程中，树立面向市场需求的公共创新政策环境，大规模聚集创新资源驱动创新经济大发展，充分发挥市场机制在促进产业结构优化升级中的作用，是更好地支持引导企业转型及经济结构调整的需要。得益于支撑科技创新的市场经济基础框架，广东开放、公平竞争的市场环境吸引了创新人才及资源的不断聚集。加快转变经济发展方式的重要任务之一是培育和发展战略性新兴产业，而发展战略性新兴产业，至关重要的是加强科技创新，突破关键核心技术。选择关键核心技术、确定新兴战略性产业直接关系广东经济社会发展全局。另外，在大力发展新一代信息技术产业、提升先进制造业国际竞争力、促进优势传统产业升级、建设循环经济和智慧城市等诸多涉及经济发展方式转变的领域，也必须依靠核心技术的突破和应用这个根本前提。

三、着力培养和广泛集聚高层次创新人才

科技创新的关键在于人才，人才资源是科技创新的第一资源。当前，广东省正处于经济社会发展转型、经济发展方式转变的关键时期，如果说促进产业转型升级是广东省当前经济工作最为紧迫的任务，那么高层次人才资源便是广东省当前经济工作最为紧缺的资源。众所周知，人才的数量、结构和素质在很大程度上决定着一个省的科技创新能力，倘若一个省缺乏一支数量宏大的高层次人才队伍，那么，这个省的经济社会发展就没有后劲，更不可能真正实现转型升级。因此，抓好以高层次人才和高技能

人才为重点的各类人才队伍建设是促进广东省经济建设、推动经济发展所必需的工作。

对高层次人才，应采取培养和引进相结合的方式来获取。加大资金投入，吸引更多的海内外领军人才、拔尖人才到广东创业；充分利用"三部两院一省"产学研合作框架和"哑铃型"国际科技合作模式广泛招纳国内外高端人才；认真做好引进高层次创新科研团队和领军人才工作，特别要引进一批广东省发展战略性新兴产业急需紧缺的创新科研团队；继续做好服务工作，为这些引进来的创新团队和领军人才营造良好的工作生活环境。

当然，在积极引进急需的高层次人才的同时，更重要的是要加强广东省自身人才的培养，这才是解决广东省人才问题的治本之策。应充分利用国家和省级实验室体系、工程技术研发中心等行业公共平台，培养产业转型升级急需的各类科技人才；坚持将人才培养与实施重大科技专项计划相结合，在创新实践中发现人才、培养人才、凝聚人才；大力推行博士后特约研究员制度，探索建立博士科学研究院。与此同时，还要完善各类人才管理和服务体系；修订完善引进创新科研团队的系列管理办法，做好后期跟踪管理服务工作；加快完善各类人才的评价考核制度和激励机制；破解制约自主创新和青年人才发展的深层次问题；积极改善各类人才住房、子女入学等工作和生活条件，为科技人才脱颖而出、施展才干提供更大的舞台和更多的机会。

总之，我们要创造人才成长和干事创业的良好氛围，努力在广东省内形成招贤纳才、人才辈出、人尽其才、才尽其用的生动局面。想方设法把领军人才吸引进来，通过多种渠道把优秀人才培育出来，不拘一格把各类人才任用起来，让广东始终成为人才创新创业的热土。

四、全面推进开放型科技创新体系建设

开放型创新是广东省开展科技创新的一大特点和突出优势，深化广东省科技体制改革必须坚持对外开放的原则，建设开放型区域创新体系，组织国内外优势资源到广东省开展协同创新。实践证明，在开放合作中推进科技创新，对突破广东省创新资源瓶颈、快速提升自主创新能力、促进产业转型升级具有重要作用，必须毫不动摇坚持下去。

对内要针对广东省不同地区发展的实际，努力构建创新型广东建设新

格局。一方面,要加快完善以珠三角地区为中心的开放型区域创新体系,充分发挥珠三角地区在市场机制、产业配套和法制环境等方面的优势,继续组织实施各类重大科技专项,加快引进创新团队和人才,优化重大创新平台布局,加快完善科技服务体系,争取更多的国家创新资源落户,推动珠三角成为亚太地区开放型区域创新中心和成果转化集散地。另一方面,要大力实施以粤东西北地区为重心的区域科技协调发展计划。在粤东西北地区布局建设一批以高新区、产业转移园、农业科技园、民营科技园等为重点的科技创新载体,在各地实施一批支撑当地支柱产业发展的重大科技项目,推动粤东西北地区加快提升科技创新能力。重点推动一批省级重大创新平台落户粤东西北地区,充分发挥广东省科教领导小组的统筹协调作用,着力加强与省发改、经信、财政、教育、金融、农业、林业、水利、海洋渔业等部门的协同合作,省市联动、部门协同日益深入,围绕产业链部署创新链,通过珠三角地区的产业转移和科技辐射,推动粤东西北地区与珠三角地区创新对接合作。

对外要全方位加强国际科技合作,科学技术是世界性的、时代性的,发展科技必须具有全球视野。坚持"引进来"和"走出去"相结合的策略,积极融入全球创新网络,进一步拓展与欧美、亚太、俄罗斯、以色列等国家和地区的科技合作,创新合作机制,学习和借鉴欧洲"地平线2020"等先进科技计划组织的实施经验,借助外脑的力量提升重大科技专项的项目管理和技术创新水平。用市场经济的方式整合全世界的资源以弥补广东省科技创新不足之处,着力于源头科技创新研究,争取在激烈的国际创新竞争中崭露头角。进一步解放思想,着力打破体制机制束缚,充分集聚国际国内创新资源,促进各类创新资源顺畅流动和组合,推动创新主体之间开展协同创新,并提供完善的配套条件,形成全省、全国乃至全球的协同创新网络。

五、坚持以市场为导向的科技体制改革

传统科技体制的一大弊病是政府在科技资源配置上大包大揽,没有发挥市场机制在推动科技创新中的作用。市场的缺位,一方面使整个科研体系僵化,科技创新缺乏活力;另一方面导致创新成果难以实现转化和产业化,很多科技成果只能成为"纸上成果",既严重挫伤了科技人员的创新积极性,又造成了人力物力资源的巨大浪费。毋庸置疑,在目前广东省新

型研发机构发展处在起始阶段，发展中还面临不少困难和问题的情况下，政府的支持与推动十分重要，但充分发挥市场化优势对推动广东省科技的发展更为关键。另外，广东省的科技资源本身并不丰富，所以充分发挥市场化优势，进行科技资源配置，确立企业在技术创新中的主体地位尤为重要，只有这样，才能推动各地科技资源向广东集聚，进而促进科技创新，加快科技成果向现实生产力转化。

当然，各级政府还要承担起应负的责任，将政府的"有形之手"与市场的"无形之手"紧密结合起来，使两者在推动新型研发机构发展过程中形成合力。广东省十一次党代会报告中关于"加快转型升级"部分就强调，"必须把创新作为核心推动力。企业是技术创新的主体，政府的责任是为企业创造良好的创新环境"。这与党中央的要求是一致的。总之，要正确处理好政府、市场和社会的关系，把市场在推动新型研发机构发展过程中的作用充分发挥出来，运用市场的优势和力量，解决新型研发机构发展面临的问题，更好地推动科技成果的转化和应用。

六、着力培育发展高新技术企业

广东省不断加强高新技术企业的培育力度，全省高新技术企业数量和质量稳步增长，高新技术产品进出口额实现持续增长。广东省实现了21个地市省级以上高新区的全覆盖，广东省国家高新区正在实现从要素驱动向创新驱动转变，使技术、人才等创新资源成为高新区发展的主要动力。专业镇科技创新载体建设已成规模，创新载体形式多样，形成省市县镇多级创新发展平台体系。科技企业孵化器建设运营模式正呈现政府主办型、政企共建型、民营主导型齐头并进的发展趋势，一批新型创业孵化加速载体在全省各地兴起。广东省高新技术企业研发人员、科技投入、科技项目研发数、成果转化数、专利产出、高新技术产品产出等指标都在逐年攀升，呈现良好的发展势头，成绩显著。

一是广东省全面推进珠三角国家自主创新示范区建设。在资源共享、区域协同创新、科技服务业区域试点、科技成果转移转化等方面先行先试，打造广东经济转型升级引领型重大平台。[①] 二是优化创新区域布局。

---

① 参见赵井卫《创新科技服务模式促进科技成果转化》，载《中国公路》2017年第17期，第62～64页。

加强珠三角与粤东西北地区在创新驱动发展中的协同和联动,创新高新区、专业镇对口合作机制,重点打造深汕特别合作区等一批协同创新平台,实现人才、资金、技术、知识等创新资源的流动与共享。三是培育壮大高新技术企业。建立广东省高新技术企业数据库,引导入库企业加大研发投入。

七、大力推动科技金融产业融合创新

广东省科技厅大力推进全省科技金融服务体系建设,依托粤科金融集团、广东省生产力促进中心和广东金融学院组建覆盖全省的科技金融综合服务网络,搭建广东省科技金融信息综合服务平台,积极实施科技金融特派员行动,通过聚集各地科技金融资源开展相关服务,强化风险投资、融资担保、技术交易、知识产权质押融资等科技金融服务。

科技金融是促进科技开发、成果转化和高新技术发展的金融制度、金融政策、金融工具、金融服务的系统性与创新性安排。党中央、国务院高度重视科技金融的融合发展。当前,广东省正处于经济社会转型升级、爬坡越坎的关键阶段。加快推动科技金融融合发展,既是当前深化科技体制改革、扶持科技企业发展壮大、全面实施创新驱动战略的内在要求,也是金融改革创新、拓展金融服务功能、建设金融强省的现实需要,对加快转变经济发展方式至关重要。我们要深刻认识到,一方面,促进科技和金融紧密结合,是培育扶持科技型企业、建设创新型省份的重要保障。① 目前,政府投入在引导市场发挥配置创新资源的基础性作用方面尚未建立起长效机制,成果转化、创业和产业培育所需要的资金链还未形成,必须从科技和金融结合入手,深化科技体制改革,牢牢抓住资源配置这条主线,完善财政科技资金投入机制,引导社会资本投入科技创新,建立有效的科技金融服务机制,开发形成针对科技型企业不同阶段、不同需求的科技金融产品,发展多元化、多层次科技金融支持体系,才能解决科技型企业融资难问题,破除制约科技成果转移扩散的障碍,切实加快科技企业和新兴产业的孕育成长。另一方面,促进科技和金融紧密结合,是金融服务实体经济、助推经济转型升级的有效途径。金融作为现代

---

① 参见广东省人民政府发展研究中心《广东发展蓝皮书》,南方日报出版社2008年版,第185页。

经济的核心,已经渗透到国民经济的各个领域,涉及方方面面,其最大的功能不仅在于自身实现科学健康发展,还在于金融对实体经济和社会民生的支持力度和服务水平。由于科技创新活动往往前期投入大,不确定性较高,因此,必须充分发挥金融杠杆作用,撬动财政资金、私募股权资本和社会资本,才能为各类创新活动提供最大限度的资金支持。广东省拥有发达的实体经济、雄厚的金融资源,推动科技、金融、产业融合发展,是广东省提高自主创新能力、加快转型升级的重要途径。发展普惠性科技金融,发展壮大创业投资,引导社会资本和金融资本支持各类科技创新平台发展,带动风险投资(简称"风投")、创业投资(简称"创投")、信贷、保险等共同投入科技产业,健全财政资金与社会资本投向科技产业的联动机制。① 加快科技创新平台体系建设,积极筹建国家级科研平台,健全广东省实验室体系。

八、大力营造激励创新创业的良好生态环境

广东的创新环境位居全国第二位,其中创新基础设施、创业水平两项指标排名全国第一,劳动者素质以及市场环境的排名分别位居全国第二、第三位。② 在政策环境上,广东省修改并完善了我国第一部鼓励创新的地方性法规《广东省创新促进条例》,在全国率先实施企业研发准备金制度、进行经营性领域技术入股改革、探索实行"海外人才绿卡制度"等重大改革举措,实施了"珠江人才计划""扬帆计划""广东杰青"等重大人才创新工程,精准发力打好政策"组合拳",为释放创新活力、促进创新创业和培育新兴产业提供有力的政策保障。

广东省积极落实国家支持企业研发、加速科技成果转化、发展创业投资的相关税收优惠政策,积极实行更加普惠的创新扶持政策,健全有利于产业创新发展的价格政策,推行支持新产业、新业态发展的土地利用政策。另外,全省上下组织实施省级科技业务管理"阳光再造行动(2.0版)",加强科研项目全过程管理,改革科技评价体系,完善立项决策会

---

① 参见广东省人民政府发展研究中心《广东发展蓝皮书》,南方日报出版社2008年版,第196页。

② 参见李栋亮、陈宇山《广东创新环境建设的实践与对策研究》,载《科技管理研究》2013年第22期,第24~27页。

第五章 广东科技体制改革

商制度、重大项目论证制度、项目立项评审评估及决策机制等，健全专家遴选与退出制度，强化绩效激励、监督与评估，推进科研信用体系、科研报告制度、信息公开问责质询机制建设。① 大力推进科研项目审批制度改革，简政放权，提升服务效率，建立科技咨询制度，落实战略规划、政策保障、评价监督等职责，切实推动政府科技管理方式从以项目管理为主加快向以创新治理为主转变。

完善科技创新服务体系成为营造创新创业环境的重要环节，广东省进一步加强对国家级生产力促进中心、国家技术转移示范机构、广东省科技服务业百强机构等骨干机构的能力建设，有序推进检验检测认证机构整合，推动科技服务机构加强技术集成创新和服务模式创新，打造科技服务业高端品牌，同时推进建设全省统一的"科技创新创业网络信息平台"和中小企业金融超市，加快发展"互联网+"创新创业公共服务网络。深入实施全民科学素质行动计划，推动公民科学素质以及科普基础设施建设，积极倡导勇于创新、宽容失败的创新文化。

---

① 参见广东省科学技术情报研究所《广东科技统计分析报告》，广东省科技音像出版社2016年版，第29～38页。

第六章　广东开放型经济体制改革

　　对外开放是我国的基本国策。习近平总书记在党的十九大报告中提出"推动形成全面开放新格局""发展更高层次的开放型经济"。40年来，中国坚持对外开放，推进对外开放理论和实践创新，确立开放发展新理念，实施共建"一带一路"倡议，倡导发展开放型世界经济，积极参与全球经济治理，使我国开放型经济新体制逐步健全，对外贸易、对外投资、外汇储备稳居世界前列，对外开放取得新的重大成就，在走向世界的过程中实现了自身跨越式发展。

　　党的十九大对推动形成全面开放新格局做出重大部署，开启进一步走向世界、发展更高层次开放型经济的新征程。习近平总书记明确提出我国要建设现代化经济体系，要以"一带一路"建设为重点，坚持"引进来"和"走出去"并重，形成"陆海内外联动、东西双向互济"的开放格局。拓展对外贸易，培育贸易新业态、新模式，推进贸易强国建设。优化区域开放布局，加大西部开放力度。赋予自由贸易试验区更大的改革自主权，探索建设自由贸易港。创新对外投资方式，促进国际产能合作，形成面向全球的贸易、投融资、生产、服务网络，加快培育国际经济合作和竞争新优势。推动形成全面开放新格局是2018年政府工作的重点。进一步拓展开放范围和层次，完善开放结构布局和体制机制，以高水平开放推动高质量发展。广东是改革开放的排头兵。习近平总书记在参加十三届全国人大一次会议广东代表团审议时发表重要讲话，充分肯定了党的十八大以来广东的工作，深刻指出广东在我国改革开放和社会主义现代化建设大局中的重要地位和作用，对广东提出在形成全面开放新格局上走在全国前列的要求。习近平总书记从战略和全局高度为广东发展把脉定位，具有十分重大而深远的指导意义。回顾和总结广东改革开放40年开放型经济体制改革

第六章　广东开放型经济体制改革

走过的历程,能为广东及全国构建开放型经济新格局和深化开放型经济体制改革提供宝贵经验和实践基础。

第一节　广东开放型经济体制改革的历程

改革开放40年,我国对外开放环境发生了深刻变化。以经济特区为代表的第一次对外开放浪潮推动中国走上了市场化之路;以加入WTO(世界贸易组织)为代表的第二次对外开放浪潮推动中国实现了从计划经济向市场经济的初步转轨;以自由贸易区为代表的第三次对外开放浪潮将推动中国越过改革的攻坚期和深水区,建成发达的现代市场经济[1]。当前,全球经济复苏曲折,保护主义、单边主义、民粹主义及逆全球化思潮不可低估,中国经济只有向高质量阶段发展,才能在当今全球竞争中立于不败之地[2]。高水平开放作为经济高质量发展的关键,加快形成全面开放新格局,深化开放型经济体制是实施高水平开放的当务之急。

党的十九大报告提出,我国面对当前复杂的国际国内形势,要主动参与和推动经济全球化进程,发展更高层次的开放型经济,不断壮大我国经济实力和综合国力。广东作为全国改革开放的排头兵、先行地、实验区,对外开放是广东发展最突出的优势,开放型经济体制改革走在全国前列,经历了从经济特区到自由贸易区的三次对外开放浪潮,向外以经贸合作为重点,建设"一带一路"倡议的枢纽和经贸合作中心,加强与"一带一路"沿线国家合作,在"陆海内外联动、东西双向开放"的全面开放新格局中发挥重要引擎作用;向内拓展泛珠三角区域合作空间,推动区域协调开放。

---

[1] 参见李文溥、陈婷婷、李昊《从经济特区到自由贸易区——论开放推动改革的第三次浪潮》,载《东南学术》2015年第1期,第19~27页、第246页。
[2] 参见魏建国《高水平开放的关键是理念转变》,载《北京日报》2018年3月19日,第13版。

广东经济体制改革 40 年

一、试点开放阶段，初步探索市场经济体制（1979 — 1984 年）

（一）设立经济特区，激活市场活力

1. 价格体制改革

经济特区要吸引外资对接全球市场，就必须搞活市场经济，价格就要由市场供求决定。放开价格、实现价格自由化是特区建设的重点。由于价格体制改革难度非常大，中央采取了非常慎重的态度，从 1984 年才开始放开部分商品价格，实行生产资料价格"双轨制"。深圳经济特区先行一步，一开始就基本放开了生产资料价格，并且价格水平略高于内地；不搞双轨制，一开始就对重点生产建设所需的生产资料进行价格浮动幅度控制。到 1984 年年底，深圳已放开价格的商品约占社会商品零售额的 80%，当时全国仅占 30%。深圳经济特区为我国改革开放之初探索市场经济体制提供了宝贵经验。广东省经济特区的探索试验，是以价格改革为中心带动整个经济体制的改革，从而实现对外开放、发展多种经济成分的。此外，经济特区还在建筑管理体制、土地使用制度、国有企业改革、金融和保险制度改革、住房制度改革等方面进行探索，为下一阶段的改革奠定基础和创造条件。1984 年 2 月，改革开放的总设计师邓小平同志视察了深圳、珠海、厦门经济特区，高度赞扬了社会主义经济特区的发展建设和巨大成就，肯定了经济特区解放思想、大胆探索的做法和经验。

2. 劳动用工和工资制度改革

深圳作为广东对外开放最前沿、实力最强的经济特区，在广东建立开放型经济体制中起骨干作用和带头作用，在劳动用工和工资制度等方面也有所突破。外商在经济特区开办工厂，需要雇佣工人，并要按照市场经济规则解雇工人，这违背了我国传统体制下"统包统分"的劳动用工制度。为此，深圳打破了"铁饭碗"，实行劳动用工制度改革。从 1980 年起，深圳用不到 5 年的时间就完成了劳动用工制度的改革，形成了以合同制为基本特征的劳动用工制度，用灵活的新体制代替了"统包统分"的旧体制。深圳自下而上的工资分配制度改革也初见成效。由于传统计划体制下大搞平均主义、"大锅饭"，导致干多干少一个样，干与不干一个样，严重束缚了劳动者的积极性、主动性和创造性。深圳进行工资分配制度的改革，充分调动劳动者的积极性、主动性和创造性，打破了我国传统的工资制度，对全国的企业分配制度改革具有非常重大的意义。

（二）"三来一补"和"三资"企业发展新模式

广东省在对外开放初期，经济基础较差，技术力量薄弱，资金人才短缺。广东省充分利用毗邻港澳地区的人缘、地缘优势和政策优势，率先引进"三来一补"企业，积极承接港澳地区制造业转移，形成了"前店后厂"的经济关系，打开了开放型经济发展的局面。兴办"三来一补"企业，对广东省而言，既可以收取工缴费，获得外汇收入，也可以安置大批劳动力就业，积累技术经验。"三来一补"企业的兴办，促进了港澳地区和发达国家及地区的劳动密集型产业向广东省的梯度转移，从而为广东省形成外向型经济格局奠定了较好的基础。

广东省在进一步发展开放型经济体制过程中，利用海外资源的方式初期以补偿贸易加工装配为主，逐步发展为"三资"（中外合资、中外合作和外商独资经营）为主，全省开业的"三资"企业不断增加。改革开放以来，广东省引进海外资金、技术、原材料和管理经验，大大改变了广东建设资金短缺和工业技术落后、管理落后、某些原材料紧张的状况，使广东的交通、能源、通信等基础设施得到根本改善，工业迅速发展，工业产值每年以大幅度的比例增长，工业管理和技术水平大大提高。现代农业和第三产业的发展也由于海外资源的引入而从根本上改变了原来的落后面貌。广东省利用海外资金以年均20%的速度递增。1985年，全省实际利用外资9.19亿美元，1990年达20.23亿美元。对外开放大大促进了广东省外贸出口的发展，使越来越多的广东产品进入国际市场。广东省的工农业生产总值，平均有1/3通过出口贸易实现价值。外贸出口的发展不仅体现在量的增加，更体现在产品结构的根本性变化。出口商品中工业制成品的比例高达95%以上，出口商品的技术含量和附加值也大幅度提高。

二、扩大开放阶段，特区市场经济体系初步形成（1985—1991年）

1984年10月，党的十二届三中全会通过了《中共中央关于经济体制改革的决定》，在计划与市场的认识问题上取得了重大突破。广东经济特区作为改革的先行者，率先改革传统的经济体制，对外开放程度不断提高，初步建立了与国际市场接轨的、具有现代市场经济特征的运行机制，为全国改革开辟了一条成功之路。改革的主要举措如下。

(一) 率先建立外汇市场 (1985年)

广东经济特区率先建立外汇市场,在高度集中的外汇计划管理体制之外,开辟了由市场分配外汇的途径。1992年,深圳的外汇市场基本成熟,为特区外向型经济的发展创造了条件,为下一阶段改革的顺利进行提供了制度支持。

> **例6-1:深圳率先成立中国第一家外汇调剂中心**
>
> 深圳经济特区成立之初,就确立了走外向型经济之路,但是外汇"双轨制"制约了进出口贸易的正常发展。为解决这个问题,时任广东省副省长、深圳市市长李灏提出建立外汇市场,即"外汇调剂中心"。1985年11月,深圳市成立了中国第一家外汇调剂中心,委托深圳市人民银行具体操作,外汇买卖双方可以到外汇调剂中心参加调剂,由市场作价。深圳的这项改革后来得到了中央的首肯,1987年,国家外汇管理局正式下文确认合法。这是外汇管制制度的重大突破,对外向型经济的大城市起着至关重要的作用。
>
> (资料来源:作者根据相关资料整理。)

(二) 率先进行国企股份制改造 (1986年)

广东经济特区率先进行国企股份制改造,创新国有资产管理体制,实现企业承包制、股份制。特区国有企业在经历较短的资本承包经营责任制以后,于80年代中期转向股份制试点,产权结构由单一至多样化。随后,特区又推出对内联合、国营企业实行全面改制的新举措,规定将企业分期、分批改造成为有限责任公司、股份有限公司或公众公司,城镇集体企业也改造成股份合作公司。国有、集体企业这些新型企业组织形式,连同外商投资企业,把企业推向市场,置于自主、自决和自立的地位,使特区现代企业制度基本成型。

> **例6-2:深圳开股份制改革先河,为混合所有制探明道路**
>
> 1986年10月,经反复调研、征求意见和修改,深圳市政府出台了《深圳经济特区国营企业股份制试点的暂行规定》(这也是国内最早的关于国企股份制改革的政府文件),将赛格集团公司等6家市属大型国营企业作为股份制度改革试点单位,市政府向这6家企业派出董事长,实行董事会领导下的总经理负责制。

1987年，深圳成立第一家上市股份公司。到1991年年底，深圳上市公司已有17家。同时，在政府的大力推动下，一批股份制企业相继成立（如深圳发展银行、招商银行、平安保险等），并成为支撑深圳经济特区迅速发展壮大的企业集团。现在的万科，原来就是深圳特发集团的下属企业。

（资料来源：作者根据相关资料整理。）

（三）率先进行金融体制改革（1987年）

广东省进行的金融体制改革包括创办招商、深发展等区域性股份制银行（1987年），辟建股票市场，公开发行股票（1988年），成立证券交易所（1990年），等等。深圳经济特区的证券市场发源于金融机构各类债券的柜台交易。经过几年的摸索，深圳在推行股份制的基础上，于1989年11月筹建证券交易所，次年12月首家证券交易所试行运作，1991年7月3日正式开业。其交易方式由柜台交易演变为集中交易，交易手段从白板竞价发展到电脑自动撮合竞价，交易对象从A股发展到B股、H股。

例6-3：建立证券交易所，大力促进资本市场的发展和完善

截至1990年，3 862家深圳工业企业中，股份制形式的公司近2 000家。到了1990年，深圳股票的柜台交易很活跃，但交易的秩序很混乱，规范股市、解决供需矛盾的要求十分迫切。1990年12月1日，深圳成立了深圳证券交易所，开始集中交易。深圳证交所的成立带动了证券、基金、银行等金融机构和金融业的发展，引领了深圳高端要素市场和高端服务业的迅速发展，奠定了深圳在全国资本市场体系中的重要位置。

（资料来源：作者根据相关资料整理。）

（四）率先进行土地制度改革（1987年）

广东突破国有土地"单一行政划拨"的使用制度，实施土地有偿使用制度，首次进行土地公开拍卖。

（五）率先进行住房制度改革（1988年）

实行福利房、微利房和商品房制度，逐步实现住房商品化。特区房地产市场的培育是从土地有偿使用政策起步的，经过多种形式的地产开发和土地批租，最后通过商品房产管理的有关规定，规范房产交易。1989年，深圳市房屋交易所正式成立，1991年，进行全国首宗房产公开拍卖。

这一阶段的改革已经不再是自发改革，而是带有明确的战略性质。国企股份制改造、外汇市场、土地使用制度改革、住房制度改革、金融体制改革等都是建立市场经济体制的关键性制度，在这些领域的改革取得突破后，现代企业制度、市场体系和宏观调控体系基本成型，加上与此相适应的法律基础的构筑，标志着经济特区市场经济体系已经初步形成，为全国的体制改革提供了先期的示范作用，将为下一阶段改革的顺利进行提供制度支持。

三、全面开放阶段，建立市场经济体制框架（1992—2002年）

樊纲等（2009）认为，从1993年到2002年是中国改革开放取得突破性进展的十年。1993年，社会主义市场经济被写进宪法，开始建立现代企业制度，进行分税制改革；1994年，外贸体制综合改革正式展开；1995年，提出两个根本性转变①；1996年，外汇管理体制改革取得突破性进展②；1997年，提出社会主义初级阶段的基本纲领；1999年，明确非公有制经济是社会主义市场经济的重要组成部分；2001年，中国正式加入WTO；2002年，党的十六大确定全面建设小康社会的奋斗目标。

例6-4：加入WTO，融入经济全球化大潮

中国于2001年年底加入世界贸易组织（WTO），这是我国改革开放的里程碑。进入了21世纪头10年的高速增长期，中国成为世界第二大经济体，中国的对外开放进入了一个新阶段，极大地推动了中国的经济市场化的进程，为市场经济奠定了坚实的产权制度基础。加入WTO后，广东对外开放进入历史新阶段，经济国际化进程显著加快，进出口快速增长形成了门类齐全、规模庞大的制造业和服务业体系，培育出华为、中兴、TCL、格力和美的等一批具有全球影响力的跨国公司。

（资料来源：作者根据相关资料整理。）

广东改革开放以1992年春邓小平"南方谈话"发表为标志，开放和现代化建设进入全新时期。1994年又做出建设珠江三角洲经济区的战略构想，充分发挥珠三角的先发优势，整合为群体优势。1998年，面对亚

---

① 中共十四届五中全会提出：经济体制从传统计划经济体制向社会主义市场经济体制转变，经济增长方式从粗放型向集约型转变。
② 中国开始接受《国际货币基金组织协定》第八条款，实行人民币经常项目下可兑换。

第六章　广东开放型经济体制改革

洲金融风暴和国内特大自然灾害的冲击，国企改革攻关解困，工人下岗分流压力增大。面对严重困难，广东省提出继续增创新优势，大力推进经济体制和经济增长方式"两个转变"。社会主义市场经济体制已初步建立起来，改革从单项推进到点面结合，破除旧体制，综合配套，全方位对外开放出现新的局面。① 邓小平同志指出，"深圳的重要经验就是敢闯。没有一点闯的精神，没有一点'冒'的精神，没有一股气呀、劲呀，就走不出一条好路，走不出一条新路"②。深圳敢闯的经验，也是广东的经验。广东就是在走向市场经济的道路上，走出一条新路来的。深圳提出了在全国率先建立社会主义市场经济体制的目标，围绕这个目标，进行了下列改革：一是深化国有企业改革，建立产权清晰、权责明确、政企分开、管理科学的现代企业制度（1993年），在国有资产管理体制方面，建立了"市国资委（国资办）—市级国有资产经营公司—国有资本投资企业"三个层次的国有资产管理模式（1993年）；二是完善所有制结构，大力发展民营经济，产权主体逐渐呈现出多元化格局；三是大力培育商品市场，完善劳动力市场，成立外汇经纪中心（1994年），促进外汇、证券市场的发育，建立产权交易市场（1993年），逐渐建立现代市场体系；四是转变政府职能（1993年），推行电子政务，采取"一站式"和"并联式"审批方式（2002年），减少审批事项；推进财税制度改革（1995年）、政府采购制度改革（1997年）；加快投融资体制改革（2001年），建立起以市场为导向的公共服务机制。五是对包括社会医疗卫生体制、养老保险制度和失业保险制度等在内的社会保障制度进行改革。

通过这一阶段的改革，深圳经济特区逐渐走向了成熟阶段，初步形成了产权主体多元化格局，建立了现代企业制度和商品市场发育充分、要素流动相对自由、市场规则逐步形成、市场中介组织发展迅速的市场经济体制框架。

例6-5：深圳赶超"四小龙"

1992年，邓小平同志在深圳视察中，明确提出了广东20年赶上亚洲"四小龙"的战略要求。为贯彻落实小平同志的要求，深圳组成了"深圳赶超'四小

---

① 参见梁钊《广东改革开放走市场经济之路的成功实践》，载《南方经济》2003年第10期，第6～8页。
② 《邓小平文选》（第三卷），人民出版社2001年版，第372页。

龙'战略研究组",起草完成了《跨世纪的抉择——深圳赶超"四小龙"若干重大策略》,确立了以根本改造国有企业管理与经营制度为基础,建立多种经济成分平等竞争的所有制结构的市场经济改革目标。深圳突破了原有的企业登记制度,改审批注册制为准则登记制①;实行自由经济政策,营造一个类似中国香港地区的高度开放、贸易自由、企业经营自由、资金货物进出自由、汇兑自由、人员进出比较自由的特别关税区等改革措施。2010年,人均国民总收入达到7万元,超过"四小龙"当时的平均水平,接近新加坡、中国香港地区当时的水平。

(资料来源:作者根据相关资料整理。)

四、深化开放阶段,构建高水平开放型经济新体系(2003年至今)

党的十九大报告从统筹国内国际两个大局高度,从我国对外开放战略理论与实践创新角度,系统诠释新时代我国全面开放新格局,提出推进建设开放型经济新要求。② 推进粤港澳大湾区建设,是党中央做出的重大战略决策,广东自贸区的建立为经济原本发达的广州、深圳地区带来了新的发展动力。广东要深刻把握开放型经济的新要求,认真落实党中央对外开放总体部署,深度参与"一带一路"建设,积极推进粤港澳大湾区建设,大力推进广东自贸区改革创新,持续推进外经贸战略转型,不断深化口岸通关管理体制改革,着力培育开放合作新优势,大力提升开放型经济发展水平,着力培育开放合作新优势。广东对外贸易和对外投资稳居全国前列,全方位对外开放新格局进一步形成。但是,广东开放型经济也存在问题,广东要继续优化外商投资结构和对外贸易结构,引导对外投资健康发展,提高外贸竞争力。

(一)外汇体制改革促进投资贸易自由化、便利化

国家外汇管理局广东省分局(以下简称"广东省分局")结合广东外

---

① 参见深圳创新发展研究院《龚培连:放调结合,为全国价格闯关探路》,载《特区经济》2018年第7期,第21~22页。

② 参见王稼琼《深刻理解新时代开放型经济建设的核心要义》,载《国际贸易问题》2018年第2期,第6~10页。

经贸发展特征主动出台了一系列指导性文件，在广东外向型经济快速发展、经济结构调整优化的进程中发挥了积极作用。

1. 完善贸易外汇管理

一是推动进口核销制度改革。2010年12月起，在广东省启动进口核销制度改革，平稳推进并取得了初步成效，在有效转变货物贸易外汇管理方式的同时切实提升了进口贸易便利化水平，进口付汇业务不需经过核销和联网核查环节，企业异地付汇业务也无须办理备案，企业进口业务成本降低、业务拓展积极性明显增强。二是大力支持进口付汇。一方面，进一步放宽进口贸易信贷管理，取消延期付款超期限登记和预付货款退汇等核准业务；另一方面，将进口预付货款基础比例从30%提高至50%，方便企业根据自身状况合理安排对外支付。三是采取有效措施稳定出口。广东省分局于2011年年初将出口收入存放境外政策推广至全省，让更多的外贸企业享受政策便利，获得更大的资金运营自主权，减少外贸业务资金跨境收支程序，提升业务办理效率，降低资金在途成本。2017年8月17日，国家外汇管理局党组书记、局长潘功胜表示，外汇管理部门要紧紧围绕服务实体经济、防控金融风险、深化金融改革三项任务，坚持服务实体经济，服务改革开放，进一步提升跨境贸易和投资便利化水平；防范跨境资本流动风险，维护外汇市场稳定，为改革开放创造健康良性稳定的市场环境①。未来，广东的外汇管理要坚持改革开放，完善外汇政策框架；审慎有序推动资本项目可兑换；构建跨境资本流动的宏观审慎管理和微观市场监管体系。

2. 助推加工贸易企业转型升级

一般贸易对加工贸易的超越，是广东外贸方式结构优化转型最直接的体现。2016年，广东的一般贸易出口首次超过加工贸易。广东要继续助推加工贸易企业转型升级，实现更高水平的开放。一是制定加工贸易转型外汇政策，明确企业转型路径。出台《支持"三来一补"企业转型升级工作方案》及操作指引，明确支持转型升级的外汇政策，改变企业转型升级无法可依的现状。二是简化手续，降低企业转型成本。广东省分局建立了新型的验资询证审核模式，大幅降低企业不作价设备转作出资难度。

---

① 参见潘功胜《进一步提升跨境贸易和投资便利化水平》，载《农村金融研究》2017年版第9期，第79页。

三是解决转型汇兑需求，支持企业后续发展。允许转型企业向原来料加工外方投资者购付汇支付余料结转款、减免设备结转款等款项。四是支持外企开展内销，促进企业转型。广东省分局通过梳理企业产品内销所涉外汇管理政策，制定管理方案及操作指引，消除企业出口产品内销所得的政策限制。允许企业将开展内销所得的人民币收入对外付汇，解决"三来一补"企业产品内销的进口付汇问题。

（二）科技、产业、金融的融合创新发展

构建开放型经济新体制是一项系统性战略工程，涉及科技、产业、金融等多领域、宽层面的深度改革，需要全面攻克以往体制的局限性，进行突破式创新。创新驱动发展、产业转型升级是新时期我国改革开放的重点，金融作为现代经济的核心，是配置资源要素的枢纽，三者融合创新发展是新时期开放型经济体制改革的重大突破口。广东金融的核心地位决定了广东的重要任务就是要成为国家新一轮改革开放的先行者，率先构建广东开放型金融新体制是最为关键的一个制度突破，成为金融体制改革创新的"试验田"，为全国构建开放型经济新体制、"确保全国经济平稳健康发展、确保供给侧结构性改革得到深化、确保不发生系统金融风险"提供强有力的支撑。

对外开放新时期，广东在科技、产业、金融融合创新发展方面采取了系列措施，现已取得初步成效。2011年，广东省颁布了《广东省自主创新促进条例》，这是国内第一部有关自主创新的地方性法规，该条例提出要加大科技金融政策扶持力度，构建科技金融机构。2012年9月，省委印发了《中共广东省委　广东省人民政府关于全面推进金融强省建设若干问题的决定》，明确要求大力发展科技金融，优化创新创业投融资环境和融资支持体系，助推广东金融改革。2013年8月，广东省人民政府出台了《广东省人民政府办公厅关于促进科技和金融结合的实施意见》，要求积极引导金融资源向科技领域配置，促进科技和金融结合。2014年2月，广东省人民政府在全省科技金融工作会议上出台了《2014年科技、金融、产业融合创新发展重点行动》，对2014年广东如何促进科技、产业、金融融合创新发展做了具体安排。2014年6月，省委颁布了《广东省人民政府办公厅关于深化金融改革完善金融市场体系的意见》，这是党的十八届三中全会后，全国第一个颁布实施的关于深化科技体制改革、实

施创新驱动发展战略的顶层设计和纲领性文件，为科技、产业、金融融合创新发展指明了方向。2015年7月，广东省印发了《关于升级建设创新创业金融街的试点方案》，提出加快创新创业资源集聚，促进科技、产业、金融有效创新融合。2016年2月，广东省出台了《广东省政府印发我省供给侧结构性改革去杠杆行动计划（2016—2018年）》，明确指出要有效提高金融服务实体经济和创新驱动发展的质量与效率，支持广东省经济结构调整和产业转型升级①。2018年，广东省政府工作的重点包括加快推进珠三角国家自主创新示范区建设；优化"1+1+7"创新发展格局，开展科技资源开放共享、股权激励、创新人才跨区域流动等先行先试，积极引进国内外大型企业、高水平大学到珠三角设立研发机构；继续抓好创新驱动发展八项举措落实；实施高新区提升行动，打造专业园区、智慧园区、特色园区；建设技术创新专业镇，为广东实现更高水平的开放助力。

（三）建立全球经济治理的新机制

1. 广东"走出去"战略

企业"走出去"战略又称国际化经营战略，是指中国企业充分利用国内和国外"两个市场，两种资源"，通过对外直接投资、对外工程承包、对外劳务合作等形式积极参与国际竞争合作，实现我国经济可持续发展的现代化强国战略。"走出去"战略是党中央、国务院根据经济全球化新形势和国民经济发展的内在需要做出的重大决策，是发展开放型经济、全面提高对外开放水平的重大举措。大力实施"走出去"战略，加强对外直接投资与国际产能合作，是加快提升开放型经济发展水平的重要抓手，有助于在更大范围、更广领域和更高层次上整合全球资源与市场，是推动产业转型升级、优化贸易结构和转变经济发展方式，进一步赢得国际竞争新优势、提升综合经济实力，以实现我国经济与社会长远发展、促进与世界各国共同发展的有效途径。

改革开放以来，广东成为全国对外贸易依存度最高的省份，对外贸易的比重位居全国前列。广东"走出去"战略呈现出以下特点。一是广东省一些知名的品牌企业成为跨国经营的主力军，初步形成我国跨国公司的

---

① 参见罗莉萍、徐文俊《关于广东科技、产业、金融融合创新发展的思考》，载《科技管理研究》2016年第19期，第81～85页。

经营特色。更值得关注的是，一些具有实力的民营企业正逐渐成为跨国经营的新生力量。二是境外投资以资源开发型和劳动密集型产业为主。尽管广东企业境外投资项目不断增加，项目金额不断扩大，但目前投资领域还是以资源开发型和劳动密集型产业为主。一方面，这些项目有利于弥补国内资源短缺的状况；另一方面，广东企业在这类行业中具有一定优势，技术含量也比较适合对象国的经济技术水平和市场需求，因此，这类初级加工业是广东企业海外投资的起点和初始选择。三是企业"走出去"成为企业转型升级的内生动力。金融危机以后，全球经济一时很难走出低迷，欧美市场复苏动力不足，存在缺乏流动性和融资成本高等问题。这客观上为广东企业"走出去"获取先进生产技术、缩小国际差距、扩大市场、提升竞争力创造了良机。

为了服务企业"走出去"，近年来，广东省各级政府和贸促会等协会也在大步"走出去"，在瑞士、澳大利亚、印尼等"一带一路"沿线国家设立经贸代表处。2016年11月，广东省驻欧洲经贸办事处正式挂牌，标志着广东省政府直接派驻的首个驻海外经贸办事处正式成立，为广东省与欧洲经贸合作提供更高层次、更宽领域的工作平台。"走出去"是一种必然选择，是广东省继续发展开放型经济、全面提高对外开放水平的重大举措。

2. "一带一路"建设

"一带一路"是"丝绸之路经济带"和"21世纪海上丝绸之路"的简称。我国以"一带一路"建设为重点，稳步健全开放型经济新体制，着力提高"引进来"水平，持续改善"走出去"结构，加快形成更深层次、更高水平的全方位开放格局。目前，"一带一路"建设正有力有序有效推进：首届"一带一路"国际合作高峰论坛成功举办；已与86个国家和国际组织签署"一带一路"合作文件101份；中欧班列累计开行6 637列，其中2017年开行3 673列；蒙内铁路建成投运，匈塞铁路、中老铁路、中泰铁路开工建设，雅万高铁建设积极推进；中俄原油管道复线工程建成；中白工业园、中泰罗勇工业园等境外园区稳步发展。

海上丝绸之路发祥地之一的广东，致力于构建对外开放新格局，积极响应落实国家"一带一路"倡议。广东认真贯彻国家"一带一路"倡议，在全国率先发布《广东省参与建设"一带一路"的实施方案》，此后，又发布了《广东省参与"一带一路"建设重点工作方案（2015—2017年)》

《广东省参与"一带一路"建设实施方案优先推进项目清单》等 27 项重大政策及指导性文件,为深化开放型经济体制改革做出了重要贡献。这一系列支持企业"走出去"的新体制、新机制、新举措和新政策为企业加快"走出去"步伐、提高成效创造了日益有利的条件。4 年来,广东深度参与"一带一路"建设,开通中欧、中亚班列,对沿线国家进出口额年均增长 8%,对"一带一路"沿线国家的实际投资持续增长。2017 年,"一带一路"沿线国家进出口额超过 2 226 亿美元,增长 14.9%;"一带一路"沿线国家对广东直接投资金额 4.63 亿美元,增长 48.1%。与此同时,作为金融大省,截至 2017 年 3 月底,广东银行业(不含深圳)支持"一带一路"的项目达 172 个,授信 2 862.6 亿元,为"一带一路"建设提供了资金保障。① 作为"走出去"的主体,广东企业全方位、多层次参与"一带一路"建设,对外投资合作发展迅速,呈现出主体结构更趋合理、区域范围不断拓展、涉足领域日趋多元、"走出去"模式不断创新等特点。

(四)开展与高水平国际经贸规则对接的探索:从 CEPA 到广东自贸区再到粤港澳大湾区

1. 粤港澳合作 CEPA 制度

2004 年,《内地与香港关于建立更紧密经贸关系的安排》(CEPA)协议的正式实施是内地与香港由"融合性合作"走向"紧密型合作"进程中的关键性一步,为其后建立广东自贸区积累了重要经验,也为当时广东构建开放型经济新体制提供了有力的政策经验支持。CEPA 作为 WTO 框架下内地与港澳地区为深化经贸合作所达成的创新性制度安排,是内地第一个全面实施的自由贸易协议。其内容主要针对三个方面:两地实现货物贸易零关税,扩大服务贸易市场准入,实行贸易投资便利化。其中,贸易自由化和投资自由化为其后粤港深化经贸合作、加快构建广东开放型经济新体制起到至关重要的铺垫作用。CEPA 和广东自贸区的核心政策目标都包含贸易自由化和投资自由化这两大重要方面。从具体政策上来看,广东自贸区无疑在这两方面的建设标准更高,政策机制也更为灵活,这集中体

---

① 参见赵杨《广东:为构建开放型经济新体制发力》,载《南方日报》2017 年 6 月 17 日,第 A08 版。

现在广东自贸区提出了粤港"全面合作"以及在贸易投资自由化方面可以"先行先试"。但是，广东自贸区这些规格更高、政策更加灵活的政策措施之所以能够出台，前期 CEPA 在贸易自由化和投资自由化这两方面所积累的宝贵经验功不可没，即 CEPA 在这两方面的政策实施及其结果为粤港贸易和投资自由化做了政策性的先期实验①，其政策效果可以作为广东自贸区在这两方面政策机制设计的重要借鉴。随着 CEPA 的持续推进及广东自贸区的加快建设，粤港间经贸合作交流必将进一步持续深化，两地的贸易和投资自由化不仅将促进粤港两地经济的加速发展，而且将对以广东为起点的整个"海上丝绸之路"建设起到重要的推动作用。

2. 建设广东自贸区

自贸区建设是全国新一轮改革开放的先行地。广东自贸区的设立，堪称继深圳经济特区成立以来，广东改革开放进程中最重要的一次国家设计和地方探索。广东自贸区在 CEPA 的基础上更进一步，以"对港澳开放"和"全面合作"为大方向，通过粤港两地之间的贸易和投资自由化，在投资准入政策、货物贸易自由化措施等方面先行先试，率先实现区内货物贸易全面自由化，构建广东的开放型经济新体制。

习近平总书记于 2018 年 3 月 28 日下午主持召开中央全面深化改革委员会第一次会议。会议审议通过了《进一步深化中国（广东）自由贸易试验区改革开放方案》等多个深化改革开放方案。会议强调，进一步深化广东、天津、福建自贸区改革开放，要认真总结自贸区建设经验，按照高质量发展的要求，对照国际先进规则，以制度创新为核心，以防控风险为底线，扩大开放领域，提升政府治理水平，加强改革系统集成，力争取得更多可复制、可推广的制度创新成果，更好地服务全国改革开放大局。

作为粤港澳深度合作的示范区，广东自贸区承担着创新内地与港澳地区合作机制的重要任务，重点推进粤港澳服务贸易自由化，成为粤港澳合作开拓国际市场、参与全球竞争、面对全球挑战的重大平台。广东自贸区设立以来，广东在政府职能转变、投资管理体制改革、贸易便利化、金融开放创新等领域取得了显著成果，对外资企业形成虹吸效应，新增外资企

---

① 参见苏振东、赵文涛《CEPA：粤港贸易投资自由化"预实验"效应研究——兼论构建开放型经济背景下对广东自贸区建设的实证启示》，载《世界经济研究》2016 年第 9 期，第 118～134 页。

业大幅度增加。在自贸区建设的交流合作方面,广东、福建充分发挥自贸区的示范作用,在第十一届泛珠大会(泛珠三角区域合作与发展论坛与泛珠三角区域经贸合作洽谈会)上举办"泛珠与自贸区论坛",广东自贸区南沙、前海、横琴三个片区与福建自贸区福州片区同台探讨,交流自贸区在体制机制上的创新成果,为泛珠区域进一步改革开放提供可复制、可推广的经验。

依托与港澳地区有利的地缘关系,广东自贸区的建立打造了粤港经济合作再升级,为粤港经贸合作开创了全新格局,为广东省加快构建开放型经济新体制迈出了一大步。自贸区以制度创新为核心,构建面向全球的高水平开放格局。这也将为珠三角一体化带来诸多裨益:一是珠三角地区的政策高地优势将更加凸显,特别是在加速创新驱动等领域;二是基础设施的逐步完善、大量聚集的优质资本和先进服务贸易业将为珠三角发展营造更为优越的发展环境;三是逐步成熟的开放格局将成为珠三角打造具有全球影响力的世界级城市群的重要推动力。与此同时,珠三角一体化也将有效提升自贸区的建设。一是大量跟进的地域文化元素和功能配套,将明显强化自贸区的文化形象、服务功能和商贸游客体验;二是自贸区在产业一体化布局建设中,将成为吸引先进服务业、优质资本和优秀人才的重要载体。

广东自贸区要继续以制度创新为核心,搭建与国际投资贸易通行规则相衔接的基本制度框架,将各行业、各领域更多的改革创新举措放在自贸区先行先试,构建起面向全球的高水平开放格局,积极参与"一带一路"建设,推动与港澳地区、海上丝绸之路沿线国家和地区的经贸往来,在投资贸易、货物通关、商品检验检疫、质量标准、电子商务、基础设施建设等领域建立合作机制。同时,发挥自贸区国际商品中转集散功能,建立"海上丝绸之路"沿线国家、港澳地区特色商品展销与免税购物中心。另外,积极扩大人民币跨境业务创新,推动人民币作为与沿线国家和地区跨境大额贸易计价、结算的主要货币,加快人民币国际化进程。借助自贸区平台的逐渐完善,助推广东以更加开放的姿态融入粤港澳大湾区和世界经济格局。

3. **粤港澳大湾区建设的制度创新试验**

党的十九大以粤港澳大湾区建设作为推进"一国两制"的重要举措。2018年,政府工作报告提出要出台实施粤港澳大湾区发展规划纲要,全面推进内地同香港、澳门互利合作。粤港澳大湾区是我国开放型经济最重要的平台,其本质是扩展版的广东自贸区。自贸区进行制度新试验,先行先试成功后再复制推广到其他地区和城市,但是自贸区的地域面积受限,扩展版试验区的工作是为了扩大对外开放而进行制度创新试验,尽快建成一国两制下的湾区经济城市群,推进我国开放型经济新体制改革。目前正在规划当中的粤港澳大湾区,由珠三角的九个城市和港澳两个特别行政区组成,拥有漫长的海岸线,位于东北亚和东南亚的战略要塞,拥有香港、深圳、广州三个世界级大港口,地域面积四万平方千米,常住人口6 000万。

近年来,粤港澳大湾区内的基础设施建设一日千里。2017年7月7日,世界上最长的跨海大桥——港珠澳主体工程大桥海底隧道正式贯通,香港至珠海的陆路通行时间将由3小时变成半小时,为粤港澳大湾区打开发展新空间。高铁网、地铁网和轻轨网三网合一的时代即将来临,湾区内一小时生活圈正在加速形成。更重要的是,近年来,粤港澳大湾区已经集聚了相当规模的高新技术产业和企业,就产值而言,深圳已经成为全球第一大消费电子制造基地,其在珠三角地区的湾区气质也日渐体现出来。湾区内还聚集了6个国家级高新园区,2个国家新区以及南沙、前海、横琴3个自贸片区,30多所拥有研究生培养资格的高等院校和科研机构。在全国全面实施创新驱动发展战略的背景下,制定粤港澳大湾区发展规划,对于在经济新常态下整合我国现有的区域经济和产业资源,应对全球产业转型升级的新挑战以及保持我国经济的可持续增长态势具有深远的意义。

粤港澳大湾区为深圳和香港的合作迎来新时代。40年前,深圳与香港的合作是从CEPA"前店后厂"和"三来一补"开始的。在新时期,以往"前店后厂"的粤港澳合作模式,在开放型经济不断深化改革的新的历史条件下显现出局限性。重新塑造粤港澳合作新模式、提升广东开放型经济水平,是这时期广东深化开放型经济体制改革的核心内容。把粤港澳打造为能够承担总部经济职能的中心城市群,发展先进制造业和生产性服务业,并通过形成珠三角和粤港澳的合理城市规模、城市群和城乡统筹,带动广东和泛广东地区的发展,进行资源配置,深度对外开放。同时,通过中心城市建设,加快现代服务业发展,形成粤港澳之间生产制造与服务业合作、生产服务与生活服务合作、专业性生产服务项目合作的网状服务合作模式,使广东成为全国现代服务业的平台,成为开放型经济新的制高点。粤港澳大湾区建设的推进为广东实现更高水平发展提供了广阔空间，广东应借大湾区建设深化开放型经济体制改革，构建更高水平的开放型经济新体系。

第二节 广东开放型经济格局的演化

对外开放是中国的基本国策，建立全面开放的新格局是发展更高层次开放型经济的前提，是中国繁荣发展的必由之路，也是确保我国新时期经济高质量发展的关键之举。中国从1978年开始改革开放的进程，开放型战略始终作为经济发展研究的重要对象，是促进国际贸易发展及外向型经济发展的重要手段。

构建更高水平的开放型经济新体制，首先要在谋篇布局上下功夫，优化对内对外开放布局，着力构建全方位、多层次的对外开放新格局。1980年，中国在沿海建立了4个经济特区；1984年，设立了14个沿海开放城市；1986年，设立了长江三角洲、珠江三角洲、闽南三角地带沿海经济开放区；1988年，山东半岛、辽宁半岛沿海经济开放区和海南经济特区建立；1990年，上海浦东新区建立；1992年，7个沿边省区的省会（或省府）、11个内陆省会城市、13个边境城市、5个长江沿岸城市陆续开放；2014年，上海自贸区正式获批，12个地方自贸区获得国务院批复；2016年8月，党中央、国务院决定新设立7个自贸区。

作为全国对外开放的"试验田"，广东把区位优势进一步转化为发展优势，不断探索对外经济合作新模式、新路径、新体制，不断完善布局，立足形成全方位开放新格局，进一步优化开放型经济市场布局、投资布局、区域布局和平台布局。广东在着力构建高水平的开放型经济新格局方面取得了一定成绩：全省拥有深圳、珠海、汕头3个经济特区，5个国家级经济技术开发区，9个国家级高新技术产业开发区，17个保税物流监管区，以及35个省级产业工业园和一批省级开发区；设立广东自贸区，在更大范围、更广领域和更高层次上扩大和提高了对外开放水平，使开放型经济迈上新台阶，为全国构建开放型经济新体制、布局开放型经济格局提供了有力支撑。

一、设立特区先行一步（1978—1984 年）

经济特区主要是指一个国家或地区，为刺激经济发展，在境内划出一定区域提供并实施特殊政策和制度安排的行政区域。1978 年 12 月，党的十一届三中全会做出了以经济建设为中心的重大决策，标志着我国进入了改革开放的新时期。为了找到我国改革开放的突破口，1979 年 4 月，中央召开工作会议，正式提出"试办出口特区"和对广东、福建两省实行特殊政策和灵活措施。1979 年 7 月，中央批转中共广东省委、中共福建省委关于对外经济活动和灵活措施的两个报告，决定在深圳、珠海、汕头和厦门试办特区。随后，经过短短 16 个月的酝酿，1980 年 8 月，第五届全国人大常委会第十五次会议通过《中华人民共和国广东省经济特区条例》，正式宣告深圳、珠海、汕头三个经济特区成立，从而开创了社会主义国家兴办经济特区，以经济特区形式吸引外资、技术和管理，加快经济发展的先河。

广东经济特区设立以来，始终坚持党的解放思想、实事求是的原则，破除旧观念，明确提出以市场调节为主的新思路，建设外向型经济的新型城市。三个经济特区先后制定了国民经济和社会发展大纲，对社会主义经济和政治体制做大胆的改革和创新。广东经济特区得到持续健康和高速的发展，经济发展速度不仅居于全国前茅，而且超过亚洲"四小虎"起飞阶段的水平，并在新时期不断与时俱进，继续深化体制改革，综合实力大大增强，对外开放水平大大提高，为构建全国对外开放经济格局提供了宝贵经验，为构建具有中国特色的新型社会主义经济体制奠定了实践基础。

二、形成全省对外开放格局（1985—1992 年）

随着我国对外开放形势的发展，广东省对外开放范围逐步扩大。1984 年，首批沿海开放城市诞生：大连、秦皇岛、天津、烟台、青岛、连云港、南通、上海、宁波、温州、福州、广州、湛江、北海被国务院批准为全国第一批对外开放城市。1985 年，珠江三角洲又被中央批准为经济开放区。1988 年 6 月，国务院批准广东省东西两翼沿海地区列入经济开放区范围，使广东省的沿海经济开放区扩大到全省 57 个市县。1992 年，国务院同意将梅州、河源、韶关三市列为经济开放区。这样，从 1979 年到 1992 年，广东全省逐步形成了经济特区、沿海开放城市、沿海经济开放区和山区不同层次的对外开放格局,广东成为全国对外开放最早和开放面最大的一个省份。

广东开放地区的发展战略思想是从沿海向内地滚动,从国内向国外推出。这些开放地区沿本省南部沿海东西一字摆开,是广东的"黄金海岸"。① 全省对外开放的格局初步形成后取得显著成效。海外资源成为广东经济发展的强大推动力,海外市场对广东经济发展形成强劲拉动力。多层次、全方位对外开放格局的逐步形成,为广东利用海外资源提供了非常有利的条件。经济特区、沿海开放城市、珠江三角洲及沿海经济开放区发挥各自的政策优势、区位优势和人文条件方面的优势,积极引进境外资源搞建设。全省对外开放格局给广东的发展带来勃勃生机,国民经济和各项社会事业取得显著的成就,并促进科学技术、文化教育、卫生体育等各项事业的发展,大大提高了人民生活水平。未来,广东全省经济特区、沿海开放城市、沿海经济开放区和山区不同层次的对外开放格局将继续发挥辐射作用,随着时间的推移和形势的发展,将越来越显示其深远的意义。

三、对外开放向纵深发展(1993—2002 年)

广东省推动对外开放向纵深发展,积极实施外向带动战略,建立更加全面的对外开放格局,提高经济的国际化水平。20 世纪 90 年代,广东省形成了包括经济特区、经济技术开发区、沿海开放城市和高新技术开发区、珠江三角洲、东西两翼地区和北部山区等在内的全方位对外开放格局。开放的领域遍及工业、农业、商业、金融、交通、运输、房地产和服务业等。② 这是广东省开放型经济实现突飞猛进的时期,开放经济成为广东省经济增长的重要推动力量。据广东省统计局的测算,1978—1999 年,广东省利用外资与地区生产总值间的相关系数为 0.981 2。广东省 2000 年的经济国际化程度达 147.8%,比全国平均水平 37.9% 高出 109.9 个百分点。广东实现了进出口贸易规模的历史性跨越,2002 年,进出口规模高达 2 210.92 亿美元,是 1987 年的 10.5 倍以上,占全国进出口总额的

---

① 参见王德业、陈显强、曾节《从沿海向内地滚动,从国内向国外推出——发挥广东开放地区两个扇面辐射作用的探讨》,载《科技管理研究》1986 年第 2 期,第 15～19 页。

② 参见李惠武《CEPA 使广东面临第二次对外开放》,载《粤港澳价格》2003 年第 11 期,第 4～6 页。

35.6%，实现了由贸易大省向贸易强省的跨越。出口产品结构不断优化，2002年，全省高新技术产品出口309.17美元，占出口比重的26.1%，占全国同类产品出口的45.7%。利用外资的质量与水平不断提高，2002年，实际利用外资165.89美元，占全国的30.2%。至此，广东全方位、多层次、宽领域的对外开放格局已经初步形成。

四、全面建设各类对外经济贸易合作平台（2003—2012年）

在推进对外开放进程中，我国不断加大对外开放领域，提高开放型经济水平，建设各类对外经济贸易合作平台，形成对外开放新格局。广东也不断扩大对外开放范围，形成开放型经济体制新格局。

2003年，中央政府与香港特别行政区政府签署了《内地与香港关于建立更紧密经贸合作关系的安排》，与澳门特别行政区政府签署《内地与澳门关于建立更紧密经贸关系的安排》（CEPA），总体目标是逐步减少或取消双方之间实质上所有货物贸易的关税和非关税壁垒；逐步实现服务贸易的自由化，减少或取消双方之间实质上所有歧视性措施，促进贸易和投资便利化。CEPA为毗邻港澳地区的广东创造了扩大对外开放和经济发展的重要机遇，粤港澳三地由于地缘、人文等独特优势，经过多年发展，已经形成了兴衰与共的区域经济合作格局。

2009年完成的《大珠三角城镇群协调发展规划研究》把"湾区发展计划"列为空间总体布局协调计划的一环。2010年，粤港澳三地联合制定《环珠三角宜居湾区建设重点行动计划》，以落实上述跨界地区合作。粤港澳大湾区指的是由广州、佛山、肇庆、深圳、东莞、惠州、珠海、中山、江门9市和香港、澳门两个特别行政区形成的城市群。粤港澳大湾区是继美国纽约湾区、美国旧金山湾区、日本东京湾区之后的世界第四大湾区，同时也是国家建设世界级城市群和参与全球竞争的重要空间载体。截至2012年年底，10万多家外商投资企业遍布全省各地，世界500强企业已有253家进入广东，110多家跨国公司在广东设立研发机构、地区总部和采购中心。广东已成为世界性的主要制造业中心和研发基地之一，涉及纺织、机电、轻工、农业、能源、饮食服务、旅游等各个行业，并已开始进入金融、电信、贸易等领域。

第六章　广东开放型经济体制改革

五、新常态下深化改革开放新格局（2013年至今）

习近平总书记对广东的对外开放一直高度重视，2018年全国两会期间，他对广东提出了在形成全面开放新格局上走在全国前列的要求。广东深度参与"一带一路"建设，开通中欧、中亚班列；以欧美发达国家为重点提升利用外资水平；高水平推进广东自贸区建设，深化改革创新；贯彻"一国两制"方针，率先基本实现粤港澳服务贸易自由化，港珠澳大桥主体工程全线贯通，粤港澳大湾区建设全面启动，高水平推进粤港澳大湾区建设；认真落实《国务院关于深化泛珠三角区域合作的指导意见》，泛珠合作取得丰硕成果。广东正在以更宽广的视野、更高的目标要求、更有力的举措推动全面开放对外交流合作，对外开放新格局进一步形成。

（一）建设广东自贸区

中国对外开放方向逐渐清晰，以自贸区战略为切入口，构建利益共同体。从以周边为基础加快实施自贸区战略，过渡到面向全球的高标准自贸区网络。2014年12月31日，中国（广东）自由贸易试验区经国务院正式批准设立。建立中国（广东）自由贸易试验区，是党中央、国务院做出的重大决策，是在新形势下推进改革开放和促进内地与港澳地区深度合作的重要举措，对加快政府职能转变、积极探索管理模式创新、促进贸易和投资便利化具有重要意义，可以为全面深化改革和扩大开放探索新途径、积累新经验。广东自贸区建设取得了一系列的成果：广东自贸区制度创新深入推进，外商投资负面清单由122项缩减到95项，对社会投资建设工程项目实行"一站式"审批，国内首家港资控股证券公司落户；中国自贸区信息港在横琴成立；加大营商环境改革力度，出台进一步扩大开放积极利用外资的10项措施，实际利用外资达1 383.5亿元；大力推动外贸结构调整，进出口总额增长8%，一般贸易占比超过加工贸易9个百分点；率先实现"单一窗口"国家标准版全覆盖，货物通关时间缩短1/3①。

---

① 参见马兴瑞《政府工作报告——2018年1月25日在广东省第十三届人民代表大会第一次会议上》，广东省人民政府网站（http://zwgk.gd.gov.cn/006939748201802/t20180202_751050.html）。

如今，我国经济步入新常态，"人口红利"逐渐消失，发达国家制造业的回归，市场经济过度依赖欧美等发达国家和地区，这些问题阻碍了我国进一步的对外开放。自贸区建设是构建全方位对外开放新格局的重要内容。新常态下，广东推进自由贸易区建设，以制度创新为核心，率先出台建设"一带一路"实施方案，提出将广东打造成为"一带一路"建设的战略枢纽、经贸合作中心和重要引擎，加快建立与国际投资贸易通行规则相衔接的高水平制度框架体系，加强与欧美等发达国家和新兴市场国家的直接合作，引领形成全方位的对外开放新格局。

（二）推动形成泛珠三角合作新格局

泛珠三角区域包括福建、江西、湖南、广东、广西、海南、四川、贵州、云南等九省区和香港特别行政区、澳门特别行政区，是我国经济最具活力和发展潜力的地区之一，在国家区域发展总体格局中具有重要地位。广东省认真落实《国务院关于深化泛珠三角区域合作的指导意见》，泛珠合作取得丰硕成果。广东在泛珠区域创新体系中起到辐射、协调作用，充分发挥国家"一带一路"建设的战略枢纽、经贸合作中心和重要引擎的功能和经济特区、中国（广东）自由贸易试验区的带动作用，着力抓好深化改革各项试点工作，制定了《广东省深化泛珠三角区域合作实施意见》，将协同创新与珠江－西江经济带、粤桂黔高铁经济带合作试验区、粤桂合作特别试验区、闽粤经济合作区等跨省区重大平台建设结合起来，推动粤港澳大湾区、珠江－西江经济带、粤桂黔滇高铁经济带、琼州海峡经济带和东江生态经济带等跨区域合作建设；推动粤港澳、粤闽、粤桂琼等海洋经济合作圈基本建成；以粤港澳大湾区为龙头，以珠江－西江经济带为腹地，带动中南、西南地区发展。广东推动泛珠合作形成和发展，推动区域内体制创新明显加快，推动泛珠区域提升开放型经济水平，并借此机会进一步提高对外开放水平，打造对外开放新格局。

第三节　广东开放型经济发展的成就

我国坚持对外开放的基本国策，着力实现合作共赢，开放型经济水平显著提升。倡导和推动共建"一带一路"，发起创办亚投行，设立丝路基金,一批重大互联互通、经贸合作项目落地。在上海、广东等省市设立11个自贸区,一批改革试点成果向全国推广。改革出口退税负担机制,退税增量全部由中央财政负担,设立13个跨境电商综合试验区,国际贸易"单一窗口"覆盖全国,货物通关时间平均缩短一半以上,进出口实现回稳向好。外商投资由审批制转向负面清单管理,限制性措施削减2/3。外商投资结构优化,高技术产业占比提高1倍。加大引智力度,来华工作的外国专家增加40%。引导对外投资健康发展。推进国际产能合作,高铁、核电等装备走向世界。新签和升级8个自由贸易协定。沪港通、深港通、债券通相继启动,人民币加入国际货币基金组织特别提款权货币篮子,人民币国际化迈出重要步伐。中国开放的扩大,有力地促进了自身发展,给世界带来了重大机遇。

构建开放型经济新体制,全面开放新格局加快形成。粤港澳大湾区建设上升为国家战略。在习近平总书记亲自见证下,广东省与国家发展和改革委员会、香港和澳门特区政府共同签署《深化粤港澳合作推进大湾区建设框架协议》,规划编制已经完成。广深港高铁口岸通关制度实现重大创新,"一地两检"通关安排已经全国人大常委会正式批准,港珠澳大桥主体工程全线贯通。自贸区改革创新成效显著,累计形成385项制度创新成果,外商投资负面清单由122项缩减到95项,世界500强和全球行业龙头企业在区内设立超过300家总部型企业。"一带一路"建设取得新的进展,加快广州、深圳、东莞中欧班列建设,建立中欧、中亚班列常态化运营机制,中白工业园中国(广东)光电技术产业园、中国-沙特吉赞产业集聚区、马六甲皇京港临海工业园、埃塞俄比亚华坚工业园等重点项目建设扎实推进。对"一带一路"沿线国家进出口达1.5万亿元,增长14.9%,占全省进出口的22.1%。区域合作不断深化。落实深化泛珠三角区域合作指导意见,启动编制泛珠三角区域合作发展规划,珠江-西江经济带、粤桂黔高铁经济带、粤桂合作特别试验区、闽粤经济合作区等跨省区重大合作平台加快建设,积极推进湛江、茂名等市融入北部湾城市群发展。安排援藏、援疆、援四川甘孜项目307个、资金40.6亿元,推进与广西、四川、云南、贵州等省区东西部扶贫协作,启动与黑龙江省对口合作项目245个。外贸结构持续优化。实现进出口总额6.82万亿元,增长8%,其中出口4.22万亿元,增长6.7%,进口2.6万亿元,增长10.1%,进出口顺差1.62万亿元。一般贸易进出口增长14.3%,占全省的 46.1%，比加工贸易高 9 个百分点。跨境电商进出口 442.9 亿元，增长 93.8%，市场采购贸易方式出口达 815 亿元。服务进出口增长 25%，占对外贸易比重达 16.2%。实际吸收外资达 1 383.5 亿元，增长 6.4%。[①]

广东因海而兴、因海而富，在我国最早对外开放中实行特殊政策、灵活措施，是典型的开放型经济带动区域发展的省份。自 1978 年以来，广东省抓住改革开放的历史机遇，充分发挥沿海优势，大力发展外向型经济，对外经济贸易合作和开放型经济体制改革一直走在全国前列。新常态下，广东省深入贯彻党的十九大精神和习近平新时代中国特色社会主义思想，以"四个坚持、三个支撑、两个走在前列"为统领，扎实推进商务领域供给侧结构性改革，积极构建开放型经济新体制，推动形成全面开放新格局总体部署，加快发展更高层次的开放型经济，全面建设开放型经济体系。

广东是国家参与经济全球化的核心区域、改革开放的先行区和世界制造业基地，是中国经济实力最雄厚、市场体系最完备、开放型经济最具活力的地区之一。开放型经济已经对全省经济起到支撑作用。根据《广东统计年鉴 2017》统计数据显示，2017 年，全省规模以上工业中的外商及港澳台商投资企业累计完成增加 12 882.38 亿元，同比增长 5.6%，增幅比上年提高 3.3 个百分点；对全省规模以上工业增加值增长的贡献率为 30.7%，比上年提高 16.2 个百分点；拉动全省规模以上工业增长 2.2 个百分点，比上年提高 1.2 个百分点。[②] 广东坚持以新发展理念引领经济发展新常态，扎实推进供给侧结构性改革，积极培育以创新驱动、质量效益为核心的开放型经济新优势，加快打造全方位、多层次、宽领域、高水平对外开放新格局，建立与国际投资和贸易通行规则相衔接的制度体系，着力营造稳定公平透明、可预期的营商环境。

一、广东成为具有全球影响力的世界制造基地

自 1978 年以来，广东紧抓世界产业梯度转移的大好机遇，积极引进

---

① 参见国民经济综合处《广东省 2017 年国民经济和社会发展计划执行情况与 2018 年计划草案的报告》，广东省发展和改革委员会网站（http://www.gddrc.gov.cn/zwgk/ghjh/ndjh/201803/t20180302_464852.shtml）。

② 参见广东省统计局《2017 年广东规模以上工业运行情况分析》，广东统计信息网（http://www.gdstats.gov.cn/tjzl/tjfx/201802/t20180209_380759.html）。

第六章 广东开放型经济体制改革

外商投资,努力发展外向型经济,建立了对接世界、联系海内外、较为完整的产业体系。目前,广东省拥有电子信息、电气机械、石油化工、纺织服装、食品饮料、建筑材料、造纸、医药、汽车九大支柱产业,造船、轨道交通装备、核电装备、风电装备、通用飞机等先进制造业加快发展,形成了"海陆空三位一体"的先进制造业体系。"广东制造"享誉国际市场,珠三角发展成为世界重要的高技术产业产品生产基地。物流、会展、金融、信息、旅游等现代服务业蓬勃发展,广交会、高交会、中博会等大型国际性会展驰名中外,先进制造业与现代服务业"双轮驱动"格局初步形成。

二、广东成为我国开放型经济发展的重要窗口

广东依托毗邻港澳地区的区位优势,不断扩大对外开放,基本形成了多层次、结构优化的对外开放格局,率先建立开放型经济体系,成为我国外向度最高的经济区域。党的十八大以来,在省委、省政府领导下,广东坚持改革开放,着力提高对外开放水平,在严峻复杂的国内外经济环境下,充分发挥改革开放"桥头堡"作用,紧抓"一带一路"建设带来的机遇,以开放的主动赢得发展的主动、国际竞争的主动。广东外贸大省地位进一步巩固,外贸进出口总值从1987年的210.37亿美元迅速增加到2017年的10 093.65亿美元[1],增长了约48倍,占全国外贸进出口总值的24.5%,连续31年位居全国首位。分阶段看,从1987—2013年,广东省进口总额、出口总额一直保持快速的增长。其中,1987—1993年,广东省进出口总额增长迅速,占全国的比重快速上升,1994年后随着全国的逐步开放而逐年下降,到2011年之后保持平稳,维持在25%左右[2]。随着广东省经济的转型发展和世界经济形势的变化,广东省在2014—2017年的进口总额、出口总额出现波动,出现了下滑的趋势。(如图6-1所示)未来广东要积极转变对外经济发展方式,加快外贸企业转型升级,更加注重创新研发、创建自主品牌,提升自主品牌竞争力,促进一般贸易迅

---

[1] 参见《广东统计年鉴2017年》,广东统计信息网(http://www.gdstats.gov.cn/tjsj/gdtjnj/)。

[2] 参见《广东统计年鉴2017年》,广东统计信息网(http://www.gdstats.gov.cn/tjsj/gdtjnj/)。

速发展，以更加积极主动的开放战略推动广东开放型经济水平，在新的发展时期全面提升对外开放程度。

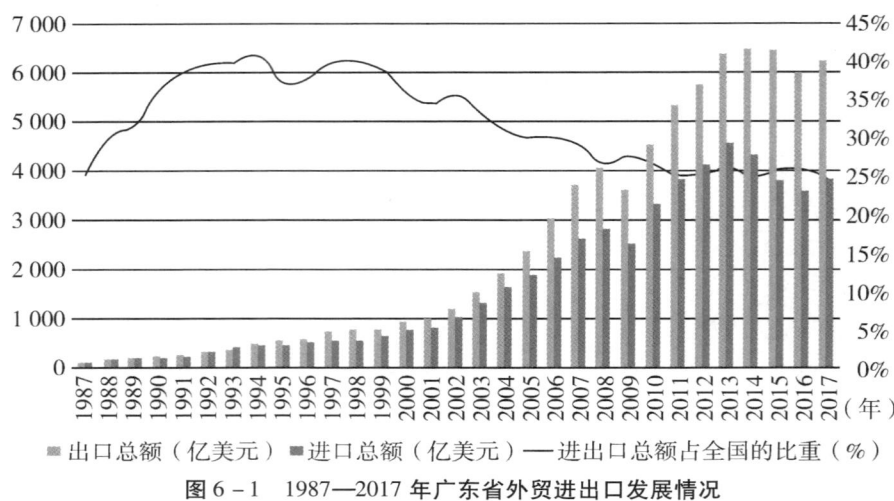

图6-1 1987—2017年广东省外贸进出口发展情况

广东省的外贸进出口总额在我国一直处于举足轻重的地位，全国占比一直处于国内第一位，即使在1998年之后有所下滑，比重也保持在25%左右，明显高于江苏、浙江、山东和福建等沿海经济发达省份（如图6-2所示）。

三、广东成为我国利用外资最多的地区之一

改革开放以来，广东坚持适度超前发展基础设施，交通通信发达、通关便利、市场化程度高、市场体系完备，人才、资本等生产要素充分集聚，是我国投资环境最为优越的地区之一。1985—2014年，除2004年前后小有波动外，广东省实际利用外资总额一直保持较快增长，但在2015年之后有所下降。分阶段来看，在1985—1991年，广东省实际利用外资占全国的比重快速上升，但在此之后，1992—1993年下降明显，1994—2003年和2004—2016年分阶段保持平稳发展，占全国比重保持在20%左右。（如图6-3所示）1985—2006年，广东省实际利用外资的全国占比一直处于第一位，但2007年被江苏省超越之后就一直处于下降的趋势。1985—2003年，广东省实际利用外资的全国占比一直呈现出上升态势，

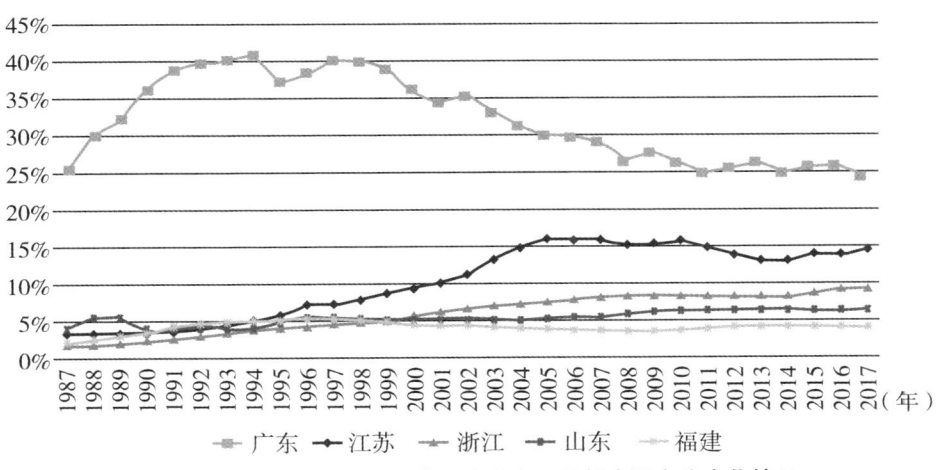

图 6-2 1987—2017 年沿海 5 省进出口总额全国占比变化情况

江苏、浙江、山东和福建 4 省也同样呈现出普遍上升的态势，2004 年之后普遍呈现出下降的态势。（如图 6-4 所示）但是，广东实际利用外资一直走在全国前列，是全国最重要的组成部分之一。

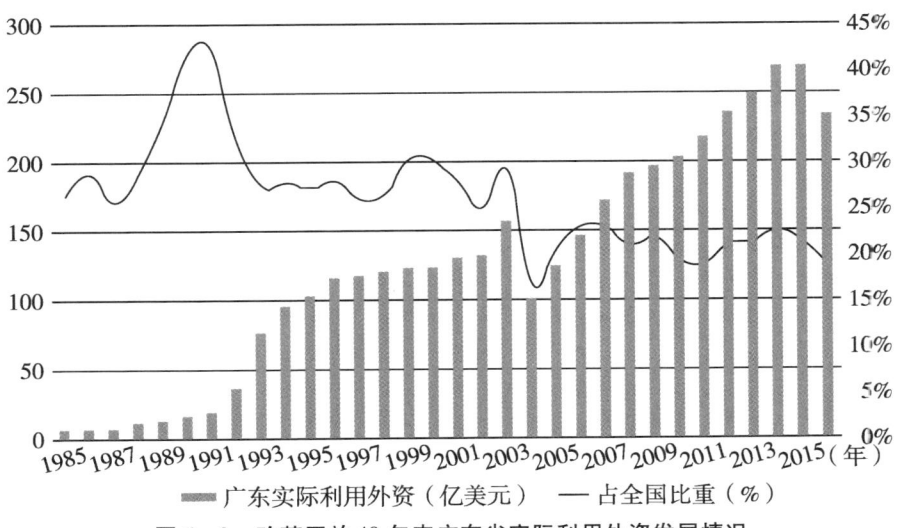

图 6-3 改革开放 40 年来广东省实际利用外资发展情况

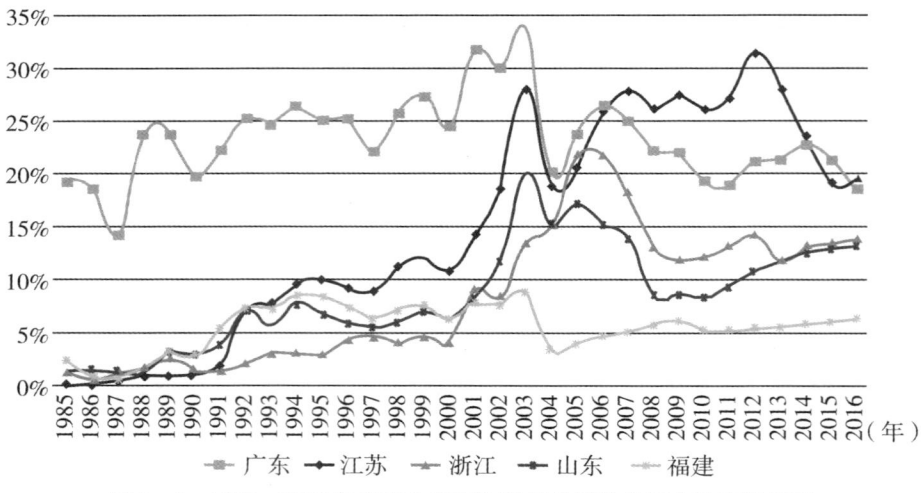

图 6-4 1985—2016 年沿海 5 省实际利用外资的全国占比变化情况

截至 2016 年年底,在广东投资设立的企业超过 20 万家,实际利用外商直接投资累计达 4 522 亿美元;共有来自 20 多个国家和地区的 208 家世界 500 强企业在广东省投资上千个项目,合计投资总额上千亿美元。2017 年,新签外商直接投资项目 15 528 个,比上年增长 90.3%;实际使用外商直接投资金额 1 383.5 亿元,比上年增长 6.4%,其中"一带一路"沿线国家对广东直接投资金额 31.3 亿元,比上年增长 48.1%。2017 年 1—10 月,制造业实际吸收外资增长 13.7%,占比较去年同期提高 2.4 个百分点;来自欧美等主要发达国家的实际外资增长 39.2%,其中吸收美国实际外资大幅增长 82.9%,占比提高 0.6 个百分点。珠江三角洲地区形成了一批富有时代气息又具岭南特色的现代化城市,特别是随着粤港澳更紧密合作的加快推进,具有较强国际竞争力的大珠三角世界级城市群正加快形成。

四、广东成为我国积极开展对外投资的省份

广东企业对外投资遍布全球 100 多个国家和地区。从 2003 年到 2016 年,广东省的非金融类对外直接投资额全国占比一直排在第一位(2010 年除外),明显高于沿海的其他省份(如图 6-5 所示)。

从广东在"十二五"期间对外投资情况来看,广东对外投资保持调

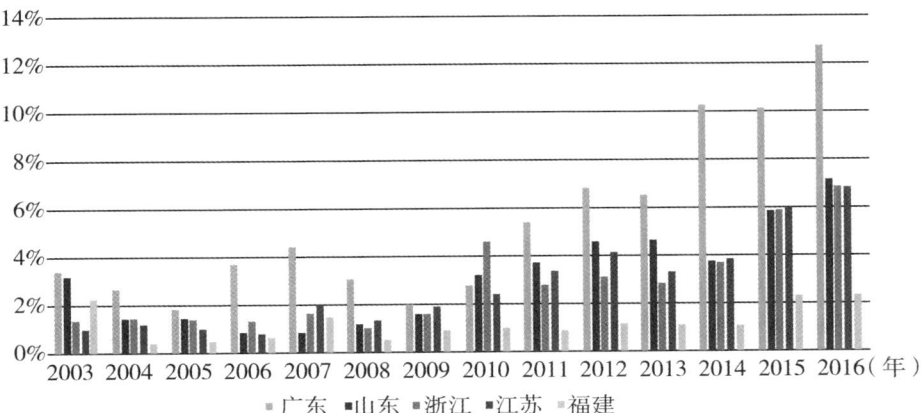

图6-5 2003—2016年沿海5省非金融类对外直接投资额全国占比的变化情况

整增长态势,发展规模远超"十一五"时期。根据目前政府官方公布的对外投资数据与现有研究成果,"十二五"时期全省累计实现非金融类对外直接投资380.24亿美元,年均增长57.4%。"十二五"期间,世界经济复苏依旧缓慢曲折,全球外国直接投资(OFDI)增长缓慢并出现下降的情况,广东对外直接投资却"逆势上升",已经从2010年的16亿美元增至2016年的229.6亿美元,为2010年的14倍多,扭转了因国际金融危机爆发造成的2008年增速大幅减缓和2009年出现的下降态势。

"十二五"时期的对外直接投资已经成为广东增长最快的经济指标和开放型经济的新优势。对外投资的质量和效益不断提高,2017年新设或增资超过1亿美元的大项目的数量和金额分别增长31.7%、14.3%。外资区域和产业结构持续优化,对实体经济的带动作用进一步增强。

第四节 广东开放型经济体制改革的经验总结与改革展望

一、广东开放型经济体制改革的经验总结

广东积极参与"一带一路"建设,实施新一轮高水平对外开放,深度融入全球产业链和价值链,在更大范围、更广领域和更高层次上参与全

球资源配置,打造了高水平开放型经济新格局,构建了与国际贸易投资规则相适应的开放型经济新体制,培育以创新驱动、质量效益为核心的开放型经济新优势。在严峻的外部环境倒逼下,广东的贸易结构发生根本性改变。2016年,广东一般贸易占全省贸易总额的43.4%,首次超过加工贸易(38.8%);2017年,一般贸易占全省贸易总额的46.07%。服务贸易加快发展。2012—2016年,广东服务进出口总额年均增长20.8%,计算机、保险、金融、咨询等高附加值服务出口增长势头强劲;服务贸易占对外贸易比重从2012年的6.8%大幅提高到2016年的13.4%。对"一带一路"沿线国家进出口贸易发展良好,2016年与"一带一路"沿线国家双边贸易总额1.3万亿元,占同期全省进出口总额的比重超过1/5。广东企业不单"卖出去",还"投出去",构建真正的开放型经济。2016年,广东对外实际投资额达206.84亿美元,比2015年增长94.3%,比2012年增长5倍多;占全国对外实际投资总额达12.2%,比2012年提高8.1个百分点。①

但是,广东开放型经济的区域发展十分不平衡。一方面,珠三角对外贸易结构不断优化。2016年,珠三角一般贸易进出口总额占全省的比重达41.9%,比2012年提高9.6个百分点。加工贸易企业转型升级步伐加快,贸易伙伴更趋多元化,率先实现粤港澳服务贸易自由化,外商投资领域向高技术产业、服务业,特别是金融、保险、民生等服务领域拓展的趋势明显。②另一方面,粤东西北与珠三角地区发展差距较大仍然是我省突出的矛盾。粤东西北在经济发展、对外贸易、人才集聚等方面与珠三角存在很大差距,发展水平与广东省作为全国经济大省的地位不相称。因此,广东要着力补齐粤东西北发展短板,促进广东区域协同发展。

二、广东开放型经济体制改革展望

虽然广东开放型经济发展取得瞩目成绩,但目前仍存在不少问题。党的十九大确立了习近平新时代中国特色社会主义思想的指导思想地位,为

---

① 参见广东省统计局《广东五大发展理念评价指标体系监测分析》,广东统计信息网(http://www.gdstats.gov.cn/tjzl/tjfx/201712/t20171201_377279.html)。
② 参见广东省统计局《党的十八大以来珠三角经济社会发展成就》,广东统计信息网(http://www.gdstats.gov.cn/tjzl/tjkx/201710/t20171011_374439.html)。

第六章 广东开放型经济体制改革

新时代坚持和发展中国特色社会主义描绘了宏伟蓝图，做出系统部署，并明确提出要以粤港澳大湾区、粤港澳合作、泛珠三角区域合作为重点，全面推进内地与港澳地区互利合作。这些都为新时代深化泛珠三角区域合作带来新的重大历史机遇。推进泛珠三角区域合作，既是中央交给泛珠各方的重要政治任务，也是提升泛珠区域合作发展水平的重大机遇。2018年，政府工作的重点之一是推动形成全面开放新格局，进一步拓展开放范围和层次，完善开放结构布局和体制机制，以高水平开放推动高质量发展。

广东省高度重视中央有关决策部署，积极贯彻落实国家对外开放发展战略，带头推进"一带一路"国际合作，把握国家推进"一带一路"建设与自贸区建设的重大机遇，全面启动粤港澳大湾区建设，促进外商投资稳定增长；建设国际一流营商环境，促进贸易和投资自由化、便利化；扩大资源产品、医疗等领域开放；贯彻落实"外资十条"，简化外资企业设立程序；以更大力度的市场开放促进产业升级和贸易平衡发展，打造对外开放新高地。广东省主动适应和引领经济发展新常态，加快构建开放型经济新体制，着力在以下几个方面下功夫。

（一）完善全方位对外开放新格局，提高广东开放型经济的质量和效益

深化全方位、多层次、宽领域、高水平的开放，全面提升广东开放型经济水平，关键是要创新开放发展新思路，进一步优化开放型经济市场布局、投资布局、区域布局和平台布局，把推动开放发展的立足点转到提高质量和效益上来，激发创新驱动发展新活力。粤港澳大湾区的发展布局有利于广东全面构建对外贸易经济平台：一是能加强基础设施互联互通，形成与区域经济社会发展相适应的基础设施体系，形成辐射国内外的综合交通体系；二是有利于打造全球创新高地，合作打造全球科技创新平台，构建开放型创新体系，完善创新合作体制机制，建设粤港澳大湾区创新共同体，逐步发展成为全球重要的科技产业创新中心；三是推动共建金融核心圈，推动粤港澳金融竞合有序、协同发展，培育金融合作新平台，扩大内地与港澳地区金融市场要素双向开放与联通，打造引领泛珠、辐射东南亚、服务于"一带一路"的金融枢纽。广东已成为诸多跨国公司新的发展基地，成为许多世界名牌产品的生产地。

1. 推进珠三角、粤东、粤西、粤北四大区域协同开放，完善全方位对外开放新格局

深化区域合作与融合，推动珠三角地区对粤东西北地区形成内联外拓、联动融合的区域发展新局面。加强珠三角地区与粤东西北地区双向交流与合作，促进阳江、云浮、清远、韶关、河源、汕尾等环珠三角市对接融入珠三角发展。强化阳江与珠海、中山、江门的对接，推动装备制造业、交通基础设施等加快发展。加快汕尾、河源与深圳、东莞、惠州融合发展。加快汕头、潮州、揭阳城市群建设。支持湛江建设环北部湾中心城市，发展壮大湛江、茂名、阳江沿海经济带，优化东翼、西翼地区经济发展格局。在继续加强与珠三角联系的同时，适度跳出珠三角，以更广阔的视野融入广东省周边发展较快的地区。东翼地区要积极融入海峡西岸经济区，发展对台合作和华侨经济。西翼要加快包茂高速公路、琼州海峡跨海大桥等对外交通干线建设，同时积极融入环北部湾经济圈和中国－东盟"10＋1"合作平台，打造我国对外开放的新亮点。粤北山区要积极融入中央苏区经济区、长株潭经济区，建设成为广东省北向门户。[①]

珠三角地区要充分发挥引领作用，打造全球先进制造业和高端服务业基地，提升现代产业国际化水平；粤东、粤西的汕头、阳江、湛江、茂名等市要加快发展海洋经济，着力参加21世纪海上丝绸之路建设；粤北、粤东的韶关、河源、梅州、清远等地要依托本地优势，加快发展特色外向型产业，提高吸纳国际产业转移的能力；通过协同开放，形成珠三角、粤东西北全面开放的国际经济合作带。

2. 推进多边、双边和区域多层次的开放，扩大广东同各国、各地区利益汇合点

在多边方面，维护多边贸易体制，主动消除贸易投资壁垒；在双边方面，在发达国家建立起广东投资、制造、销售、服务、合作的开放新模式，与新兴市场国家和发展中国家实现错位竞争；在区域层面，积极参加海上丝绸之路、中国－东盟自由贸易区、孟中印缅经济走廊等建设，打造环南太平洋、印度洋经济合作圈；在次区域层面，深化泛北部湾、大湄公河、环南海区等地区的合作。推进开放发展，增强开放的力度、深度与广

---

① 参见广东省统计局《近年来广东区域经济协调发展情况分析》，广东统计信息网（http://www.gdstats.gov.cn/tjzl/tjfx/201712/t20171201_377280.html）。

度，顺应我国经济深度融入世界经济的趋势，着力推动双向开放，全面参与全球经济合作和竞争，构建更高层次的开放型经济。高标准建设广东自贸区，推动三大片区优势互补发展，促进高端产业集聚发展，推动跨境电子商务、融资租赁、保税展示交易等新型业态集聚发展。以企业为主体、贸易投资合作为重点、市场化运作为路径，推进与"一带一路"沿线国家多领域务实合作，将广东建设成为与沿线国家交流合作的战略枢纽、经贸合作中心和重要引擎。深入推进粤港澳贸易服务自由化，建设最具发展空间和增长潜力的世界级经济区域。推进外贸供给侧结构性改革，使外贸供给体系更好地适应需求结构变化，提升广东在全球价值链中的地位和作用，实现广东从外贸大省向外省强省的转变。

（二）抓住"一带一路"建设机遇，加快对外投资

广东要充分发挥地缘、人缘、产业、技术优势，当好实施"一带一路"倡议的排头兵。完善和落实与"一带一路"沿线国家的投资合作的规划、体制和政策，加快建设"一带一路"的战略枢纽和经贸合作中心；在先进产业、港口建设、海洋领域合作、粤港澳合作、自贸区建设等方面重点推进；支持广州、深圳、珠海、汕头、湛江等重要支点城市与沿线友好城市共建空港联盟或港口联盟，推动海上物流大通道、海上丝绸之路空中走廊和数字海上丝绸之路建设。

正确认识新常态下对外投资的战略意义，加强对外投资的统计与研究。在未来的改革进程中，广东省要继续充分利用地缘优势和先行先试的政策优势，转变重"引进来"、轻"走出去"的思维。在国内经济进入三期叠加的新常态下，对外投资面临难得的机遇，广东省要加快实施"走出去"战略，开展国际产能和装备制造合作，形成新的经济增长点。增加研究对外投资的科研项目，要注重强化区域合作，加强国内区域梯度发展合作及与周边国家和地区的经济合作，加快珠三角一体化发展，积极推进泛珠区域合作，以产业梯度转移带动国内区域合作的深化发展。同时，也要创新合作方式，全面提升与港澳台地区合作的深度与广度，加强与东盟合作，积极融入东亚模式经济圈。

（三）优化政府经济职能，完善对外管理体制

政府与市场机制的有机结合和紧密配合是深化开放型经济体制改革的

重要保障。加大政府支持力度，支持本土企业做大做强，培育具备本土和国际领导力的跨国大企业，带动广东企业国际竞争力的整体提升，是开放型经济取得新突破的有力途径。广东应优化政府经济职能，实施利于开放型经济发展的体制创新，加快革新宏观管理职能，创新微观管理体制，完善监管与服务职能，强化对外管理职能；强化对区域经济空间的宏观管理，促进广东与港澳地区、泛珠各省市以及东盟地区的区域间经济融合；规范开放型经济的市场秩序，强化优势行业的经济引擎功能，培育新经济增长点；规划发展地方资本市场和人力资源市场；促进开放型经济的良性可持续发展。

1. 建立健全财税金融支持政策

支持各金融机构，特别是广东本地的金融机构设立境外分支机构，提升金融机构的国际化管理水平，积极为"走出去"企业提供跨境金融服务。研究设立境外投资合作项目的金融贷款贴息制度、境外投资风险补偿金制度，强化对"走出去"企业的金融支持。鼓励"走出去"企业在海外上市融资和债券融资，拓展境外投资的多元融资渠道。进一步制定和完善财税支持政策，整合现有各类专项资金，为企业对外投资和国际产能合作提供更有力的财税支持。① 有效提供信息咨询及中介服务整合。加大对重点市场、重点地区投资环境的跟踪分析研究，为政府和企业提供决策咨询服务。整合省直有关单位及中央驻粤有关单位的相关资源与信息，建立和完善对外经济合作数据库，动态掌握广东企业"走出去"的相关情况。建立和完善对外经济合作业务信息系统和信息交流平台，为企业提供一站式服务。

2. 加强风险防控

第一，积极探索构建境外投资担保制度，加强对主要东道国投资环境及投资政策的理解和评价，为本国跨国公司在对外直接投资活动中可能面临的政治风险（国有化风险、战争风险等）和经济风险（金融危机、投资收益汇出管制等）提供担保。

第二，进一步完善境外国有资产监管机制和责任追究制度，实现境外国有资产保值增值。

---

① 参见罗流发《基于 SWOT 分析的广东企业"走出去"形势与对策》，载《广东经济》2017 年第 3 期，第 37～43 页。

第三,注意完善境外投资发展规划和重点领域、区域、国别规划体系。在充分掌握和论证相关国家政治、经济和社会情况的基础上,积极谋划、合理布局,避免恶性竞争。注意完善对外投资管理体制和政策体系。坚持企业主导、市场导向、政府推动,全面推进以备案制为主的对外投资管理方式改革,落实放宽境外投资外汇管理和企业人员出入境管理政策。推动个人境外投资,健全合格境内个人投资者制度。建立国有资本、国有企业境外投资审计制度,健全境外经营业绩考核和责任追究制度。加快培育本土跨国公司,支持企业积极"走出去"建设营销网络、生产基地和区域总部,参与大型基础设施工程承包,加强资源能源联合开发利用。

第四,建立广东全球资信调查服务体系和境外投资风险预警机制,加快建设相对独立的海外风险评估机构,加大监测出口、投资风险的力度,及时向企业发出预警,帮助企业减少投资盲目性,提高"走出去"的成功率①。

(四)出口导向和内需拉动并重,国内外市场并重

当前,经济全球化进程不断加快,世界经济先后遭受金融风暴、债务危机等影响,跌宕起伏。

广东要统筹国内国际两个大局,利用好国内国际两个市场、两种资源。开放型经济倡导自由贸易、深入参与国际分工,以出口为导向是开放型经济发展的重要战略。广东应扩大内需,以消费需求拉动经济增长,实现可持续发展。实现出口导向和内需拉动的双轮驱动,积极应对国际经济环境变化和国际市场波动的影响。注重出口导向和内需拉动并重,推动国内国际两个市场联动,促进产业结构优化升级和经济平衡发展。加快实现从国际市场为主向国内外市场并重转型,促进内外市场协调联动、互补互促。

1. 突出深化对外合作

实施"突破欧美、提升日韩、深化港澳台、拓展新兴国家"的全方位开放战略。重点深化粤港澳合作,积极落实 CEPA 政策,推动落实协议有关合作项目,为打造具有国际竞争力的珠三角城市群贡献广东力量。加强

---

① 参见张长生《广东对外投资发展"十二五"回顾与"十三五"思考》(会议论文),摘自《市场经济与供给侧结构性改革——2016 年岭南经济论坛论文集》,广东经济学会 2016 年。

粤台合作，推动在经贸、科技、旅游、电子信息、现代农业、文化创意等方面的合作。重视中国－东盟自由贸易区全面建成的机遇以及中新知识城等重大合作项目，提升双方互动投资、贸易、文化、资源开发等领域的合作水平，扩大优势产品出口和东盟国家农林矿产资源进口，积极鼓励引导广东企业投资东盟。①

2. 优化调整市场结构

在后金融危机影响下，国际经济形势处于不稳定的状态，在继续实施更加积极主动的对外开放战略的同时，通过提升进口效益、扩大内需规模等举措不断促进外经贸经济的战略转型，降低对外依存度。

（五）以金融创新促进开放型经济改革

开放型经济对广东体制改革与创新提出了更高的要求，不仅要求完善深化市场经济体制改革，而且要求建立与国际化相适应的体制与机制，形成市场化与国际化叠加的体制优势。新时期，广东省要全面提升开放型经济水平，金融体制改革是重要一环。

1. 构建金融双向开放新体制，为经济平稳健康发展提供支撑

广东是外贸、金融、经济大省，进出口贸易额、金融总量与地区生产总值位居全国首位，开放型经济十分活跃，充分发挥广东构建开放型经济新体制、推动全国经济平稳健康发展的支撑作用，必须把构建金融双向开放新体制放在更加重要的位置，促进金融资源全球高效配置，提高经济运行效率。

（1）要扩大银行、保险、证券等现代金融业的双向开放，与欧美等发达国家、"一带一路"沿线国家或地区签署贸易投资协定，全面实行准入前国民待遇加负面清单制度，扩大现代金融业的双向开放，着力把粤港澳大湾区金融圈打造成全国金融"引进来"和"走出去"相结合的门户，融入国际资金大循环，更好地服务全国"一带一路"倡议实施，实现国内国际资源最优配置与经济平稳发展。

（2）提升双向投资水平，扩大资本市场双向开放。继续推进跨境双向发债、双向发行股票、双向货币贷款、双向股权投资等业务试点；提升

---

① 参见顾涧清《广东加强与东盟国家互联互通建设研究》（会议论文），摘自《海上丝绸之路建设与琼粤两省合作发展——第三届中国（海南·广东）改革创新论坛论文集》，海南省社会科学界联合会、广东省社会科学界联合会 2014 年。

股票、股权、债券、期货、货币等市场双向开放程度,为全国金融业扩大开放探索可推广的经验,着力把粤港澳大湾区金融圈打造成国际金融资源配置的枢纽,满足全国高成长性企业持续发展的资金需求;支持兼并收购和债务重组,实现经济健康发展;建立健全支持科技创新发展的国际金融合作机制,与美欧等发达国家携手共建、互建国际技术和知识产权交易平台,引导国际优质金融资源更多地投向科技含量高的战略性新兴产业,实现金融科技产业融合发展。

2. 构建市场化开放型金融新体制,为深化供给侧改革提供支撑

充分发挥广东开放型金融新体制对全国供给侧结构性改革的支撑作用,关键要在利率、汇率市场化等领域先行先试,发挥市场在资源配置中的决定性作用,建立以市场化为原则的高效运行的开放型金融体制,提高金融服务实体经济效率。

(1) 要推动人民币资本项目在国际市场上可自由兑换,人民币资本项目的可自由兑换有利于企业在国际资本市场进行兼并重组。

(2) 稳步推进利率市场化,建立由国际市场供求关系决定的利率价格形成机制,切实降低实体经济的融资成本、各类交易成本,特别是制度性交易成本,推动供给侧结构性改革中"降成本"目标的实现。

(3) 建立功能齐全、更加国际化的多层次资本市场体系。通过国际资本市场,一方面提高企业直接融资比重,优化债务结构,化解高杠杆率风险;另一方面推动资产证券化,实现债转股,多种渠道盘活信贷资源,加快处置不良资产,将企业负债降到合理水平,积极稳妥地"去杠杆",达到精准"补短板"和"去库存"、扩大有效供给的目的。[①]

深化开放型经济体制改革是广东发展新的转折点。习近平总书记赋予广东新的使命,提出了"三个定位、两个率先"的殷切期望,这不仅突出了广东发展开放型经济作为国家战略的特殊意义,实际上也要求广东抢占开放型经济制高点,完善全方位对外开放新格局,成为开放型经济发展的引领者。未来,广东要沿着高标准的贸易投资规则先行先试,构建互利共赢、多元平衡、安全高效的开放型经济新体系,全面提升广东经济发展的国际化水平。

---

① 参见邹新月《充分发挥广东构建开放型金融新体制的支撑作用》,载《南方经济》2017年第5期,第14~15页。

第七章 广东投融资体制改革

改革开放40年，广东省在投融资体制改革的道路上始终坚持以市场为导向，逐步发挥市场的决定性作用，不断探索建立市场经济体制。在基础设施建设领域，突破改革早期政府财政投入与银行贷款相结合的单一化投融资模式，先后引入并适用BOT、TOT、ABS、PPP等新兴模式，推动多元化投融资模式的发展，服务社会主义市场经济建设。进入发展新时期以来，广东省进一步解放思想、改革创新，真抓实干、奋发进取，以新的更大作为开创投融资体制改革工作新局面，在构建推动经济高质量发展体制机制、建设现代化经济体系、形成全面开放新格局、营造共建共治共享社会治理格局上走在全国前列。

第一节 广东投融资体制改革的历程

一、早期的探索：贷款修路

建国初期，我国公路建设由中央和地方分工负责，中央政府负责国家干线公路的规划与修建，地方政府则负责本区域公路的规划和修建。1958年，中央政府决定，除国防公路仍由中央政府专款投资建设外，将其他公路的建设与管理权全部下放到地方，中央政府在基本建设中从此不再编列公路建设项目，而改由地方政府计划安排。在计划经济体制下，政府几乎是公路建设投资和经营管理的唯一主体，而地方政府修建公路的融资渠道单一，资金大多来源于政府财政直接投资和商业银行贷款。

改革开放初期，国民经济缓慢发展，政府财政收入捉襟见肘，公路修

第七章　广东投融资体制改革

建面临较大的资金短缺难题，公路里程无法满足快速发展的社会经济需求。因此，广东省的国家公路建设资金来源主要依靠商业银行贷款，逐渐形成"借款修路，收费还贷"的公路修建模式。

在今后的发展中，广东省将坚持以"四个走在全国前列"为投融资体制改革的统领和指引，科学谋划、扎实抓好广东省政府关于投融资领域改革的各项工作。首先，围绕加快构建推动地区社会金融产业高质量发展体制机制，全面推进投融资体制机制改革创新，进一步提高社会金融资本资源配置效率和效能。其次，围绕形成全面开放新格局，高水平推进粤港澳大湾区建设，深度参与"一带一路"建设，加快建设贸易强省，进一步优化对外开放布局，借助建设粤港澳大湾区的机遇，创新粤港澳互惠互联的投融资体制，推进创建与发展"风险共担、收益共享、有机联动、协同治理"的新时代跨地区投融资体制。

（一）贷款修路模式的开端

改革开放前，广东全省公路里程只有 66 599 千米（含当时海南行政区的 12 643 千米）。珠江三角洲地理地貌复杂，河流纵横，水网交织，星罗棋布的渡口把仅有的几条公路分成无数小段，行一段公路后又要靠渡船摆渡汽车过河，快速的公路交通与缓慢的渡船摆渡形成强烈反差。凭"水"难通，只有架桥通路。但在计划经济体制下，地方公路建设完全依赖国家财政拨款，广东省每年得到来自中央的公路修建拨款仅有 600 万元，按照当时的物价水平，该项拨款连修建 0.5 千米的高速公路都难以满足，几十个渡口架桥工程项目出现了巨大的资金缺口。① 因此，逐渐增加的修路需求和扩大的资金缺口之间形成激烈的矛盾，成为广东省进一步发展的一大障碍。

改革开放后，广东省作为改革开放的前沿地区和祖国的南大门，是对外贸易交流的一大门户和重要港口，"三来一补"企业蓬勃发展，粤港运输繁忙，全省社会经济发展步入正轨，但彼时广东主要公路渡口多、等级低，堵车现象非常突出，成了全国最大的"停车场"，经济快速发展与交通能力落后的矛盾日渐突出。然而，当时的广东仍处在社会经济转轨初

---

① 参见谢孝国、林翎、夏杨《［邓小平与广东实践］贷款修路国内开先河》，载《羊城晚报》2004 年 8 月 12 日，第 A01G 版。

期，处于财力空虚、物力匮乏、科技落后的整体性困乏状态，公路建设项目推进缓慢，亟须探索新的公路修建融资模式。

1979年7月，党中央、国务院批准广东省实行特殊政策、灵活措施，成为全国社会主义经济建设和体制改革的排头兵。随后，广东省逐步展开公路修建融资模式新探索。受到邓小平同志"摸着石头过河"理念的启发和引导，广东省在1981年率先进行"贷款修路，收费还贷"的修路融资模式探索，并逐步在全国范围内开创"以桥养桥，以路养路"的先河。1984年1月1日，广深线东莞中堂大桥建成通车并投入使用，一举建成全国首个路桥收费站，闯出了通过"贷款修路、收费偿还"加快公路基础设施建设的新路子，为全省公路建设的发展提供借鉴。① 同年，基于广东省的试点经验，综合考虑当时的国内外环境，国务院正式出台了"贷款修路，收费还贷"的收费公路政策，逐步将这一融资模式推广到全国，推动国家公路交通建设快速发展。

（二）贷款修路的实践

"贷款修路"政策实施以来，广东省通过广泛借贷筹资，较大程度上缓解了公路建设工作面临的资金短缺难题，为新建项目的发展筹集了充足的资金，促进全省公路建设步入较为快速发展阶段。

自1981年以来，广东省公路交通建设尤其是高速公路建设发展迅猛，公路总里程大幅增加。资料显示，2017年全年完成交通基本建设投资1 386亿元，超过计划20.5%，同比增长10.4%，各类项目投资进度快于往年、高于预期；高速公路在全国率先突破8 000千米，总里程达8 338千米，连续四年保持全国第一，与陆路相邻省份均开通4条以上出省通道；粤港澳大湾区超级工程顺利推进，港珠澳大桥全线贯通，基本具备通车条件；深中通道实现"当年开工、当年成岛"；虎门二桥两座超千米悬索桥主缆架设完毕；高等级航道里程首次突破1 000千米，达到1 200千米；取消车辆通行费年票制，试行货运车辆通行费八五折优惠，降低实体

---

① 参见顾亚奇、常仕本、章晓《伟大的历程：中国改革开放30年》，中信出版社2008年版，第75～79页。

经济成本。桥梁总数达 46 484 座，约 348.7 万延米[①]。全省 67 个县（市）实现"县县通高速"，出省通道达到 21 条，与陆路相邻省区（澳门除外）均有至少 3 条以上高速公路相连。[②] 至今，广东省高速公路里程全国第一，国省道一、二级公路里程及比例均居全国前列。

（三）经验回顾与问题反思

在不到 40 年的时间内，广东交通建设完成了旧体制下 100 年也无法完成的发展奇迹。主要经验有以下几点。

1. 要致富，先修路，交通是经济社会发展的"先行官"

交通运输是现代社会的血脉，是社会及经济的可持续发展的保证。交通运输业的发展是我国国民经济发展中最重要的组成部分，在很大程度上决定了我国国民经济的发展。它是将社会生产、交换、分配、消费等各个环节紧密联系起来的一个结合体，有利于保证我国社会经济的稳步发展。公路交通网络的作用主要表现在：①能够有效地提高整个地区的交通运输质量，改善地区市场经济中各个子区域的联系，可以有效地承载乘客以及货物的运输，并能够极大地满足社会对于交通运输的需求；②公路交通运输在一定程度上对社会经济起到推动作用，并且可以将各个地区间的经济联系在一起，从而实现地区乃至全国共同富裕的发展要求。因此，要致富，先修路，其中公路交通因其高度灵活性和广泛适用性而成为地方经济发展的命脉。

2. 转思维，换观念，大胆探索公路修建投融资方式

改革开放以来，广东在公路修建实践进程中对投融资方式和体制进行了大胆探索，成功的实践经验表明，诸如公路等初期投资巨大、风险性高、回报周期较长的基础设施建设项目，单靠政府或者市场任何一方都是无法完成的。因此，必须走"政府牵头、市场投资"的合作路径，由政府作为项目发起人，企业承包项目，广泛集聚其他社会、市场资本，共同筹建项目。当然，随着社会主义市场经济体制的不断完善，公路建设以及

---

① 延米即延长米，是用于统计或描述不规则条状或线状工程的工程计量单位。延长米并没有统一标准，不同的工程和规格要分别计算才能作为工作量和结算工程款的依据。

② 参见广东省统计局《2017 年广东国民经济和社会发展统计公报》，广东统计信息网（http://www.gdstats.gov.cn/tjzl/tjgb/201803/t20180302_381919.html）。

其他基础设施建设的投融资方式将更加多元化。

3. 减债务，控风险，逐步降低地方政府总借贷额度

当前，地方政府整体上面临较大的债务压力，存在一定程度的债务风险。因此，地方政府在借贷修路、开展基建时，必须严格按照党中央、国务院关于积极稳妥化解累积的地方政府债务风险的要求，采取有效措施妥善解决政府还贷难题，完善融资模式，控制债务规模，确保偿还能力，逐步化解自身债务风险，实现有效益、高质量的发展。

二、广东对投融资市场机制的培育与强化

投融资体制改革始终以市场化为导向，发挥市场的决定性作用，不断培育和建立市场经济体制。在改革工作中，逐步推进发展融资新方式，持续完善风险投资运作机制，着力加快整顿投融资平台，注重完善地方债务管控机制，探索建立产融结合新型银企关系。此外，全省突出构建推动经济高质量发展体制机制、建设现代化经济体系、形成全面开放新格局、营造共建共治共享社会治理格局，继续传承发扬改革创新精神，为推动新时代经济社会发展迈上新台阶凝聚更强力量、做出更大贡献。

（一）推进发展投融资新方式

广东省深入推进投融资体制改革，在市政工程等政府项目中广泛应用BOT、TOT、ABS等投融资方式，初步形成了政府调控市场、市场引导投资、企业自主决策、投资方式多样的管理格局。这在很大程度上缓解了广东省政府及其下辖各市政府公共设施建设的财政压力，有效汇集市场资本，调动整体社会资源，参与政府建设项目。

1. 将BOT模式引入高速公路建设

20世纪80年代，BOT融资项目开始出现并迅速兴起，作为一种新的融资模式，受到当时金融界的一致追捧，并逐渐成为今后相当长一段时期内的主要融资模式之一。BOT即"build-operate-transfer"的简称，其含义是"建设—运营—移交"。具体而言，这种模式指的是政府通过出让建设项目一定期限的经营权、收益权来吸引民间资本投资建设，而项目的投资者在规定的经营期限结束后将该项目的产权无偿地移交给当地政府。

这种融资模式使政府通过高速公路特许权的授予和管制以及制定特许合同框架与私人部门形成伙伴关系，在可收费公共物品的提供过程中引入

竞争，由政府安排、私人生产经营并收取费用，既克服了公共物品提供过程中的融资问题，保证了私人机构投资的经济效益，又克服了政府直接生产的效率损失，提供了较好的公路通行服务，最后再由政府收回公共产权，兼顾了公共利益，实现了高速公路产品提供中政府与市场的利益平衡和协同增效。从理论上来说，BOT 模式在经营性高速公路的建设中应当具有良好的发展空间。在实际上，广东高速公路建设 BOT 融资模式应用逐步走向成熟。BOT 投融资模式结构如图 7-1 所示。

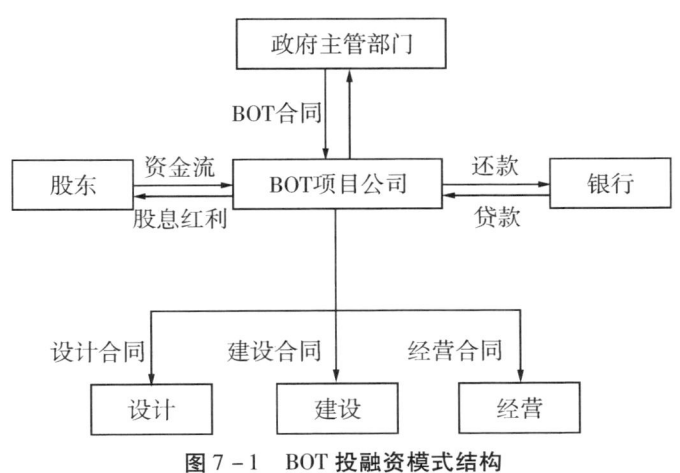

图 7-1　BOT 投融资模式结构

广佛肇高速是广东省将 BOT 投融资模式应用在高速公路建设上的典型案例。广佛肇高速公路由广东省交通运输厅负责监督管理工作，由广东省长大公路工程有限公司（以下简称"长大公司"）与肇庆市路桥发展总公司共同组建广佛肇公司作为出资方；由长大公司与肇庆市高速公路公司组成总承包联合体，负责处理与协调设计、采购、施工、运营准备等工作。200 多亿的巨额资金的来源构成较为复杂，主要包括了股东投入、省财政补贴和银行贷款三个方面。建设期间，面对银行贷款日渐趋紧的不利局面，广佛肇公司调整融资思路，将初期的联合贷款调整为银团贷款，通过质押广佛肇高速公路 25 年的特许经营权，向金融机构融资。此外，长大公司利用自身良好的信用和银企关系，加快投融资步伐，银团贷款短期内得以成功组团。同时，在银团贷款合同签订前，长大公司通过应付票据、短期借款、信托理财等融资手段筹集 27 亿元资金，使广佛肇高速公路如期开工并顺利完工。①

广东省积极主动将 BOT 投融资方式引入高速公路修建项目，推进加快公路基础设施建设。广东创新高速公路投融资方式，既是本省经济发展的客观需要，也是顺应经济体制和投融资体制改革、有效利用国内外资金的一项重要举措。这对全省乃至全国交通建设事业和投融资渠道的发展都具有重要的参考借鉴意义。

2. TOT 模式推动城市基础设施

TOT（transfer-operate-transfer）即"移交—经营—移交"，是从 BOT 中演化出来的一种融资模式，是企业进行收购与兼并所采取的一种特殊形式，在我国称为"特许权融资方式"。与 BOT 相比，TOT 使项目经营者免去了建设阶段风险，使项目接手后就有收益，同时盘活城市基础设施存量资产，化解地方财政投入"囊中羞涩"的困境。实质上，BOT 融资方式是政府与承包商合作经营基础设施项目的一种特殊运作模式。

TOT 模式的流程：首先，进行经营权转让，即把存量部分资产的经营权置换给投资者，双方约定一定的转让期限；其次，在此期限内，经营权受让方全权享有经营设施及资源所带来的收益；最后，期满后，再由经营权受让方移交给经营权转让方。它是相对增量部分资源转让即 BOT 而言的，都是融资的方式和手段之一。TOT 融资模式结构如图 7－2 所示。

2004 年，为进一步盘活湛江市基础设施存量资产，湛江市城市基础设施管理部门积极开门引资，霞山污水处理项目引进新的建设和融资机制，采用 TOT 投资模式经营湛江市城市基础设施，并成为湛江市首家采用该模式的重点工程项目。这种具有鲜明特色的经营形式不仅有效激活了湛江治污市场，还拓展出了一条"政府得税、企业得利、银行得息、百姓得益"的治污新型发展途径。于政府而言，通过 TOT 方式出让特许经营权，可以最大限度地筹集城市建设所需资金；而对于投资者而言，由于其受让的是已建成且正常运营的项目，建设期的风险完全不用承担；于市民而言，政府投资建设，企业运营，能够为社会提供更加专业化的服务，

---

① 参见张远辉、田志强、陈伟扬《BOT + EPC 模式下党建科学化的有效途径探索》，载《世纪桥》2016 年第 11 期，第 48～50 页。

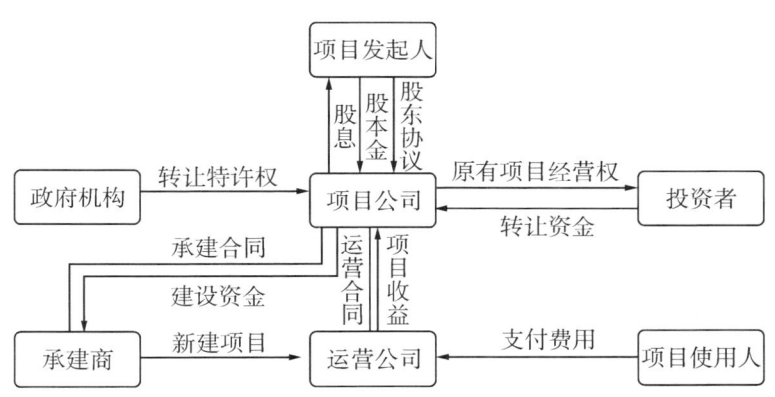

图 7-2 TOT 融资模式结构

有效防止政府运营导致的低效率和低质量。[①]

TOT 模式在公共工程项目中的广泛应用,减轻了全省的财政负担,推动加快现代化城市建设步伐。这一模式盘活了城市基础设施存量资产,充分利用城市基础设施中部分经营性资产的融资功能,开辟经营城市新途径。此外,这种融资模式也引导更多的社会资金投向城市基础设施建设,从"投资"角度拉动了整个相关产业迅速发展,促进社会经济平稳增长。

3. 在公共交通建设中应用 ABS 模式

ABS(asset backed securitization)意为资产支撑证券化,是以项目所属的资产为支撑的证券化融资方式,即以项目所拥有的资产为基础,以项目资产可以带来的预期收益为保证,通过在资本市场发行债券来募集资金的一种项目融资方式。ABS 投融资模式结构如图 7-3 所示。

20 世纪 90 年代,继美欧市场后,ABS 融资模式开始在亚洲市场兴起。在全国范围内,广东省率先将 ABS 融资模式引入公共交通建设领域,并取得长足的发展。当时,大胆引进外资、通过在美国证券市场发行公司债来获得建设资金的融资模式可以算是一个很大胆的创新,结果取得了较大的成功,既解决了当时国内资金缺乏的问题,又保证了能够快速、高质量地完成项目建设,同时大大节省了借款利息,降低了项目建设成本。

---

① 参见《采用 TOT 模式 广东湛江市基础设施开门引资》,中国水网(http://www.h2o-china.com/news/31495.html)。

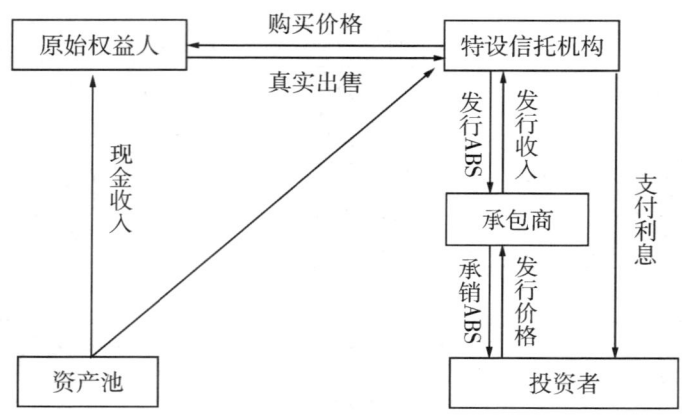

图 7-3　ABS 投融资模式结构

例 7-1：广深珠高速公路是我国大陆第一条成功引进外资修建的高速公路。该项目于 1987 年 4 月部分项目开工建设，1994 年 1 月部分路段试通车，1997 年 7 月全线正式通车。广深珠高速公路项目资金的筹措采用了类似 BOT 的融资模式，但又存在较大的差别，实质为 TOT 模式。以项目公司——广深珠高速公路有限公司（以下简称"公司"）为主体负责项目的建设、营运。项目经营期为 15 年，期满时整个项目无偿收归国有。在项目的建设过程中，建设资金全部由外方股东解决，政府未投入资金。但是，政府在公司中派出了产权代表，并通过协商占有公司 50% 的权益。

（资料来源：黄小民《广深高速公路养护管理模式的演变》，载《广东公路交通》2003 年第 1 期，第 1～3 页。）

相较于 BOT、TOT 等模式，ABS 融资模式在公共工程项目的应用方面具有明显的优势。该模式直接通过 SPV（special purpose vehicle，特殊目的载体）发行高档债券筹集资金，这种负债不反映在原始权益人自身的资产负债表上，从而避免了原始权益人资产质量的限制，隔断了项目原始权益人自身的风险，使其清偿债券本息的资金仅与项目资产的未来现金收入有关；再加上在国际市场上发行债券是由众多的投资者购买，从而分散了投资风险。

（二）完善风险投资运作机制

广东省于 1992 年开始启动风险投资，是全国较早探索风险投资发展经验的省份之一。在"科技兴粤"战略方针指引下，经过20多年的发展，广东省的科技水平和高新技术产业获得了明显提高，进一步拉动了风险投资行业的发展。目前，已初步形成了相对完善的风险投资运作机制，构建了相当规模的风险投资服务体系。

1. 健全风投融资机制

广东省基本养老保险基金历年滚存结余的绝大部分均转存银行或购买国家债券。根据《中华人民共和国保险法》，保险公司的资金也仅限于银行存款、买卖政府债券、金融债券和国务院规定的其他资金运用形式。[①] 可见，出于防范风险、保证安全性的考虑，法律上不允许这类资金进入风险投资领域，这类金融资本无法成为风险投资资金的供给主体。因此，在早期的风险投资市场培育中，存在投资主体单一的问题，资本来源主要是政府财政拨款和银行科技开发贷款等。

积极吸引国内外社会资金来粤进行风险投资，实现投资主体多元化。在风投体制机制改革工作中，广东省充分发挥政府对多元资金主体的引导作用，积极组建政府引导基金，出台系列扶持创新创业的投融资配套政策。在操作上，政府引导成立风投"母基金"，委托若干个职业化的创投公司进行管理，并制定了相应的市场化管理体制，包括投资方向、审计监督、激励约束等。同时，引导各类金融机构有序进入风险投资领域，适当放宽对保险公司资金等的使用限制，在政府的引导下，允许将其总资产的一定比例用于风险投资，为风险投资资金来源，以及保险公司资金保值增值开辟一条重要通道。通过探索，广东省以发行风险投资基金股份的方式将部分储蓄存款转化为风投资本，以及通过政策设计和制度保障鼓励民间资本组成合伙制风险投资基金，实现对社会资本尤其是民间储蓄资金的有效利用，推动本省风投进一步繁荣。

2. 持续提升投资力度

1992年之后，在风险投资领域初步发展时期，广东省面临专业风险投资机构数量少、规模小等问题，制约了本省企业的融资发展，同时也制约着金融产业的繁荣。

在风投体制改革探索中，广东省加大风险投资机构建设，通过政府出

---

① 参见崔毅、李剑、杨婧《广东省风险投资行业发展态势、问题与对策》，载《商场现代化》2008年第35期，第189～190页。

资设立和联合民间资本共同设立多层次的风险投资机构，强化政府担保力度，引导民间资本创立和创建风险企业及风险基金，促进地区风险投资的发展。学习借鉴美、日等国建立中小企业投资基金的重要举措，设立广东省创业投资引导基金，发挥财政资金的杠杆放大效应，增加创业投资资本的供给。以"母基金"形式进行运作，通过股权投资、融资担保、跟进投资等多种形式扶持风险投资机构发展，引导社会资金进入风险投资领域。①

"十二五"期间，广东省政府逐步增加粤科风险投资集团有限公司资本金，并实现由广东省风险投资集团使用财政注资设立创业风险投资基金，明确政府风投资金投向初创期和成长期的高新技术企业、投入高新技术产业和战略性新兴产业；鼓励商业银行等地方中小金融机构承担为中小企业风险融资的职能，政府政策性资金设立专用账户，由地方中小金融机构代理发放，按照市场原则选择贷款企业，对贷款利率给予一定的补贴。同时，政策性风险投融资机构要将"鼓励创新、宽容失败"的理念融入制度安排，加大对广东风险企业的支持力度。

3. 加强风险管控机制

广东省市场经济和社会法制发展程度均处于全国前列，为带动风险投资行业发展做出了诸多尝试与探索。这集中反映在制定比较完备的政策法规体系，完善环境建设，提升对企业和产业的支持等方面。首先，注重制度安排和环境建设。针对当前风险投资领域广泛存在的问题，政府着力完善财政、金融、税收、产业等风险投融资扶持政策法规体系，充分发挥政府"制定政策、创造环境、加强监管、控制风险"的职能作用，为风险投资提供良好的发展环境。积极主动将风险投融资体系建设与产业紧密结合起来，发挥风险投资对产业特别是高新技术产业的积极带动作用。全面推动科技与金融合作，积极引导风险投资、银行等金融机构加大对战略性新兴产业的投入，为全省培育战略性新兴产业发挥积极的助推作用。加强促进风险投资发展的立法工作，以立法的形式保障风险投资的资金、机构、人才、制度建设。不断加大政府财政投资，积极充当风险投资的"第一个天使"，发挥"领路人"的角色，通过财政资金的杠杆作用吸引

---

① 参见广东省地税局课题组刘中虎《国内外发展战略性新兴产业的经验启示》，载《广东经济》2010年第10期，第54~57页。

和带动民间资本共同进入风险投资行业,促进技术进步和产业发展,探索建立一套以间接引导与激励为主,直接出资为辅的多元化风险投资支持体系。

4. 畅通资本退出机制

在风投体制改革前,广东省风险投资的退出通道主要有首次公开上市(IPO)、股权回购、兼并与收购、破产清算,但在实践中,通过协议转让将股份出售给第三方或风险企业家本人是最常见的退出方式,退出渠道较为单一,机制不够灵活。[①]

在体制改革探索过程中,广东省多渠道培育新兴股票市场,发展技术交易市场。首先,逐步推动全省地方产权交易市场改革,明确市场定位、性质和功能,避免产权交易机构多头管理,创新制度建设,保障配套措施,完善风险投资退出渠道。通过完善技术市场法律法规体系,加强技术市场的规范与管理,优化技术转移机制,构建高效的技术转移通道,逐步建立技术市场的信用体系,保障交易人的权益,完善技术交易市场的建设。其次,充分认识到高新技术产业为风险投资提供了良好的市场资源,而灵活多样的退出机制又为高新技术产业流动性提供了基本保障。在管制风投工作中,大力支持和鼓励高新技术园区进入代办股份转让系统扩容试点,探索在产权交易市场基础上建立专业性的风险投资股权交易市场,鼓励建立私募股权交易所,拓宽风险投资退出渠道。通过改革,逐步打造广东金融高新区,将其建设成为国内最佳的私募基金及风险投资集聚区。最后,广东省政府在改革中持续推动完善法制建设,构建科学全面的政策和制度体系以规范企业清算行为。

(三) 加快整顿投融资平台

改革开放以来,在我国城市基础设施建设资金筹集过程中,投融资平台发挥了重要作用。初期,在财政吃紧的情况下,地方政府为了保障地区基础设施建设的发展,推进城镇化的建设,由政府出资组建了各种类型的投融资平台,形成地方政府投融资平台主导公共项目工程和公共事业发展投融资的模式。市场体制的完善与发展,社会资本存量持续增加,民间投

---

① 参见张翎《我国风险投资与中小企业对接存在的问题探讨》,载《现代商业》2011年第7期,第16~17页。

融资行为越发活跃，互联网技术和专业金融运作组织、团队有机结合，投融资体制机制步入改革和转型期，刺激了第三方投融资和网络融资市场的发展。自 2008 年以来，逐步全面展开地方政府投融资平台改革，加快平台向一般国有企业转型的步伐。自由的市场机制和宽松的社会环境，推动以互联网技术为代表的信息科技与社会资本的结合，第三方投融资平台盘活了社会资本存量，畅通了资本流量，活跃了地区金融投资市场。当前，广东省投融资市场表现出主体多元化的特征。

1. 推进地方政府投融资平台转型

地方政府投融资平台，是指地方政府为了融资用于城市基础设施的投资建设所组建的城市建设投资公司、城建开发公司、城建资产经营公司等各种不同类型的公司的总称。① 此类平台的最初定位是以融资为主，在城市基础设施建设大发展时期发挥了重要作用。伴随着经济体制和投融资体制的改革，地方政府投融资平台历经了设立—发展—膨胀—改革的过程。2008 年后，"四万亿经济刺激计划"导致地方政府投融资平台的数量和规模急剧扩张，在为地方公共设施建设发展提供投融资服务的同时，亦导致巨额政府性债务的产生，增加社会爆发债务性金融风险的概率。因此，中央和地方各级政府理应尽快推动此类平台的转型。

广东省较早地推动地方政府投融资平台改革转型。2008 年，广州市筹办亚运会，亟须资金。为减少财政压力，充分发挥社会资本在公共设施建设和公共事业发展中的作用，广州市开始组建交通投资集团公司、地铁集团公司、广日集团有限公司垃圾处理板块、城市建设投资集团公司、水务投资集团公司、广州发展集团燃气板块、亚运城经营开发七大地方政府投融资平台。亚运会后，七大投融资平台问题不断，面临负债严重、投融资效率低、投融资渠道单一、滋生巨大债务风险等问题。自 2010 年起，广州市通过各种手段对七大投融资平台着手整改，市政府各个部门牵头成立相关课题研究小组，对广州市投融资体制改革情况、投融资集团公司运作机制和状况、政府与投融资集团之间的实际关系有了基本的了解，为后续投融资平台的改革做好准备。2015 年，广州市在投融资体制改革工作会议中全面启动这项改革，实施各区政府设立主权投资基金政策。通过一

---

① 参见聂强《地方投融资平台风险及其影响因素研究》，载《长白学刊》2011 年第 3 期，第 114 ～ 117 页。

系列措施，广州市政府在七大平台的转型之路上逐步实现清理债务存量，减少债务增量，拓宽投融资渠道，引导社会资本投资公共设施建设，推动地方政府投融资平台向一般国资企业转型。

2. 持续加强规范 P2P 借贷平台力度

P2P 借贷（peer to peer lending）是指个体之间或个体与企业之间通过网络实现直接借贷。这里的出借人是个人，借款人则可以是个人也可以是非金融企业。P2P 平台居间为借贷双方提供信息沟通、信用评价、投资咨询等促成交易完成的服务。我国于 2007 年出现了第一家 P2P 借贷平台——拍拍贷，2009 年之后 P2P 平台的数量开始快速增加，2012 年之后更是以惊人的速度迅速增长。[1] P2P 借贷行业经过近 10 年的发展，衍变出了一些具"中国特色"的商业模式。这些商业模式风险特征各异，给监管当局带来了一定的挑战。

在规范监管 P2P 借贷平台，加强地区金融风险防控处理能力工作上，广东省进行了较早的探索。首先，明确了监管主体和监管架构。根据行为监管原则，明确 P2P 借贷的监管主体和监管协调机构。其次，初步建立行业准入制度。P2P 平台虽然不是金融机构，但从事类银行金融业务，只有具备高水平的风险管理能力才能生存发展。广东省在近 10 年的探索中，将构建 P2P 行业准入制度摆在重要地位，在注册资本、发起人资质、组织结构、内控制度、技术条件等方面，对 P2P 平台设置行业准入标准。最后，出台和更新 P2P 监督管理规定，建立信息披露制度，建立平台风险评级制度。政府依据 P2P 资金托管和清算管理办法，加强对 P2P 资金流动性的监督管理。

（四）完善地方债务管控机制

改革开放后，广东省由落后的农业省转变为我国位列第一的经济大省，城镇化快速发展，公共基础设施建设资金缺口持续扩大，政府举债行为更加频繁。尤其是 2008 年金融危机以来，为刺激经济，拉动内需，广

---

[1] 参见叶湘榕《P2P 借贷的模式风险与监管研究》，载《金融监管研究》2014 年第 3 期，第 71～82 页。

东省利用投融资平台大量举债,导致地方债务加速增长。① 截至2017年年底,广东省政府债务余额高达9 300.63亿元②,占当年地区生产总值89 879.23亿元的10.35%,继江苏之后位居全国第二;2017年广东省生产总值同比增长10 367.18亿元,勉强高于地方政府债务余额。③ 为应对高额政府债务带来的违约风险,近年来广东通过一系列体制机制改革,推动政府融资方式转型,逐步加强对政府借贷的约束,降低债务余额增速。

1. 债务归口财政管理

2007年10月18日,广东省政府正式出台《广东省人民政府办公厅关于严格控制地方政府新增债务的通知》,明确规定地方政府性债务的管理权限统一归口各级财政部门。在各级财政部门中,设定专门管理机构或配备人员,具体负责地方政府性债务的管理、监控和预警,实现大部分行政事业单位都有专人负责政府性债务核算和统计。制定完善的债务管理规章制度和具体操作办法,不断健全债务管理机制,组织编制和执行债务收支计划,监督债务资金使用,按期偿还地方政府性债务。为了进一步推进政府性债务管理工作,广东省财政部门采取邀请专家授课、集中讨论学习等方式,强化对有关管理人员的专业知识培训。

2. 建立债务偿还机制

在完善地方债务管控机制工作上,经过长时间探索,广东省建立起"借用还统一、责权利相结合"的偿债机制。一是在各级财政建立相应的政府偿债准备金,制定具体的资金管理办法,对偿债资金来源、使用、管理、监督等做出规定。在此基础上,政府偿债准备金实行专户管理,独立核算。二是制订年度偿债计划,通过收欠还债、核销减债、债务重组转债、资产变现还债和财政安排资金偿债等多种方式,多渠道筹集资金,确保按时偿还债务。对于年度直接债务余额达到或超出预算内财力的市县,政府年度预算必须按不低于新增预算内财力的10%安排偿债支出。三是

---

① 参见王丽娅、高丹燕《广东省地方债务现状及风险分析研究》,载《广东经济》2013年第2期,第15～18页。

② 受限于统计规律,书中所用的2017年年底,广东省政府债务余额为测算数(2017年年底债务余额=2016年年底债务余额/2017年新增债务规模-2017年到期地方债务规模),与实际值可能存在差距。

③ 参见广东省统计局《广东省2017年国民经济和社会发展统计公报》,中国统计信息网(http://www.tjcn.org/tjgb/19gd/35439.html)。

积极稳妥解决农村义务教育负债问题。广东省于 2003 年制定《广东省解决农村义务教育负债实施办法》，明确以县为主，重点解决教育部门为实施义务教育改造建设项目而发生的基本建设负债。依据该办法，各市、县通过安排财政资金、盘活学校资产等方式多渠道筹措资金，积极化解农村义务教育负债。四是出台政策化解乡镇债务。例如，自 2006 年以来，中山市对乡镇偿债金额、新增借款金额、年末财政性借款余额等指标进行综合考核，安排资金对控制负债成效显著的乡镇给予奖励性转移支付，推动乡镇化解政府性债务。五是规范基层财务管理，积极招商引资培植财源，从根本上增强偿债能力。①

3. 建立风险预警信息机制

在广东省政府的统一指导下，各地市级落实债务监控指标政策，对本级债务规模进行跟踪监控，探索建立政府性债务风险预警机制，逐步将债务风险控制在可承受的范围内。广东省通过省财政厅负责，在总结各地工作经验的基础上，选择部分地区开展建立债务管理和风险预警信息系统试点工作，以适当形式发布地方政府超规模举债情况，建立债务管理目标责任制，把控制债务规模和化解旧债工作列入政绩考核内容等措施，建立地方政府性债务管理长效机制。该机制为各地进行债务风险防控、化解提供了有效指导，维护了社会财政经济稳定发展。为进一步完善债务风险预警机制，广东省于 2016 年出台了债务风险应急预案，根据各地区一般债务、专项债务、或有债务水平，测算债务率、新增债务率、偿债率、逾期债务率等指标，综合评估各地区债务风险状况，对全省债务风险进行预警监测，并从低到高划分初级债务风险、中级债务风险和严重债务风险三级预警级别。

4. 强化债务管理长效机制

强化债务管理长效机制，增强全省政府性债务综合管控能力。一是逐步建立上下级政府性债务报告制度，方便政府更全面地掌握所辖地区债务情况，并对其债务规模、构成、发展趋势等进行综合评价。在此基础上，衡量总量风险和结构风险，及时做出预测，采取应对措施，防范化解风险。二是建立债务管理考评制度，省财政对各地开展债务清理，实行债

---

① 参见《广东省人民政府办公厅关于严格控制地方政府新增债务的通知》，广东省人民政府网站（http://zwgk.gd.gov.cn/006939748/200909/t20090915_9487.html? keywords =）。

收支计划管理，建立和落实债务管理目标责任制，有效控制新增债务。对建立偿债机制、构建债务风险预警体系、加强基础工作等情况进行综合考评，并将考评结果作为给予财政扶持政策的重要依据。三是建立健全监督约束机制，约束各乡镇和村级组织的借债行为。组织人事部门将制止新债、化解旧债纳入乡镇干部考核体系，对故意隐瞒或没有如实统计、报告政府性债务情况的，依法依规追究单位领导责任。四是禁止省直各部门在出台各项政策措施时，向市县提出升级达标或配套要求；对市县政府提出涉及政府性债务的事项，要先征求财政部门意见，不得以各种办公会、协调会的形式确定。

（五）建立产融结合新型银企关系

改革开放后，我国进入长时间的社会转型时期。在这一时期中，市场经济处于全面发展与逐步改革并举的状态，实体经济和金融产业均实现长足发展，随着产业资本发展到一定程度，出现经营多元化、资本虚拟化的需求，从而推动资本运营档次的提升。因此，产融结合可以看作是产业资本与金融资本之间的相互融合，是产业资本与金融资本之间的资本联系、信贷联系、资产证券化以及由此产生的人力资本结合、信息共享等的总和，包括产业资本进入金融行业以及金融资本进入实体产业两种基本模式。

1. 构建"银企承包"关系

在相当长的一段时期内，我国各专业银行与企业的关系基本上是监督与被监督、管理与被管理的关系，这种严重扭曲的关系，实质上是旧体制下政企不分在银行和企业中的客观反映。它已成为深化银行改革和企业改革的障碍。因此，建立银行与企业的新型关系已成为银行与企业改革的当务之急。自1990年起，广州市工商银行下九路办事处勇于改革，大胆推行银企承包，建立新型银企关系。

1990年2月，广州市工商银行下九路办事处首先向其经管信贷企业——广州市名格针织厂提出横向的银企承包问题。通过银企双方协商，主管部门审定，该办事处与广州市名格针织厂签订了《银企承包协议》。广州市工商银行下九路办事处与广州市名格针织厂正式签订银企承包协议后，该办事处充分运用信贷和利率杠杆，适时调节安排资金，在广州市名格针织厂生产、销售和效益稳步增长的前提下，优先供应资金，并积极协

助企业改进经营管理，提高资金使用效益。与此同时，广州市名格针织厂通过调整产品结构，提高产品档次和质量，增强市场竞争能力，做好促销工作，并向内清资挖潜，搞活现有的物资和资金，加强内部管理，使企业面貌焕然一新。

银企实行横向协作承包是经济改革的一件新鲜事物，在全省乃至全国也属首创。它体现了金融界参与企业经营管理的积极性和未来的银企双方合作的新趋势，具有重要意义。既促使银行参与企业管理，又促进企业加强和完善内部管理，进而提高经济效益。银企承包协议形成了银企之间的一种相互支持又相互约束的新型关系。

2. 打造产融结合试点城市

2017年年初，工业和信息化部、财政部、中国人民银行、中国银行业监督管理委员会四部委联合组织产融合作试点城市（区）名单公示，汕头市和佛山市入选，成为广东省仅有的两个国家级产融结合试点城市。

汕头市和佛山市对此高度重视。汕头市以国家产融合作试点城市为"脱虚入实，抢占先机"的平台支撑和重要抓手，建设产业发展金融支持体系和产融信息合作平台，实施产业园区提质增效融资模式、重点产业产融合作模式和科技创新平台产融合作模式的创新实施计划，促进实体经济加快发展。佛山市则通过建立协作机制、拓宽企业融资渠道、建设产融对接载体和平台等举措，进一步强化金融对产业尤其是制造业的支撑作用和服务效率。

三、新时期深化投融资体制改革

长期以来，广东省政府围绕企业尤其是中小企业融资难的问题，从方式创新、政策落实和体制构建等多维度着手，持续深化投融资体制改革，梳理政府与市场各自在投融资领域中的职能与作用。特别是党的十八大以来，通过引入并发展新的投融资方式以拓宽民间资本投资渠道，切实落实科学的、实际的、长效的政策，为企业融资创造宽松的法制化环境，此外，通过创新金融机构持有企业股份等形式密切金融行业与其他行业的联系，构建良性发展的金融经济生态。

（一）PPP激活社会资本

党的十八大以来，为盘活社会资本存量，发挥民间游资的作用，国务院以及财政部等部门大力推广 PPP 模式（如图 7-4 所示）。广东省高度重视 PPP 模式的推广运用工作，认真贯彻落实国家政策要求，省领导多次做出批示和指示，省财政厅积极履行职能分工，牵头会同有关部门协同管理，优化政策环境，加强宣传指导，提升服务水平，鼓励民间资本参与 PPP 项目，在全省范围内扎实推进 PPP 各项工作。

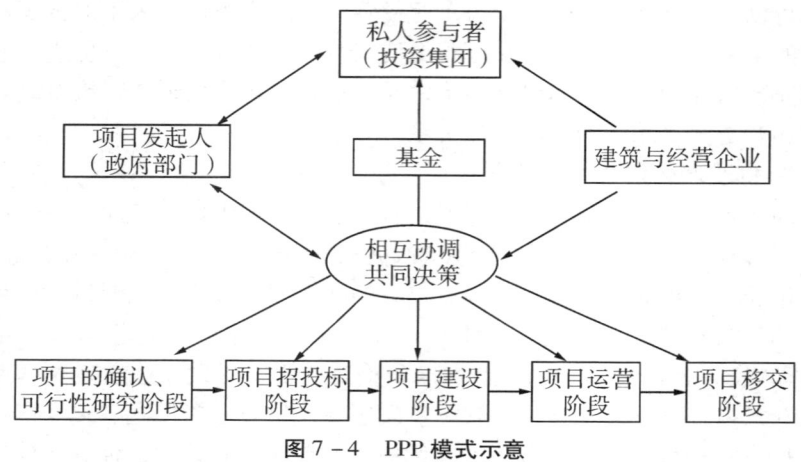

图 7-4　PPP 模式示意

近年来，广东省初步建立了 PPP 项目合理回报机制，提高对民间资本的吸引力；鼓励民间资本采取混合所有制、设立基金、组建联合体等多种方式，参与投资规模较大的 PPP 项目。2016 年，广东省发展和改革委员会公布政府和社会资本合作的 PPP 项目名单，共有 18 个项目，总投资额高达 239 亿元，投资领域涉及交通运输、水利、环境保护、林业等，范围涵盖汕头、佛山、惠州、江门、肇庆等市。①

PPP 模式打破了政府在公共服务建设中唱"独角戏"的传统做法，改由政府与社会资本联手共建公共服务产品。它不仅是一种新的投融资模式，更是一种政府管理机制的创新。PPP 模式将政府提供的公共服务与社会资本投资的利益紧密结合在一起，既能缓解政府的资金压力，进一步拓宽社会资本的投资领域，还可以带来先进的管理和建设经验，提高公共产

---

① 参见《广东省 2017 年度 PPP 工作总结》，中华人民共和国财政部网站（http://jrs.mof.gov.cn/ppp/gzdtppp/201801/t20180109_2793900.html）。

第七章 广东投融资体制改革

品、服务的水平和质量。深化投融资改革，在公共服务、基础设施项目上引入社会资本，对政企双方都是良好的机遇。随着 PPP 模式的推广，大量社会资本将有机会进入公共服务领域，形成新的经济增长点。同时，政府能够有效化解公共项目投入不足，最大限度地利用社会资本方的技术、人才和管理经验来提升公共服务的供给质量和效率。

（二）落实《关于深化投融资体制改革的意见》

2016 年 7 月，国务院发布《关于深化投融资体制改革的意见》，指导全国循序渐进地开展深化投融资体制改革工作。这是投融资体制改革历史上第一份以党中央国务院的名义印发的指导性文件，也是继 2004 年国务院发布投资改革文件后的又一重要文件。该意见的出台是针对我国投融资领域存在的问题开出的一剂"良方"，明确提出了改善企业投资管理，充分激发社会投资动力和活力，完善政府投资体制，发挥好政府投资的引导和带动作用等指导方针。该意见发布后，广东省依照中央相关规定和建议，结合本省金融市场发展现状和投融资体制改革进展情况，引导各市抓好落实工作。

首先，持续推动政府投资体制完善，发挥好政府投资的引导和带动作用，逐步调整优化政府投资结构，规定各市政府利用财政资金安排的政府投资资金，只投向市场不能有效配置资源的以非营利为主的公共领域项目。在全省范围内初步建立省、市、县三级政府投资范围年度评估调整机制，由广东省财政厅牵头，综合运用审计、稽查等评估手段，将评估结论作为下一年度调整投资方向的重要参考，最大程度避免资金沉淀，不断提高投资效率。在政府投资活动中，科学优化政府投资安排方式，规范政府投资管理，完善政府投资项目信息统一管理机制，建立贯通省、市、县及各部门的项目信息平台，并尽快拓展至企业投资项目，实现项目信息共享。

其次，促进融资机制更新创新，畅通投资项目融资渠道。各市结合国有企业改革和混合所有制机制创新，探索国有资本投资运营公司试点，组建和发展一批国有投资控股集团，优化能源、交通等领域投资项目的直接融资。政府鼓励省科技创业投资引导基金及省内创业投资企业扩大对种子期、初创期企业投资项目和"双创"项目的股权投资规模。积极争取将广东省列入"投贷联动"试点省份，推动银行机构为种子期、初创期企业投资项目和"双创"项目提供股权债权相结合的融资服务。

最后，强化保障措施，切实落实改革工作。广东省政府各部门按照职权范围明确划分在推进深化投融资体制改革中的任务与责任，加强分工协作。针对传统政府投融资平台转型以及新兴投融资平台发展，监管部门认真贯彻实施与投融资相关的法律法规，修订省预算内投资项目管理办法，制定全省企业投资项目核准和备案实施办法，适时出台广东省政府投资条例。加快推进社会信用、股权投资等方面的法规建设，依法保护各方权益，维护竞争公平有序、要素合理流动的投融资市场环境。此外，推进配套改革，加快投融资体制改革，与其他领域改革协同推进，形成叠加效应，充分释放改革红利。

（三）缓解中小企业融资难

据统计，2017 年年末广东中小企业数量超过 700 万家，占全省企业总规模的 95% 左右，以中小企业为主的民营企业经济增加值达到 48 339.14 亿元，按可比价计算，同比增长 8.1%，增幅高于同期全省地区生产总值增幅 0.6 个百分点，占地区生产总值的 53.8%。① 然而，广东省中小企业所获得的金融资源与其在国民经济和社会发展中的地位作用却是极不相称的，存在直接融资比例低、融资渠道狭窄、经营管理绩效较差，间接股权融资规模受到限制、资金以内源融资为主等一系列问题，资金积累相对集中。

为促中小微企业健康发展，广东省发布《广东省人民政府关于创新完善中小微企业投融资机制的若干意见》从平台建设、政府基金支持、增信支撑、间接融资、直接融资、创新融资工具、政府服务 7 个方面提出 18 条措施。2015 年至 2017 年，省财政统筹安排专项资金 66 亿元用于支持中小微企业投融资。② 按照统一系统、分市建设的模式，加快建设"省中小微企业信用信息和融资对接平台"，实现中小微企业信用信息收集查询和融资供需信息发布、撮合跟进并实现与政府部门和各个金融机构之间

---

① 参见广东省统计局《2017 年广东国民经济和社会发展统计公报》，广东统计信息网（http://www.gdstats.gov.cn/tjzl/tjgb/201803/t20180302_381919.html）。

② 参见肖文舸《广东 3 年安排 66 亿元 支持中小微企投融资》，载《南方日报》2015 年 7 月 7 日第 A01 版。

的信息共享；设立省中小微企业发展基金，大力发展创投、风投等基金，并采用基金退出时财政出资收益让渡的方式，吸引社会资本加大对中小微企业的投资。

通过完善中小微企业信贷风险补偿机制，在各地级以上市分别建立1～2家政府主导的中小微企业政策性担保或再担保机构，对政策性担保机构担保的中小微企业贷款，协商执行不高于上年度全省银行贷款的加权平均利率；政策性担保机构向中小微企业收取的担保费年化费率不超过2%，不收取贷款保证金。同时，大力发展小额贷款保证保险业务，支持地级以上市设立小额贷款保证保险资金，按一定比例对投保贷款保证保险的中小微企业给予保险费用补贴。

在间接融资方面，强化银行机构对中小微企业的融资服务，积极稳妥发展小额贷款。而在直接融资方面，支持中小微企业利用多层次资本市场融资，着重发挥区域性股权市场作用；拓宽中小微企业发债融资渠道，重点依托区域性股权市场发行私募债，依托大型骨干企业发行供应链票据。值得注意的是，广东省还提出开展互联网股权众筹试点、开展中小微企业设备更新融资租赁、加大对中小微企业票据贴现支持力度、试点利用跨境人民币贷款支持中小微企业融资、激活中小微企业抵质押物等多项措施，创新融资工具，缓解中小微企业融资难题。另外，有针对性地加强政府服务，建立中小微企业投融资纠纷快速调解机制，加强对中小微企业的司法救助力度，加大对中小微企业投融资的财政资金支持。

（四）金融机构持有企业股权试点

2016年7月18日，中共中央、国务院印发《关于深化投融资体制改革的意见》。该意见提出，开展金融机构以适当方式依法持有企业股权的试点。设立政府引导、市场化运作的产业（股权）投资基金，积极吸引社会资本参加，鼓励金融机构以及全国社会保障基金、保险资金等在依法合规、风险可控的前提下，经批准后通过认购基金份额等方式有效参与。加快建立规范的地方政府举债融资机制，支持省级政府依法依规发行政府债券，用于公共领域重点项目建设。

金融机构以适当方式依法持有企业股权的试点，有助于小微企业、创业企业等轻资产企业从银行拓展融资渠道。一方面，股权融资业务以其轻资本、高收益的特点，正在成为商业银行提升盈利能力、加快转型的重要创新方向；另一方面，商业银行以适当方式依法持有企业股权，将有效减少中间环节，降低企业融资成本，顺应企业股权融资的巨大需求，有利于提高投融资效率。

当前，全省企业直接融资比例仍然不高。同时，商业银行依靠间接融资"吃利差"的日子越来越不好过。全省积极响应国家开展金融机构以适当方式依法持有企业股权的试点的号召，支持企业发行企业债券、公司债券等公司信用类债券进行融资，支持基础设施和公用事业等重点领域投资项目通过债券市场筹措资金。鼓励企业采取"债贷组合"的增信方式，由银行机构将企业债券和贷款统一纳入银行综合授信管理体系，对企业债务融资实施全程管理。以市场化的方式和途径，开展金融机构以适当方式依法持有企业股权的试点工作。

四、党的十九大精神指引投融资改革方向

长期以来，党中央、国务院高度重视投融资体制改革，大力推进简政放权、放管结合、优化服务等举措，按照核准范围最小化和最大限度下放核准权限的原则，修订了政府核准投资项目目录，推动投资管理重心从事前审批转向过程服务和事中事后监管，有效激发了市场主体的活力。投资是市场经济条件下配置资源的重要手段，也是供给侧和需求侧两端发力的重要引擎。党的十九大报告提出"深化投融资体制改革，发挥投资对优化供给结构的关键性作用"①，这为进一步优化投资结构、扩大有效投资指明了方向。

当前，我国经济已由高速增长阶段转向高质量发展阶段，正处在转变发展方式、优化经济结构、转换增长动力的攻关期。与之相适应，投资要以提高供给质量、优化供给结构为主攻方向，加快发展先进制造业、现代服务业，推动互联网、大数据、人工智能和传统产业深度融合，拓展数字消费、电子商务、共享经济、智慧经济等新业态新模式，促进产业迈向全球价值链中高端。针对结构性矛盾依然突出、社会事业投入不足、新兴服务业发展滞后、生态环境欠账较多等问题，投资还必须紧扣上述矛盾进行思考和谋划，与着力解决经济发展中的突出问题联系在一起，更多投向补

---

① 《决胜全面建成小康社会 夺取新时代中国特色社会主义伟大胜利——在中国共产党第十九次全国代表大会上的报告》，载《人民日报》2017年10月28日，第01版。

第七章　广东投融资体制改革

短板、调结构、促创新、惠民生的领域。必须坚持社会主义市场经济改革方向，通过投融资体制改革的不断深化，促进投资在优化供给结构方面关键性作用的发挥。

（一）激发民营经济主体活力，促进投资转型升级

深入推进"放管服"改革，进一步下放投资项目审批权限，构建以信用为核心的新型市场监管体制。营造公平竞争的市场环境，进一步放开民间投资市场准入，严禁各地各有关部门单独对民间资本设置附加条件，支持民间资本参与PPP项目。要把激发民间有效投资活力、促进经济持续健康发展放到更加突出的位置，抓好落实，尽快取得实效，努力保持民间投资的稳步增长态势，为经济持续健康发展发挥积极作用。

（二）不断优化融资结构，提高金融服务实体经济能力

深化金融体制改革，增强金融服务实体经济能力，提高直接融资比重，促进多层次资本市场健康发展。健全金融监管体系，守住不发生系统性金融风险的底线。改变过度依赖银行体系的融资结构，提高直接融资占比，促进融资结构多样化，提升融资结构灵活性。鼓励发展中小金融机构，放宽中小金融机构的业务经营范围审批和地域服务范围的审批。第一，要加快推进金融供给侧改革，提高直接融资比重，培育公开透明、健康发展的多层次资本市场体系，优化金融资源配置；第二，丰富企业融资渠道，促进融资便利、降低融资成本，提高资源配置效率；第三，建立有效的激励约束机制，完善全面风险管理制度，坚守不发生系统性金融风险的底线；第四，加快"以客户为中心"的转型，从管理理念、组织机构、政策配套、产品体系等多个方面进行相应变革。

（三）明确政府间投资职责分工，提高财政投入有效性

将投融资体制重点领域的改革措施分解成项，落实到各个部委，金融业相关任务也会涉及其中，央行、发改委、银保监会、证监会、财政部等都会领到具体分工。要明确政府间公共服务提供的分工责任，提高公共服务供给效率，保证财政建设性资金分配和使用合理和规范。健全地方政府融资机制，防范地方政府债务风险。在防控地方政府债务风险的政策背景下，探寻政府项目切实可行、更为有效的投融资模式、渠道和途径。

（四）建立"新经济"的投入体制，形成有利于创新的环境

进一步强化财政科技投入的导向性、聚焦性、前瞻性和公共性，优化财政投入方式和效果，着力放大财政资金的引导效应和产出效益。促进创新要素流动与共享，推进跨区域的资质互认，建立人力资源共享及人才交流平台，完善科技创新资源和数据共享平台。完善知识产权保护相关法律，探索实施惩罚性赔偿制度。健全知识产权侵权查处机制，强化行政执法与司法衔接，健全知识产权维权援助体系，将侵权行为信息纳入社会信用记录。改进新技术新产品新商业模式的准入管理，对未纳入负面清单管理的行业、领域、业务等，各类市场主体皆可依法平等进入。

（五）继续完善对外投资体制机制，提高开放型经济水平

要加强中外政府的政策协调，针对服务于"一带一路"、短缺资源的开发利用、促进产能转移以及技术性项目，给予更多的税收优惠；以沿海和内陆自贸区为基础，进一步加强多双边合作。对外开放，给我们带来了国外的资金、先进的技术、管理的经验，通过积极参与国际经济竞争和合作，发挥自己的比较优势，使国内经济与国际经济有效对接互补，加速了国内市场的发育、经济结构的升级、民生福祉的增进和社会主义市场经济体制的建设步伐，促进了国民经济更加充分地融入全球化过程，参与并推动着国际政治经济新秩序的形成。

第二节　广东投融资体制改革的措施与成就

广东省持续深化金融领域改革，立足市场经济发展实际情况，以市场化导向为改革核心，并在投融资行业中切实贯彻政府的系列法律规范和政策制度，更好地将"市场决定"与"政府治理"相结合。通过艰苦的改革，广东省清理和整顿了地方政府投融资平台公司，推动此类平台的市场化转型，初步实现政府逐步退出一般经营性和竞争性领域的投资，推动以投融资项目为主的行政审批制度改革，同时，加强地方融资的基础性管理工作，提高投资效率，控制融资负债风险。多年来不断深化改革，取得了重要成就。

第七章　广东投融资体制改革

一、政府逐步退出一般经营性和竞争性领域的投资

深化支出改革，强化支出管理是我国财政改革的重点之一，将逐渐向建立公共财政转变，逐步从根本上解决财政支出的"缺位"与"越位"问题。具体表现在财政资金将逐渐退出一般经营性领域和竞争性领域，而逐渐转向公共财政的需要，向社会保障、基础教育、基础科学和基础设施方面转变，减少财政资金的损失与浪费，提高资金的使用效益。当前，社会上一般经营性和竞争性的领域很多，比如文化系统的剧团、群众艺术馆、电影公司、图书馆等，广播电视系统的有线电视台，教育系统的校办企业，计划生育系统的技术服务站，体育系统的各种体育场馆，等等。以前，财政部门每年为保证这些单位正常开展工作投入了大量的资金给以扶持，但有了财政资金的支持，也导致这些单位缺乏竞争意识，创收意识不强，躺在财政身上过舒心日子，不参与竞争，不进行经营，导致财政资金投入的损失与浪费。广东省研究制定省级政府投资基本建设项目管理办法，完善政府投资基本建设项目管理体制，保证财政资金的投入逐渐减少。

（一）观念得到更新

一方面是财政观念的更新。广东省政府正确认识到财政资金退出的可行性和必要性，提出财政资金的退出并不是将这些单位全面推向市场，将这些单位私有化，而是通过逐渐退出，调整支出结构，改变投资方向，优化支出性能，将有限的资金用在事业的发展上，让这些单位既可以提高创收的积极性，又可以减少财政资金的浪费。另一方面是事业单位观念的更新。以往，具有经营性和竞争性的事业单位面临的竞争非常激烈，如文化部门的剧团和艺术馆面临着大量个体剧团的竞争和挑战，图书馆面临着私人图书社和音像社的挑战，有线电视台面临着各种网络公司的竞争，体育场馆也逐渐被各种台球厅、游泳馆等所取代。这些文化单位从发展方向上看，资金来源都不需要财政投资，只要文化管理部门加强管理以保持文化发展先进方向就可以了。因而仅靠财政拨款过日子的这些事业单位的观念得到了更新，树立创新意识，积极参加竞争，不停留在原来的思维方式上生存，改变了以往完全依靠财政给予补贴过日子的状况。

（二）建立了新的管理机制

财政管理机制改革主要体现在将事业单位推向市场后，从财政角度和国有资产的角度思考如何更新管理观念，改变管理方法，让这些单位充分发挥自己的主观能动性和创造性，去创造更大的效益。这些单位原来的资产都是国有资产，从国有资产保值增值的角度，国有资产的管理应该得到加强，但要让这些单位参与真正的竞争，必须具有实实在在的产权。因此，广东省通过产权制度改革，使这些单位在市场出入上具有较为自由的活动范围，不受限制，消除政府不必要的干预和过多的行政审批事项。按照市场经济体制的要求，进一步规范干预职能，让这些单位能充分发挥自己的竞争能力。广东省建立了一套国有资产动态管理机制，建立和完善了高效激励机制、产权约束机制和风险评估管理机制，使这些事业单位具有生产要素调整和重组的经济权利和内在动力，使财政资金的退出更加自由和从容。

（三）加强了对退出单位的政策扶持

广东省通过制定各种扶持政策，采取逐步退出、重点扶持、优化结构的方式，提高竞争性和经营性事业单位进行创收的积极性。具体体现在三个方面：一是建立财政投入制度。对艺术团体和图书馆等事业单位，财政投入一定的资金，提高其市场竞争能力。二是财政借款扶持。对具有一定的收费潜力而又暂时需要扶持的事业单位，财政部门采取借款或对贷款提供担保等方式，先让这些单位取得资金进行建设，以后通过收费逐步偿还。三是建立保障机制。事业单位财政资金的退出必然导致将这些单位推向市场，带来职工身份、退休金筹集等一系列问题，这些问题不解决，财政的退出就难以成功。因此，广东省通过建立社会劳动保障机制，建立起覆盖全社会的社会保障制度，并实行社会化管理，消除职工的后顾之忧，达到老有所养，保持了社会的稳定。

二、清理和整顿地方政府投融资平台公司取得明显成效

地方政府投融资平台公司是我国投融资管理中的一大创新。改革开放以来，广东省积极探索投融资体制改革，总体发展比较稳健，但也存在一定的问题和风险。2010年1月，针对地方政府投融资平台公司运作不够

第七章　广东投融资体制改革

规范、地方政府违规或变相担保、部分银行机构对其信贷管理缺失等发展中出现的问题，国务院下发了《关于加强地方政府投融资平台管理有关问题的通知》，要求地方各级政府对投融资平台公司进行清理规范。此后，相关国家部委多次下发指导意见，对地方政府投融资平台公司进行整顿，防止政府债务风险向社会公众扩散。广东省整顿的效果较为明显，投融资平台公司疯狂发展的势头得到了抑制。人民银行的相关数据显示，2010年，投融资平台贷款增速由50%以上降至20%以下。新时期广东积极推进地方政府投融资平台公司投融资机制创新，构建了资金来源多样化、融资机制市场化、融资主体多元化、融资平台多层化的新型投融资体制，融资渠道证券化、股权化、资本化、国际化，融资结构优化，融资能级提升，融资环境完善，更好地满足了新时期广东经济社会发展的投融资需求。

地方政府投融资平台公司改制工作涉及财政、人保、工商、税务、土地等多个部门，地方政府必须加强协调沟通工作。广东省成立了专门的工作推进领导小组，由政府主要领导牵头负责，各有关部门负责人员参加，采取一事一议方式，将工作具体落实到人，确保各项工作顺利、高效完成。同时，发挥政策和主管优势，积极落实企业转型应享受的优惠政策。参考财政部《关于企业兼并重组业务企业所得税处理若干问题的通知》、税务总局《关于企业改制重组若干契税政策的通知》等规定，依法依规给予企业兼并重组涉及的资产评估增值、债务重组收益、土地房屋权属转移等税收优惠和政策。地方政府投融资平台公司清理和整顿工作取得明显成效。

（一）体制机制理顺

广东省政府研究制定投融资平台公司管理办法，全面推进投融资体制机制改革。一是切实转变地方政府职能。完善"借、用、还"相统一的政府性债务管理机制，剥离融资平台的政府融资职能，政府逐步退出一般经营性领域的投资，实现了投资性财政向公共财政的转变。二是规范投融资平台运作。构建了"产权清晰、权责统一、自主经营、自负盈亏、科学管理"的法人治理结构，现有投融资平台去行政化，对政府派到投融资公司担任行政管理的公务人员，依据过渡性政策进行了安置，融资平台公司由事业法人向公司制法人转型，真正确立了市场主体地位，实现了完全市场化运作。

(二) 融资渠道扩展

广东省政府通过市场化方式重组和组建一批资本实力强、现金流量大、资信评级高、融资能力强的现代投融资平台公司，增强政府对重点项目和重点产业的投融资能力。① 一是资本不断做实。广东省政府加大资产划入和资源整合的力度，积极向投融资公司注入有效可变现资产，给予特许经营权、税收返还等优惠，完成由资产管理向资本运作的过渡，为投融资公司市场化运作提供资金基础，支持投融资公司在开展基础设施建设和土地一级开发业务的同时，积极投资实体产业，实现多元化发展，投融资公司的造血功能和融资能力得到不断提升。二是适当降低政策性银行和商业银行的贷款门槛。三是不断激活民间资本。凡法律法规未明确禁止准入的行业和领域，坚持向社会开放，通过政府购买服务、以奖代补、贴息等多种方式，以市政基础设施、保障性住房、危旧房棚户区等领域为突破口，向民间资本推出投资项目，大量民间投资通过特许经营、合资合作、资产收购、参与改制等方式进入，参与投资、建设和运营基础设施与公益性事业。

(三) 强化金融服务

严格按照《国务院关于加强地方政府性债务管理的意见》要求，研究制定政府性债务管理相应措施，建立健全投融资风险预警和防范体系及后评估机制，完善投融资数据统计监测、分析评价和风险预警指标体系，建立信息定期发布制度，引导全社会投融资活动，投资结构优化和效益得到提升，政府性债务规模得到严格控制，政府性债务风险得到防范。农村信用社改制加快推进，大批农村商业银行组建，探索成立了社区金融机构、村镇银行和农村资金互助社。加大融资性担保行业扶持力度，培育了一批融资性担保机构并支持地方小额贷款公司扩大融资规模。

---

① 参见广东省发展和改革委员会《广东省金融改革发展"十二五"规划》，广东省人民政府网（http://zwgk.gd.gov.cn/006939756/201506/t20150626_587344.html）。

第七章 广东投融资体制改革

三、以投融资项目为主的行政审批制度改革取得重要成果

广东省被确定为行政审批制度改革试点省,发展是改革的目的,改革是发展的动力,两者必须协调配合、互促共进。时任国务院副总理汪洋多次指出改革是促进发展成本最低、动力最足、效果最持久的方式。广东发展的最大动力在于率先推进行政体制改革,在全国形成领先的制度优势。为了进一步优化各类投资项目审批流程,加快推进项目前期工作,力促项目早落地、早开工,广东省政府根据《广东省推进基础设施供给侧结构性改革实施方案》,以深化投融资体制改革,贯彻落实"简政放权、放管结合、优化服务"的改革要求,依据广东省行政许可通用事项目录,全面梳理投资项目审批事项,再造审批流程,简化审批程序,切实解决审批不集中、流程不合理、审批时效低等问题,为推进项目建设提供有力的制度支撑为思路,制定了《广东省优化投资项目审批流程实施方案》。主要内容包括以下几个方面。

(一)优化投资项目审批流程

投资项目立项、报建、验收阶段可能涉及的审批事项有121项,经优化改革,取消3项;改为征求涉及部门意见2项、涉及安全的强制性审查或评估8项,不再列入审批事项;整合35项为9项。优化整合后,保留审批事项82项。针对重点领域投资项目特点,分类施策,进一步简化程序,加快推进项目前期工作,并做好与现有法律、法规规定的衔接。合理划分政府投资项目审批权限,简化项目审批程序。政府投资项目原则上须依次办理项目建议书、可行性研究报告、初步设计及概算、工程结算、竣工财务决算审批等手续。简化农村公路项目相关手续,优化农村公路用地报批手续。取消农村公路用地预审,进一步优化农村公路整体用地审批程序,加快农村公路用地审批工作。简化乡村道路环评审批,乡村道路新改建工程环评采用登记表方式备案。①

---

① 参见《广东省人民政府办公厅关于印发广东省推进基础设施供给侧结构性改革实施方案配套文件的通知》,广东省人民政府网站(http://zwgk.gd.gov.cn/006939748/201709/t20170927_724309.html)。

（二）优化涉环审批程序

产业园区已办理规划、用地、环境影响评价等审批手续且仍处于法律法规有效期内，符合产业园区功能规划的园区内项目，简化办理相关手续。涉及生态保护区（生态严控区、饮用水源保护区、自然保护区、水产种质资源保护区、风景名胜区、世界文化和自然遗产地、地质公园、湿地公园、森林公园）的审批作为环评审批的前置条件，不作为规划选址、用地预审等的前置条件，非法定不得开展建设活动的规划区不作为相关审批的前置条件。

（三）加强事中事后监管

落实监管责任，按照谁审批谁监管、谁主管谁监管的原则，明确监管责任，注重发挥投资主管部门综合监管职能、地方政府就近就便监管作用和行业管理部门专业优势，整合监管力量，加强后续监管。各有关部门完善规章制度，制定监管工作指南和操作规程，促进监管工作标准具体化、公开化。

（四）规范企业投资行为

严格执法，依法纠正和查处违法违规投资建设行为。实施投融资领域相关主体信用承诺制度，建立异常信用记录和严重违法失信"黑名单"，纳入全国信用信息共享平台，形成守信激励、失信惩戒的约束机制，确保投资建设市场安全高效运行。

（五）创新监管方式

运用互联网和大数据技术，依托投资项目在线审批监管平台，进行项目申报、在线办理、监督管理、电子监察，实现部门间横向联通，部门到地方各级政府纵向贯通。加强项目建设全过程监管，确保项目合法开工、建设过程合规有序。强化在线监测、项目审计、稽查、执法检查等手段，严格履行法律法规赋予的监管职责。健全部门协同监管联动工作机制，通过投资项目在线审批监管平台实时交换项目信息，相关部门的审批信息、监管信息、处罚结果实现互联互通，审计、纪检监察等部门全程监督。

（六）强化信息公开

项目审批、监管和处罚等信息，除涉密信息外，一律向社会及时公开，监管信息和处罚结果通过投资项目在线审批监管平台共享，对不按要求公开信息的行为予以追责。充分利用企业信息公示系统，鼓励公众和新闻媒体等社会力量以投诉、举报、曝光等方式参与监督。

（七）健全奖惩机制

充分发挥信用记录作用，健全守信激励和失信惩戒机制。对诚信评价较差或检查发现问题较多的项目参建单位，进行重点监管。对列入异常信用记录或"黑名单"的单位，在投资准入、政府补助资金及其他政府指令性计划指标安排等方面进行严格限制。①

四、加强地方融资的基础性管理，有效地提高投资效率，控制融资负债风险

投融资改革的重点在于适当转变政府财政职能，实现投资性财政向公共财政的转变，政府退出一般经营性领域的投资。推动以投融资项目审批为主的行政审批制度改革，明确规定各级政府官员的裁量权。同时，放开基础设施和垄断行业市场，吸引、鼓励社会资金投入。在清理和整顿投融资平台的同时，广东省积极加强地方融资的基础性管理，对国有企业做大手术，进行"合并同类项"和减少层级的架构重组，主要体现为提高认识、执行法规和总结经验。广东省政府积极转变"高投入、高消耗、高排放、低效率"的粗放型经济增长方式，由过去主要依赖土地、资本、劳动力等要素的增量推动发展，转变为主要依靠科技创新、制度创新，提高劳动生产率和全要素生产率，提高了地方政府整体经济管理水平与区域经济的投入产出比。

广东省政府根据"十三五"规划，制定了投融资总体规划，认真研究测算各项投资建设所需的资金规模，编制了融资负债规划，即完整的大

---

① 参见《广东省人民政府办公厅关于印发广东省推进基础设施供给侧结构性改革实施方案配套文件的通知》，广东省人民政府网站（http://zwgk.gd.gov.cn/006939748/201709/t20170927_724309.html）。

资金平衡计划，再与固定资产投资计划一并制定出完整的投融资总体规划。其中，重点制定了融资负债规划，设计出一套地方政府债务解决方案。

广东省政府还建立了投融资评估考核体系，完善了干部人事制度。建立评估考核投资效果的指标体系和制度，使政府投资效率和整体投入产出比提高。建立考核融资债务风险控制的指标体系和制度，促使政府债务比例和财务成本降低，还债时间缩短，特别是防止和控制了把过多债务风险留给后任。为了简便易行，真正落实，广东省把对投融资的专业考核内容与政府审计工作结合起来，作为对领导干部任期经济责任审计的要件之一。

五、转变政府职能，全面实现投资性财政向公共财政的转变

改革开放以来，在经济迅猛发展的同时，广东财政也得到了快速发展：财源不断充实，财力不断壮大，财政体制不断完善，财政管理不断加强，建立起适应社会主义市场经济体制要求并符合公共财政运行规律的财税体制，规范了政府间财政关系和财政资金分配管理体制，在成功实现自身转型的同时，以财政体制、政策、资金等手段有力促进了广东经济社会的又好又快发展。回顾广东财政改革发展历程，财政改革在经济体制改革中发挥了重要的突破口和基础性作用，财政发展为广东改革开放提供了坚实的财力支撑和体制保障。

（一）健全财政收入职能，为政府履行公共服务职能提供财力保障

分税制改革以来，中央陆续出台了一系列体制调整政策，进一步集中中央财力。在维持现有财政体制总体框架基本稳定的前提下，广东省积极贯彻落实中央体制调整措施，陆续开展了农村税费改革、所得税分享改革和出口退税负担机制改革，不断完善省以下财政体制。尤其是从 2004 年起，全省实行激励型财政机制，在一般性转移支付中引入激励机制，将省财政一般性转移支付与县域经济财政发展挂钩，并从 2005 年起实施了一系列帮助县（市）解决镇（乡）财政困难的政策措施。从 2008 年起开展镇（乡）财政和村级财务管理方式改革试点，充分调动欠发达地区发展县域经济、壮大财力的积极性，提高了基层政权和组织运转的财力保障水

平。通过不断完善"分税分成,水涨船高"的财政体制,全省财政体制运行平稳有效,政府间分配关系稳定协调,调动了地方生财、聚财的积极性,促进了中央、省、市、县财政收入的共同发展,财政收入质量不断提高,收入稳定增长机制初步形成。

(二)健全财政支出职能,重点保证公共服务领域的支出需要

把健全财政支出职能、优化和调整支出结构作为公共财政建设的重点和突破口,努力打破生产建设型财政大包大揽的支出格局,解决好财政"越位"和"缺位"并存的问题。近年来,广东省把改善民生、促进社会公平摆到突出位置,先后部署实施了十项民心工程,建设教育强省、文化大省、社会主义新农村,构建和谐广东,等等,突出解决民生问题,维护社会和谐稳定。适应这种转变,按照"保运转、保重点、保稳定、促发展"的要求,各级财政不断优化支出结构,财政支出向基层和困难地区倾斜、向困难群众倾斜、向社会发展的薄弱环节倾斜、向"三农"倾斜,逐步缩小城乡之间、区域之间、社会成员之间的公共服务水平,财政支出逐步实现"三大转变":一是重要支出的保障方式从短期安排向建立长效保障机制转变;二是财政支出结构调整的方向从侧重对"三农"的倾斜向更广泛地扩大农村公共财政覆盖面转变;三是促进区域协调从限于从经济增长上缩小差距和在本区域内配置资源向缩小人均公共服务水平和实现欠发达地区与珠三角地区的互促发展转变。

(三)健全财政宏观调控职能,促进经济可持续发展

针对不同的宏观经济形势,中央先后实施了适度从紧的财政政策、积极的财政政策、稳健的财政政策和目前积极的财政政策,宏观调控职能不断强化,调控方式日渐成熟。广东省根据中央的统一政策相应对省内区域进行局部调控,积累了以财政手段促进经济平稳增长的有益经验:一是不断提升财政政策的目标层次,面对复杂多变的经济发展形势,财政政策更加灵活有效,积极发挥财政政策导向作用,围绕投资、消费、出口三个方面,支持经济发展的重点和薄弱环节,促进了经济平稳较快发展;二是改革财政投入方式,改变过去纯粹减税让利、向竞争性领域增加投资的单一方式,逐步退出一般性竞争领域,更多地采取贷款贴息、以奖代补、滚动

有偿、注入资本金、融资担保、创新投融资方式等手段,扩大了财政投入的乘数效应,发挥了财政科学投入作用;三是创新资金分配方式,在资金分配环节引入竞争手段,调动了资金使用部门或地区发展经济的主观能动性,促进了科学发展的新思路加快形成;四是积极构建应对突发公共事件的财政应急保障机制,通过预算安排灾害救助、安全生产等专项资金及预备费和预算稳定调节金,建立救灾抢险和应急处理的多重防线,财政应急调控、抵御突发公共事件和自然灾害的能力不断增强。

（四）构建公共财政管理体制框架,确保财政支出的科学、规范、有效

为确保财政职能作用的有效发挥,近年来,国家重点开展了深化"收支两条线"管理、部门预算、财政国库管理制度、政府采购制度等各项改革。广东省积极推进以上四项公共财政改革"主体工程",夯实公共财政管理的制度基础,同时注重改革的系统性和完整性,加强改革间的衔接和配套,针对原有改革体系职能不完善、业务不衔接、社会管理手段不足等缺陷,结合本省财政工作实际,大力推进支出管理方式创新,自行安排了六项改革,逐渐形成了具有广东特色的公共财政管理模式:一是为提高财政资金的使用效益,推进科学理财,开展财政支出绩效评价工作;二是为加强对财政资金使用的监管,推进依法理财,进行财政监督改革;三是为实现财政资金流程的衔接,开展省级预算管理和国库集中支付系统整合改革;四是为加强会计核算监管,进行财务核算信息集中监管改革;五是为进一步规范分配关系,进行公务员收入分配制度改革;六是为构建与市场经济体制相适应的行政事业单位国有资产管理新机制,进行行政事业性资产管理改革。①

公共财政模式的完善是我国财政改革史上的重要里程碑,标志着中国财政改革和发展的新阶段。经过多年的努力,广东省的多项改革走在了全国前列,转变了政府职能,实现投资性财政向公共财政的转变。

---

① 参见广东省统计局、国家统计局广东调查总队《2016年广东国民经济和社会发展统计公报》,广东统计信息网（http://www.gdstats.gov.cn/tjzl/tjgb/201703/t20170308_358320.html）。

第七章　广东投融资体制改革

第三节　广东投融资体制改革的经验与启示

广东投融资改革实践累积了诸多宝贵经验，集中体现为：改革须坚持效能导向、发挥市场的决定性作用、重视社会资本的利用、实现多种投融资模式相结合以构建多层次投融资体系等。这些经验无疑将指导广东投融资体制进一步深化改革，并为其他地区提供有益借鉴。

一、投融资体制改革必须以提升效能为根本目标

（一）构建良好的投融资生态环境

为解决银企间信息的传导与沟通，在银企间构建一个信息互动交流的通道，广东省从整合部门信息入手，着力构建金融服务信用信息共享平台。一是平台内容注重针对性。紧紧围绕银行对企业客户信用信息的实际需求，精心选择信息的来源和品种，力求融入银行的贷前审查、贷后监管等业务流程之中。二是信息来源注重广泛性。涵盖工商、法院、国税等部门。三是查询功能注重关联性。平台为银行提供企业的基础信息、综合信息、信用评价和风险诊断四大类查询服务，并实现了融资、投资以及企业和法人代表等项目的关联查询，极大提升了参考价值。四是信息更新注重可持续性。通过完善网络平台设施，建立信息实时更新机制，畅通了由部门向平台流动的信息通道，基本实现了信用信息的实时更新。五是平台服务注重公益性。平台注册为"非营利性社会组织"，实行"政府建设、财政出资、人行代管、免费查询"的运作模式，让使用者"用得上、用得好、用得起"，破解了银行与企业之间的信用信息不对称的问题。

（二）营造守信受益、失信惩戒的信用风尚

金融服务信用信息共享平台采用"政府领导、人行推动、各方参与"的模式，征集和整合金融、法院、公安、地税、社保、国土、环保、建设、食品药品监督、国税、工商、质监、电力等部门信用信息，为金融机构、政府职能部门提供信息查询、社会管理、政策制定等服务，从而使被服务对象可获取信息主体各方面的信用信息，构成一种相互约束力。在金

融服务信用信息共享平台推出后，由于社会信息的公开透明，加大了政府职能机构对企业的监管效能；平台中增设社会对企业的信用评价规则，企业自律性增强，虚报、瞒报信息的情况得到遏制；银行内部由于信息查询手段的优化与规范，对信贷"包装文化"的监督与规避也发挥了积极的作用。金融服务信用信息共享平台的建立不仅规范了社会管控规则，同时也使企业、银行对诚信的遵循意识得到了加强，树立了良好的信用风尚。

（三）创立新的服务模式，实现政银企多赢格局

通过金融服务信用信息共享平台的建立，企业因自律性增强，对自身信用更加注重，信用意识获得提升，从而增强了银行的信任度，可获得银行资金的鼎力支持，为企业带来更强的经营活力与经济效益；银行因金融生态环境的改善，经营风险大大降低，抗风险能力不断增强，为信贷主营业务带来可持续的盈利增长，使机构各项经营指标得到良好实现；政府因金融业的良好发展，带来当地经济的稳步发展，地区生产总值增长速度、财政收入以及城乡居民收入均将高于金融业发展滞后地区，形成企业、银行、政府多赢的局面。

二、投融资体制改革坚持发挥市场的决定性作用

在开展投融资体制改革工作上，广东省按照"使市场在资源配置中起决定性作用和更好发挥政府作用"这一改革的核心要求，积极探索创新，坚持市场化改革方向，努力在发挥好财政资金和经济政策的引导作用基础上，畅通社会资本进入渠道，建立多元化社会资本投融资机制。

（一）明确政府投资职能和投资范围

在市场经济条件下，我国的城市基础设施建设应当实行以"政府为主体、市场为导向、经营多元化"的发展策略，但是这种市场化、多元化的投融资方式的广泛应用需要有健全的市场机制以及完善的法律法规作为制度保障。政府作为市场经济条件下的管理者，应当强调其作为制度的制定者、规则的实施者的身份和作用，除公共物品属性和非营利的城市基础设施外，不再直接投资、经营和管理营利性的城市基础设施企业，把主要精力放在建立公开、公正、公平、健康、可持续发展的社会经济环境上、建立起政府管理城市基础设施的法律框架，实行政企分开，培育市场

竞争主体。使政府由城市基础设施的垄断经营者成为竞争性经营的组织者和监督者，提高政府管理城市基础设施的效率。

按公益性、基础性、竞争性三大类项目的划分原则，政府投资应逐步从竞争性项目中退出，集中精力于公益性和基础性项目，为保持社会稳定的公益事业和政权建设项目，关系国计民生和经济全局的重大建设项目和能够促进优化结构、带动结构优化升级的支柱产业项目，为吸引社会投资、引导资金流向、调控宏观经济运行所需要的补贴性投资，高新技术产业化示范项目。对政府投入公益事业和政权建设的资金，投资方式仍以行政划拨为主，但必须在建设过程中实行市场化运作，即通过招标方式择优选择设计、施工和工程监理单位，以充分发挥投资效益。对政府用于经营性基础设施和需要扶持的重点产业和高新技术产业项目的产业开发投资，政府应由以往的直接参与投资经营活动改为以市场化运作方式间接参与。一是确定项目后，通过招标投标确定项目承担者，政府与中标者签订契约，明确双方的权利义务，保证投资目标和投资效益的实现。二是选择一批大型国有企业或国有投资机构作为政府授权的产业开发投资的执行机构，由政府有关部门与授权投资机构签订契约，保证政府投资的权益。政府通过向授权机构注入资金，由授权机构向项目投资，或以控股、参股方式，达到支持某一产业的目的。

（二）充分发挥市场的决定性作用

党的十八大以来，党中央、国务院大力推进简政放权、放管结合、优化服务改革，投融资体制改革取得新的突破，投资项目审批范围大幅度缩减，投资管理工作重心逐步从事前审批转向过程服务和事中事后监管，企业投资自主权进一步落实，调动了社会资本积极性。

深化投融资体制改革，发挥投资对优化供给结构的关键性作用。投资是市场经济条件下配置资源的重要手段，也是供给侧和需求侧两端发力的重要引擎，发挥好投资的关键作用不仅要保持政府投资的合理力度，而且要激发民间投资活力，形成政府和社会资本的有效合力。此外，在拓宽投资项目融资渠道方面，也可以更多地利用多层次资本市场体系。

在解决投资项目融资难、融资贵的问题上，可更多地利用多层次资本市场体系，多渠道拓宽投资项目融资渠道，优化金融资产配置，更好地服务供给侧结构性改革。通过引导成立各领域专业投资公司，以市场化手段促进基础设施建设和产业快速发展。目前，全省初步形成多层次资本市场体系，主板、创业板、中小企业板、新三板以及地市股权交易市场均已进入规范发展轨道。通过股权、债券、金融衍生产品等直接融资形式服务于中小企业融资和创新，这是一条被成熟市场多次证明有效的路径。在深化投融资体制改革的过程中可更多地利用多层次资本市场，形成一套投资方与融资方风险共担、利益共享的机制，在拓宽投融资渠道、激发微观主体创新创业活力、助推经济增长动能转换等方面也将发挥其独特的优势。

三、多种投融资模式全面激活社会资本

深化投融资体制改革，无论是城市谋局，还是企业求势，投融资都是绕不开的话题，必须围绕解决这两个问题创新体制机制。按照转变政府职能、激发市场活力原则，着力拓宽投融资渠道，积极推进政府融资平台公司市场化运作，进一步打通融资通道，走出一条具有广东特色并为全国提供示范的投融资体制改革路径。

围绕整合做大平台资产、深化国有企业改革、拓宽投融资领域、建立多元融资渠道等方面，部署加快推进投融资体制改革的具体工作。目标是通过改革，推进一批融资平台转型升级，培育一批上市公司，建设一批重大项目。核心问题是最大限度发挥社会资本在投融资过程中的地位和作用。

全面激活社会资本，必须统一市场准入，创造平等投资机会。深入推进扩大民间资本进入社会领域改革试点，将改革扩大到文化、体育、教育、医疗、养老等领域。吸引民间资本，建立健全多渠道汇聚社会资本的融资机制。加快企业上市步伐，鼓励企业直接融资，推动创新信贷服务，鼓励小微企业持续发展，推动农村"三权"融资。

创新投融资方式、拓宽融资渠道。进一步拓宽投融资方式，建立健全民间资本参与政府投资项目机制。积极推广政府和社会资本合作（PPP）模式，规范选择项目合作伙伴，引入社会资本，增强公共产品供给能力。同时，加快推进政府购买公共服务，建立国有资本退出机制。建立健全多元化基金投资管理机制，通过建立基础设施建设基金、创建产业发展引导基金、设立企业并购重组基金、成立天使投资基金，对基础设施和企业发展提供必要的资金支撑，以推动广东省实体产业的健康发展。

加大支持力度，建立健全投融资体制改革政策激励机制。加强各类要

素保障，包括加快改进价格形成、调整和补偿机制，加大财税、价格、土地、金融等方面的支持力度；全面深化县域经济体制综合改革，力求在资源要素差别化配置、产业结构调整创新等方面有新突破；健全财政资金支持保障机制，建立健全政策倾斜扶持机制等。

四、必须重视建立多层次的投融资体系

除了银行信贷、投资基金、保险、上市融资，企业可选择的融资渠道越来越多，金融机构也以开放合作的态度不断创新金融服务。目前，广东省已基本形成包括债券融资、银行信贷融资、社会投资、资本市场融资等在内的多层次、多渠道、多元化的投融资体系。

（一）建立多种形式的民间金融组织

中小企业会去寻找一种能够为其提供适当金融服务的融资通道。这种融资渠道能够更好地适应中小企业随其经济规模与交往范围的扩大对多种金融服务的经常性需求。在现有正规金融机构不能满足中小企业融资需求的情况下，应当发展多种形式的民间金融组织来满足中小企业的融资需求。当条件成熟后还可以在典当铺等较为正式的民间金融组织的基础上，形成一些初具现代银行特征的县域性的民营银行。

（二）积极探索其他新型投融资方式

积极探索建立信托基金、发展租赁公司、组建金融控股公司、运用项目融资、筹建风险资金等方式，进行行业发展资金融通。不管是由于银行的原因还是企业的原因，现有银行不愿意向中小企业进行普通贷款。但是，银行可以积极地发展其他形式的贷款，如票据融资、出口信用保险融资等，这样既可以增加银行利润，又能解决中小企业融资难的问题。例如，票据融资指票据持有人取得商业承兑汇票或者银行承兑汇票，以该票据向银行申请贴现套取资金，实现融资目的。票据融资方式与中小企业资金流动性强、金额小、周期短和频率高等特点相适应，可以降低中小企业融资成本。允许小企业之间进行互助性的临时资金融通，以充分利用小企业之间信息比较对称的优势，缓解其融资难；同时，建立地方性中小企业产权交易市场，为产权清晰的中小企业通过产权转让融通资金创造条件。

(三）努力建设多元化的融资体

一是鼓励有市场、有效益、符合发行债券条件的金融平台，发行债券进行直接融资。经过股份制改造的公司，规范财务和管理体制，考虑在沪深两市的资本市场发行股票，进行融资。二是开展"小额信贷"项目，开展"政府＋金融机构＋企业"的贷款模式，放宽贷款条件，扩大面向从事旅游业经营者的贷款数额。三是以项目为核心，吸引社会资金参与开发和经营，创新投融资体制，形成资金洼地。四是鼓励和引导民间资金投入基础设施和公共服务领域的开发建设。

第八章 广东分配制度改革

习近平总书记指出:"'大道之行也,天下为公。'发展的目的是造福人民。要让发展更加平衡,让发展机会更加均等、发展成果人人共享,就要完善发展理念和模式,提升发展公平性、有效性、协同性。"分配制度是促进发展成果共享的重要工具,是促进社会公平正义,让广大人民群众共享改革发展成果的重要一环。

广东省分配制度改革在全国也处于领先地位,在不同阶段围绕不同工作重点做出了有益的探索。随着不断推进就业创业工作,深化薪酬制度改革,基本公共服务水平有了很大的提升;同时,分配制度的改革也加大了惠农富农力度,推动了阳光分配。广东省分配制度改革重视就业创业工作,以推动经济增长,同时实施更加积极的就业扶持政策,以带动充分就业,并大力推进自主创业。广东省在薪酬制度上,探索建立了与经济发展相适应的最低工资标准调整机制,也积极推行公务员职务与职级并行的工资制度,深化事业单位绩效工资制度改革。在分配制度改革中,确保各项民生保障指标高于全国平均水平,扩大国有资本收益上交范围,逐年提高国有资本收益上交公共财政比例。

第一节 广东分配制度改革的历程

新中国成立之初,在分配制度上实行平均主义,"干多干少一个样""干好干坏一个样",齐吃"大锅饭",严重损害了企业和生产者的积极性,分配制度亟待改革。广东省作为我国改革开放的前沿地,分配制度改革在全国也处于领先地位。

一、改革初期

1978—1990 年,这一阶段是分配制度改革的探索与尝试时期。改革初期,广东省推进以市场为导向的改革试点,分配制度改革率先在农村展开。1979 年,广州开始改革所辖郊区和县农村地区管理体制,实行联产到组、联产到劳动力,使农民劳动报酬与经营成果联系起来,调动农民的积极性。

农村改革取得初步成效后,广东省开始探索城市经济体制改革。广州市率先开展了以市场经济为取向的工资制度改革,改革国家与企业之间,以及企业内部职工之间的分配关系。① 为了把企业搞活,1979 年,广州市在广州重型机器厂、广州橡胶五厂、广州钢琴厂等单位扩大企业自主权,实行按劳分配、多劳多得的奖励制度。1980 年,广州市在工商企业中开始实行计件、提成、浮动工资等试点工作,坚持按劳分配的原则,同时把企业生产的好坏,为国家积累利润的多少与单位、个人利益结合起来,做到国家多收、企业多留和个人多得。之后,1984 年,广州市又在经济效益较好的大中型企业进行工资总额同经济利益挂钩的试点,将企业劳动工资管理权限下放到企业,并在企业内部分配中试行"四浮工资"(浮动升级、浮动定级、浮动岗位津贴、浮动工资标准),这次变革开始改变计划体制中工资分配的平均主义,为提升企业效率注入了激励机制。在一系列政策措施作用下,80 年代职工工资的增长有了显著的变化,国营企业职工年均工资由 1978 年的 747 元上升到 1990 年的 3 597 元。②

二、市场化改革的确立时期

1991—2012 年党的十八大召开前,是广东省分配制度市场化改革的确立时期。随着市场化改革的逐步深入,广东的分配制度改革市场化导向更加明确,以按劳分配为主、多种分配方式并存、各种生产要素按贡献参与分配的制度体系初步建立。③

---

① 参见广东省委办公厅《广东改革开放启示录》,人民出版社 1993 年版,第 56 页。
② 参见王晓玲等《广州改革开放三十年》,广东省人民出版社 2008 年版,第 153 页。
③ 参见许伟光、丘挺《广州的改革开放和经济体制改革研究》,海南人民出版社 1988 年版,第 46 页。

第八章 广东分配制度改革

（一）进一步完善最低工资保障制度

我国《劳动法》明确规定，国家实行最低工资保障制度，用人单位支付劳动者的工资不得低于当地最低工资标准。1994年8月，结合全省经济社会发展状况，广东省出台了《广东省企业职工最低工资规定》，对全省最低工资做了规定。该规定指出，最低工资由各市劳动行政主管部门拟定，报市人民政府审定后，向社会公布施行；最低工资公布后，可根据实际需要进行调整，原则上每一个年度内调整一次。2005年，广东省出台《广东省工资支付条例》①，进一步对最低工资标准做了规定。早期，广东省最低工资标准分为五类，其中广州市按照第一类执行，珠海、佛山、东莞、中山按照第二类执行，汕头、惠州、江门按照第三类执行，韶关、河源、梅州、汕尾、阳江、湛江、茂名、肇庆、清远、潮州、揭阳、云浮按照第四类执行，而第四类中的部分县按照第五类执行，2011年3月1日起，第五类取消（见表8-1）。

广州、深圳两个城市的最低工资水平在全国都处于较高水平。早在1993年，广州市劳动局率先发布了广州市企业最低工资标准，即每月250元，其后最低工资标准在不同年份都有相应的调升。从2015年5月1日起，广州市最低工资标准调整为每月1 895元，非全日制职工最低工资标准为18.30元/小时（见表8-1）。深圳市历年最低工资标准见表8-2。总体来说，这一时期，广东省的最低工资保障制度不断健全，最低工资调整机制更加完善。这对有效提高低收入劳动者收入水平，缓解物价上涨带来的影响，保障低收入者的基本生活发挥了重要作用。

---

① 参见《广东省工资支付条例》，广东省总工会网站（http://www.gdftu.org.cn/xx/zc/201610/t20161009_797038.htm）。

表 8－1　广东省部分年份最低工资标准①

类别	时间	最低工资标准		适用地区
		月标准（元/月）	折算的小时标准（元/小时）	
一类	2006年9月1日—2008年3月31日	780	4.66	广州
	2008年4月1日—2010年4月30日	860	4.94	
	2010年5月1日起	1 030	5.92	
	2011年3月1日起	1 300	12.50	
	2013年5月1日起	1 550	15.00	
	2015年5月1日起	1 895	18.30	
二类	2006年9月1日—2008年3月31日	690	4.12	珠海、佛山、东莞、中山
	2008年4月1日—2010年4月30日	770	4.43	
	2010年5月1日起	920	5.29	
	2011年3月1日起	1 100	10.50	
	2013年5月1日起	1 310	12.50	佛山、东莞、中山
		1 380	13.20	珠海
	2015年5月1日起	1 510	14.40	佛山、东莞、中山
		1 650	15.80	珠海

---

① 参见《广州市最低工资标准》（1993至今），本地宝（http://gz.bendibao.com/gzsi/20121017/si107435.shtml）。

(续表 8-1)

类别	时间	最低工资标准		适用地区
		月标准（元/月）	折算的小时标准（元/小时）	
三类	2006年9月1日—2008年3月31日	600	3.59	汕头、惠州、江门
	2008年4月1日—2010年4月30日	670	3.85	
	2010年5月1日起	810	4.66	
	2011年3月1日起	950	9.30	
	2013年5月1日起	1 130	11.10	汕头、惠州、江门、肇庆
	2015年5月1日起	1 350	13.30	
四类	2006年9月1日—2008年3月31日	500	2.99	韶关、河源、梅州、汕尾、阳江、湛江、茂名、肇庆、清远、潮州、揭阳、云浮
	2008年4月1日—2010年4月30日	580	3.33	
	2010年5月1日起	710	4.08	
	2011年3月1日起	850	8.30	
	2013年5月1日起	1 010	10.00	韶关、河源、梅州、汕尾、阳江、湛江、茂名、清远、潮州、揭阳、云浮
	2015年5月1日起	1 210	12.00	
五类	2006年9月1日—2008年3月31日	450	2.69	执行四类市的部分县
	2008年4月1日—2010年4月30日	530	3.05	
	2010年5月1日起	660	3.79	
	2011年3月1日起	此类别取消		

表8-2　深圳市历年最低工资标准①

时间	全日制用工最低工资				非全日制用工小时最低工资（元/小时）
	月工资（元/月）		小时工资（元/小时）		
	特区内	特区外	特区内	特区外	
1992年	245	245	1.20	1.20	
1993年	286	286	1.40	1.40	
1994年	338	300	1.80	1.60	
1995年	380	300	新工时2.24	新工时1.80	
			老工时2.02	老工时1.60	
1996年	398	310	新工时2.31	新工时1.80	
			老工时2.12	老工时1.65	
1997年	420	320	2.44	1.86	
1998年	430	330	2.50	1.92	
1999年5月1日—1999年10月11日	430	330	2.54	1.95	
1999年10月12日—1999年12月31日	547	419	3.27	2.50	
2000年	547	419	3.27	2.50	
2001年	574	440	3.42	2.63	
2002年	595	460	3.56	2.75	
2003年	600	460	3.59	2.78	
2004年	610	480	3.65	2.87	
2005年	690	580	3.97	3.33	
2006年	810	700	4.66	4.02	
2007年	850	750	4.89	4.31	

① 参见《深圳历年最低工资标准汇总》，本地宝（http://bsy.sz.bendibao.com/bsyDetail/589349.html）。

(续表 8-2)

时间	全日制用工最低工资				非全日制用工小时最低工资（元/小时）
	月工资（元/月）		小时工资（元/小时）		
	特区内	特区外	特区内	特区外	
2008—2009 年	1 000	900	5.75	5.17	—
2010 年	1 100		6.32		9.80
2011 年	1 320		7.58		11.70
2012 年	1 500		8.61		13.30
2013 年	1 600		9.19		14.20
2014 年	1 808		10.39		16.50
2015—2017 年 5 月 31 日	2 030		11.67		18.50
2017 年 6 月 1 日起	2 130		12.24		19.50

（二）推进劳动力市场工资指导价位和工资增长指导线制度建设

为加快建立符合社会主义市场经济要求的企业工资宏观调控体系，1999 年 10 月 25 日，原劳动和社会保障部印发了《关于建立劳动力市场工资指导价位制度的通知》，要求建立与现代企业制度相适应的企业工资收入分配制度，充分发挥劳动力市场对企业工资分配的基础性调节作用，由企业根据社会平均工资水平和本企业经济效益自主决定工资水平。在此文件指导下，各地开始探索建立劳动力市场工资指导价位和工资增长指导线制度，这两项制度对指导企业合理确定工资水平和工资关系，引导劳动力合理有序流动，促进劳动力资源的有效配置，缓解分配不公状况都起到了积极的作用。

广东省也积极推进劳动力市场工资指导价位制度的建立工作。根据文件要求，结合本省的经济社会现实，积极制定本地区建立劳动力市场工资指导价位制度的工作规划，将建立劳动力市场工资指导价位制度作为企业工资分配制度改革的重要内容来抓。并通过建立规范化的信息采集制度、采用科学化的工资指导价位制定方法，定期对各类企业中不同职业的工资水平进行调查、分析、汇总、加工,形成各类职业的工资价位,向社会发布,用以指导企业合理确定职工工资水平和工资关系,调节劳动力市场价格,使工资指导价位真正服务于企业。同时,原广东省劳动和社会保障厅从1999年起也开始公布全省的企业工资指导线。2000年7月,《广东省2000年企业工资指导线》发布,当年工资增长的基准线为7%,上线为10%,下线为零增长或负增长,对于经济效益下降幅度较大或亏损的企业,可以不增加或适当降低工资,但支付给提供正常劳动的职工的工资不得低于当地企业职工最低工资标准。① 当年,全省多个市都建立了劳动力市场工资指导价位制度。此后,结合国家整体经济发展情况及趋势,广东省每年都对企业工资指导线做出调整,以确保与经济发展状况相协调。党的十八大前广东省部分年份企业工资指导线见表8-3。

表8-3 党的十八大前广东省部分年份企业工资指导线②

年份(年)	预警线(%)	基准线(%)	下线(%)
2000	10.0	7.0	零增长或负增长
2001	13.0	9.0	零增长或负增长
2002	15.0	11.0	零增长或负增长
2003	13.0	8.0	零增长或负增长
2004	14.0	9.0	零增长或负增长
2005	16.0	10.5	2.0~3.0
2006	15.0	11.0	3.0
2007	16.0	10.3	2.0

---

① 参见《广东省2000年劳动和社会保障工作回顾与2001年展望》,广东省人民政府网(http://www.gd.gov.cn/govpub/gzbg/fgw/2000_2001/200607/t20060730_5960.htm)。

② 根据以下资料整理:《劳动和社会保障部关于对广东省2002年工资指导线方案的批复》《广东省劳动和社会保障厅关于公布广东省2003年度企业工资指导线的通知》《广东省劳动和社会保障厅关于公布广东省2008年企业工资指导线的通知》《广东省人力资源和社会保障厅关于公布广东省2015年企业工资指导线的通知》。

(续表 8-3)

年份（年）	预警线（%）	基准线（%）	下线（%）
2008	21.0（珠三角地区） 15.0（东西两翼、粤北地区）	15.0（珠三角地区） 10.0（东西两翼、粤北地区）	5.5（珠三角地区） 3.5（东西两翼、粤北地区）
2009	12.0	7.0	零增长或负增长
2010	17.0	12.0	4.0
2011	20.0	15.0	5.0
2013	16.0	10.5	4.0
2014	14.0	9.0	3.0
2015	12.5	8.5	零增长或负增长
2016	12.5	8.5	零增长或负增长
2017	17.0	12.0	4.0

（三）建立企业工资集体协商制度，实施"工资协商三年行动计划"

2000年10月10日，原劳动和社会保障部通过了《工资集体协商试行办法》并于11月8日以第9号令发布，要求建立企业工资集体协商制度。广东省也积极推动企业建立健全工资分配制度，相应出台了《关于进一步推进企业工资集体协商工作的指导意见》和《广东省企业工资集体协商指引》，鼓励和支持企业与工会开展工资集体协商，促进工资正常增长。一方面，广泛开展宣传动员工作，并提供法规政策咨询服务，提高企业、职工和社会各界对企业工资集体协商的认识；同时，按照该指引的规定，加强具体操作性的指导，帮助、指导企业和工会发挥协商主体作用，依法开展协商，维护双方的合法权益。另一方面，全面开展工资集体协商工作，加快推进已组建工会的大中型企业工资集体协商工作的进度；并排查出工资分配矛盾比较突出的企业，引导双方依法通过集体协商的途径寻求工资分配的共识，避免矛盾升级，确保劳动关系和谐稳定。自2001年开展工资集体协商试点工作以来，广东省企业工资集体协商制度逐步建立，职工工资确定过程的平等性、民主性、合法性也有了法律保障，切实维护了企业和职工的合法权益，有利于建立与社会主义市场经济相适应的企业工资分配制度和工资共决机制。

从2008年开始，广东省开始全面实施"工资集体协商三年行动计划"以及"最低工资标准三年调整计划"，以三年时间为期限，全方位、有步骤地推进工资集体协商制度。计划从2008年起，连续三年调整提高最低工资标准，力争到2010年年底，全省各类企业基本建立起比较健全的工资集体协商制度。2010年8月印发的《广东省企业工资集体协商指引》中也提出要超额完成"企业工资集体协商三年行动计划"目标。此后，全省各市都及时调整最低工资标准，并定期发布工资指导线和人力资源市场工资指导价位，以全面推动"工资集体协商三年行动计划"的实施。这不仅维护了一线职工的权益，使工资增长与企业效益提高相适应，而且确保每个职工分享企业发展的成果，使分配制度更加公平。

（四）完善国有企业工资分配监管制度

国有企业的传统工资分配不仅受到国有资产监管部门的监督，也受到政府有关职能部门的监督。在市场化改革浪潮中，广东省绝大多数国有大型企业转型为国有控股的公司制企业，经营者集体对公司财产具有很大的支配权，在收入分配上也拥有较大的自主权。① 特别是1995年《劳动法》实施后，国有企业拥有工资分配自主权，企业内部工资制度由企业自主制定和实施，国家对其进行宏观指导与监督。为加强对国有企业工资分配的监管，1995年4月，广东省劳动厅发布了《广东省国有企业经营者年薪制试行办法》，规定国有企业经营者年薪收入由基薪和风险收入两部分组成。基薪按照本地区企业职工上年度统计年报平均工资水平和企业规模大小确定，经营者风险收入与企业实现利润挂钩。同时要求各级劳动、财政、国有资产管理部门加强对实行经营者年薪制试点工作的企业的检查和监督，加强企业自我约束机制建设。②

---

① 参见陈斯毅《广东企业工资制度改革30年回顾与展望》，载《广东经济》2009年第1期，第24～29页。

② 参见龙玉其《中国收入分配制度的演变、收入差距与改革思考》，载《东南学术》2011年第1期，第103～115页。

第八章　广东分配制度改革

（五）完善工资支付保障制度

随着企业用工形式、分配制度的变化，出现了用人单位拖欠、克扣劳动者工资等侵害劳动者合法权益的行为，这严重损害了劳动者的权益。针对这一现象，广东省不断建立健全工资管理制度，实行监督检查和齐抓共管，全面推动工资支付保障制度，以规范工资支付行为，保障劳动者的权利。深圳市率先在工资支付保障制度建设方面做出了有益的探索。2004年1月24日起，深圳市出台《深圳市员工工资支付条例》，对工资支付时间、工资支付标准、工资扣减、最低工资标准等事项进行了详细说明，适用于在深圳市行政区域内的企业、个体经济组织以及其他经济组织和与之形成劳动关系的员工。此后，根据《劳动法》及其他法律法规，结合广东省实际情况，2005年1月19日，广东省发布《广东省工资支付条例》，对全省内企业的工资支付制度、监督检查、法律责任等做了明确规定。该条例规定，工资支付实行按时足额、优先支付原则，用人单位应当依法制定本单位的工资支付制度，并书面告知本单位全体劳动者。这既维护了劳动者的合法权益，也使劳动法律体系更加完善，有利于建立和谐的劳动关系，促进社会稳定和经济发展。

三、深化改革时期

党的十八大以来，是广东省分配制度深化改革时期。党的十八大提出，要实现发展成果由人民共享，这对深化收入分配制度改革提出了更高要求。[1] 2013年2月5日，国务院办公厅出台《关于深化收入分配制度改革的若干意见》，指出要准确把握深化收入分配制度改革的总体要求和主要目标，继续完善初次分配机制，加快健全再分配调节机制。这一时期，广东省结合本省实际情况，收入分配改革更加深入，努力形成合理有序的收入分配格局。

2017年10月党的十九大胜利召开，党的十九大报告提出，要坚持新发展理念，"必须坚持和完善我国社会主义基本经济制度和分配制度，毫不动摇巩固和发展公有制经济，毫不动摇鼓励、支持、引导非公有制经济

---

[1] 参见张亮《我国收入分配制度改革的历程回顾及其经验总结》，载《发展研究》2016年第11期，第4～14页。

发展，使市场在资源配置中起决定性作用，更好发挥政府作用"。"两个毫不动摇"为广东省继续深化分配制度改革指明了方向，也是广东省发展更高层次的开放经济，不断提升经济发展水平和综合竞争力的重要抓手。

（一）广东深化收入分配制度改革意见出台

2015年1月27日，《广东省人民政府关于深化收入分配制度改革的实施意见》正式出台，该意见指出，要深入贯彻落实党的十八大和十八届三中全会精神，以邓小平理论、"三个代表"重要思想、科学发展观为指导，坚持按劳分配为主体、多种分配方式并存，坚持初次分配和再分配调节并重，以产业结构转型升级、完善基本公共服务为基础，以增加城乡居民收入、缩小收入分配差距、规范收入分配秩序为主要内容，以推进就业创业、民生保障、惠农富农、薪酬增长、阳光分配为重点工作任务，完善初次分配机制，健全再分配调节机制，努力实现居民收入增长和经济发展同步，劳动报酬增长和劳动生产率提高同步，提高中低收入群体的收入，逐步形成合理有序的收入分配格局，促进科学发展和社会和谐，这标志着广东收入分配制度改革全面展开、加速推进。为确保该意见的贯彻落实，广东省建立了由广东省发展改革委牵头、20个省直有关部门和单位参与的深化收入分配制度改革厅际联席会议制度，在广东省政府领导下，及时研究解决收入分配制度改革过程中遇到的问题，统筹协调推进各项改革工作。

在党的十九大报告中，对于深化收入分配制度改革同样提出了要求，指出要"坚持按劳分配原则，完善按要素分配的体制机制，促进收入分配更合理、更有序。鼓励勤劳守法致富，扩大中等收入群体，增加低收入者收入，调节过高收入，取缔非法收入。坚持在经济增长的同时实现居民收入同步增长、在劳动生产率提高的同时实现劳动报酬同步提高。拓宽居民劳动收入和财产性收入渠道。履行好政府再分配调节职能，加快推进基本公共服务均等化，缩小收入分配差距"。2018年3月，习近平总书记在参加十三届全国人大一次会议广东代表团的审议时对广东提出，要"进一步解放思想、改革创新，真抓实干、奋发进取，以新的更大作为开创广东工作新局面，在构建推动经济高质量发展体制机制、建设现代化经济体系、形成全面开放新格局、营造共建共治共享社会治理格局上走在全国前列"。深化分配制度改革作为推动经济高质量发展体制机制的重要方面，这无疑对其提出了更高的要求。广东省积极贯彻落实党的十九大和习近平总书记讲话重要精神，继续深化收入分配制度改革，全力落实《广东省人民政府关于深化收入分配制度改革的实施意见》，全面提升人民的收入水平。

（二）明确四大改革目标

《广东省人民政府关于深化收入分配制度改革的实施意见》立足广东省实际，从长远、整体的角度谋划了广东收入分配制度改革，提出了广东省深化收入分配制度改革四大目标。一是城乡居民收入实现倍增。力争到2018年实现城乡居民人均实际收入比2010年翻一番，中低收入群体收入增长加快，城乡居民社会保障和生活水平显著提高。二是收入分配差距逐步缩小。城乡、区域、行业和居民之间收入差距明显缩小，中等收入群体持续扩大，贫困人口显著减少，橄榄型分配结构逐步形成。三是收入分配秩序明显改善。合法收入得到依法保护，过高收入得到合理调节，隐性收入得到有效规范，非法收入予以坚决取缔。四是收入分配格局趋于合理。居民收入在国民收入分配中的比重逐步提高，力争2020年达到46%；劳动报酬在初次分配中的比重逐步提高，力争2020年达到50%；社会保障和就业等民生支出占财政支出的比重明显提升。

（三）建立职工工资正常增长机制——"工资倍增计划"

广东省虽然经济总量长期雄踞全国榜首，但居民收入增速与经济发展速度却长期不相称，这严重挫伤了群众参与改革的积极性。为改善这一状况，广东省积极推动企业职工工资正常增长机制建设，从2008年起，广东省开始实施"工资倍增计划"，努力实现居民收入增长和经济发展同步、劳动报酬增长和劳动生产率提高同步。《广东省人民政府关于深化收入分配制度的实施意见》中也强调要促进中低收入职工工资合理增长，着重保护劳动所得，建立反映劳动力市场供求关系和企业经济效益的工资标准及正常增长机制。同时，广东省还积极建立与经济发展相适应的最低工资标准调整机制，2015年，全省各类地区最低工资标准达到当地城镇从业人员平均工资水平的40%以上。此外，进一步完善企业工资决定及正常调整机制，不断健全企业工资分配宏观指导调控体系，以规范分配秩

序，缩小不合理收入差距。

(四) 公务员和事业单位工资制度改革

广东省也十分重视机关事业单位工资制度的改革与完善。自《广东省人民政府关于深化收入分配制度的实施意见》发布以来，广东省开始推行公务员职务与职级并行的工资制度，全面调整优化工资结构，建立工资收入与个人职务、级别、工作任职年限合理挂钩，并与当地经济发展、物价水平及社会平均工资水平等因素相适应的公务员工资正常增长机制和定期调整制度。同时，建立省市县联动工资"托低"机制，以提高欠发达地区基层公职人员津贴补贴水平，缩小省内区域间工资收入差距。在事业单位工资制度改革方面，广东省重点抓事业单位绩效工资制度改革，不断完善事业单位绩效工资总量核定办法和动态调整机制，探索建立事业单位高层次人才收入分配激励制度和符合高校、医院和科研院所特点的薪酬分配制度，建立起以"多劳多得、优绩优酬"为导向，符合事业单位特点、体现岗位绩效和分级分类管理的事业单位工资分配制度。

第二节 广东分配制度改革的成就

一、深化薪酬制度改革

在分配制度改革过程中，收入分配制度改革是人们最关心的，它突出地体现在对职工工资的改革方面。一方面，广东省积极建立反映劳动力市场供求关系和企业经济效益的工资决定及正常增长机制和与经济发展相适应的最低工资标准调整机制，促进中低收入职工工资合理增长。另一方面，完善机关事业单位薪酬制度改革，在公务员中推行职务与职级并行的工资制度，并在事业单位实行绩效工资制度改革。此外，技术要素参与分配机制也更加健全，建立以实际贡献为评价标准的科技创新人才薪酬制度，并鼓励企业和有条件的事业单位对急需的高层次、高技能人才实行协议工资、项目工资、年薪制等。

广东省率先在体制外实行市场化的工资分配制度改革和机制转换，为全国工资分配制度改革与分配机制转换做出了重大贡献，也使广东取得了改革开放和发展的先发效应。"十三五"期间，广东省重点深化国有企业负责人薪酬制度改革，合理确定国有企业负责人薪酬水平，规范薪酬支付和管理，健全薪酬监督管理机制，建立符合国有企业负责人特点的薪酬制度，规范国有企业收入分配秩序。

二、提高基本公共服务水平

广东省分配制度改革十分注重再分配调节机制的完善，公共服务水平明显提高。"十二五"期间，广东省省、市、县（市、区）、街道（乡镇）、村（居）五级人力资源社会保障公共服务体系全面形成，统一灵活规范的人力资源市场初步建立，引入市场机制参与管理服务成效凸显，公共服务均等化水平明显提升。主要表现在三个方面。第一，教育资源配置更加公平，区域、城乡、校际差距进一步缩小；推行户籍与学籍相分离的管理办法，努力保障异地务工人员随迁子女平等接受义务教育。第二，全面推行以公租房为主要保障方式的可持续、能循环的新型住房保障制度，加强保障性住房建设和管理，将符合条件的人员全部纳入保障性住房保障体系。第三，大力发展社会慈善事业，加强对困难群体救助和帮扶。广东省积极培育公益慈善组织，简化审批程序和登记注册手续，完善社会组织自治化、民间化的管理体制机制，鼓励有条件的企业、个人和社会组织举办医院、学校、养老服务等公益事业；同时，加大对困难群体的救助和帮扶，建立城乡低保标准、农村五保供养标准、低收入群众临时价格补贴与物价上涨挂钩的联动调整机制，提高城乡居民最低生活保障水平。

三、加大惠农富农力度

深化收入分配改革也有效促进了强农惠农富农，改革开放以来，广东省农民收入得到持续较快增长。主要体现在四个方面。第一，农民家庭经营收入和财产性收入不断增加。广东省积极落实农产品价格保护制度，同时大力培养现代农业经营主体，提高农业生产效益，并加快推进农业社会化服务体系建设，推动农业产业化发展。第二，农业补贴制度更加健全。广东省不断建立健全农业补贴的稳定增长机制，完善良种补贴、农资综合补贴和粮食直补发放办法，并研究出台新增农业补贴向粮农和种粮大户倾斜办法。第三，加大扶贫开发投入，建立健全财政专项扶贫资金投入增长机制，重点帮助贫困户发展生产、转移就业、危房改造以及不具备生产生活条件的贫困村庄搬迁。2015年,广东省被帮扶的贫困村年人均纯收入达到当年全省农民人均纯收入的60%以上,村集体经济收入达到5万元以上。第四,农业转移人口市民化工作有序推进。广东省全面放开建制镇和小城市落户限制,实行差别化的户籍改革制度;同时,不断完善异地务工人员积分制入户城镇和高技能人才入户城镇的常态化工作机制,把有稳定劳动关系、在城镇居住一定年限、参加社会保险并有入户意愿的农业转移人口逐步转变为城镇居民。

四、推动阳光分配

深化收入分配改革也推动了阳光分配,有利于透明合理的收入分配秩序的建立。主要体现在三个方面:第一,国有资本经营预算和收益分享机制更加完善。广东省进一步改善国有资本经营预算收入结构,逐步将国家出资企业中未脱钩、脱钩未移交企业以及实行企业化管理的事业单位纳入国有资本经营预算范围;同时,规范企业上缴国有资本收益,强化国有资本收益管理,逐步建立起覆盖全省国有企业的国有资本经营预算和收益分享制度。第二,加强对国有企业工资收入的监管,国有企业高管薪酬管理加强。广东省实行企业工资总额和工资水平双重调控政策,以逐步缩小行业工资收入差距,并发挥国有企业职工代表大会对企业工资收入的监管作用;对行政任命的国有企业高管人员的薪酬水平实行限高,其薪酬增幅应低于企业职工平均工资增幅。第三,严格规范非税收入,清理规范工资外收入,打击和取缔非法收入。广东省开展民生领域乱收费问题专项治理,重点清理和规范教育、路桥通行、电信等民生收费,坚决取消不合法、不合理的收费和基金项目,降低偏高收费标准。此外,严格规范党政机关津贴补贴、奖金、改革性补贴发放和事业单位绩效工资总量和水平管理,并规范科研课题和研发项目经费管理工作制度,推进课题项目经费廉政风险防控工作,强化对收入的监督管理。

五、国民收入分配格局更加优化

广东省分配制度改革40年来,国民收入的分配格局不断优化,居民收入在国民收入分配中的比重、劳动报酬在初次分配中的比重都呈波浪上升趋势。1978年至2010年,随着经济的快速发展,虽然劳动者报酬也在快速增长,但其占国民收入初次分配的比重却呈现下降趋势,从1978年的 60.58% 下降至 2010 年的 44.57%，下降了近 16 个百分点，且自 1999 年后下降呈加速态势。自 1978 年至 2010 年这 32 年间，只有 1980 年、1982 年、1998 年、2002 年这四年出现过上升，其余年份均在不同程度下降。[1] 2011 年后，劳动报酬在初次分配中的比重开始逐步提升，特别是党的十八大以后，响应"逐步提高居民收入在国民收入分配中的比重，提高劳动报酬在初次分配中的比重"政策号召，各地开始广泛探索完善国民收入分配格局。广东省也开始探索实行居民收入倍增计划，积极转变经济增长方式，在做大做强地区生产总值的同时紧抓收入分配，不断优化国民收入分配结构。2011 年以来，劳动报酬占地区生产总值的比重从 45.70% 上升至 2016 年的 49.20%（如图 8-1 所示），离《广东省人民政府关于深化收入分配制度改革的实施意见》中提出的"到 2020 年实现劳动报酬占初次分配的比重达到 50%"的目标越来越近[2]，随着国民收入分配格局的不断优化，人民群众越来越多地共享改革发展成果，实现对美好生活的向往也更近一步。

六、为广东经济高速增长提供劳动力与人才支撑

广东省率先进行分配制度改革，有力推动了就业创业工作，为广东省经济的高速增长提供了劳动力与人才支撑。广东省坚持实施就业优先战略，稳定扩大就业成效显著；同时也大力推动大众创业、万众创新，促进以创业带动就业。当前，广东省覆盖城乡劳动者的公共就业创业服务体系不断健全，每年的就业规模持续扩大，就业质量稳步提升，就业结构也更加优化，失业风险得到了有效控制，就业局势保持稳定，全省"政府促进就业、市场调节就业、劳动者自主择业"的就业机制已逐渐形成。"十二五"期间，全省城镇新增就业 824.2 万人；城镇登记失业率控制在 2.5% 以内，在全国各省区处于较低水平；新增转移农村富余劳动力 487 万人。"十三五"时期，广东省目标实现城镇新增就业 550 万人以上，城

---

[1] 参见《广东统计年鉴 2017 年》，广东统计信息网（http://www.gdstats.gov.cn/tjsj/gdtjnj/）。

[2] 参见《广东统计年鉴 2017 年》，广东统计信息网（http://www.gdstats.gov.cn/tjsj/gdtjnj/）。

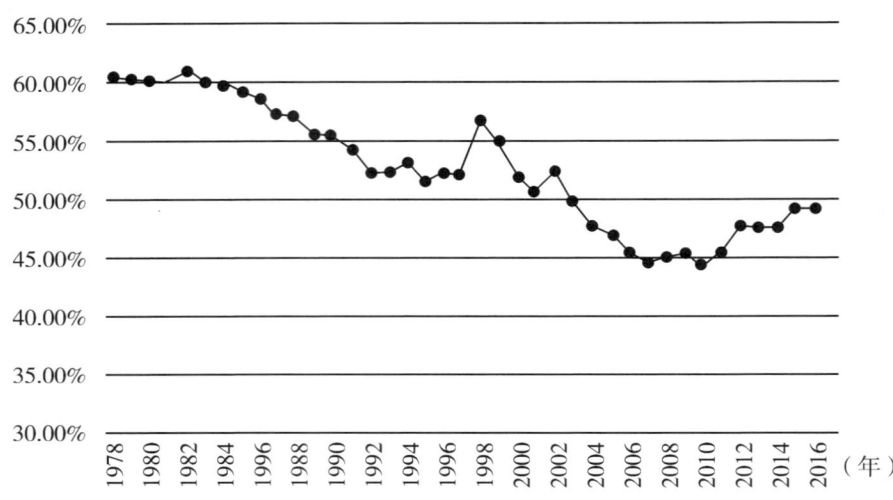

图 8-1　1978—2016 年广东劳动者报酬占地区生产总值比重演变趋势

镇登记失业率控制在 4% 以内。①

　　广东省的分配制度改革对解决全国就业难题也做出了突出的贡献。改革开放使大批企业在广东诞生，这创造了大量的就业岗位，促进了就业的增加和就业结构的优化，这些都吸引了大量劳工以及人才涌入广东，形成"孔雀东南飞"现象，这不仅促进了劳动力在全国的流动，更是推动了全国的就业形势，维护了社会的稳定。

第三节　广东分配制度改革的经验与启示

一、推动经济增长，带动充分就业，实施更加积极的就业扶持政策，大力推进自主创业

　　充分就业是城乡居民收入增长的基础，也是收入分配的前提。综观广

---

　　① 参见《关于印发〈广东省人力资源和社会保障"十三五"规划〉的通知》，广东省人力资源和社会保障厅网站（http://www.gdhrss.gov.cn/ghtj/20161028/10200.html）。

第八章 广东分配制度改革

东省分配制度改革，推动经济增长、实现充分就业是广东省分配制度改革的前提。因此，一方面，要大力推动经济增长，加快推进经济发展方式转变和产业结构调整升级，增强经济增长的内生动力，保持经济持续稳定增长，为就业创业创造良好的经济环境，构建起经济发展和促进就业良性互动机制，以带动充分就业。另一方面，坚持实施更加积极的就业扶持政策，不断完善劳动关系、工资支付制度以及就业与社会保障的联动机制，落实有关就业补贴政策，鼓励和支持劳动者自谋职业、灵活就业。此外，还要大力推进自主创业。在"大众创业，万众创新"的大背景下，要为劳动者自主创业创造良好的政策、法律、金融、服务、人才环境，营造良好的全社会创业氛围，推动劳动者尤其是大学生、留学回国人员自主创业，以创业带动就业，以扩大就业规模、优化就业结构来提升就业质量。

二、建立与经济发展相适应的最低工资标准调整机制

最低工资标准的确定是在政府、工会、企业三方代表民主协商的原则下，根据本地区低收入职工收支状况、物价水平、平均工资、劳动力供求状况、地区综合经济效益等因素确定的。建立与经济社会发展相适应的最低工资标准调整机制，有利于缩小收入差距、促进社会公平。广东省分配制度改革经验表明，职工工资的合理增长是我们在分配制度改革中不可忽视的内容。因此，在改革过程中要注重保护劳动者劳动所得，最低工资标准应随着经济发展相应调整，通过科学制定最低工资标准调整模型，结合本省的经济发展水平和物价水平，建立起反映劳动力市场供求关系和企业经济效益的工资决定机制；同时，积极推动地方立法规范工资集体协商行为，大力推行行业性、区域性等工资集体协商，有效推动职工工资水平提高。

三、推行公务员职务与职级并行的工资制度，深化事业单位绩效工资制度改革

机关、事业单位工资制度是合理有序的工资收入分配机制的重要内容，在分配制度改革过程中，要注重这两大群体工资制度的改革。一方面，完善公务员工资分配制度。要结合当地经济发展、物价水平及社会平均工资水平等因素，建立健全公务员工资正常增长机制；同时，坚持推行职务与职级并行的工资制度，调整优化工资结构，建立工资收入与个人职

务、级别、工作任职年限合理挂钩的定期调整制度。另一方面,深化事业单位绩效工资制度改革。坚持以"多劳多得、优绩优酬"为导向,不断完善事业单位绩效工资总量核定办法和动态调整机制,并探索建立事业单位高层次人才收入分配激励制度和符合高校、医院和科研院所特点的薪酬分配制度,以符合事业单位的特点,体现出岗位绩效和分级分类管理。

四、确保各项民生保障指标高于全国平均水平

改善民生是深化收入分配制度的深层次目标,是坚持"以人为本"发展原则的体现。《广东省人民政府关于深化收入分配制度的实施意见》中提出,到2020年,深入分配制度改革要确保广东省各项民生保障指标高于全国水平。因此,要加大保障和改善民生力度,从完善民生投入机制、加强以改善民生为重点的社会建设着手,全面推进民生改善。第一,建立健全一般性转移支付体系和稳定增长机制,重点增加民生领域的一般性转移支付投入。第二,继续深化收入分配制度改革,坚持实施城乡居民收入倍增计划。第三,推进基本公共服务均等化综合改革试点,逐步拓宽基本公共服务范围,并建立健全相关公共财政体系,进一步促进基本公共服务均等化。第四,利用教育、医疗、社会保障等再分配手段,大力推动教育协调发展,促进教育公平;加快发展医疗卫生事业,提高人民健康水平;加强就业和社会保障工作,加快完善社会公平保障体系,全方位提高公共服务水平,切实改善民生。①

五、扩大国有资本收益上交范围,逐年提高国有资本收益上交公共财政比例

当前,国有独资企业需要利润上交的企业主要有五类,中国烟草总公司为第一类企业,中国石油天然气集团公司、中国国电集团公司、中国海洋石油总公司、中国移动通信集团公司等14家公司为第二类企业,中国铝业公司、宝钢集团有限公司、中国海运(集团)总公司等70家公司为第三类企业,中国核工业集团公司、中国船舶工业集团公司、中国航天科技集团公司等34家公司为第四类企业,中国储备粮食管理总公司、中国

---

① 参见李华《改革开放以来广东收入分配格局研析》,载《珠江经济》2008年第5期,第14~24页。

第八章 广东分配制度改革

储备棉管理总公司为第五类企业。① 2013年2月份，国务院发布的《关于深化收入分配制度改革若干意见的通知》和十八届三中全会通过的《中共中央关于全面深化改革若干重大问题的决定》均提出，要扩大国有资本收益上交范围，适当提高中央企业国有资本收益上交比例，新增部分资金的一定比例用于充实社会保障基金。在分配制度改革过程中，必须重视规范企业上交国有资本收益，强化国有资本收益管理。同时，结合中央规定和本省企业的实际经营情况，适当扩大国有资本收益上交范围，并逐年提高国有资本收益上交公共财政比例，结合本省相关规划，合理分配和使用国有资本收益，逐步提高用于保障和改善民生的比例，更多地用于保障和改善民生，提升人民的获得感。"十二五"期间，广东省属企业利润收入上交比例提高至20%，至2020年，要求提高至30%。②

---

① 参见高立《央企红利上缴再提5个百分点》，载《中国信息报》2014年3月28日第002版。
② 参见《广东省人民政府关于深化收入分配制度改革的实施意见》，广东省人民政府网（http://zwgk.gd.gov.cn/006939748/201501/t20150127_566765.html）。

第九章 广东社会保障制度改革

第一节 广东社会保障制度改革概述

一、广东社会保障制度改革的背景和主要进展

习近平总书记在党的十九大报告中指出,"加强社会保障体系建设。按照兜底线、织密网、建机制的要求,全面建成覆盖全民、城乡统筹、权责清晰、保障适度、可持续的多层次社会保障体系"。这是党中央在新时代做出的社会保障制度改革总体部署。回顾改革开放 40 年来,广东社会保障制度改革走过了不平凡的发展历程。

中华人民共和国成立后,我国开始创建社会保障(简称"社保")制度。1951 年 2 月,国家颁布了《中华人民共和国劳动保险条例》,明确规定职工在疾病、伤残、死亡、生育以及养老等方面,可以享有保险待遇。① 这个条例初步构筑了我国社会保险制度的基本框架。但是,在"文化大革命"期间,我国社会保障制度受到严重冲击和破坏。广东省的情况与全国一样,建国初期建立的社会保障法律法规和制度被废止,退休费用的社会统筹被取消,此后逐步形成了企业自保的格局,导致社会保障事业严重倒退,无法适应改革开放形势发展的需要。1978 年,党的十一届三中全会确定实行改革开放的方针政策,拨乱反正,允许广东省实行特殊

---

① 参见宋晓梧、张中俊、郑定铨《中国社会保障制度建设 20 年》,中州古籍出版社 1998 年版,第 3 页。

政策、灵活措施。1984年,党的十二届三中全会通过《中共中央关于经济体制改革的决定》,开始启动以搞活国有企业为中心环节的经济体制改革。在计划经济条件下形成的社会保障制度与改革开放、搞活国有企业、发展多种所有制经济的要求不相适应,弊端日益明显,主要是覆盖范围小、社会化程度低、保障层次单一、社会共济性差,不适应经济改革和社会稳定发展的需要,必须进行改革。于是,中央决定把改革社会保险制度作为国有企业改革的配套措施提上重要议程,做出新的部署。广东省从1983年开始,正式拉开了社会保障制度改革的帷幕,逐步推进社会保险制度改革探索。40年来,广东社会保障制度改革大体上经历了从试点探索、重点突破、全面推进到全面深化的过程。按照改革重点来划分,40年来广东社会保障制度改革可分为三个阶段。

(一)第一阶段(1983—1992年),是广东社会保障制度改革的探索期

主要是率先进行了劳动合同制职工社会养老保险改革试点,并积极探索推进企业固定职工退休费用社会统筹、临时工养老保险、企业固定职工个人缴纳养老保险费、国有企业职工失业保险、企业职工工伤保险这五项社会保险制度改革探索。重点是推进企业基本养老保险制度改革探索。

(二)第二阶段(1992—2012年),是广东社会保障制度改革逐步深化并取得突破性进展的时期

党的十四大报告确立了社会主义市场经济的改革目标,第一次明确把社会保障制度改革作为经济体制改革的五大环节之一。《中共中央关于建立社会主义市场经济体制若干问题的决定》明确提出,养老、医疗保险制度改革实行"社会统筹和个人账户相结合"模式。这是我国社会保险制度改革具有里程碑意义的重大突破。此后,广东逐步确立了政事分开的社会保险管理体制。1992年,将省社会保险制度改革领导小组改为省社会保险委员会,统筹协调全省社会保险改革工作;同时,成立广东省社会保险事业局,统一管理企业、机关事业单位和农村的养老、失业、医疗、工伤及女职工生育等各项社会保险。1995年11月,又将社会保险事业局更名为社会保险管理局,赋予行政管理职能。到1996年年底,全省21个地级市和123个县级行政区基本上组建起社会保险管理局;1999年,全

省按照政事分开的原则进行机构改革，组建了广东省劳动和社会保障厅，负责社会保险的行政管理工作，同时在原广东省社会保险管理局的基础上设立广东省社会保险基金管理局，负责指导协调全省社会保险经办工作，并具体经办省直单位社会保险业务，初步建立了政事分开、统一管理、分级负责的社会保险管理体系。出台了一系列社会保险法规和政策。自1998年来，广东省人大和省政府相继颁布了《广东省社会养老保险条例》及实施细则、《广东省工伤保险条例》《广东省失业保险条例》《广东省社会保险基金监督条例》《广东省社会保险费征缴办法》和医疗保险的相关政策规定，初步形成了社会保险法规政策体系。全面推进养老、医疗、失业、工伤和生育保险制度改革，社会保险覆盖面不断扩大。截至2005年年底，广东省参加企业养老保险的职工和离退休人员超过1 640万人，参加失业保险的职工有1 130万人，参加医疗保险的职工和退休人员有1 235万人，参加工伤保险的职工有1 605万人，参加生育保险的职工有419万人。基本建立起各部门分工合作的社会保险基金监管模式。自1998年以来，为了加强社会保险基金的管理，广东省先后实行了社会保险基金收支两条线，并对财政专户、社保基金收入户实行财政、社保双印鉴管理制度，使社会保险费实现了收、管、支（收——地税机关、管——财政部门、支——银行或邮政等代发机构）三方既分开运行，又相互制约的管理机制，保证了基金的安全。同时，广东省通过建立专门监管机制、政府审计监督机制、社会监督机制加强对社保基金的监管。

（三）第三阶段（2012年至今），是广东社会保障制度改革进入全面深化和逐步完善的新阶段

根据党的十八大报告精神和国家发展新的战略目标，广东省在十二五规划中明确提出，社会保障制度改革的目标是至2020年基本建成覆盖全民、城乡统筹、权责清晰、保障适度、可持续的多层次社会保障体系，保障水平稳步提高。改革的主要任务是探索建立覆盖城乡居民的养老、医疗和生育保险制度，完善工伤和失业保险制度，逐步提高保险层次，加强基金管理，建立多层次的社会保障体系等。广东省社保局年度统计资料显示，截至2017年年底，全省城镇职工基本养老保险参保人数为5 287万人，城镇职工医疗保险参保人数为3 963万人，失业保险参保人数为3 164万人，工伤保险参保人数为3 402万人，生育保险参保人数为3 301

万人,分别比 2010 年增加 2 411 万人、963 万人、1 574 万人、744 万人、1 262 万人。2017 年五大险种参保规模共达 19 116 万人次,比 2010 年多 6 895 万人次。与此同时,城乡居民社会保险快速发展。全省新型农村和城镇居民社会养老保险第四批试点在 2012 年 7 月 1 日全面正式启动后,广东的新型农村社会养老保险(简称"新农保")和城镇居民社会养老保险(简称"城居保")实现了制度全覆盖,60 岁以上居民不用缴费,每月可领取基础养老金。2015 年农村和城镇居民社会养老保险参保人数为 2 587 万人,比 2010 年增加 2 078 万人;城乡居民基本医疗保险参保人数为 6 402 万人,比 2010 年增加 4 359 万人。

二、广东社会保障制度改革的目标和思路

在建设中国特色社会保障制度进程中,我国设定的社会保障制度改革的目标主要有两个:一是十四届三中全会《中共中央关于建立社会主义市场经济体制若干问题的决定》确定的社会保障制度改革的目标,即以社会保险制度改革为重点,到 20 世纪末基本建立起资金来源多渠道、保障方式多层次、权利和义务相对应、管理和服务社会化的社会保障体系;二是十八届三中全会《中共中央关于全面深化改革若干重大问题的决定》提出,到 2020 年,基本建成覆盖全民、城乡统筹、权责清晰、保障适度、可持续的多层次社会保障体系。党的十八届五中全会通过的《中共中央关于制定国民经济和社会发展第十三个五年规划的建议》进一步提出,要建立更加公平、更可持续的社会保障制度。

广东省按照中央确定的改革目标,逐步深化改革。改革的基本思路:从我国社会主义初级阶段的生产力水平和各方面的承受能力出发,特别是从企业经营状况出发,坚持"低水平,广覆盖,多层次,三方分担,统账结合"的基本思路,逐步推进广东社会保障制度改革。

(一)必须坚持"低水平"的思路

由于历史和现实的原因,广东各地区的经济发展水平很不均衡,并且不是在短时期内可以改变的。这是社会保障制度改革中必须尊重的客观事实。由于社会保障需求具有刚性增长的特征,在实践中表现为项目待遇水平只能上不能下,从而可能使社会保障支出不断膨胀,社会保障总水平越来越高。因此,为了保证社会保障事业的可持续发展,改革必须坚持保

水平与经济发展水平相一致的"低水平"原则。

（二）必须坚持"广覆盖"的思路

建立社会保障制度，必须坚持以人民利益为重，根据大数法则，不断扩大社会保险覆盖面，增强互济保障功能。只有不断扩大覆盖面，才能使社会保险成为广大城乡劳动者的基本保障，并能为劳动力的合理流动、劳动资源的合理配置提供必要条件。改革的目的是实现更好的社会互济和社会公平，而实现社会互济功能，又取决于现实的经济发展水平、各方面的承受能力和社会保障覆盖面。因此，不断扩大社会保障的覆盖面，实现"广覆盖"，是增强保障功能、实现社会公平的必然要求。

（三）必须坚持"多层次"的思路

在开展社会基本保险的同时，还要办好补充保险、商业保险、个人储蓄性保险以及社会救助等社会保障事业。这样才能既体现公平又体现效率；既能把国家和用人单位过重的负担降下来，又可以满足不同企业、不同行业、不同人群多层次的社会保障需求。随着经济体制改革的深入发展，各种所有制企业大量出现，劳动用工形式也越来越灵活，不同所有制企业之间、企业与机关事业单位之间人员流动日益频繁，为了适应多种经济成分、多种用工形式并存的需要，广东省坚持在把社会基本养老保险覆盖面逐步扩大到所有企事业单位和从业人员的同时，根据社会需要，积极探索建立企业年金、职业年金制度，商业保险、个人储蓄性保险等多层次的社会保障体系，为经济体制改革创造良好的外部环境。

三、广东社会保障制度改革遵循的基本原则

（一）坚持社会保障水平与社会主义初级阶段生产力发展水平相适应的原则

在进行社会保障制度改革时，明确其保障水平必须与社会主义初级阶段的生产力水平相适应，使国家和单位的负担能维持在一个适当的水平。否则，就无法保证企业乃至整个国民经济有充分的活力和竞争力，也不可能保持经济的持续发展。因此，国家强制实施的基本社会保障项目，只能满足最基本的社会保障需求。

(二)坚持社会公平与市场效率相结合的原则

我国的社会主义性质决定了社会保障制度改革必须体现公平。但是,我国仍然是一个经济欠发达的社会主义国家,没有效率优先就不可能使我国经济在不太长的时期内有较大的发展。这是我们建立和完善社会保障制度必须考虑的。因此,在社会保险项目和统筹基金的设计上,实现社会统筹和个人账户相结合的办法,社会统筹部分体现公平,个人缴费部分体现效率。由国家保底的项目,主要体现公平原则。

(三)坚持权利与义务相统一的原则

实行权利与义务相统一的原则,是借鉴国际经验,总结我国计划经济体制条件下实行的"高工资、低福利"制度的教训而提出的一项基本原则,目的是调动多方积极性,增强劳动者个人在社会保障方面的责任感、参与感,尽个人缴费义务,享有社会保障的权利。

(四)坚持行政管理职能与业务经办职能相分离原则

社会保障作为一个国家的基本社会制度,在基本制度模式、基本政策和基金运营、监督等方面,要坚持做到政事分开,职责分清。政府行政部门的主要职责是统一制定政策、制度和标准,加强指导实施,不直接管理社会保险基金的收缴和运营。社会保险基金的管理与运营应当由社会保险机构依法经办,同时接受政府和社会监督,从而形成有效的制约机制,以保证社会保险基金的安全和有效运营。

四、广东社会保障制度改革的主要成就

社会保障是民生的安全网、社会的稳定器。经过长期努力,截至2017年,广东省基本形成社会保险、社会救助、社会福利和慈善事业相衔接的社会保障制度框架,为决胜全面建成小康社会,实现中华民族伟大复兴的中国梦奠定了坚实的基础。特别是"十二五"以来,广东省深入贯彻落实党的十八大和十八届三中全会精神,以保基本、兜底线、促公平为重点,不断加大社会保障事业经费投入,加快健全基本公共服务体系,逐步建立起覆盖城乡的社会保障体系,社会保险规模日益壮大,社会保险参保人数、受益人群持续增加,社会保障待遇、服务水平不断提高,社会

保障事业取得重大成就。

（一）社会保障基本实现制度全覆盖

至 2017 年年底，广东省全面建立了城镇居民养老保险、城乡居民大病保险、疾病应急救助、临时救助等制度，涵盖各类群体、针对各类基本需求的社会保障制度体系基本形成。21 世纪初，广东省基本实现了新型农村社会养老保险和城镇居民社会养老保险两项制度的全覆盖。2013 年，广东省政府在全国率先印发《广东省城乡居民社会养老保险实施办法》，着手整合新农保、城居保两项制度，在全省建立统一的城乡居保制度。2014 年年初，国务院做出在全国范围内建立统一的城乡居民基本养老保险制度的部署后，广东省政府为了保持与全国政策的一致性，再次修订发布《广东省城乡居民基本养老保险实施办法》，进一步完善基本养老保险制度。在医保方面，广东省率先于 2012 年整合城镇居民医保和新型农村合作医疗（简称"新农合"）制度，全面实现城乡居民医保社会统筹，探索建立了特大疾病保险制度，实现城乡居民医保公共服务均等化。这项改革受惠人数之多、发展速度之快，创造出人类历史的奇迹。它使我国两项主要的社会保险制度从面向职业劳动者转为面向全民，这对缩小城乡差别、促进协同发展具有十分重要的意义。

（二）城镇职工社会保险覆盖面不断扩大，基金规模居全国首位

截至 2015 年年底，全省城镇职工基本养老保险参保人数为 5 087 万人，城乡居民基本医疗保险参保人数为 10 136 万人，失业保险参保人数为 2 930 万人，工伤保险参保人数为 3 123 万人，生育保险参保人数为 3 082 万人，分别比 2010 年增加 1 872 万人、1 210 万人、1 280 万人、467 万人、1 044 万人。随着社会保险覆盖面不断扩大，覆盖城乡的社会保险体系建设不断推进，社会保险费征缴收入稳步增加，各险种基金收入、支出、结余均保持较快增长，收入大于支出，累计结余稳居全国首位。2015 年，全省社会保险基金收入 4 572.61 亿元，支出 2 959.13 亿元，滚存结余 9 831.25 亿元，比"十一五"末期累计结余增加 6 218.42

亿元，保障了各项社会保险基金支付的可持续性。①

（三）城乡居民社会保险快速发展，受益人群持续增加

2012年7月，全省新型农村和城镇居民基本养老保险第四批试点全面启动，广东省新农保和城居保实现了制度全覆盖，60岁以上居民不用缴费，每月可领取基础养老金。2015年，城乡居民基本养老保险参保人数为2 500万人，比2010年增加1 530万人。农村新型合作医疗制度建设从无到有，进展快速；城镇居民基本医疗保险从低水平起步，着眼于保障基本的医疗需求。2012年年底，全省统一的城乡居民基本医保制度已覆盖城乡居民，至2015年，广东城乡居民基本医疗保险参保人数为10 136万人，比2010年增加1 210万人。

2015年，广东省享受城镇职工基本养老保险离退休待遇人数、城乡居民基本养老保险领取待遇人数分别为473.25万人、839.94万人，比2010年增加133.66万人、684.47万人；享受城镇职工基本医疗保险待遇人次数、享受城乡居民基本医疗保险待遇人次数分别为14 667.87万人次、6 066.46万人次，比2010年增加7 494.01万人次、3 722.64万人次；领取失业保险待遇人数、享受工伤保险待遇人数、享受生育保险待遇人数分别为42.44万人、16.83万人、67.20万人次，比2010年增加21.62万人、2.05万人、42.93万人次。

（四）特殊群体社会保障问题基本得到解决

"十二五"时期，广东省采取各种措施，积极解决早期离开国企人员、离开机关事业单位人员、下乡知青等群体的养老保障问题；妥善解决了105万名困难企业退休人员参加医保和2.5万名国有企业老工伤人员待遇保障问题；政府财政全额资助低保对象、丧失劳动力残疾人、低收入家庭60岁及以上老年人、未成年人、五保户等特殊群体参加居民医保，补助标准从2011年的200元提高到2015年的380元。

---

① 参见《广东省人民政府办公厅关于印发广东省社会保障事业发展"十三五"规划的通知》，广东省人民政府网（http://zwgk.gd.gov.cn/006939748/201702/t20170220_693757.html）。

（五）社会保障待遇水平和服务水平实现双提高

"十二五"时期，随着社保基金征缴标准提高、政府财政投入持续增加，广东省社会保障待遇水平稳步提高。2015年，基本养老金年度调整后，广东企业退休人员月人均养老金提高至2 400元，超出"十二五"规划目标的20%。职工医保、城镇居民医保和新农合政策范围内住院费用报销比例比2010年平均提高约10个百分点。城乡居保基础养老金标准逐年提升，2015年7月提高至100元，比2010年增加45元，使全省840万城乡老年居民受益。2015年，城市居民最低生活保障人均支出5 373元，是2010年的2.7倍；农村居民最低生活保障人均支出2 562元，是2010年的2.9倍；五保户供养人均支出7 186元，是2010年的2.9倍。

广东省社会保障公共服务水平不断提高。一是养老保险统筹层次不断提高。2010年，全省按照统一基本养老保险制度和政策、统一缴费基数和比例、统一养老金计发办法和统筹项目、统一管理和调度使用基金、统一编制和实施基金预算、统一经办业务规程和信息应用系统的"六统一"标准，比全国提前6年建立了基本养老保险省级统筹制度。此后按照国家的统一政策，进一步完善。二是居民医保城乡统筹全面实现，职工养老保险和居民养老保险实现顺畅衔接。全省社保实现联网，参保人员社保关系转移顺畅。集中式社会保障一体化信息项目不断推进，社会保障卡发行、应用和退休人员社会化管理等服务加快推进。截至2015年年底，社会保障卡累计持卡人数达到9 788万人，其中户籍人口持卡人数达到8 200万人，企业退休人员社区管理服务率达到82%，超出"十二五"预期目标。

第二节 广东养老保险制度改革

养老保险制度改革是广东省社会保险制度改革的重头戏。"文化大革命"期间，我国社会养老保险变成"企业保险"，企业负担畸轻畸重、苦乐不均的情况相当严重，不利于推进国企改革，搞活企业。改革开放后，按照党中央、国务院的部署要求，广东省率先进行企业养老保险制度改革探索。改革的路径是先从国企劳动合同制职工实行社会养老保险取得突破，然后逐步推广到国营企业、集体企业、私营企业职工和个体劳动者，

第九章 广东社会保障制度改革

建立起统一的企业职工基本养老保险制度。在此基础上，进一步扩大到机关事业单位职工和城乡所有劳动者，从而建立起统一的多层次的基本养老保险制度和管理体制。下面着重介绍40年来广东省养老保险制度改革的进程、主要内容及做法。

一、企业职工基本养老保险制度改革进程和主要政策

（一）改革的突破口

广东省的养老保险制度改革，最早是从三个方面进行探索并取得重大突破的。

一是从1983年5月起，率先在企业试行合同制职工社会养老保险制度，迈出改革的第一步，为全国改革探路。1986年，国务院发布《国营企业实行劳动合同制暂行规定》，明确规定对劳动合同制工人实行社会养老保险办法，由企业按照劳动合同制工人工资总额的15%左右，劳动合同制工人按照不超过本人标准工资的3%缴纳退休养老保险基金。从此开始了企业新招用的合同制职工养老保险由企业单独负担向企业和职工共同负担转变。

二是开展企业职工退休费用社会统筹。为了解决当时职工退休金由原单位支付，负担畸轻畸重的弊端，充分发挥社会保险的调节功能，1984年11月，广东省政府印发《全民所有制单位退休基金统筹试行办法》，1985年开始在江门市、东莞市实行国营企业固定职工退休费社会统筹改革试点。退休基金按照以新养老、循环调剂、以支定筹、略有积累的原则，由各单位按照全部固定职工基本工资总额的一定比例向县社会劳动保险机构缴纳。1985年5月，在全省建立社会劳动保险公司，作为社会保险经办机构。1987年9月，江门率先实行委托银行发放退休费，开全国退休金社会化发放之先河。1987年12月，全省建立养老保险调剂金制度，规定各县社保机构在每月征集的统筹退休金总额中提取5%作为积累金。积累金的80%留县掌握调剂，10%上缴市，10%上缴省作为调剂金。

与此同时，广东省从1984年3月起，积极探索建立城镇集体企业职工养老保险制度，实行城镇集体企业职工退休费社会统筹。1989年3月，广东省政府印发《广东省临时工养老保险办法》，决定建立临时工社会养老保险制度。同时，在转发原劳动部《私营企业劳动管理暂行规定》时，

279

明确提出对私营企业职工退休养老实行社会保险制度。至此,广东省社会养老保险几乎覆盖城镇各类企业和职工。1990 年 6 月,广东又探索建立企业固定职工个人缴纳养老保险费制度。

三是开始探索建立多层次养老保险制度。在总结广东省以及部分省市实行企业职工退休费用社会统筹经验基础上,1991 年,国务院颁发了《关于企业职工养老保险制度改革的决定》,从六个方面对我国企业职工养老保险制度改革做出统一的政策规定。这是改革开放后我国第一次就养老保险问题做出的重大决策。文件的主要内容有:①逐步建立起基本养老保险、企业补充养老保险和职工个人储蓄性养老保险相结合的多层次养老保险制度;②基本养老保险金实行国家、企业、个人三方共同负担,职工个人缴纳的基本养老保险费用开始时可按不超过本人基本工资 3% 的标准缴纳;③基本养老保险金按以支定收、略有结余、留有部分积累的原则统一实行社会统筹;④积极创造条件,由目前的市县统筹过渡到省级统筹,实行省级统筹后,原有固定职工和劳动合同制职工养老保险基金逐步按照统一比例提取,合并调剂使用;⑤劳动部门所属的社保经办机构经办基本养老保险业务,并受养老保险基金委员会委托管理养老保险基金,现已由人民保险公司经办的养老保险业务,可暂时不变;⑥劳动部门负责管理城镇企业职工养老保险工作,机关事业单位和农村的养老保险制度分别由人事、民政部门负责。

这个决定初步确立了我国职工养老保险制度的基本框架。在该决定的指导下,广东企业职工基本养老保险社会统筹得到迅速发展。到 1992 年,全省国有企业职工养老保险全部实行了市县统筹,集体企业、非公有制企业职工全部纳入社会统筹范围。

(二) 全面建立企业职工统一的基本养老保险制度

1992 年,党的十四大提出改革的目标是建立社会主义市场经济体制,同时明确提出社会保险制度是社会主义市场经济体制的重要支柱。1993 年,十四届三中全会做出《中共中央关于建立社会主义市场经济体制若干问题的决定》,对社会保障制度改革提出了三个原则要求:一是要建立多层次的社会保障体系;二是要求按照不同类型确定资金来源和保障方式,重点完善企业养老和失业保险制度,实行"社会统筹与个人账户相结合"的养老保险模式;三是建立统一的社会保障管理机构,社会保障

第九章 广东社会保障制度改革

行政管理机构与社保基金经办机构分开,同时建立社会保险监督机构,监督社保基金的收支和管理。1995年,国务院发布《关于深化企业职工养老保险制度改革的通知》,根据十四届三中全会《中共中央关于建立社会主义市场经济体制若干问题的决定》,进一步确定了改革的目标、原则和任务。强调扩大覆盖范围,基本养老保险应逐步做到对各类企业和劳动者实行统一制度、统一标准、统一管理和统一调剂使用社保基金,同时提出社会统筹与个人账户相结合的两个具体实施办法,供各地选择。1997年,国务院发布《关于建立统一的企业职工基本养老保险制度的决定》,进一步统一基本养老保险制度的内容:统一缴费比例,建立统一的个人账户,统一基本养老金计发办法,并逐步将基本养老保险制度扩大到城镇所有企业和职工。1998年8月,国务院颁发《关于实行企业职工基本养老保险省级统筹和行业统筹移交地方管理有关问题的通知》,决定停止实行行业统筹,并将行业统筹的全部管理工作移交地方。

在建立企业职工统一的基本养老保险制度方面,广东省一直走在全国前面。早在1992年9月,广东省人民政府按照国务院《关于企业职工养老保险制度改革的决定》精神,针对社会保险覆盖面小、社会化程度低、保障能力不强等问题,批转《广东省社会养老保险改革方案》,要求逐步扩大保障覆盖范围,建立城镇统一的社会养老保险制度。1995年8月,广东省政府转发的国务院《关于深化企业职工养老保险制度改革的通知》明确指出,1993年,广东省政府颁发的《广东省职工社会养老保险暂行规定》符合国务院《关于深化企业职工养老保险制度改革的通知》精神,各地要继续全面贯彻执行。同时强调国务院批准广东作为建立统一的社会保险制度改革试点省,有关养老金计发办法,应按照《广东省职工社会养老保险暂行规定》的办法执行,要积极探索,逐步建立多层次的社会保障体系。1998年4月,广东省政府印发《关于贯彻国务院关于建立统一的企业职工基本养老保险制度的决定的通知》,要求全省对职工养老保险制度做适当调整,加快与全国制度并轨衔接,加快从以下八个方面建立企业职工统一的基本养老保险制度。①统一改革的目标和原则。目标是到21世纪末,基本建立起适应社会主义市场经济体制要求,适用城镇各类企业和个体劳动者,资金来源多渠道、保障方式多层次、社会统筹与个人账户相结合、权利与义务相对应、管理服务社会化的养老保险体系。②统一和规范费率。确定企业缴纳养老保险费的比例一般不得超过本企业工资总额的20%，个人缴纳比例，1997年不得低于本人缴费工资的4%，1998年起每两年提高1个百分点，最终达到本人缴费工资的8%。③统一扩大养老保险覆盖范围，把养老保险覆盖范围扩大到城镇所有企业、个体经济组织及其全部员工。实现企业化管理的事业单位，原则上按照企业养老保险制度执行。这就将各类所有制企业和不同身份的职工统一纳入基本养老保险制度下，提高了社会化程序和保障能力，给劳动力的正常合理流动提供了有利的社会环境。④统一按本人缴费工资的11%为职工建立基本养老保险个人账户，个人缴费部分（8%）全部记入个人账户，企业划入的部分要逐步降至3%，个人账户中的个人缴费部分可以继承。⑤统一基本养老金计算办法。个人缴费年限累计满15年的，退休后按月计发基本养老金。基本养老金由基础养老金和个人账户养老金两部分组成，基础养老金按本省上年度职工平均工资的20%计发。⑥统一规定实行收支两条线和财政专户管理，加强基金管理，保障基金安全，确保专款专用。社保经办机构经费不得从养老保险基金中提取管理费。⑦提高统筹层次。主要是加快从县级统筹向市级统筹发展，并向省级统筹过渡；同时建立养老保险基金调剂金制度，各市县应按养老保险基金征收总额的一定比例向省、市社保部门上缴调剂金。⑧逐步取消行业统筹，统一归地方管理。

建立统一的社会养老保险制度，是一项重大的改革，有个逐步完善的过程。例如关于建立个人账户问题。1998年4月，广东省人民政府《贯彻国务院关于建立统一的企业职工基本养老保险制度的决定的通知》进一步明确，全省统一按职工个人缴费工资的11%建立职工个人账户，其中，企业缴费划入个人账户的比例从1%调整为7%，个人缴费比例调整为4%，以后每两年提高一个百分点，最终达到本人缴费工资的8%。随着个人缴费比例的提高，企业缴费划入个人账户的比例最终降至3%。广东省还明确了关于实行社会保险费由地税部门征收的问题。2000年，广东省深入贯彻国务院《社会保险费征缴暂行条例》《社会保险登记管理暂行办法》《社会保险申报缴纳管理暂行办法》《社会保险费征缴监督检查办法》，实行社会保险登记制度，广东省政府颁布《广东省社会保险费征缴办法》，决定社会保险费改由地税部门征收，通过发挥税务征收的刚性作用，强化社会保险费的征收。各地逐步改变了缴费多少同享受待遇无关的传统模式，强调为每个参加社会养老保险的劳动者建立个人所有的个人账户，并且将缴纳保险费数量的多少、时间长短同养老待遇挂钩，从而形成了"缴费跟工资走,待遇跟缴费走"的激励机制。这对增加劳动者的参与意识和自我保障意识,扩大社会保险覆盖面起到了积极作用,有力推动了广东社会保险改革的顺利进行。据统计,广东省参加基本养老保险人数从1995年年底的527万人上升至2011年年底的3 740万人,比1995年净增3 000多万人。

(三) 全面深化改革,进一步完善企业职工基本养老保险制度

进入21世纪后,随着人口老龄化、就业方式多样化和城市化的发展,国务院分别于1995年、1997年印发的《关于深化企业职工养老保险制度改革的通知》《关于建立统一的企业职工基本养老保险制度的决定》所确定的基本养老保险制度与社会经济发展不相适应的问题逐渐显现出来,主要是覆盖面还不广泛、个人账户还未做实、统筹层次低、基金调剂能力低等。针对上述存在的问题,2005年12月,国务院印发的《关于完善企业职工基本养老保险制度的决定》提出,要完善社会统筹和个人账户相结合的基本制度,扩大城镇从业人员参保范围,逐步做实个人账户,改革基本养老金计发办法,建立基本养老金政策调整机制,加快提高统筹层次,实现省级统筹等五项内容。按照国务院的部署,广东省政府于2006年9月印发《关于贯彻国务院完善企业职工基本养老保险制度决定的通知》,结合广东改革进展情况,进一步从以下四个方面完善企业职工基本养老保险制度。

1. 做实个人账户,调整个人账户记账规模,完善统账结合制度

2005年,原劳动和社会保障部、财政部印发《关于扩大做实企业职工基本养老保险个人账户试点有关问题的通知》,对扩大做实个人账户试点问题做出原则规定,并要求具备条件的省(市、区)从2006年1月1日起启动做实个人账户试点工作。做实个人账户的起步比例最低不低于3%,有条件的地方可到8%;同时要加强对做实个人账户基金的管理和监督,确保基金安全,实现保值增值。2006年,广东省人民政府印发《关于贯彻国务院关于完善企业职工养老保险制度的决定的通知》,决定从2006年7月1日起,将全省企业职工基本养老保险个人账户规模从1998年确定的本人缴费工资的11%统一调整为8%,目前个人缴费比例尚未达到8%的地区,应从2006年7月1日起调到8%。调整后单位缴费

不再划入个人账户,从而进一步完善了个人账户制度。

2. 提高统筹层次,推动实现省级统筹

从1998年起,广东省开始探索建立具有一定抗风险能力的养老保险基金和调剂金制度,发挥社会保险保障职工生活和维护劳动者基本生活需要的作用,在全国率先建立了省级调剂金制度,各市县分别按养老保险基金征收总额的3%提取养老保险调剂金,分别交省和地级市,用于省、市范围内对局部困难地区、困难企业的社会调剂。调剂金制度的建立,是对县级统筹体制的突破,提高了社会保险的社会化程度。至2005年,全省基本实现地级以上市市级统筹,实行社会化管理服务的企业退休人员达217.2万人。当时,广东省虽然没有实行省级统筹,但实际上每年省、市对各地区的调剂数额达到上亿元,在全省范围内起到了再保险作用,使大批关停、破产企业的离退休人员、失业人员及因工伤残人员得到基本生活保障。2008年全球金融危机后,广东省政府办公厅印发《企业职工基本养老保险省级统筹实施方案的通知》,正式启动推进企业职工基本养老保险省级统筹,均衡企业负担。主要措施是推行"八个统一":统一养老保险政策;用三年左右时间统一全省基本养老保险单位缴费基数和比例,缴费基数下限为全省上年度在岗职工月平均工资的60%,全省企业养老保险单位缴费比例统一为13%~15%;统一基本养老金计发办法和统筹项目;统一调整提高省级养老保险调剂金比例,调至企业养老保险单位缴费的9%,实行地税征收环节直接划解省级调剂金;统一建立基金预算制度;统一养老保险业务经办机构和规程;逐步统一使用计算机信息管理系统;建立统一的工作目标考核责任制。至2010年,全省基本实现了基本养老保险省级统筹。

3. 推进城镇企业职工基本养老保险关系转换衔接

为了保障参加城镇企业职工基本养老保险人员的合法权益,促进人力资源合理配置和有序流动,2009年,国务院办公厅转发《人社部、财政部关于城镇企业职工基本养老保险关系转移接续暂行办法的通知》,在全国范围内明确规定了职工基本养老保险关系转移接续的范围和办法。其范围包括城镇企业职工和在企业工作的农民工。具体转移接续办法是:①参保人员跨省流动就业的,由原参保所在地社保经办机构开具参保缴费凭证,将其基本养老保险关系随同转移到新参保单位;②转移资金包括个人账户存储额和统筹基金(单位缴费);③关系转移接续办法,按照返回户

籍所在地、不返回户籍所在地和因工作调动三种情况分别处理；④农民工在城镇参加企业职工基本养老保险与在农村参加新型农村社会养老保险的衔接办法，另行规定。2014年2月，人力资源和社会保障部（简称"人社部"）、财政部印发《城乡养老保险制度衔接暂行办法》，填补了制度衔接空白，实现了城乡居民基本养老保险与城镇职工养老保险之间的互转。2017年1月，人社部出台《关于机关事业单位基本养老保险关系和职业年金转移接续有关问题的通知》及经办规程，使机关事业单位养老保险与城镇职工养老保险之间可衔接互转。至此，广东省与全国一样基本形成了跨制度、跨地区转移接续基本养老保险的政策体系，有力地促进了人力资源跨部门、跨地区的合理有序流动。

4. 改革基本养老金计发办法，建立基本养老金正常调剂机制

待遇计发办法是完善基本养老保险制度的关键环节，涉及广大参保人员的切身利益。1993年，原劳动部印发了《关于基本养老金计发办法改革试点工作的通知》，开始在全国范围内推行基本养老金计发办法改革试点工作。国务院十分重视此项改革。在总结试点经验基础上，国务院于1997年颁发了《关于建立统一的企业职工基本养老保险制度的决定》。广东省按照该决定确定基本养老金的计发办法：个人缴费年限满15年以上的，退休后按月发给基本养老金；基本养老金由基础养老金和个人账户养老金组成，基础养老金按当地职工上一年度平均工资的20%计发，个人账户养老金按账户储存额的1/120计发。实际运行中，缴费15年以上的参保人员不论缴费多少，也不论缴费时间比15年延长多少，基础养老金都一样，这不符合权利与义务相对应的原则。同时，我国退休人员退休后的平均余命在25年以上，原办法使个人账户储存额10年就领完了。因此，2005年12月，国务院颁发了《关于完善企业职工基本养老保险制度的决定》，要求各地从2006年1月1日起实行新的基本养老金计发办法。基本养老金由基础养老金和个人账户养老金组成。退休时的基础养老金月标准以当地上年度在岗职工平均工资和本人指数化月平均缴费工资的平均值为基数计算，参保人员缴费每满一年发一百个百分点，上不封顶，以利于形成"多工作、多缴费、多得养老金"的激励约束机制。对缴费年限不满15年的人员，不发给基础养老金，个人账户储存额一次性支付给本人，终止基本养老保险关系。广东省从2006年7月1日起，将基础养老金计发基数统一为全省上年度在岗职工平均工资，提高了经济欠发达地区

的基本养老金水平,缩小了地区差距,实现了在全省范围内"计发办法做保障,哪里工作都一样"。进一步完善了企业职工基本养老保险制度,标志着广东养老保险制度改革和发展进入一个新阶段。

二、全面建立城乡居民统一的基本养老保险制度

从2000年起,广东省在完善企业职工基本养老保险制度基础上,开始探索建立城乡居民统一的基本养老保险制度。党的十六大后,广东省按照中央的总体部署,采取完善制度和依法扩面相结合的办法,进一步把养老保险覆盖的对象范围扩大到机关事业单位职工、城乡居民、农村居民以及其他非就业群体,实现了社会养老保险从企业职工向城乡所有劳动者、其他非就业群体扩展,初步建立起城乡居民统一的基本养老保险制度。特别是党的十八届三中全会《中共中央关于全面深化改革若干重大问题的决定》提出,到2020年,基本建成覆盖全民、城乡统筹、权责清晰、保障适度、可持续的多层次社会保障体系。十八届五中全会通过的《中共中央关于制定国民经济和社会发展第十三个五年规划的建议》进一步要求建立更加公平更可持续的社会保障制度。按照中央部署,广东省主要是继续从以下四个方面全面深化改革。

(一)把城镇居民纳入基本养老保险范围

2006年,广东省政府印发《关于贯彻国务院完善企业职工养老保险制度的决定的通知》,要求各地以非公有制企业、城镇个体工商户和灵活就业人员为重点,以规范参保缴费为内容,以提高实际缴费人数为目标,扩大基本养老保险覆盖范围。2011年6月,国务院印发《关于开展城镇居民社会养老保险试点的指导意见》,部署建立城镇居民社会养老保险制度。广东省全面贯彻国务院文件精神,对城镇居民养老保险与新农保在制度模式和政策框架等方面实行基本一致的政策,即实行社会统筹与个人账户相结合,筹资方式实行个人(家庭)缴费与政府补贴相结合,待遇支付方式实行基础养老金与个人账户养老金相结合。参保范围为:年满16周岁(不含在校生)、不符合职工基本养老保险参保条件的城镇非从业人员,可在户籍地自愿参保。除了缴费标准与新农保略有不同外,其他做法基本相同。至2011年年底,全省城镇居民参加养老保险人数为60多万人。

（二）加快建立农村养老保险制度，实现农村居民老有所养目标

我国农村养老保险从1986年开始探索，1991年开展试点，到2009年新农保制度改革全面启动，经历了一个复杂的发展过程。党的十七大提出，到2020年基本建立覆盖城乡居民的社会保障体系。十七届三中全会第一次提出建立农村社会养老保险的概念。2009年9月，国务院发布《关于开展新型农村社会养老保险试点的指导意见》，启动首批改革试点。广东省根据该指导意见，印发了《广东省新型农村社会养老保险试点实施办法》，部署推进新农保改革试点。试点的主要内容有：明确年满16周岁（不含在校生）、未参加城镇职工基本养老保险的农村居民，均可在户籍所在地自愿参加新农保；新农保基金由个人缴费、集体补助、政府补贴构成；个人缴费标准目前设为一年100元、200元、300元、400元和500元五个档次；建立个人账户，上述三项费用全部记入参保人终身个人账户；养老金待遇由基础养老金和个人账户养老金组成，目前中央确定基础养老金标准为每人每月55元，地方政府可适当增加，个人账户养老金计发标准为个人账户全部存储额除以139，余额可以继承。至2011年年底，全省有12个市实现新农保制度全覆盖，农民参加养老保险人数达1 360万人。

（三）推动建立统一的城乡居民基本养老保险制度

2014年，为进一步发展和规范广东省城乡居民基本养老保险制度，维护城乡居民参加基本养老保险和享受基本养老保险待遇的合法权益，根据《中华人民共和国社会保险法》（以下简称《社会保险法》）和《国务院关于建立统一的城乡居民基本养老保险制度的意见》，广东省结合实际，制定了《广东省城乡居民基本养老保险实施办法》，按照"保基本、广覆盖、有弹性、可持续"的基本原则，把城乡居民基本养老保险制度统一起来，并注意做到"五个坚持、两个结合"。"五个坚持"即坚持权利与义务相对应，政府主导推动和居民自愿参加相结合，保障水平与经济社会发展水平相适应，制度建设与家庭养老、社会救助、社会福利、抚恤优待等社会保障措施相配套，与城镇职工基本养老保险制度相衔接。"两个结合"即城乡居民基本养老保险实行社会统筹与个人账户相结合的制

度模式，基础养老金和个人账户养老金相结合的待遇形式。参保对象为年满16周岁（不含在校学生），具有本省户籍，不符合城镇职工基本养老保险参保条件的农村居民和城镇非从业居民，可在户籍地自愿参加城乡居民基本养老保险。城乡居民基本养老保险基金主要由个人缴费、集体补助、政府补贴和社会捐助等构成。参加城乡居民基本养老保险的人员（以下简称"参保人"）应当按规定缴纳养老保险费。缴费标准设为每年120元、240元、360元、480元、600元、960元、1 200元、1 800元、2 400元、3 600元十个档次。参保人可以自主选择其中一个档次，按年、季度或月的方式缴费，多缴多得。在一个自然年度内，参保人只能选择一种缴费方式和缴费标准。通过上述改革，进一步完善了城乡居民养老保险制度。

经过多年努力，广东省社会养老保险制度实现了对城乡各类人群的全覆盖。据统计，至2016年年底，全省参加社会养老保险人数达到7 935万人，其中城乡居民参加养老保险2 543万人，居全国首位。

（四）推进机关事业单位养老保险改革

推进机关事业单位养老保险制度改革是建立覆盖城乡居民养老保险体系的重要举措。1992年，广东省按照原人事部的要求，开始开展机关事业单位养老保险制度改革试点，推行的范围主要是企业化管理的事业单位全体职工和机关事业单位合同制工人。2003年，党的十六届三中全会提出"积极探索机关事业单位社会保险制度改革"后，原劳动和社会保障部、原人事部、财政部组成专门工作小组研究制定事业单位养老保险制度改革方案。2008年3月，国务院印发《事业单位工作人员养老保险制度改革试点方案》，决定在广东省等五个省市率先开展试点，与事业单位分类改革试点配套进行。改革的主要内容有：实现社会统筹和个人账户相结合的基本养老保险制度，改革基本养老金计发办法，建立基本养老金正常调整机制，建立职业年金制度等。党的十八届三中全会要求"推进机关事业单位养老保险制度改革"。2015年1月，国务院印发《关于机关事业单位工作人员养老保险制度改革的决定》提出，按照《中华人民共和国公务员法》（简称《公务员法》）管理的单位、参照《公务员法》管理的机关（单位）、事业单位及其编制内的工作人员，必须建立社会统筹和个人账户相结合的基本养老保险制度，单位缴费比例为本单位工资总额的

20%，个人缴费比例为本人缴费工资的8%。改革的基本思路是"一个统一、五个同步"。"一个统一"即机关事业单位与企业等城镇从业人员统一实行社会统筹和个人账户相结合的基本养老保险制度。"五个同步"即机关与事业单位同步改革，基本养老保险制度与职业年金制度同步建立，养老保险制度改革与完善工资制度同步推进，待遇确定机制与调整机制同步完善，改革在全国范围内同步实施。于是，广东省按照中央的部署，强力推进改革，实现了机关事业单位工作人员和城镇职工养老保险制度结构上的统一，弥补了养老保险制度建设的最后一块"短板"，两类人群的养老保险"双轨制"成为历史，更好地体现了社会保险制度公平和规则公平。

三、建立补充养老保险制度，初步形成多层次的社会保险体系

（一）建立企业年金制度

广东省的企业年金制度是随着经济体制改革不断深化而逐步建立发展起来的。1991年，国务院印发《关于企业职工养老保险制度改革的决定》第一次提出要"逐步建立起基本养老保险与企业补充养老保险和职工个人储存性养老保险相结合的制度"，将补充养老保险作为国家社会养老保险体系的三大支柱之一。1994年，国家颁布《劳动法》提出，"国家鼓励用人单位根据本单位实际情况为劳动者建立补充养老保险"。2000年，国务院印发《关于完善城镇社会保障体系的试点方案》将企业补充养老保险更名为企业年金，进一步突出了企业自主自愿的特征。同时，从税收政策上明确，企业举办企业年金，其缴费在工资总额4%以内的部分可从成本中列支，从管理上明确了企业年金基金实行市场化管理和运营的基本方向和原则。在这个发展过程中，广东省从2000年启动企业年金改革试点。2004年，广东省政府办公厅根据原劳动和社会保障部《企业年金试行办法》和《广东省社会养老保险条例》的有关规定，印发《关于建立企业年金制度的通知》，要求各地积极稳妥地建立企业年金制度。至2011年，全省各市均已全面实行企业（职业）年金制度，据不完全统计，全省参加企业年金的企业数共有2 000多家，参加的职工人数达到40多万人。2012年，为了加快建立多层次的养老保险制度，充分发挥企业年金制度

的积极作用,提高企业退休人员的生活水平,广东省人力资源和社会保障厅(以下简称"广东省人社厅")印发《关于推进企业年金工作若干事项的通知》,部署各地全面建立企业年金制度,完善多层次的养老保险体系。

(二)建立职业年金制度

职业年金制度是机关事业单位及其工作人员在参加机关事业单位基本养老保险基础上建立的补充养老保险制度,是构建多层次社会保障体系的重要内容。2015年,国务院印发《关于机关事业单位工作人员养老保险制度改革的决定》(国发〔2015〕2号)和国务院办公厅印发《关于机关事业单位职业年金办法的通知》后,广东省政府发出《关于贯彻落实国发〔2015〕2号》,广东省人社厅、财政厅转发人社部、财政部《关于职业年金基金管理暂行办法的通知》,提出具体贯彻意见,推动建立职业年金制度。职业年金制度,由各单位按本单位工资总额的8%缴费,个人按本人缴费工资的4%缴费。这项制度的建立,体现了机关事业单位工作人员整个职业生涯的劳动贡献,增强了激励性。

第三节 广东医疗和生育保险制度改革

医疗和生育保险是我国社会保障体系的重要组成部分,也是经济体制改革的重要配套措施。广东省是改革开放的先行地区,为了率先推进市场经济体制改革,广东省从20世纪80年代中期就开始针对公费、劳保医疗制度以单位自保为主、社会互济程度低、职工医疗待遇苦乐不均等情况,积极研究推进医疗和生育保险制度改革。40年来,广东省结合实际,重点推进职工医保、居民医保、新农保、生育保险以及城乡医疗救助制度改革,取得了显著成绩,目前全省基本建立起与市场经济相适应、以基本医疗保障为主体、其他多种形式为补充、覆盖城乡居民的多层次医疗和生育保障体系。

一、基本医疗保障制度框架和改革进程概述

我国基本医疗保障制度框架主要包括职工医保、居民医保和新农保组

成的基本医疗保险制度、生育保险制度,以及城乡医疗救助制度。

40年来,广东省医疗保险制度改革经历了一个由试点到全面铺开、逐步深化的过程。目前,广东医疗保险制度改革基本完成了公费医疗、劳保医疗制度向基本医疗保险制度的转变,新农合制度和城镇居民基本医疗保险制度实现了全省全覆盖,医疗和生育保险实现了制度上的合并,农村和城市建立健全了医疗救助制度,适应市场经济发展需要的中国特色基本医疗保障制度框架基本建成。

广东省医疗保险制度改革进程主要分为两个阶段。

(一) 大力推进城镇职工基本医疗保险制度改革

从20世纪80年代中期至2002年,主要是推进城镇职工基本医疗保险制度改革。改革开放初期,广东省开始针对公费、劳保医疗制度以单位自保为主、社会互济程度低、职工医疗待遇苦乐不均等情况,进行研究并积极推进医疗和生育保险制度改革。广东省率先提出实行个人账户与社会统筹相结合的改革模式,拟定了"小病放开,大病统筹"和"设立个人医疗账户"两种改革试点方案,并积极开展医疗保险制度改革试点工作。1991年后,在深圳、东莞、佛山等地试行大病医疗保险,并开始对公费医疗制度进行改革。1993年11月,党的十四届三中全会《中共中央关于建立社会主义市场经济体制若干问题的决定》提出"城镇职工养老和医疗保险金由单位和个人共同负担,实现社会统筹和个人账户相结合"的改革目标后,1994年4月,原国家体改委、原劳动部等部门共同印发了《关于职工医疗保险制度改革的试点意见》,并先在镇江、九江进行试点。同时,广东省在上述试点基础上,将统账结合的医疗保险制度改革试点范围进一步扩大到珠海、中山以及清远的英德、湛江的遂溪等地。

1998年12月,国务院在总结试点经验基础上,印发了《关于建立城镇职工基本医疗保险制度的决定》(国发〔1998〕44号,以下简称"44号文"),部署在全国范围内全面推进职工医疗保险制度改革。1999年年初,广东省政府按照全国统一规定,印发《关于全省城镇职工基本医疗保险制度改革规划方案的通知》《关于建立城镇职工基本医疗保险制度若干指导原则的通知》等文件,确定了"重点突破,逐步推进"的工作思路和到年底建立城镇职工基本医疗保险制度的改革目标,部署全面启动建立城镇职工基本医疗保险制度改革,明确提出在全省范围内建立城镇职工基本医疗保险制度。对原来的公费、劳保医疗制度实行统一管理,按照"保障基本、广泛覆盖、统账结合、双方负担"原则,保险费实行社会统筹和个人账户相结合的方式,由用人单位和职工双方共同合理负担。覆盖范围为广东省行政区域内所有企业、事业单位、国家机关、社会团体、城镇个体经济组织及其全部从业人员。

后来,广东省劳动和社会保障厅连续印发了《关于印发广东省城镇职工基本医疗保险诊疗项目管理暂行办法的通知》《关于印发广东省城镇职工基本医疗保险医疗服务设施范围和支付标准管理暂行办法的通知》《关于进一步完善城镇职工基本医疗保险制度有关问题的通知》等一系列相关文件。这些文件的出台为广东医疗保险制度改革顺利进行奠定基础。

经过近20年的努力,全省参加医疗保险人数迅速增加。据统计,到2002年年底,全省21个地级以上市全部建立了职工基本医疗保险制度,参保人数达到了717万人,比1999年年底的参保人数125万人增加了592万人,跃居全国第一;截至2004年年底,职工基本医疗保险覆盖人数增加到1 034万,比1999年增加了750多万,成为第一个参保人数突破千万大关的省份。

(二)探索建立覆盖城乡居民的基本医疗保险制度

进入21世纪后,广东省按照党的十六大精神,对医疗保险制度改革进行深入分析,发现城镇职工医疗保险制度改革虽然实现了公费、劳保医疗向社会化医疗保险制度的转变,从机制上解决了城镇职工的基本医疗保障问题。但是,这项改革还存在覆盖面窄,只覆盖城镇职工,未覆盖城镇未就业居民和农村居民,还有一些关闭破产企业退休人员、灵活就业人员等特殊人员尚未全部覆盖,保障能力低,无法适应城市化、人口老龄化发展需要,必须继续从以下几个方面全面深化改革。

1. 将职工基本医疗保险扩大到城镇全部从业人员

根据原劳动和社会保障部印发的《关于城镇灵活就业人员参加医疗保险的指导意见》和《关于推进混合所有制企业和非公有制经济组织从业人员参加医疗保险的意见》,广东省出台了相关文件,部署将灵活就业人员、私营企业和个体经济从业人员纳入基本医疗保险。此外,还把历史上尚未纳入医疗保险的国有困难企业、破产企业职工和退休人员纳入基本医疗保险。

2. 大力推进新型农村合作医疗

根据 2003 年 1 月国务院办公厅转发的原卫生部、财政部、原农业部《关于建立新型农村合作医疗制度的意见》《关于进一步做好新型农村合作医疗试点工作的指导意见》和原卫生部等七部委 2006 年下发的《关于加快推进新型农村合作医疗试点工作的通知》等文件。按照上述文件要求，广东省从 2003 年开始开展农村合作医疗试点，积极探索，稳步推进，取得显著成绩。例如，佛山市出台了《佛山市建立农村居民基本医疗保险制度的实施意见》，率先开展农村医疗保险，将城乡居民都纳入医疗保险制度中；东莞市出台了《东莞市农（居）民基本医疗保险的办法》，把"村改居"人群纳入医保范围；深圳、珠海、汕头等 12 个地级以上市出台了灵活就业人员参保办法，有 11 万多名灵活就业人员参加了医疗保险；珠三角各市针对外来务工人员流动性大的特点，出台了外来劳务工参加医疗保险办法，吸引 200 多万外来务工人员参加了医疗保险；深圳出台《深圳市外来劳务工合作医疗试点办法》，以较低的费用解决了外来务工人员的医疗保障问题。

3. 大力推进城镇居民基本医疗保险

广东省经济社会的快速发展和全省城镇职工基本医疗保险制度改革实践，为建立面向城乡居民的医疗保险制度打下了良好基础。在新型农村合作医疗顺利推进的同时，广东省加快推进城镇居民医疗保险制度建设。从 2004 年起，先在佛山市开始探索建立城镇居民医疗保险制度，2007 年 7 月，国务院印发《关于开展城镇居民基本医疗保险试点工作的指导意见》，部署分两批进行改革试点。按照国务院的部署要求，广东省在前期试点基础上，把少年儿童、学生和城镇其他非从业人员全部纳入城镇居民基本医疗保险。至 2010 年，此项保险参保率达到 98% 以上。

4. 整合城乡居民基本医疗保险制度

2003 年与 2007 年，我国对农村居民、城镇非就业居民分别建立起新型农村合作医疗、城镇居民基本医疗保险制度，但是随着改革的深入发展，两项城乡分割的制度，存在着重复参保、制度分割，不利于劳动者合理流动就业的要求。按照"城乡统筹、增强公平、提升效能"的目标要求，深圳市和珠海市的城乡居民医保从 2010 年 7 月起一启动就覆盖城乡人口，东莞市在 2010 年 7 月将职工医保、居民医保、新农合全部整合，实现社会医疗保险完全一体化，参保人数纳入职工医保口径统计。2012

年，汕头、梅州、汕尾、肇庆、潮州和云浮等 6 个市实现了城镇居民医疗保险和新型农村合作医疗的制度整合和基金统筹管理，参保人数达 1 379 万人，基金超过 20 多亿元。至此，全省将新农合人数并入城镇居民医保参保人数口径统计的已有 17 个市及广州市从化区。剩余的广州（除从化区）、韶关、河源、茂名四市中，茂名于 2013 年 1 月完成基金统筹管理和人数合并统计，广州（除从化区）、韶关和河源的新农合经办工作移交社保部门。2016 年 1 月，国务院印发《关于整合城乡居民基本医疗保险制度的意见》，要求各地积极推进建立统一的城乡居民基本医疗保险制度，实现覆盖范围、筹资政策、保障待遇、医保目录、定点管理、基金管理"六统一"。广东省按照国务院要求，进一步巩固完善城乡居民基本医疗保险制度。据统计，至 2016 年年底，全省参加医疗保险的人数达 10 150 万人，其中城乡居民医保参保人数达 6 336 万人，生育保险参保人数达 3 162 万人。全省职工医保、城乡居民医保住院政策规定报销比例分别达 87% 和 76%。

二、医疗保障制度改革的主要举措

在改革过程中，广东省根据实际情况，主要是采取如下政策措施，推动了医疗保险制度改革的发展。

（一）合理确定基本医疗保险的统筹层次

广东省医疗保险制度改革原则上从县级统筹起步，以后逐步过渡到地级以上市为统筹单位，再过渡到省级统筹。目前已基本实现省级统筹。

早在 1998 年以前，广东省就启动了医疗保险制度改革。在启动改革时，各地的经济状况、医疗消费水平和管理能力都很不平衡，各级财政分灶吃饭，如果采取一刀切做法实行地级市统筹，势必因统筹层次问题而影响基层的积极性。因此，广东省提出，在起步阶段，统筹层次宜市则市、宜县则县，但在地级市范围内，要做到政策统一、方案统一、费率统一、待遇统一，为将来提高统筹层次奠定基础。除此之外，还要求各市采取市直单位和市区带动县区的办法，加快各地改革步伐，迅速扩大覆盖范围；同时坚持属地管理原则，除国家另有规定外，中央、省属行业单位均应参加当地地级市的统筹。1998 年 12 月，国务院在全面总结近年来广东等省市医疗保险制度改革试点经验基础上，印发了《关于建立城镇职工基本

第九章 广东社会保障制度改革

医疗保险制度的决定》。该决定强调，医疗保险制度改革的主要任务是建立城镇职工基本医疗保险制度，基本医疗保险原则上以地级市（区）为统筹单位，执行统一政策，实现基本医疗保险基金的统一筹集、使用和管理。此项改革从1999年年初启动，当年年底基本完成。对此，省委、省政府高度重视，把此项改革作为当年必须完成的重大改革任务，其紧迫性在历史上是罕见的。1999年2月，广东省政府转发国务院44号文，要求提高认识、加强领导、制定方案、确保新老制度平稳衔接过渡；同时决定成立广东省城镇职工基本医疗保险制度改革领导小组。两个月后，广东省政府印发了《全省城镇职工基本医疗保险制度改革规划方案》，部署全面启动建立城镇职工基本医疗保险制度改革。该方案强调，基本医疗保险制度改革要坚持"低水平、广覆盖"原则，实行社会统筹和个人账户相结合；覆盖范围要扩大到省内所有企业、事业单位、国家机关、社会团体、城镇个体经济组织及其所属全部职工。第一次把机关事业单位和个体经济组织及其职工全部纳入基本医疗保险；明确基本医疗保险缴费率要严格控制在职工工资总额的6%左右，高于6%的要从严控制，职工个人缴费率为本人工资收入的2%；统筹层次原则上以地级市为单位，个别条件较差的，可以县为单位，以后逐步过渡。

（二）不断扩大医疗保险实施范围

在推进企业职工医疗保险制度改革过程中，广东省注意结合实际，在做好国有、集体企业职工参加医疗保险工作的同时，因势利导，逐步将各类就业群体纳入城镇职工基本医疗保险覆盖范围。启动改革初期，覆盖范围主要是国有企业职工。为了解决启动初期保障需求和保障能力之间的矛盾，广东省提出了在过渡时期向用人单位征收过渡性医疗保险金的办法，同时明确企业破产、兼并、改制时应首先为退休人员安排医疗保险费，较好地解决了退休人员的基本医疗保险费的来源，也保证了医疗保险制度的平稳启动。1999年后，将医疗保险实施范围扩大到城镇非公有制企业、机关事业单位职工、社会团体，以及灵活就业人员、外来务工人员。2010年，广东省人社厅、财政厅转发《人社部、财政部关于做好2010年城镇居民基本医疗保险工作的通知》，要求把城镇居民基本医疗保险覆盖到城镇全部非从业人员，主要是不属于城镇职工基本养老保险覆盖范围的中小学阶段的学生（包括中等职业学校学生）、少年儿童和其他非从业城镇居民;新农合医保的覆盖范围为所有农村居民都可以家庭为单位自愿参加。目前,不仅国有企业和机关、事业单位职工参加了基本医疗保险,"三资"企业、乡镇企业、个体经济组织业主及从业人员、外来务工人员、灵活就业人员等都参加了基本医疗保险。

(三)合理确定用人单位缴费费率,创新筹资模式

广东省开展医疗保险制度改革试点时提出,基本医疗保险费用由过去企业单独负担改为由用人单位和职工共同缴纳,其缴费标准为用人单位缴费率控制在职工工资总额的6%左右,在职职工个人缴费率为本人工资的2%。但由于广东省各地的工资水平和医疗消费水平很不平衡,充分考虑财政、用人单位、职工个人的承受能力,广东省确定用人单位缴费费率不搞"一刀切",允许先行试点的深圳、珠海、中山三市7%的费率暂不调整(珠海市2003年后下调为6%),以求平稳过渡。其他地市的费率由各市确定,分别为广州、汕头8%,揭阳、肇庆6.3%,潮州6.4%,湛江6.2%,云浮5.8%,汕尾、河源6%,其余各市均为6.5%。从启动和具体运行的实践来看,当时广州、汕头确定的费率高了一些,其他市确定的费率基本上是适当的。1999年4月,广东省政府印发《全省城镇职工基本医疗保险制度改革规划方案》,明确规定基本医疗保险缴费率要严格控制在职工工资总额的6%左右,高于6%的要从严控制;职工个人缴费率为本人工资收入的2%。过去的试点城市缴费率过高的,如一次性将缴费率降下来有困难,要报经原广东省医改领导小组批准,逐年将单位缴费率降下来。

(四)合理确定待遇支付标准和办法

改革初期,广东省把医疗保险基金分为两部分:一部分为统筹基金,一部分用于建立个人账户。职工个人缴纳的基本医疗保险费全部记入个人账户。用人单位缴纳的保险费分为两部分:一部分用于建立统筹基金,一部分划入个人账户。划入个人账户的比例一般为用人单位缴费的30%左右,单位缴费率一般为职工工资总额的6%左右,职工个人缴费率为本人工资收入的2%左右。随着经济发展,用人单位和职工缴费率可做相应调整。

广东省政府1999年印发的《全省城镇职工基本医疗保险制度改革规

划方案》明确提出，基本医疗保险实行社会统筹与个人账户相结合。基本医疗保险基金由统筹基金和个人账户构成。在支付医疗待遇时，两者既有联系又有分工。个人账户主要用于支付门诊费用；统筹基金用于支付起点标准以上，最高支付限额以下，职工按规定个人负担一定比例以后的住院费用。在管理条件较好的地区，对部分门诊费用高的病人可以从统筹基金中予以一定帮助。合理确定统筹基金的起付标准和最高支付限额：统筹基金的起付标准控制在当地职工年平均工资的 10% 左右，最高支付限额控制在当地职工年平均工资的 4 倍左右。起付标准以下的医疗费用，从个人账户支付或由个人自付；起付标准以上，最高支付限额以下的医疗费用，主要从统筹基金中支付，个人也要负担一定比例；超过最高支付限额的医疗费用，可以通过补充医疗保险或商业医疗保险等途径解决。

统筹基金的支付范围：除了住院治疗外，还设定特定门诊，对部分可以在门诊治疗，而费用又较高的病人，可从统筹基金中予以一定帮助。2000 年，广东省劳动和社会保障厅发文要求，统筹基金结存较多的地区适当放宽门诊特定病种费用支付范围，包括老年慢性疾病；并且适当降低一年中多次住院病人的起付标准。这样既将统筹基金和个人账户有机地结合起来，又有利于提高了医疗保险的待遇水平。对个人账户，坚持实账管理，尽量避免个人账户空账运转带来的弊端。划定统筹基金和个人账户各自的支付范围，分别核算，不得互相挤占。

特殊人群的医疗待遇：离休人员、老红军、二等乙级以下革命伤残军人的医疗待遇仍按原资金渠道解决，不足部分由同级政府帮助解决；退休人员参加基本医疗保险，个人不缴纳基本医疗保险费，退休人员个人账户的记入金额和个人负担医疗费的比例给予适当照顾。

（五）全面实行城乡居民大病保险

实行大病统筹是广东省改革开放初期医疗保险制度改革的一项重要举措。当时主要是针对广东省外来务工人员数量多、年龄轻、流动性大的特点，为吸引这部分群体参保，允许不设个人账户，个人不缴费，由用人单位以较低的缴费率，对外来务工人员实行大病住院医疗费用社会统筹，深受广大外来务工人员欢迎。2012 年 8 月，国家发展和改革委员会、财政部、人社部等六部委发布《关于开展城乡居民大病保险工作的指导意见》，决定从城镇居民医保基金、新农合基金中划出一定资金，建立城乡居民大病保险，健全多层次医疗保险体系，提高重特大疾病保障水平。2015 年 7 月，国务院办公厅印发《关于全面实施城乡居民大病保险的意见》，要求 2015 年年底前，大病保险覆盖所有城乡居民基本医疗保险参保人群，大病保险支付比例达到 50% 以上，大病患者看病就医负担有效减轻。至 2016 年年底，广东省城乡居民大病保险实现全覆盖。

（六）探索建立补充医疗保险和城乡医疗救助制度，形成多层次的医疗保障体系

补充医疗保险，是指为满足基本医疗保险参保人员在基本医疗保障范围之外的医疗保障需要而建立的一种补充性医疗保障制度。从狭义上讲，主要包括公务员医疗补助、大额医疗费用补助和企业补充医疗保险。广东省在建立基本医疗保险制度的同时，相应出台了公务员医疗补助办法、重大疾病保险和企业职工补充医疗保险办法，并开始从以下三个方面探索建立社会医疗救助制度。

1. 建立公务员医疗补助制度

1999 年，广东省人民政府办公厅印发《国家公务员医疗补助暂行办法的通知》，根据全省医疗消费的特点，建立公务员医疗补助制度，合理确定公务员医疗补助原则，允许经济条件较好的地区，在一段时间内可划一部分到公务员个人账户，以保证门诊费用的支付，受到了公务人员的普遍欢迎，较好地保证了新旧制度的平稳过渡。公务员医疗补助待遇支付办法：统筹基金用于支付符合规定的住院医疗和部分门诊大病医疗费用；起付标准为当地职工年平均工资的 10% 左右，最高支付限额一般为当地职工年平均工资的 6 倍左右。个人账户主要用于支付门诊费用和住院费用中个人自付部分以及在定点药店购药费用。

2000 年，国务院批准原劳动和社会保障部、财政部的《关于实行国家公务员医疗补助的意见》，明确部署实行公务员医疗补助政策。其资金来源按照现行财政管理体制，由同级财政列入当年财政预算，具体筹资标准根据公费医疗实际支出、基本医疗保险的筹资水平和财政承受能力等情况合理确定。主要用于：①基本医疗统筹资金最高支付限额以上的医疗费用；②个人负担超过一定数额的医疗费用；③医疗照顾人员按规定应给予补助的医疗费用。由于各地医疗消费水平差异较大，补助标准国家不做统一规定。

2. 大病医疗保险

大病医疗费用补助，是一种解决基本医疗保险封顶线以上个人医疗费用负担过重的补助办法。保险费一般由单位和职工每年缴纳一定额度费用的办法筹集。实施范围是除实行公务员补助之外的城镇职工和城乡居民。补助的办法和标准：参保人员在医保年度内享受基本医疗保险费累计超过统筹基金最高支付限额时，方给予补助。

3. 企业补充医疗保险

企业补充医疗保险，是企业在参加基本医疗保险和大额医疗费用补助的基础上，由企业自主自愿通过向商业保险机构投保、委托社会医疗保险机构管理的一种补充医疗保险形式。其保险费用按国家规定，在工资总额4%以内的部分，从职工福利费中列支；福利费不足列支的部分，经同级财政部门核准后列入成本；超出4%的部分由企业税后利润负担。广东省不少统筹地区在建立基本医疗保险制度的同时，相应建立了补充医疗保险，有的是社保机构自办，有的是交给商业保险公司承办，都能较好地解决封顶线以上的大额医疗费用和个人自付比例过高的问题，使职工得到了较好的医疗保障。

（七）采取多种措施，妥善地解决困难职工参保问题，维护社会稳定

一是落实政府资助退休人员申办缴纳过渡性基本医疗保险的专项资金。例如，广州市财政落实专项资金1亿余元，资助7 000多名社会退休人员参加医疗保险。二是采取多种方式，解决困难企业人员参保问题。例如，有些地区为解决困难企业退休人员参保问题，允许先以退休人员为整体参保；有些地区允许在职职工只参加基本医疗保险社会统筹部分；有的地区由财政安排专项资金，通过由困难企业向政府借资、"一次参保缴费，资金分期到位"的办法，为符合条件的困难企业退休人员一次性缴纳过渡性基本医疗保险金和重大疾病补助金。三是帮助纳入民政"低保"范围的在职和退休人员参加医疗保险。例如，湛江市规定对纳入民政"低保"范围的在职和退休人员，由单位负责缴费参保，个人不需缴费；如果国企属于无力缴费的，则由同级财政帮助缴费参保。企业军转干部和城镇退役伤残军人全部纳入医保统筹范围，企业难以解决参保资金的，由各级政府在专项资金中帮助解决。四是解决失

业人员参加医疗保险问题。各地基本实现了参加失业保险的失业人员医疗待遇与基本医疗保险接轨。

三、生育保险制度改革进展情况

我国《劳动法》和《社会保险法》确立了我国生育保险制度的法律地位。1994年，国家颁布《劳动法》明确规定，国家发展社会保险事业，建立社会保险制度，使劳动者在年老、患病、工伤、失业、生育等情况下获得帮助和补偿。这些规定为我国实行生育保险制度建设奠定了基础。依据《劳动法》规定，原劳动部于1994年发布《企业职工生育保险试行办法》，规定生育保险覆盖范围包括城镇各类企业和职工。2001年5月，国务院颁布《中国妇女发展纲要（2001—2010）》，提出至2010年，生育保险覆盖面要达到90%。2010年10月，全国人大常委会通过的《社会保险法》规定，生育保险要覆盖所有用人单位及其职工；生育保险待遇包括生育津贴和生育医疗费，所需资金从生育保险基金中支付。上述法律和政策构成了我国生育保险制度的基本法律框架和地位。

（一）改革进展情况

广东省的生育保险制度改革起步较早。为了切实保障女职工的合法权益，按照国务院1988年颁布的《女职工保护规定》及《广东省女职工保护实施办法》的要求，广东省于1990年率先开展职工生育保险制度改革探索。1991年4月，率先在佛山市、江门市开展女职工生育保险费用社会统筹试点，经过近一年的探索，试点工作取得较好成效。1992年5月，广东省政府批复了原广东省劳动厅《关于省属、中央、部队驻穗企业、事业单位女职工生育保险办法》，要求省属、中央、部队驻穗企业、事业单位结合实际，推行职工生育保险。这标志着企事业单位生育保险制度改革在全省正式全面推开。

随着广东省经济发展和社会生活水平不断提高，为了有效保障女职工生育期间的生活，原劳动部依据《劳动法》规定，于1994年发布《企业职工生育保险试行办法》，规定生育保险覆盖范围包括城镇各类企业和职工。生育保险基金根据以支定收、收支基本平衡的原则进行筹集。参加统筹的企业按照规定的比例缴纳生育保险费，职工个人不缴费。广东省确定的缴费比例为不超过企业职工工资总额的1%。生育保险基金单独征收，不再从养老保险基金中划拨。这一做法使生育保险这一险种被正式单列出来，推动了生育保险事业的进一步发展。

2010年7月，为了不断提高基本医疗保险和生育保险制度运行水平，广东省政府办公厅印发《关于加快我省基本医疗保险和生育保险市级统筹工作的通知》，要求全省加快推进基本医疗保险和生育保险市级统筹，确保2010年年底前基本实现市级统筹。该通知要求地级以上市在统筹区域内尽快实现四个统一：统一的医疗、生育保险政策；统一缴费标准和待遇计发标准；统一全市的基本医疗保险和生育保险缴费基数、缴费比例、标准以及待遇水平，并将医疗、生育保险基金纳入市级基金财政专户进行统筹管理；统一编制医疗、生育保险基金收支预决算并组织实施，建立基金征缴、支出的激励约束机制和责任分担机制。2010年10月，全国人大常委会通过的《社会保险法》规定明确，生育保险要覆盖所有用人单位及其职工；生育保险待遇包括生育津贴和生育医疗费，所需资金从生育保险基金中支付。2015年10月1日起，下调生育保险费，全省平均费率从0.77%下调至0.60%，进一步规范生育医疗待遇支付范围和标准，推行生育医疗费用直接结算，使生育保险范围进一步扩大，制度进一步完善。

2017年，国务院办公厅印发《关于生育保险和职工基本医疗保险合并实施试点方案的通知》，要求遵循保留险种、保障待遇、统一管理、降低成本的总体思路，开展合并试点。广东省在珠海等12个城市启动生育保险和职工基本医疗保险合并实施试点。试点在2017年6月底前启动，试点期限为1年。

（二）改革的主要措施

1. 不断扩大生育保险覆盖范围

从上述改革进展情况可以看出，广东省生育保险覆盖范围从最初的城镇企业职工扩大到覆盖城乡所有人群。生育保险和医疗保险合并实施，职工生育期间的生育保险待遇不变，覆盖面得到进一步扩大。

2. 强化生育保险基金的筹集

按照原劳动部1994年颁布的《企业职工生育保险试行办法》规定，生育保险基金的筹资原则是"以支定收，收支基本平衡"。由用人单位按照其职工工资总额的一定比例向社会保险经办机构缴纳生育保险费，建立生育保险基金，筹资比例不得超过工资总额的1%。《社会保险法》进一步明确生育保险费由用人单位缴纳，职工个人不缴费。广东省各地在实践中的做法基本一致，缴费比例一般为职工工资总额的 1% 左右。

3. 不断提高生育保险待遇

生育保险待遇主要包括生育津贴（旧称产假工资）、产假和生育医疗服务。1994 年，原劳动部颁布《企业职工生育保险试行办法》，将产假工资统一改为生育津贴。《社会保险法》规定，生育津贴按照参保单位上年度职工月平均工资的标准支付，支付期限与产假期限一致，一般不少于90 天；生育医疗费包括女职工因怀孕、生育发生的检查费、接生费、手术费、住院费、药费和计划生育手术费，在政策范围内，生育医疗费全额报销，所需费用从生育保险基金中支付。

（三）改革取得的重要成果

40 年来，在各级政府的高度重视下，广东省的生育保险从无到有，发展迅速，在覆盖范围、制度建设、规范待遇、社会化管理等方面均取得很大的进展，始终走在全国前列。2005 年，全省已有广州、深圳、珠海、汕头、韶关、惠州、汕尾、东莞、中山、江门、阳江、肇庆、清远、云浮、潮州、梅州、河源和省直单位等 18 个统筹地区开展了生育保险工作，参保人数由 1995 年的 158 万增至 2005 年年底的 419 万，生育保险基金累计结余 6.4 亿元，有力地确保了全省女职工生育期间的各项待遇。到2017 年，广东省生育保险参保人数达 3 082 万人，位于全国前列，各项管理基础扎实，措施得力，生育保险工作实现了新的发展。

四、广东省医疗和生育保险制度改革的基本经验

由于坚持采取上述改革政策措施，广东省的医疗和生育保险制度改革不断深入，保障能力不断增强，管理水平不断提高，服务质量不断改善，医疗保险事业得到迅速健康发展。整个改革从 1991 年开始启动"统账结合"改革试点到 2010 年后建立覆盖城乡居民的医疗和生育保险制度的融合，经历了改革不断深入发展的过程，积累了一些经验。

（一）必须将医疗保险置于社会保障体系乃至于整个社会经济全局中去定位和系统设计

医疗保险制度改革涉及面广，难度很大。只有从改革开放和社会稳定

的全局，抓住有利时机，结合人民群众对社会保险的强劲需求来推动发展社会医疗和生育保险，才能找准改革发展的定位，思路才清晰，工作才有方向。在改革过程中，要针对不同人群，系统设计医疗保险制度，坚持做到以基本医疗制度为主体，形成既有各自特定功能，又相互衔接的一系列医疗保险制度体系，才能使其具有广泛的适应性，使不同就业群体、不同就业状态和特定人群在参加医疗保险的项目选择和费用来源等问题上，能够得到合理解决。

（二）要加强宣传引导

在实施医疗保险改革过程中，必须采取适当的策略，加大政策宣传力度，才能推动医疗保险制度改革的顺利推进。广东省的主要做法是加强宣传、政策引导，中心辐射、典型引路，培训骨干、强化服务，借助外力、平稳过渡。"保基本，广覆盖"是医改的重要原则之一；但在实际工作中，客观存在经济条件有好有差，原有医疗消费水平有高有低的情况，如果不充分考虑不同群体的医疗水平，必将阻碍基本医疗保险制度的建立。为此，广东从一开始就提出在建立基本医疗保险制度的同时，出台了国家公务员医疗补助办法和企业补充医疗保险办法，得到国家公务人员和经济条件较好的企事业单位及其职工的支持，保证了新旧制度的平稳过渡，为顺利启动基本医疗保险制度奠定了基础。

（三）不断完善医疗管理体系，加强医疗服务，形成有效的约束机制和激励机制

广东省各地都建立了医疗保险行政管理机构和经办机构，配备了工作人员，加强了业务培训和行风建设，经过几年来的锻炼，基本形成了一支素质过硬、服务意识强、精干的专业医疗保险管理队伍。通过改进和规范业务流程，管理水平和服务质量都有了很大提高，包括医疗保险管理系统在内的全省社会保障信息系统已经进入全面建设阶段，部分先行的试点地区已初步建成，基本医疗保险管理逐步走向规范化。

在落实基本医疗保险用药范围管理、诊疗项目管理、医疗服务设施范围和支付标准管理等一系列办法的同时，探索与协议医疗机构采取多种结算方式结合的结算办法，建立健全了医疗服务质量考核制度，确定量化、细化的考评标准，制定了协议医疗机构奖罚办法、协议医疗机构"退出"

机制，这些措施规范了医疗保险的医疗服务管理，提高了服务质量，形成了费用约束机制。在不断完善基本制度和各项政策措施的同时，着力完善服务管理体系：一是加强行风建设，改进和规范业务流程，不断完善医疗保险经办机构的前台服务；二是针对不同参保人群的需求，提供个性化的服务窗口；三是通过社区劳动保障服务平台代办医疗保险业务，发挥社区的组织优势；四是通过人事部门的人才交流中心代办医疗保险业务，充分发挥其他社会服务网点的作用；五是网上咨询、申报及办理相关手续。完善的服务管理体系为职工参保和就医提供了很大的方便，对医疗保险的发展也起到了很好的促进作用。

（四）坚持生育保险与医疗保险协同推进

由于生育保险与医疗保险关系十分密切，为推动尚未开展生育保险的地区尽快开展生育保险，广东省大胆尝试生育保险与医疗保险协同推进，在开展城镇职工基本医疗保险制度的同时，按照"三统三分"的管理思路，即两项保险统一参保、统一征缴、统一管理，分别确定缴费费率、分别列账、分开支付的办法，同步推进生育保险工作，有力推动了生育保险制度改革的全覆盖。与此同时，广东省积极探索创新生育保险费用结算模式。一是定额包干模式。在生育保险启动之初，由于当时的社会保险各项制度仍不够规范，人民群众对社会保险的认识也不深刻，为了推动生育保险的发展，设计了相对简单的征缴和待遇支付模式。费用征缴通过养老基金划拨、待遇给付给企业预留空间，按流产、顺产、引产或钳产、剖腹产四个等级，一次性定额支付，费用由单位包干使用。支付的费用含产妇分娩（流产）医药费、产假工资、物价补贴、奖金、产妇营养补助费等。这种模式的优点是一目了然，支付方式简单，能够达到以收定支的目的。对保障生育职工权益，减轻企业负担，促进企业公平竞争等方面都发挥了积极的作用。二是实行定额结算和定点医疗模式。随着医疗保险制度改革的顺利推进，以广州市为试点改革了生育保险的待遇给付模式，改单位包干定额为待遇定额结算和生育医疗定点、定额结算，将生育保险待遇项目细分为生育津贴、生育医疗费、一次性分娩营养补助费、男配偶假期工资等。生育津贴按单位平均缴费工资除以30再乘以实际产假，生育医疗费由社保机构直接向定点医疗机构支付，即实行了"定点医疗、定点结算"管理办法。这种模式使生育保险产假津贴与单位缴费工资共享挂钩，有利

第九章　广东社会保障制度改革

于调动单位参保的积极性。实施了"定点医院、定点结算"制度后，生育保险基金支付的生育医疗费基本满足了参保人分娩及产前检查的医疗所需，使参保人的生育保险待遇达到了较高的水平；生育医疗费由生育保险基金直接向医院结算，参保单位无须直接介入医疗费管理，不仅减轻了经济负担，也减少了医疗费管理的具体事务。

第四节　广东工伤保险制度改革

工伤保险是社会保障体系的重要组成部分，是国家和企业在劳动者因工作遭受事故伤害或患职业病时，给劳动者本人提供物质帮助的一种社会保障制度。保障对象是职业人群。广东省工伤保险制度改革40年来，经历了从计划经济时期的"企业保险"到市场经济时期的"社会保险"的转换过程，取得了显著成就。

一、体制转轨中的工伤保险制度改革进程

党的十一届三中全会后，广东省利用国家赋予的特殊政策、灵活措施，大力引进外商投资企业，建立了加工制造、进口贸易等产业，使珠三角地区经济快速发展，成为世界制造业的重要基地。然而，工业化也带来了前所未有的风险：工伤事故和职业病危害逐步增加，形成于计划经济体制下的企业工伤保险制度由于覆盖面窄、待遇项目不完整、待遇低、抗风险能力低，不能适应形势发展需要。为此，广东省从20世纪80年代中期开始率先对工伤保险制度进行改革，着重解决企业补偿责任等突出问题。1990年年初，广东省首先在东莞、深圳组织工伤保险制度改革试点，两市先后颁布了社会工伤保险暂行规定。同年12月，广东省制定了《广东省职工因工致残评定暂行标准》，使因工致残等级评定工作开始走向规范；并在此基础上，陆续扩大试点范围。

1992年1月，广东省政府正式颁布了《广东省企业职工社会工伤保险规定》，率先进行了较大范围的改革：一是扩大了参保范围，打破了过去只在国营企业和部分集体企业中实行工伤保险的局限性，建立起不分企业所有制、不分用工形式的全省统一的社会工伤保险制度；二是建立了社会工伤保险基金制度及工伤保险调剂金制度，确立了新的基金模式；三是

增加了一次性补偿待遇，提高了长期待遇水平，形成了待遇随职工工资增长相应调整的机制。该规定颁布后，全省工伤保险制度改革迅速开展。到1995年年底，所有地级市和县区都进行了工伤保险制度改革，参加人数达604万人；国有、集体企业几乎全部参保，成为当时广东省参保人数最多的一项社会保险。

党的十四届三中全会通过的《中共中央关于建立社会主义市场经济体制若干问题的决定》提出，要"普遍建立企业工伤保险制度"。按照该决定精神和广东省改革实践情况，1994年，广东省着手研究工伤保险立法，经过广泛听取意见和反复论证，于1996年正式提请广东省人大审议《广东省社会工伤保险条例（草案）》。1998年9月，广东省第九届人大五次会议审议通过了《广东省社会工伤保险条例》，比国家颁布的《工伤保险条例》早五年。《广东省社会工伤保险条例》与《广东省企业职工社会工伤保险规定》相比，主要有几个新突破：一是进一步扩大了工伤保险的覆盖范围，涵盖了所有与单位建立劳动关系的职工；二是进一步明确了享受工伤保险待遇的范围和认定工伤的条件；三是规定工伤保险可以实行浮动费率；四是增强了工伤保险基金的调剂功能，将调剂金比例提高为工伤保险基金征收总额的1.5%，其中0.9%交市，0.6%交省；五是提高了工伤保险待遇的计发标准。《广东省社会工伤保险条例》的颁布实施，使工伤保险工作进入了有法可依的时期，是广东工伤保险制度改革的重大突破，极大地促进了工伤保险事业的发展，参保人数迅速增加。

2003年，国务院颁布《工伤保险条例》后，广东省组织专家研究省条例与国家条例的衔接问题，坚决按照中央要求，确立了省条例修订原则：凡与国家条例不一致的内容，要修订保持一致；国家条例没有规定并且具有广东特色、行之有效的规定，可以继续保留；过去没有涉及的，按国家条例予以补充。对国家条例授权地方政府制定政策的八个问题，都在省条例中加以明确，以进一步促进广东工伤保险事业的健康发展。修订后的《广东省工伤保险条例》（以下简称《广东新条例》）于2004年1月经广东省人大常委会审议通过，并于2月1日实施。《广东新条例》的实施，标志着广东省工伤保险制度改革实现了与国家《工伤保险条例》的平稳衔接，标志着广东省工伤保险制度建设进一步完善。到2004年年底，参保人数增加到1 215万人，积累工伤保险基金44亿元。广东省工伤保险历年参保人数见表9-1所示。

表9-1　广东省工伤保险历年参保人数

年度（年）	1994	1995	1996	1997	1998	1999	2000	2001	2002	2003	2004	2010	2017
参保人数（万人）	588	604	735	760	767	798	961	990	1 050	1 120	1 215	2 658	3 402

2010年4月，国家颁发《社会保险法》后，考虑到工伤保险制度改革与《社会保险法》的衔接，同年12月，国务院通过了《关于修改工伤保险条例的决定》（以下简称《国家新条例》），对现行政策做了进一步完善。广东省依据《国家新条例》，对《广东新条例》进行了修订：一是把适用范围进一步扩大到除参照《公务员法》管理的事业单位以外的所有事业单位，以及社会团体、民办非企业单位、基金会、会计师事务所、律师事务所等组织；二是调整扩大了工伤认定范围；三是简化了工伤认定程序；四是大幅度提高工伤保险待遇，从2005年起，连续11年全省伤残津贴，月人均津贴2 803元，2015年10月1日起，全省工伤保险平均费率从0.63%下降至0.43%；五是增加了基金支出项目等。《广东新条例》的颁布，进一步完善了工伤保险法律制度，标志着广东省工伤保险制度改革进入了新阶段，有力地促进了工伤保险事业的迅速发展，至2016年年底，全省参加工伤保险人数达3 246万人，月人均工伤伤残津贴达到3 100元。

二、工伤保险制度改革的基本做法和经验

广东省的工伤保险制度改革以工伤补偿为主体，工伤保险与安全生产、工伤预防相结合，并充分重视工伤康复和职业康复工作。重点推进以下几方面的改革。

（一）突出抓好两个重点，率先实行工伤保险全覆盖

广东省工伤保险制度覆盖范围随着市场主体的发展而不断扩大。1992年广东省颁布的《广东省企业职工社会工伤保险规定》提出的覆盖范围仅包括企业、实行企业化管理的事业单位和城镇个体工商户。1998年颁布的《广东省社会工伤保险条例》和2004年颁布的《广东新条例》，充分考虑到广东省外资企业、合资企业、民营企业及其他非公有经济发展迅速，占整个国民经济的比例大，大量其他省籍劳动者在非公有制企业就业。例如，东莞市非公有制经济占当地总体经济的比重达90%以上。广

东省在制定和修订《广东省工伤保险条例》过程中,非常重视妥善处理非公有制企业及其从业人员,特别是外来务工人员的工伤保险问题。因此,在改革中突出抓好两个重点。一是将各种所有制企业和外来务工人员纳入参保范围。《广东新条例》规定,本省行政区域内的各类企业、个体工商户、民办非企业单位、国家机关、社会团体及事业单位应当为与之建立劳动关系的职工或者雇工缴纳工伤保险费。《广东新条例》覆盖各种用工形式,为解决非公有制企业及外来务工人员的工伤问题提供了法律依据。二是在政策设定上充分考虑行业差别费率和浮动费率、由工伤保险基金支付工伤医疗费等政策,充分调动非公有制企业参保的积极性;同时针对外来务工人员流动性强、就业形式多样、劳动合同签订率低等特点,在政策上注意保护他们的合法权益,明确只需确认存在事实劳动关系即可受理工伤认定,并设定多种监督渠道和比较完善的、清晰的争议处理方法,吸引外来务工人员参保。

(二)依法合理确定工伤保险基金筹集方式和费率

按照《社会保险法》和《广东新条例》规定,广东省工伤保险基金实行用人单位缴费,缴费基数为本单位职工工资总额。用人单位一般以本单位职工上年度月平均工资总额为缴费基数。企业缴费基数低于统筹地区上年度社会月平均工资总额60%的,按60%征缴;高于统筹地区上年度社会月平均工资总额300%的,按300%征缴。在基金筹集方式上,广东省实行行业差别费率和浮动费率。行业差别费率主要是根据不同行业面临的工伤风险程度,参照《国民经济行业分类》将行业划分为风险较小、中等风险和风险较大等三个类别。各单位缴费费率原则上控制在职工工资总额的1%左右。在这一总体水平下,三大行业的基准费率分别控制在单位职工工资总额的0.5%、1.0%和2.0%左右。至于浮动费率,由省市根据用人单位工伤保险费使用情况、工伤发生率、职业病危害程度等因素,在行业基准费率基础上,每1~3年浮动一次。2015年7月,人社部、财政部发出《关于工伤保险费率政策的通知》,决定从2015年10月1日起,降低工伤保险费率。政策平均费率由1%左右降至0.75%左右,为促进经济社会平稳发展发挥了积极作用。

(三) 合理确定工伤保险待遇

工伤保险待遇是工伤保险制度改革的核心内容。1998年的《广东省社会工伤保险条例》和2004年的《广东省工伤保险条例》都规定了工伤保险待遇的调整办法。广东省在改革探索过程中，注意坚持与生产力发展水平相适应、保证公平与统一标准相结合的原则。工伤保险待遇按内容分类，大致可分为三类：一是医疗救治期间的待遇，主要包括停工留薪期待遇、工伤医疗待遇、住院伙食补助待遇、异地就医的交通吃住费待遇等；二是经济补偿的待遇，包括一次性伤残补助金、一次性工伤医疗补助金、一次性伤残就业补助金、一次性工亡补助金和丧葬补助金等五项；三是生活保障的长期待遇，包括伤残津贴、生活护理费、供养亲属抚恤金和配置辅助器具费等四项。一般说来，工伤保险待遇标准大部分由国家统一规定。广东省主要是根据职工社会平均工资水平和物价因素适当做些调整。

(四) 整体推进工伤预防、经济补偿、医疗康复"三位一体"制度体系建设

工伤预防、经济补偿、医疗康复"三位一体"是工伤保险制度的根本宗旨。长期以来，工伤保险存在重视经济补偿，对工伤预防和医疗康复重视不够的情况，广东省在工伤保险制度改革过程中十分重视工伤预防工作，通过工伤保险制度改革来促进安全生产。1992年颁布的《广东省企业职工社会工伤保险规定》，确立了工伤预防与补偿相结合的原则，即除保障基本生活外，对生理和心理损害也给予了一定补偿，在补偿形式上采取了一次性补偿与长期待遇相结合的方式。各等级伤残的一次性补偿和长期待遇也逐步有所提高。1998年颁布的《广东省社会工伤保险条例》和2004年颁布的《广东省工伤保险条例》都规定，工伤保险应当贯彻"安全第一、预防为主"的方针，要求用人单位采取多种措施促进工伤预防工作。工伤保险基金安排了工伤预防费用支出项目，用于工伤预防宣传、教育和安全生产奖励。2004年颁布的《广东省工伤保险条例》明确规定了可以按照当年工伤保险基金实际征缴总额的5%提取工伤预防费，用于工伤预防工作。2013年4月，人社部发布《关于进一步做好工伤预防试点工作的通知》，标志着工伤预防全面铺开，工伤保险从事后单纯补偿走向积极的预防、补偿和康复相结合的新路子。

工伤康复工作是工伤保险不可缺少的组成部分。通过工伤康复使伤残职工提高生活质量，甚至重新走上工作岗位，体现了对伤残职工的关怀。随着工伤保险制度改革深入发展，广东省逐步重视工伤康复工作。1992年制定《广东省企业职工社会工伤保险规定》时还没有明确工伤康复的地位，在后来的工伤保险制度改革实践中，逐步认识到通过康复使伤残职工重新融入社会也是工伤保险制度改革的重要内容。1998年颁布的《广东省社会工伤保险条例》明确提出，"各级人民政府要努力发展医疗康复和职业康复事业，帮助因工致残者从事适合其身体状况的劳动"，并规定可在工伤保险结存基金中提取一定比例用于医疗康复和职业康复。2004年颁布的《广东省工伤保险条例》进一步明确，"医疗康复和职业康复费用"是工伤保险基金的法定支出项目之一，最高可以提取当年结存基金的1/3，保障了工伤康复事业的发展。例如，广州市于2002年建立了工伤康复中心，到2004年年底，共收治了1 460人次，使100多名工伤职工重返工作岗位，产生了良好的社会效益。2013年4月，人社部印发《工伤康复服务目录（试行）》和《工伤康复服务规范（试行）》（修订版），建立了"康复早期介入"和"先康复、后评残"的工作机制，使工伤保险制度形成了预防、补偿、康复"三位一体"的保障体系。

（五）不断改革创新，体现广东特色

广东省工伤保险制度改革的主要特色有四点。

1. 参保方式灵活

针对某些企业注册地与生产经营所在地不一致的特点，2004年颁布的《新条例》明确规定，用人单位应当在生产经营所在地依法参加工伤保险，突破了原来只能在注册地参保的限制。用人单位一旦发生工伤事故，受伤职工在生产经营所在地能够及时得到工伤认定和劳动能力鉴定，享受相应的工伤保险待遇。

2. 领取待遇方便

针对广东省外来务工人员占全省劳动力人数近1/3，且多数在企业从事体力劳动，职业风险高，在参保人群中占比大等特点，《条例》规定，对于被鉴定为一至四级残疾的职工迁回原籍的，其伤残津贴可由统筹地区社保机构按标准每半年发放一次；如果本人要求解除或终止劳动关系并一次性享受工伤保险待遇的，可由社保机构按照规定标准一次性计发各项津贴和补助金，并终结工伤保险关系。职工以自愿选择为原则，允许一次性享受工伤保险待遇并终结工伤保险关系。这种措施受到参保单位和职工的认可和支持，实行多年，运行平稳。

3. 实行地级市统筹、省级调剂制度

由于工伤事故具有不确定性和不可预见性的特点，为保障工伤保险基金的足额支付，工伤保险基金需要适度的储备。广东省1992年颁布的《广东省企业职工社会工伤保险规定》和1998年颁布的《广东省社会工伤保险条例》都规定建立省市两级调剂金制度。2004年颁布的《广东省工伤保险条例》与国务院《工伤保险条例》一致设置了"储备金"，并明确提出"工伤保险基金以地级以上市为单位核算"，在全国率先形成了工伤保险省级统筹的雏形。

4. 建立省市县三级劳动能力鉴定委员会，公正公开及时进行劳动能力鉴定

广东省在工伤保险改革初期，已经在省、市、县（区）建立三级劳动能力鉴定委员会，由劳动保障、人事、卫生行政部门、工会组织、社会保险经办部门和用人单位代表组成，并建立相关专业专家库。组织鉴定时，采用随机抽取的方法组成专家组，保障了工伤认定和劳动能力鉴定的及时和公正。

（六）健全机构、完善制度、加强基金管理

为确保工伤保险各项法律法规的贯彻实施，广东省通过健全机制，完善制度等多方发力，有效地推动工伤保险制度改革不断深入发展。

1. 落实编制，健全机构

由于历史和体制的原因，贯彻1998年颁布的《广东省社会工伤保险条例》时，广东省大部分统筹地区工伤保险工作没有一支专业的队伍和专门的科室。全省的专职管理人员与参保人数之比不足万分之一，许多地方只有兼职人员。在工伤保险事业的发展过程中，经过不懈的努力和争取，到2000年广东省机构改革时，各地都建立了工伤保险管理机构。2003年9月，国务院《工伤保险条例》出台后，广东省机构编制委员会办公室（以下简称"省编办"）批准广东省原劳动和社会保障厅设立广东省劳动能力鉴定办公室。2004年4月，省编办批准广东省原劳动和社会保障厅增设工伤保险处。目前，全省各市人社部门均已设立了独立的工伤

保险处（科）。

2. 建章立制，规范管理

为加强基金管理，确保各项规定、条例、制度贯彻执行，广东省依照《社会保险法》确立了基金支付管理原则，及时转发了人社部《社会保险基金先行支付暂行办法》《工伤认定办法》《因工死亡职工供养亲属范围规定》等文件，印发了《广东省劳动能力鉴定办法》和《广东省劳动能力鉴定程序》，并组织各地认真学习文件精神，严格按照各项法律法规要求做好工伤保险工作。

3. 保证经费，促进发展

广东省 2004 年颁布的《广东新条例》规定，"工伤保险基金应建立储备金。市级统筹按工伤保险基金征收总额的 15% 建立储备金，其中市级留存 10%，向省上解 5%"。"储备金用于重大事故、伤残职工异地安置和基金不敷使用时的调剂"。同时，《广东新条例》对工伤保险基金的用途做了明确的规定，规定工伤保险基金用于支付工伤保险待遇、医疗康复和职业康复费用、工伤取证费和劳动能力鉴定费、工伤预防费，从经费上保障了工伤保险事业的顺利发展。

三、对工伤保险改革的基本评价

工伤保险制度为广大职工编织了一张强大的安全网，为维护广大职工的合法权益，解除广大职工的后顾之忧，防止工伤职工因工作事故伤害而致贫，维护工伤职工的家庭稳定和社会安定做出了重大贡献。40 年来，广东省的工伤保险改革始终走在全国的前列，每一次改革都为全国的工伤保险制度改革提供新鲜经验。但是，目前广东工伤保险制度中还有不完善之处，主要表现在制度不够完善，地区发展不平衡，经办工作规程不够规范，服务能力有待提高。

第五节　广东失业保险制度改革

广东失业保险制度改革始于 20 世纪 80 年代中期，在实施过程中，注意坚持改革原则，着力通过加强法制建设、扩大覆盖范围、强化基金征缴、规范管理服务等措施，大力推动失业保险制度改革逐步全面深入发

第九章 广东社会保障制度改革

展,取得明显效果。

一、失业保险制度的建立与发展

党的十一届三中全会后,随着国营企业劳动制度改革的逐步展开,社会上出现了失业人员(当时称为待业人员)。为了维护社会稳定,1986年7月,国务院颁布了《国营企业职工待业保险暂行规定》(我国1994年以前一直使用"待业保险"一词,与失业保险无本质区别),拉开了失业保险制度改革的帷幕,广东省开始着手建立失业保险制度。从1986年建立失业保险制度至今,大体上可分为三个阶段。

(一)第一阶段(1986年7月—1999年1月),是广东确立失业保险制度基本框架的阶段

1986年7月,国务院颁布了《国营企业职工待业保险暂行规定》,广东省政府于同年9月颁布《广东省国营企业职工待业保险实施细则》,从10月1日起施行。1993年4月,国务院发布《国有企业职工待业保险规定》,对原有制度进行了局部调整。广东省许多地区结合当地实际情况,将实施范围扩大到城镇集体企业和外商投资企业。1996年5月,广东省政府根据十四届三中全会精神,在全国率先出台了《广东省职工失业保险暂行规定》,首次把"待业保险"改为"失业保险",并要求进一步把失业保险适用范围扩大到广东省境内所有企业、个体经济组织、企业化管理的事业单位及其职工,以及与国家机关、非企业化管理的事业单位、社会团体建立劳动合同关系的职工。

1998年12月,广东省政府颁布《广东省失业保险规定》,对《广东省职工失业保险暂行规定》做了一些调整修改,其中对失业保险费的缴纳,按照《中共中央、国务院关于切实做好国有企业下岗职工基本生活保障和再就业工作的通知》的要求,为确保下岗失业人员的基本生活,把原来规定的单位单独缴费改为单位和职工个人共同缴费,费率从1%提高到3%,单位负担2%,个人承担1%。1999年1月,国务院《失业保险条例》发布施行,将保障范围扩大到城镇企业事业单位及其全部职工,把统筹层次提高到实行地级市统筹。同年6月,广东省政府办公厅印发《关于调整〈广东省失业保险规定〉有关内容的通知》,对《广东省失业保险规定》的适用范围、统筹层次、基金开支项目等内容,根据国务院

《失业保险条例》再次做了相应调整。

（二）第二阶段（1999—2011年），是广东省失业保险制度进一步调整并走向基本完善的阶段

党的十五大进一步确立了以公有制为主体、多种所有制经济共同发展的方针后，1999年1月，国务院颁布《失业保险条例》，总结吸收了各地失业保险制度改革的实践经验，借鉴国外的有益做法，对原来的规定做出重大调整，形成了具有中国特色的基本完善的失业保险制度。2002年8月，广东省人大九届常委会第35次会议审议通过《广东省失业保险条例》，从当年10月1日起施行。该条例在保持与上位法相一致的前提下，根据上位法的授权，结合广东失业保险实际情况，对失业保险制度做了进一步的改革和完善。与以往的法规规章相比，其适用范围更广、操作性更强，各有关方面的权利义务和责任更明确，职工的合法权益能得到更好的保护，体现了广东省在地方立法中注重维护包括广大外来务工人员在内的全体劳动者的合法权益的立法精神。

（三）第三阶段（2012年至今），是我国失业保险制度全面进入法制化轨道的新阶段

该阶段的重要标志是2010年10月，全国人大常委会通过并颁布《中华人民共和国社会保险法》，并决定从2011年7月起实施。该法第五章对失业保险覆盖范围、失业保险金申领条件和期限、待遇标准、关系转移等，进一步做出明确规定，对部分条款进行了适当调整。广东省根据实际情况从政策上再次做出适当调整。

经过近40年的发展，广东省失业保险制度基本形成，各项政策法规进一步完善，失业保险的覆盖范围不断扩大，基金的征缴力度不断增强，基金的征缴、管理和失业保险待遇的发放等工作步入规范化轨道，支付能力有很大提高，失业保险在保障下岗失业人员基本生活和促进就业再就业方面发挥着重要作用。据统计，到2017年年末，全省失业保险参保人数达到3 164万人，创历史新高。

第九章 广东社会保障制度改革

二、失业保险制度改革的主要做法

（一）依法不断扩大保险覆盖面

广东省失业保险制度改革过程是保险覆盖面不断扩大的过程。1986年颁发的《国营企业职工待业保险暂行规定》确定的覆盖范围，只限于宣告破产的国营企业职工、濒临破产企业法定整顿期间被精简的职工、企业终止或解除劳动合同的职工和企业辞退的职工四种人。1993年4月颁布《国有企业待业职工保险规定》后，广东省许多地区结合当地实际情况，将实施范围扩大到城镇集体企业和外商投资企业。2002年8月，广东省颁布《广东省失业保险条例》后，又将失业保险范围扩大至城镇企事业单位职工以及社会从业人员，使更多的失业人员享受到失业保险待遇。

（二）合理确定失业保险基金筹集比例，加强基金征缴

在《广东省失业保险条例》发布前，广东省的失业保险基金由单位缴纳，职工个人不缴费，缴费率为本单位职工工资总额的1%。《广东省失业保险条例》实施后，单位和职工个人均应缴费，企事业单位以本单位职工工资总额的2%、个人以本人工资的1%的费率缴纳失业保险费用，总体缴费率达到工资总额的3%。2015—2016年，广东省按照国家的部署要求，两次降低失业保险费率。2016年3月1日起，全省失业保险费率再次从2%降至1%，为企业减轻了负担。失业保险基金最初由失业保险经办机构征收，后来按照《社会保险法征缴暂行条例》的规定，改由税务部门按照五项社会保险费统一合并征收，加大了基金征收力度。

（三）优化失业保险待遇支出结构，充分发挥其保生活和促就业的双重功能

失业保险基金的支出项目，主要有两个方面：一是用于保障失业人员基本生活，其项目主要有按规定支付给失业人员，保障其失业期间基本生活的失业救济金、医疗补助金、丧葬补助金、国企下岗职工基本生活保障和农民合同制工人一次性生活补助等；二是促进再就业支出，其项目主要包括向失业人员提供职业培训和职业介绍补贴。2002年，广东省率先实

现下岗与失业并轨后,为了有效发挥失业保险促进就业、预防失业的功能,广东省开始探索加大失业保险基金用于促进就业的项目及比重。2006年,原劳动和社会保障部根据《国务院关于进一步加强就业再就业工作的通知》关于"进一步发挥失业保险促进再就业的功能"的要求,确定广东等7省市开展适当扩大失业保险基金促进就业试点,增设职业培训、职业介绍、社会保险、岗位补贴和小额担保贷款贴息补贴等支出项目。广东省认真贯彻原劳动和社会保障部的部署,加大失业保险基金用于促进就业的支出力度,进一步优化了支出结构,充分发挥了失业保险基金促进就业的功能。企业职工可申请技能提升补贴。失业保险的一个重要功能就是稳定就业、预防失业。自2017年1月1日起对经过职业技能培训,取得初级(五级)、中级(四级)、高级(三级)职业资格证书或职业技能等级证书的职工,可申请技能提升补贴。申请条件是依法参加失业保险,累计缴纳失业保险费36个月(含36个月)以上的人员。这有力调动了职工学习职业技能的积极性,有利于稳定就业、预防失业。

(四)逐步提高失业保险统筹层次和失业救济水平

为了有效发挥失业保险分散风险、互济互助功能,广东省根据地区经济发展不平衡的情况,逐步提高失业保险统筹层次,从最初的县级统筹逐步过渡到市级统筹。至2010年,基本实现省级统筹。根据人社部、财政部印发的《关于调整失业保险金标准的指导意见》,逐步将失业保险金标准提高到最低工资标准的90%,失业人员的生活更有保障。

三、失业保险制度改革的基本经验

广东省在失业保险制度具体实施过程中,从本省实际出发,既坚决贯彻执行国务院的规定,又勇于在制度建设方面有所创新,探索行之有效的做法,变消极保险为积极促进就业。其基本经验有四点。

(一)遵循改革的基本原则

广东省在建立完善失业保险制度过程中,始终坚持以下基本原则。

1. 坚持"广覆盖、低水平"原则

"广覆盖"是基于社会主义国家保障每一个失业人员基本生活的目的;"低水平"是由我国经济发展水平还比较低的现状决定的,失业人员

基本生活保障水平要从低水平起步，逐步提高。

2. 坚持失业保险基金由用人单位、职工和国家共同负担原则

1999年颁发的《中华人民共和国失业保险条例》确立了费用由三方分担的机制。

（二）加强法制建设，依法推行失业保险制度

根据我国失业保险发展及客观情况变化的需要，在认真总结过去10多年失业保险工作的实践，并参考借鉴国外失业保险有益经验的基础上，1999年1月，国务院颁布施行《失业保险条例》。该条例的颁布实施，进一步充实和完善了我国的失业保险制度，该条例比较充分地考虑了失业保险工作的实际需要和今后发展趋势，对制度建设中的重大问题做出了明确的规定。为贯彻落实条例，细化其中授权由省级人民政府具体决定的事项，广东省政府和省人大十分重视失业保险法制建设，把它作为大事来抓，加大了失业保险地方立法工作力度，2002年8月，广东省人大审议通过了《广东省失业保险条例》。地方性失业保险法规的颁布施行，为失业保险制度的推进提供了法规和政策依据，也相应提高了失业保险工作的依法行政水平。

（三）紧密结合广东实际，创新发展机制

《失业保险条例》颁布后，根据上位法精神，广东省在失业保险地方立法过程中，按照上位法有明确规定的从其规定、上位法未明确规定的根据本地实际做出规定的立法原则，在保持与上位法的刚性规定相一致的前提下，根据上位法的授权，结合广东实际进行创新，具体表现在四个方面。

（1）坚持以人为本理念，注重维护包括广大外来务工者在内的全体劳动者的合法权益，将更多的劳动者纳入失业保险保障体系。《广东省失业保险条例》结合广东省多种经济成分共同发展以及城乡差距逐步缩小的客观实际，将适用范围扩大到本省行政区域内所有企业、机关、事业单位、社会团体、民办非企业单位、城镇个体经济组织及与之形成劳动关系的劳动者，使更多的劳动者在遭遇失业风险时能够得到保障。

（2）将失业保险与基本医疗保险制度相衔接。根据省委提出的解决困难群体"四难问题"的要求，为更好地解决失业人员的医疗保障问题，

将领取失业保险金期间的失业人员纳入基本医疗保险的范围，使他们能够获得更好的基本医疗保障。

（3）给予失业人员选择领取地点的权利，方便失业人员享受失业保险待遇。结合广东省跨统筹区就业人数多、流动性大的特点，给予失业人员选择领取失业保险金地点的权利，极大地方便了群众。

（4）规定单位的赔偿责任，保障职工的合法权益。《广东省失业保险条例》明确规定，当单位不为职工参保或者因单位不及时为失业人员或者农民合同制工人出具终止或者解除劳动关系的证明，导致失业人员、农民合同制工人不能按规定享受失业保险待遇或者一次性生活补助的，由单位负责赔偿，充分保障了职工的合法权益。

（四）充分发挥失业保险制度的双重功能

（1）充分发挥失业保险制度对广东经济体制改革和社会稳定方面的促进作用。结合广东省实际情况，扩大了失业保险制度的实施范围，将更多具有失业风险的劳动者纳入失业保险范围。注重以非公有制企业单位为扩面重点，依法扩大覆盖面，使失业人员得到基本生活保障。

（2）强化促进就业功能。广东坚持在保障基本生活基础上，主要通过调整失业保险基金支出项目，增加职业培训、职业介绍等方面的支出，着力提高失业人员的整体素质，通过促进就业，解决生活保障问题。

第六节 广东社会救济与社会福利制度改革

一、建立完善社会救济制度

社会救济是我国社会保障制度的组成部分之一，主要包括城乡困难户救济、失业破产救济、自然灾害救济和特殊对象救济等。在社会救济方面，广东省结合实际情况，在不断深化改革过程中建立健全了三项制度。

（一）建立城镇居民最低社会保障制度

我国传统的城市社会救济主要包括对社会孤老残幼、困难户以及国家规定的特殊对象的救济。由于其救济范围窄、制度不健全，不适应经济体制改革深入发展的需要，1994年，国务院正式提出要在我国城市中逐步实施最低生活保障制度。1997年9月，国务院印发《关于建立城市居民最低生活保障制度的通知》，部署推进这项改革，并对保障对象、保障标准、资金来源和有关政策措施做出了明确规定。1999年，国务院发布《城市居民最低生活保障条例》，全面规定了城市居民最低社会保障的内容、实施办法和步骤。保障对象为持有非农业户口的城镇居民。凡共同生活家庭成员人均收入低于当地城市居民最低生活保障标准的，均有从当地人民政府获得基本生活物质帮助的权利。保障资金由县以上人民政府财政部门安排。广东省各级政府十分重视这项工作。1997年10月，在全国率先全面建立城乡一体的最低生活保障制度，困难群众的基本生活权益得到了保障。城镇居民最低生活保障制度的特点有四个。一是"广覆盖"。低保制度覆盖了所有低于规定的保障标准的城镇居民，而不管他是否有职业，是否领取失业金或养老金。这本质上是一种在与收入关联基础上的"广覆盖"的制度，为城镇居民设置了一道最低的，也是最后的保障网。二是低标准。为避免一些发达国家保障标准过高而导致的"福利病"，我国明确建立城市居民最低生活保障制度主要是解决最贫困居民的温饱问题。三是资金列入财政预算，由地方各级民政部门分别管理。四是规定城镇低保的人群范围：原社会救济对象，主要为无固定收入、无劳动能力、无法定赡养人或扶养人的居民；家庭中有在职人员，但因赡养、抚养系数高或所在单位经济效益差，人均收入低于当地最低生活保障线的居民；失业保险期满仍不能就业，并且符合社会救济条件的居民；因其他原因造成收入低于最低生活保障线的居民。

（二）建立完善农村社会救济制度

农村社会救济，是指国家和集体对农村中无法定抚养义务人、无劳动能力、无生活来源的老年人、残疾人、未成年人和因病、灾、缺少劳动能力等造成生活困难的贫困对象，采取物质帮助、扶持生产等多种形式，保证其基本生活的一项社会制度。随着农村经济体制改革的逐步深化，农村社会救济出现了新的矛盾和问题。为了切实保障农村困难群体的基本生活，体现社会主义制度的优越性。广东省对农村救济进行了一系列改革。从大力推广农村定期救济、探索建立县乡统筹困难补助费到全面建立农村最低生活保障制度，确保了困难群体的基本生活。广东省率先于1994年

开展建立农村最低生活保障制度试点,取得经验后,逐步铺开。2005年,全省建立了救灾工作分级管理、救灾经费分级负担的运行机制。帮助灾民新建或重建住房127.1万间,灾民新村170个,使灾民的吃、穿、住、医等基本生活需要得到保障。

(三)不断完善底线民生生活保障制度

"十二五"时期,广东省不断完善底线民生生活保障制度,稳步提高低保标准,逐步扩大惠及群众范围,公共财政日益注重惠及社会困难群体,"兜底线"功能日益显现。2013年年底,广东省政府制定《关于提高我省底线民生保障水平的实施方案》,明确了底线民生工作的主要内容。2014年,广东省政府工作报告提出,将提高底线民生保障水平列为省十件民生实事之首。在民政事业经费支出方面,广东省民政事业经费从2010年的115.43亿元增加到2015年的259.52亿元,增长124.8%。2011年年底,广东省将家庭年人均收入低于1 500元的城乡群众都纳入最低生活保障范围。农村居民最低生活保障支出从2010年的16.48亿元上升到2015年的39.35亿元,增长138.8%;城市居民最低生活保障支出从2010年的7.97亿元增加到2015年的15.95亿元,增长100.1%;五保户供养总支出从2010年的5.40亿元上升到2015年的17.26亿元,增长219.7%。

二、完善社会福利制度

社会福利制度是我国社会保障制度的一个重要组成部分。制度内容主要包括社会福利事业、优抚安置、残疾人就业和社区服务等。下面主要介绍优抚安置和残疾人就业制度改革情况。

(一)优抚安置制度的建立和改革

优抚工作是我国一项具有特色的传统保障工作。1988年,国务院颁布《军人抚恤优待条例》,提出建立国家、社会、群众三结合的抚恤优待制度。1993年,党的十四届三中全会《中共中央关于建立社会主义市场经济体制若干问题的决定》明确优抚安置工作是建立社会保障体系的一项主要内容,是一种具有补偿和褒扬性质的特殊的社会保障。优抚对象包括七种人:现役军人、革命伤残军人、复退军人、革命烈士家属、因公牺牺军人家属、病故军人家属、现役军人家属。广东省在改革过程中，不断采取多种办法，做好优抚工作，目前基本形成项目比较齐全、服务效果较好的优抚保障体系。"十五期间"，广东省以城镇退役士兵自谋职业为中心，职业培训、推荐就业和优惠政策扶持相配套的安置改革顺利推进，据统计，全省共完成对14.7万名退役士兵和4 107名军队离退休干部、无军籍职工的接收安置工作。退役士兵免费参加职业技能培训，自谋职业率达90%以上。党的十八大以来，广东省进一步健全优抚安置制度，主要是完善抚恤补助标准增长机制，义务兵家属优待金财政保障和优抚对象医疗保障的长效机制；深化退役士兵安置改革，全面推进和完善以扶持就业为主，自主就业、政府安排就业、国家供养、退休以及继续完成学业等多种方式相结合的退役士兵安置制度，努力实现城乡退役士兵安置一体化；进一步规范烈士和残疾军人等级评定、参战和参加核试验退役人员认定标准和程序，不断完善优抚医疗保障体系；等等。

（二）推进残疾人就业保障制度改革，保障残疾人权益

随着经济社会发展水平的不断提高，进入21世纪以来，广东省逐步建立了城乡一体化的最低生活保障制度，使困难群众的基本生活权益得到了保障。2005年，社会福利体系和救助系统进一步健全。2017年，广东省政府办公厅印发《广东省社会保障事业发展"十三五"规划的通知》，明确提出要从三个方面保障残疾人权益。一是强化残疾人基本生活保障。落实残疾人最低生活保障政策，将符合条件的残疾人及残疾人家庭全部纳入城乡最低生活保障；完善残疾人社会保障政策，制定残疾人参加社会保险补助办法，鼓励残疾人参加基本养老保险和基本医疗保险；采取有效措施，优先保障残疾人基本住房等。二是加强残疾人教育救助。对残疾学生及家庭经济困难的残疾人家庭子女就学，实施教育救助；完善残疾人助学金制度，实施南粤扶残助学工程，建立残疾人教育救助申请管理制度。三是探索残疾人就业新模式，拓宽就业渠道；实施残疾人就业援助和创业补助制度，鼓励开展多层次残疾人职业技能培训，提升职业素质，促进就业。

第七节　广东社会保障制度改革发展展望

从20世纪80年代初期开始，为适应计划经济体制向社会主义市场经济体制转轨的要求，广东省拉开了社会保障制度改革的序幕。随着经济社会的不断发展，社会保障制度建设在党和国家事业发展总体布局中的角色不断转变，逐步从国有企业改革的配套措施、社会主义市场经济的重要支柱，发展为国家的一项重要的社会经济制度，改革取得了很大的成就。但是，目前社会保障制度的管理和运行还存在一些深层次的矛盾和问题，突出表现在五个方面：一是从宏观来看，保险制度改革还存在发展不平衡、不充分等问题，主要表现为社会化管理不到位、信息化程度不高、管理手段落后、共济能力低；二是社会保险制度没有体现精算平衡原则，基金财务可持续性有待提高，政府、企业、个人以及中央和地方之间责任分担机制有待进一步明确，特别是医疗卫生和社会保障服务机构运行机制有待改善；三是制度条块分割，碎片化问题突出，不同社会保障政策之间以及社会保障政策与其他政策之间的衔接配套有待加强；四是社会保险经办工作遇到不少困难，如社会保险信息化水平较低，参保人员跨统筹地区转移养老保险关系和个人账户难；五是全省各级经办机构普遍存在着编制缺乏、人手不足、业务经费紧缺的问题，难以实施规范化管理。

当前，中国特色社会主义已经进入新时代。我国社会主要矛盾已经转化为人民日益增长的美好生活需要和不平衡不充分的发展之间的矛盾。党的十九大坚持以人民为中心的发展思想，强调要全面建成多层次社会保障体系。这是党中央把握人民群众对美好生活的向往，对新时期社会保障体系建设做出的重大部署。今后三年，是广东率先全面建成小康社会的决胜时期，广东要按照党的十九大部署要求，结合实际情况，以保基本、兜底线、促公平、建机制、可持续为准则，通过继续全面深化改革，尽快全面建成覆盖全民、城乡统筹、制度完备、权责清晰、保障适度、可持续的多层次社会保障体系。

一、全面实施全民参保计划，加快实现社会保险城乡一体化

社会保障覆盖率是衡量全面建成小康社会的基本指标之一。我们要按

照党的十九大关于全面实施全民参保计划的部署，贯彻全覆盖、保基本、多层次、可持续的基本方针，通过全面实施全民参保计划，实现覆盖全民、促进人人享有基本社会保障的目标。当前，要依法推进企业全员参保，重点是广大外来务工人员、灵活就业人员、新就业形态人员、个体从业人员、未参保城乡居民等群体。通过全面实施全民参保计划，对各类人员参加社会保险情况进行登记，建立全面完整准确的社会保险参保基础数据库，实现全省以至全国联网和动态更新。

二、完善城镇职工基本养老保险和城乡居民基本养老保险制度

今后一个时期，广东省必须按照党的十九大的总体部署，继续全面推进养老保险制度改革，改革的重点有：在现行企业职工养老保险和城乡居民养老保险两项基本制度框架上，逐步缩小制度差异，进一步规范职工和城乡居民基本养老保险缴费政策，均衡缴费水平，建立健全城乡一体化的基本养老保险制度体系，实现养老保险关系在城乡间、地区间顺畅转移接续；进一步完善机关事业单位养老保险制度改革；坚持完善社会统筹与个人账户相结合的城镇职工基本养老保险制度，完善个人账户；推进养老保险基金投资运营，努力实现基金保值增值；积极稳妥推进划转部分国有资本充实社保基金，进一步夯实制度可持续运行的物质基础；逐步建立待遇正常调整机制，统筹有序提高退休人员基本养老金和城乡居民基础养老金标准；在巩固完善省级统筹基础上，推动实现全国统筹，逐步形成中央与省级政府责任明晰、分级负责的基金管理体制；加快发展职业（企业）年金，鼓励发展个人储蓄性养老保险和商业养老保险，形成多层次的社会养老保险体系。

三、完善统一的城乡居民基本医疗保险制度

今后，广东省要按照党的十九大报告关于完善统一的城乡居民基本医疗保险制度和大病保险制度的部署，依法全面深化医疗保险制度改革，着力构建以基本医疗保险制度为主体的多层次、多功能、开放式的医疗保障制度体系，致力于实现用比较低廉的费用提供比较优质的医疗服务，努力满足广大城镇职工的基本医疗服务需要，实现基本医疗保险制度全覆盖。主要措施有：全面建立统一的城乡居民基本医保制度和管理体制，实现经

办服务一体化；重点深化支付方式改革，建立完善适应不同人群、疾病、服务特点的多元复合支付方式；完善异地就医管理和费用结算平台，为群众提供高效便利服务；全面实施城乡居民大病保险制度，拓展基本医保功能；对贫困人员通过降低起付线、提高报销比例和封顶线等倾斜政策，实行精准支付；探索建立长期护理保险制度，缓解长期失能人员的家庭经济负担；通过加强基本医保、大病保险和医疗救助的有效衔接，实施综合保障，切实提高医疗保障水平，缓解困难人群的重特大疾病风险；鼓励发展补充医疗保险、商业健康保险，努力满足人民群众多样化的医疗保障需求。

四、进一步完善失业、工伤保险制度

按照党的十九大关于进一步完善失业、工伤保险制度的部署，进一步健全失业保险政策制度法规，完善失业保险费率调整与经济社会发展的联动机制和失业保险救济金标准调整机制，放宽申领条件，落实援企稳岗补贴、技能提升补贴等政策，充分发挥失业保险保生活、防失业、促就业"三位一体"功能；进一步完善失业保险金申领办法，健全失业监测和防控机制；健全市级统筹，探索推进省级统筹；实施享受失业保险待遇与职业介绍、职业培训等"一站式"服务模式，畅通失业保险与就业信息共享渠道，实现失业保险制度的可持续发展。

广东省作为改革开放的前沿阵地，在进一步全面深化工伤保险改革工作中有很多有利条件。按照党中央关于全面建成小康社会的部署要求，在"十三五"期间，广东要按照国家统一部署，全面深化工伤保险制度改革，全面完善工伤保险制度。主要措施有：制定公务员和参照《公务员法》管理的事业单位工作人员工伤保险政策，健全差别化、可浮动的工伤保险费率政策；巩固完善工伤保险市级统筹，加快推进省级统筹；建立健全工伤预防长效机制；完善工伤康复管理制度和标准体系；强化以职业康复为重点的工伤康复服务；降低工伤事故、职业病等发生率。广东省应充分利用各种有利条件，抓住时机，坚定信心，进一步推动工伤保险工作取得更大成绩。

五、建立完善全省统一的社会保险信息化公共服务平台

按照党的十九大要求，继续巩固完善全国统一的五级社会保险经办管

理服务体系,积极实施"互联网+人社"行动,实现跨地区、跨部门、跨层级社会保险公共服务事项的统一经办、业务协同、完善统一的城乡居民基本医疗保险制度数据共享。加快建立全省统一的社会保险信息化公共服务平台,充分运用信息技术,以一体化的社会保险经办服务体系和信息系统为依托,以社会保障卡为载体,以实体窗口、互联网平台、电话咨询、自助查询等多种方式为服务手段,为参保单位和参保人员提供全网式、全流程的方便快捷服务,提高社会保险公共服务水平。加快推进社保卡应用,完善社保卡持卡人员基础信息库功能,实现社会保障一卡通。实施统一的社会保险公共服务清单和业务流程,基本实现社会保险基本公共服务标准化。

六、进一步完善社会救助、社会福利、优抚安置等制度

继续强化基本民生保障,兜住民生底线,不断提升保障水平。主要措施有:完善最低生活保障制度,推进城乡低保统筹发展,确保动态管理下的应保尽保;建立健全残疾人基本福利和就业保障制度,完善扶残助残服务体系;激发慈善主体发展活力,规范慈善主体行为;完善优待、抚恤、安置等基本制度,全面提升福利服务水平,促进社会保障事业健康协调可持续发展。

参考文献

[1] 张神根. 试析九十年代以来农村经济体制改革的主要进展 [J]. 中共党史研究, 2002 (6).

[2] 邓小平. 邓小平文选: 第2卷 [M]. 北京: 人民出版社, 1994.

[3] 黄学平, 刘洪盛, 汤建东. 从贫穷到小康: 三十年广东农村经济体制改革之路 [M]. 广州: 广东科技出版社, 2008.

[4] 黄勋拔. 当代广东简史 [M]. 北京: 当代中国出版社, 2005.

[5] 彭力, 吴霞. 广东农村集体经济制度的变革与深化改革的设想 [J]. 南方农村, 2008 (5).

[6] 黄声驰. 广东农业农村经济巨变的30年: 为纪念改革开放30周年而作 [J]. 南方农村, 2008 (5).

[7] 李军晓. 先行一步: 广东改革开放初期历史研究 [D]. 北京: 中共中央党校, 2007.

[8] 彭力, 吴霞. 广东农村集体经济制度的变革与深化改革的设想 [J]. 南方农村, 2008 (5).

[9] 李大胜, 王广深, 张光辉. 广东农产品流通的改革与发展 [J]. 农业经济问题, 2002 (3).

[10] 劳健, 谢如鹤. 经济新常态背景下广东农产品物流影响因素研究 [J]. 商业经济研究, 2017 (11).

[11] 张德扬. 再造农村经济新活力: 广东农村推行股份合作制的实践 [J]. 农村合作经济经营管理, 1994 (6).

[12] 赵鲲, 李伟伟. 土地股份合作、股权逐步固化: 高度城镇化地区完善承包经营制度的有益探索——广东佛山农村土地股份合作调查与分析 [J]. 农村经营管理, 2016 (9).

[13] 梁荣，张建武. 略论进一步优化广东农业的产业结构 [J]. 探求，1999 (5).

[14] 刘丽辉. 现阶段广东农业产业结构调整方向研究：基于改革开放以来的演变及动因分析 [J]. 广东农业科学，2014 (5).

[15] 耿静超，胡学冬. 改革开放30年广东发展农业产业化经营回顾 [J]. 南方农村，2009 (1).

[16] 陈静，张宏，张翔. 广东新型城市化背景下小城镇发展的几点建议 [J]. 中华民居，2012 (7).

[17] 中央城镇化工作会议在北京举行：习近平李克强作重要讲话 [N]. 人民日报，2013 - 12 - 15 (01).

[18] 周勤. 制度变迁对广东省农村经济增长影响的实证研究 [D]. 广州：广东商学院，2012.

[19] 骆芳芳，曾祥山，王碧青. 广东新农村建设的现状分析与发展对策 [J]. 热带农业工程，2016 (3).

[20] 黄红星，马玲玲，李会萍. 广东社会主义新农村建设的经验和建议 [J]. 广东经济，2012 (1).

[21] 黄延信，余葵，胡顺平. 广东农村集体产权制度改革实践与启示 [J]. 农村经营管理，2013 (9).

[22] 贝燕威. 广东省农业农村经济发展"十二五"回顾与"十三五"展望 [J]. 广东经济，2016 (4).

[23] 周建华，张岳恒. 广东分区域农业产业化经营模式的选择 [J]. 华南农业大学学报（社会科学版），2016 (3).

[24] 黄挺. 我亲历的广东国企改革 [M]. 广州：广东人民出版社，2014.

[25] 何永坚.《中华人民共和国企业国有资产法》释义及实用指南 [M]. 北京：中国民主法制出版社，2008.

[26] 广东省人民政府国有资产监督管理委员会. 中共广东省委、广东省人民政府关于深化国有企业改革的实施意见 [Z]. 2016 - 09 - 12.

[27] 广东省人民政府国有资产监督管理委员会. 关于完善广东省省属企业中长期激励机制的指导意见 [Z]. 2013 - 05 - 17.

[28] 广东省人民政府办公厅. 关于深化省属国有企业改革的实施方案 [Z]. 2014 - 11 - 07.

[29] 鞠杰. 新时期我国国有企业改革变迁问题研究 [D]. 济南: 山东大学, 2005.

[30] 卢轶. 广东争当供给侧结构性改革排头兵 [N]. 南方日报, 2016 - 05 - 20 (A01).

[31] 任腾飞. 广东以国企布局调整带动整体改革 [J]. 国资报告, 2017 (9).

[32] 赵春凌. 广东: 混改潮涌 [J]. 国企, 2015 (2).

[33] 邵宁. 国有企业改革实录 [M]. 北京: 经济科学出版社, 2014.

[34] 中共广东省党史研究室. 广东改革开放决策者访谈录 [M]. 广州: 广东人民出版社, 2008.

[35] 王莹. 从"放权让利"到"制度创新": 以改革开放以来广东国有企业改革为例 [J]. 红广角, 2017 (Z3).

[36] 刘青山. 国企改革八大猜想 [J]. 国企, 2013 (3).

[37] 卢怀怀. 国企改革存在的主要问题及相应对策 [J]. 龙岩师专学报, 2000 (2).

[38] 杨建. 广东国有企业三年改革与脱困目标的实现 [J]. 广东党史, 2003 (2).

[39] 陈祖煌, 陈文学, 郑贤操. 国企改革: 转轨与创新——从广东的实践看未来中国改革的路向 [J]. 中国图书评论, 1999 (3).

[40] 招汝基, 邓俭. 先行者的 30 年: 追寻中国改革的顺德足迹 [M]. 北京: 新华出版社, 2008.

[41] 王桂良, 张鹏发. 广东是怎样做好省属煤矿关闭转制工作的 [J]. 中国经贸导刊, 2000 (2).

[42] 张井. 以现代重商思想指导流通体制改革: 广东商业体制改革的主要经验 [J]. 南方经济, 2008 (9).

[43] 欧大军. 广东价格改革的实践与经验 [J]. 当代中国史研究, 2000 (3).

[44] 于秀娥, 任志江. 1988 年价格闯关失败的思考与启示 [J]. 中共中央党校学报, 2011 (3).

[45] 刘来平. 我国物价"双轨制"的制度演变启示 [J]. 中国物价, 2011 (10).

[46] 张红宇, 黄其正, 颜榕. "米袋子"省长负责制评述 [J]. 中国

农村经济，1996（5）.

［47］徐印州. 广东商贸流通体制深化改革问题研究：广东商贸流通体制改革30年回顾与展望［J］. 华南理工大学学报（社会科学版），2008（6）.

［48］刘伟中. 深入贯彻"互联网＋流通"行动计划 推动广州电子商务产业大发展［J］. 广东经济，2017（7）.

［49］叶涛，史培军. 从深圳经济特区透视中国土地政策改革对土地利用效率与经济效益的影响［J］. 自然资源学报，2007（3）.

［50］田莉. 处于十字路口的中国土地城镇化：土地有偿使用制度建立以来的历程回顾及转型展望［J］. 城市规划，2013（5）.

［51］黎东生. 医疗服务价格形成之科学机理［N］. 医药经济报，2017－07－06（F02）.

［52］方学. 打造价格监管和反垄断利剑 更好服务广东经济社会发展［N］. 中国经济导报，2016－09－02（A02）.

［53］和松灿. 内陆自贸区申建背景下流通体制改革的思路与政策研究［J］. 全国流通经济，2017（7）.

［54］林林. 打好价格改革攻坚战 增创广东发展新优势［J］. 中国经贸导刊，2016（1）.

［55］曾昭钦，晏宗新. 广东深化市场价格制度改革研究［J］. 汕头大学学报（人文社会科学版），2016（9）.

［56］中共中央. 关于科学技术体制改革的决定［Z］. 1985－03－13.

［57］国务院. 关于"九五"期间深化科技体制改革的决定［Z］. 1996－09－15.

［58］中共广东省委，广东省人民政府. 关于依靠科技进步推动产业结构优化升级的决定［Z］. 1998－09－23.

［59］广东省人民政府. 广东省深化科技体制改革实施方案［Z］. 1999－06－18.

［60］中共中央，国务院. 中共中央、国务院关于加强技术创新，发展高科技，实现产业化的决定［Z］. 1999－08－20.

［61］广东省人民政府. 广东省深化科技体制改革实施方案［Z］. 1999－06－19.

［62］广东省人民政府. 广东省公益类型科研机构深化改革实施意见

[Z]. 2002-06-19.

[63] 广东省人民政府办公厅. 广东省非营利性科研机构的认定和管理实施办法（试行）[Z]. 2002-06-12.

[64] 中共广东省委, 广东省人民政府. 关于加快建设科技强省的决定 [Z]. 2004-08-09.

[65] 广东省人民政府, 中华人民共和国教育部. 广东省人民政府、教育部关于加强产学研合作提高广东自主创新能力的意见 [Z]. 2006-08-08.

[66] 广东省人民政府. 广东省促进自主创新若干政策的通知 [Z]. 2006-11-30.

[67] 广东省教育部产学研结合协调领导小组. 广东省教育部科技部产学研结合发展规划（2007-2011年）[Z]. 2007-10.

[68] 广东省人民政府. 广东省人民政府、教育部、科学技术部关于深化省部产学研结合工作的若干意见 [Z]. 2008-09-24.

[69] 国家发展和改革委员会. 珠江三角洲地区改革发展规划纲要（2008—2020年）[Z]. 2008-12.

[70] 广东省人民政府. 广东自主创新规划纲要 [Z]. 2008-09-24.

[71] 中共广东省委、广东省人民政府. 中共广东省委、广东省人民政府关于加快高新技术产业开发区发展的意见 [Z]. 2016-11-17.

[72] 广东省人民政府办公厅. 广东省人民政府办公厅关于推广三资融合建设模式促进我省民营科技园发展的意见 [Z]. 2012-10-09.

[73] 广东省人民政府. 广东省企业研发机构"十二五"发展规划 [Z]. 2012-11-14.

[74] 广东省人民政府办公厅. 广东省人民政府办公厅关于促进科技服务业发展的若干意见 [Z]. 2012-11-20.

[75] 广东省人民政府办公厅. 广东省人民政府办公厅关于促进科技和金融结合的实施意见 [Z]. 2013-08-14.

[76] 中共广东省委, 广东省人民政府. 关于全面深化科技体制改革加快创新驱动发展的决定 [Z]. 2014-07-17.

[77] 广东省人民政府. 关于加强广东省省级财政科研项目和资金管理的实施意见 [Z]. 2014-06-04.

[78] 王德业, 陈显强, 曾节. 从沿海向内地滚动, 从国内向国外推

出：发挥广东开放地区两个扇面辐射作用的探讨［J］.科技管理研究，1986（2）.

［79］李惠武.CEPA使广东面临第二次对外开放［J］.粤港澳价格，2003（11）.

［80］李文溥，陈婷婷，李昊.从经济特区到自由贸易区：论开放推动改革的第三次浪潮［J］.东南学术，2015（1）.

［81］梁钊.广东改革开放走市场经济之路的成功实践［J］.南方经济，2003（10）.

［82］罗莉萍，徐文俊.关于广东科技、产业、金融融合创新发展的思考［J］.科技管理研究，2016（19）.

［83］赵杨.广东：为构建开放型经济新体制发力［N］.南方日报，2017-06-17（001）.

［84］苏振东，赵文涛.CEPA：粤港贸易投资自由化"预实验"效应研究——兼论构建开放型经济背景下对广东自贸区建设的实证启示［J］.世界经济研究，2016（9）.

［85］王珍珍.中国自贸试验区积极融入"一带一路"建设研究：内涵、基础、实践及路径探讨［J］.全球化，2016（8）.

［86］罗流发.基于SWOT分析的广东企业"走出去"形势与对策［J］.广东经济，2017（3）.

［87］张长生.广东对外投资发展"十二五"回顾与"十三五"思考［C］//广东经济学会.市场经济与供给侧结构性改革：2016年岭南经济论坛论文集.北京：中国数字化出版社，2016.

［88］李钧，顾润清，魏伟新.广东加强与东盟国家互联互通建设研究［J］.新经济，2014（16）.

［89］邹新月.充分发挥广东构建开放型金融新体制的支撑作用［J］.南方经济，2017（5）.

［90］广东省发展和改革委员会.广东省金融改革发展"十二五"规划［Z］.2013-09-26.

［91］广东省人民政府.广东省优化投资项目审批流程实施方案［Z］.2017-10-30.

［92］吴亚平.投融资体制改革：何去何从［M］.北京：经济管理出版社，2013.

[93] 丘斌. 中国投融资结构特征及风险研究 [M]. 北京：中国金融出版社，2011.

[94] 李秉祥. 投融资体制改革 [M]. 广州：广东经济出版社，1999.

[95] 魏伟新，王利文. 辉煌广州三十年：广州改革开放三十年基本经验研究 [M]. 广州：广东人民出版社，2008.

[96] 中共广东省委办公厅. 广东改革开放启示录 [M]. 北京：人民出版社，1993.

[97] 黄菘华. 广州改革开放十年 [M]. 海口：海南人民出版社，1988.

[98] 许伟光，丘挺. 广州的开放和经济体制改革研究 [M]. 海口：海南人民出版社，1988.

[99] 广东改革开放搞活理论研讨会论文集编选组. 广东改革开放研究 [M]. 广州：广东人民出版社，1988.

[100] 广东省人民政府办公厅. 广东省人民政府政府工作报告汇编 [M]. 广州：广东人民出版社，2016.

[101] 胡恒松，黄伟平，李毅，等. 地方政府投融资平台转型发展研究（2017）[M]. 北京：经济管理出版社，2017.

[102] 陈晨. 中国投资体制改革中的政府职能定位研究 [D]. 中国社会科学院，2009.

[103] 王琢. 广东：全国改革开放的综合试验区 [J]. 广东社会科学，1992（2）.

[104] 崔毅，李剑，杨婧. 广东省风险投资行业发展态势、问题与对策 [J]. 商场现代化，2008（35）.

[105] 广东省地税局课题组. 国内外发展战略性新兴产业的经验启示 [J]. 广东经济，2010（10）.

[106] 张翎. 我国风险投资与中小企业对接存在的问题探讨 [J]. 现代商业，2011（7）.

[107] 聂强. 地方投融资平台风险及其影响因素研究 [J]. 长白学刊，2011（3）.

[108] 叶湘榕. P2P借贷的模式风险与监管研究 [J]. 金融监管研究，2014（3）.

参考文献

[109] 王丽娅，高丹燕. 广东省地方债务现状及风险分析研究 [J]. 广东经济，2013（2）.

[110] 肖文舸. 广东3年安排66亿元支持中小微企投融资 [N]. 南方日报，2015-07-07（A01）.

[111] 王晓玲. 广州改革开放三十年 [M]. 广州：广东人民出版社，2008.

[112] 许伟光，丘挺. 广州的改革开放和经济体制改革研究 [M]. 海口：海南人民出版社，1988.

[113] 陈斯毅. 广东企业工资制度改革30年回顾与展望 [J]. 广东经济，2009（1）.

[114] 龙玉其. 中国收入分配制度的演变、收入差距与改革思考 [J]. 东南学术，2011（1）.

[115] 张亮. 我国收入分配制度改革的历程回顾及其经验总结 [J]. 发展研究，2016（11）.

[116] 广东省人民政府. 广东省人民政府关于深化收入分配制度改革的实施意见 [Z]. 2015-01-22.

[117] 李华. 改革开放以来广东收入分配格局研析 [J]. 珠江经济，2008（5）.

[118] 邓小平. 邓小平文选：第3卷 [M]. 北京：人民出版社，1993.

[119] 林若，等. 改革开放在广东——先走一步的实践与思考 [M]. 广州：广东高等教育出版社，1992.

[120] 王琢，文武汉. 广东改革开放评说 [M]. 广州：广东人民出版社，1992.

[121] 宋晓梧，张中俊，郑定铨. 中国社会保障制度建设20年 [M]. 郑州：中州古籍出版社，1998.

[122] 孔令渊. 外商投资企业劳动管理实务指南 [M]. 广州：广东人民出版社，1992.

[123] 广东省人民政府办公厅. 广东省社会保障事业发展"十一五"规划 [Z]. 2007-03-02.

[124] 广东省人民政府办公厅. 广东省人力资源和社会保障事业发展"十二五"规划 [Z]. 2011-11-21.

[125] 中共中央整党工作指导委员会. 十一届三中全会以来重要文献

简编［M］．北京：人民出版社，1983．

［126］国家经济体制改革委员会综合规划和试点司．中国改革开放事典［M］．广州：广东人民出版社，1993．

［127］康士勇．社会保障管理实务［M］．2版．北京：中国劳动社会保障出版社，2003．

［128］陈斯毅．广东劳动就业体制改革与创新［M］．广州：中山大学出版社，2017．

［129］方潮贵，刘友君．养老保险法规政策大全：1949—2008［M］．广州：广东省劳动和社会保障厅，2008．

后 记

  1978年，党的十一届三中全会做出了把全党的工作重点转移到经济建设上来，实行改革开放的伟大决策。广东作为改革开放的排头兵、先行地和实验区，在我国改革开放和社会主义现代化建设中发挥着十分重要的地位和作用。2018年恰逢我国改革开放40周年，也是广东省体制改革研究会成立30周年。广东省体制改革研究会躬逢其盛，数十年来紧扣地方党委和政府的中心工作，积极推动改革开放，一直致力于体制改革研究，为广东实现跨越式发展起到了决策参谋作用。去年受中共广东省委宣传部的委托，广东省体制改革研究会组织撰写《广东经济体制改革40年》，经过课题组近一年的努力，全书终得以脱稿付梓。

  本书重点把握改革线索、关键内容和主要事件，同时增加了典型案例说明，客观真实地记录了改革开放40年广东经济体制改革发展的历程，从宏观到微观深入分析广东改革开放的背景、动因、所采取的政策措施、改革成效和价值、特点，阐述广东省经济体制改革的发展脉络和制度性变革成果，帮助人们全面客观了解广东经济体制改革的伟大历程，希望能够为广东新一轮改革开放提供学术支撑和理论支持。

  《广东经济体制改革40年》一书由周林生、陈斯毅等人共同完成。具体撰写分工如下：陈斯毅（第一章），罗明忠（第二章），夏明会（第三章），周锐波（第四章），张仁寿（第五章），周锐波（第六章），彭澎、梁显佳（第七章），彭澎、周胜兰（第八章），陈斯毅（第九章）。全书撰稿组织、章节结构、统稿和定稿由周林生、陈斯毅负责，张长生、余树华参与审读，雷比璐、林蒂华参与审校，孙静负责具体编务和出版联络工作。

  本书在编撰过程中，得到了广东省有关部门以及亲身参与和亲眼见证广东改革的老同志易振球、黄挺、文武汉的大力支持和帮助，特此鸣谢！值此新书即将出版之际，我们衷心感谢中共广东省委宣传部对广东省体制改革研究会的信任与支持，感谢中山大学出版社工作人员的辛勤劳动，感谢为本书提供各方面帮助的领导和朋友！由于本书编撰人员水平和时间有限，难免会有纰漏，敬请读者不吝指正。

广东省体制改革研究会

2018年11月22日